이이화의
한 권으로 읽는 한국사

이이화의
한 권으로 읽는 한국사

이이화 지음

교유서가

새 역사의 길로 나아갑시다

오늘날 한국사는 새로운 시련을 맞이하고 있습니다. 국내로는 공리의 학문에 치여 골방으로 밀려난 것으로도 모자라 정치적 이유로 인해 논란을 겪고 있는 형국이요, 국외로는 일본, 중국과 역사전쟁을 치르고 있습니다. 중국은 한국의 고대사를 자기네 역사에 편입시키려 하고 있으며 일본은 식민지 지배를 합리화하는 것으로도 부족해 일본군 위안부 문제를 무마시키려 들면서 이른바 근대사를 왜곡하고 있습니다. 더욱이 역사 교과서 파동에서 보았듯이 한국사는 지금 누더기가 되고 있습니다. 눈치 빠른 영악한 정치인들과 관료들은 엉뚱하게도 한국사 교과서를 국정으로 하자는 시대 역행의 작태를 보이고 있습니다. 이런 환경에서 이 개설서를 펴내게 되었습니다.

이 책은 총 8장으로 구성되어 있는데, 나름의 몇 가지 시대 상황에 따라 내용을 부각시켰습니다. 첫째, 전체 분량에 따라 고대사를 대폭 축소했습니다. 근현대사의 비중을 높이려는 의도입니다. 하지만 중국에서 벌이는 동북공정과 요하문명론의 억지와 오류를 바로잡으려 했습니다. 그래서 발해의 역사에 주목하고 비중을 두어 후기신라와 함께 남북국 시대를 열었다고 평가한 것입니다.

둘째, 고려사는 그 특징을 다루는 데 중점을 두었습니다. 고려는 꾸준히 북방정책을 펴면서 고구려와 발해의 계통을 잇는 의지를 잃지 않았습니다. 그래서 북방 개척의 의지로 오늘날 한반도의 국경을 획정하는 데 크게 공헌했습니다. 또한 상업을 장려하며 중국의 서쪽은 물론 서아시아와 유럽에 '코리아'를 알리는 역사적 역할에 기여했습니다.

셋째, 유교 국가를 지향하면서 찬란한 민족문화를 이룩한 조선 전기의 문화에 초점을 두었습니다. 조선 전기에는 훈민정음을 비롯해 제도의 정비, 인문정신의 함양, 과학기술의 발달 등 중세사회의 발전을 이룩했습니다. 하지만 조일전쟁(임진왜란)과 정유재란과 조청전쟁(병자호란)으로 깡그리 무너졌습니다. 주변 국가인 명나라, 청나라, 일본 사이에서 갈등을 빚으면서 거듭 역사정신의 혼란을 겪어왔습니다.

넷째 조일전쟁과 조청전쟁 두 전란을 수습해야 하는 민족적 과제를 안고 새로운 현실 개혁에 나선 조선 후기를 집중적으로 살펴보았습니다. 조선 후기에는 내부 분열이 치열하게 전개되었지만 이는 길게 보면 하나의 몸부림이었습니다. 또 반민족적·반동적 사조가 일어나 역사를 거꾸로 돌리는 흐름도 일어났습니다. 그러나 이것은 헛발질이었습니다. 특히 문벌정치의 등장은 암흑기를 만들어냈다고 해도 지나친 말이 아닐 것입니다. 현실 개혁을 지향한 정조와 실학파, 민중은 끊임없이 새로운 현실 개혁을 모색했습니다.

다섯째, 19세기 후반기에 전개된 근대시대를 중점적으로 살펴보았습니다. 타의로 문호를 개방했지만 민족적·민중적 자각이 일어났습니다. 그야말로 여러 세력이 다툼을 벌이는 혼재의 시대였지만 근대정신을 자생적으로 찾아갔습니다. 이는 자율성에 근거를 두고 전개되었습니다. 하지만 강한 힘을 자랑하는 제국주의자들에게 몸을 내맡기고 말았습니다. 끝내 식민지가 되어 찬란한 역사가 누더기 역사로 전락한 것입니다.

여섯째, 식민지시대를 겪으면서 여러모로 전개된 민족의 고통을 살펴보았습니다. 긴 역사에 비추어보아 짧다면 짧은 40여 년 동안 질곡의 세월을 보냈습니다. 이 시기를 근대화 과정이라고 포장할 수는 없습니다. 우리 민족은 나라 안과 바깥에서 투쟁을 벌였으나 그 한계를 드러내 전승국의 대접을 받지 못하고 남북 분단이라는 민족의 비극을 맞이했습니다. 남북 분단의 역사적 책임은 분명히 일본, 미국, 구소련, 중국에 있습니다. 오늘날에도 약소국은 강대국의 입김에서 벗어날 수 없습니다.

일곱째, 해방을 맞이한 뒤 민족 분단의 현실에서 통일조국을 꿈꾸었습니다. 다른 민족끼리, 우리끼리 오순도순 잘 지내기를 바랐습니다. 하지만 이게 뭡니까? 동족이 서로 죽이는 비극이 일어나고 독재자들이 남쪽과 북쪽에서 동시에 등장해 국민을 짓누르고 인권을 유린하는 사태를 맞이했습니다. 우리는 여기에 항거해 다시 일어났습니다. 그리하여 남쪽에서나마 민주주의를 이룩했고 눈부신 경제 발전도 이루어냈습니다. 하지만 오늘날에도 민주주의는 왜곡되고 있으며 소득 불균형과 같은 자본주의 모순을 겪고 있습니다.

마지막으로 각 장의 끝에는 내용과 관련이 깊은 사료 또는 자료를 읽을거리로 소개했습니다. 예를 들면 조선 후기의 실학자 유득공이 발해를 북국이라 설정하면서 이를 최초로 이론적으로 제시한 『발해고渤海考』의 서문을 번역하여 실었습니다. 그 시대를 이해할 수 있게 하기 위함입니다.

아무튼 시대 역행의 역사는 현재 진행형으로 되풀이되고 있습니다. 이런 마당에 우리는 어찌해야 할까요? 진정한 민주주의의 실현과 조국통일의 길로 나아가야 할 것입니다. 현대를 사는 우리는 이런 과제를 안고 있습니다. 우리 민족은 무수한 외침을 받으면서 유지, 발전해왔지만 끝내 식민지를 겪고 난 뒤 남북 분단이라는 비극은 여전히 이어지고 있습니다. 그래서 우리는 통일을 이룩하고 민주 가치를 추구하기 위해서라도 한국사를 알아야 할 책무를 지니고 있습니다. 한국사가 상식이 되어야 할 것입니다.

이 개설서의 내용 기술에는 한두 가지 결함이 있습니다. 무엇보다 근현대사 기술에서 운동에 중점을 두다보니 문화사 일반 또는 문학이나 예술 분야는 거의 다루지 못한 점입니다. 이 시기, 이 분야에서 독창적으로 창작활동을 전개한 많은 작가가 있는데, 정치사와 사회사에 묻혀 표면에 등장하지 못했습니다. 또 있습니다. 역대 독재정권을 설명하면서 정반합正反合의 논리에 따라 긍정적인 부분도 설명해야 하는데 이를 다루지 않았습니다. 독자의 양해를 바랍니다.

내년부터는 엉뚱하게도 국사교과서를 국정으로 지정하고 또 대학 입학 수능시험에서 한국사를 필수 과목으로 지정하기로 했습니다. 여기에 영향을 받아 공무원, 회사원 등 여러 시험에서 한국사를 출제한다고 합니다. 사건 연대나 임금의 이름을 답안에 적어 내는 따위의 출제 중심으로 가서는 바람직하지 않을 것입니다. 역사의 흐름을 이해하고 그 의미가 어디에 있는지를 짚어내는 출제 경향으로 나아가야 할 것입니다.

인간이 온 세상의 주인이 되어 지배하게 된 것은 동물처럼 본능에만 충실히 살아서가 아닙니다. 동물과는 달리 인지 능력을 갖고 공동체의 삶을 추구하고 명예를 존중할 줄 아는 바탕에서 비롯된 것입니다.

이 책은 과거를 기억하고 현재를 분석하고 미래를 내다보아야 한다는 소박한 관점에서 쓰였습니다. 또 딱딱한 역사책이 아니라 할아버지가 구수한 이야기를 들려주듯 재미를 주려 힘을 기울였습니다. 끝으로 이 책은 2007년에 출간한 한국사 개설서 『역사』(열림원)를 10년쯤 지나 새로 수정, 보완한 것입니다.

2016년 10월

개성 가는 길가의 마을 헤이리에서

일러두기

- 이 책은 『역사』(열림원, 2007)의 개정판이다.
- 각 시대에 따른 일부 인명과 지명은 통상적 표기에 따라 외래어표기법을 따르지 않고
  한자 독음을 표기했다.
- 외국 인명, 지명에만 원어를 병기했다.
- 옛조선은 단군조선, 기자조선, 위만조선으로 구분하지 않고 '조선'으로 통일하여 표
  기하되, 다만 사실관계가 필요한 경우 개별 표기했다.

1장

기틀을 갖춘 고대국가

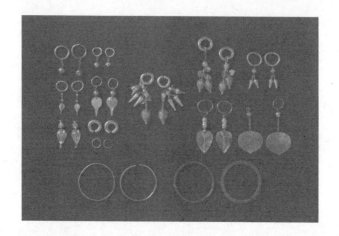

나라가 열리기 전에

지금의 우리나라 땅에는 70만 년 전쯤부터 사람이 살기 시작했는데, 혹독한 추위 탓에 사람의 자취가 사라진 적도 있었다 한다. 그뒤 지구의 기온이 따뜻해지고 생활에 알맞은 자연환경이 이루어지자 새로운 사람들이 북쪽에서 남쪽으로 옮겨와 살기 시작했는데, 이들을 고아시아족이라 한다. 북쪽 고원지대에서 따뜻한 기후를 찾아 남쪽으로 내려오던 사람들은 만주의 서북쪽에 흩어져 살았다. 그들 가운데 한 갈래는 더 남쪽인 한반도로 내려왔는데, 이들이 우리 겨레의 뿌리가 된다. 우랄알타이계 또는 퉁구스계라고도 한다.

이들은 먹을 것이 풍부하고 따뜻한 계절풍 지대를 찾아 강과 바닷가에 삶의 터전을 마련했고 사냥으로 얻은 짐승의 고기나 열매를 주식으로 삼았다. 이때에 이르러서야 비로소 강가와 들판을 중심으로 정착 농업이 시작되었다. 지금도 영산강 일대와 한강 하류에서는 이 시기의 쌀 생산을 알려주는 탄화미炭化米가 발견되고 있는데, 신석기시대의 것으로 추정된다.

이들은 처음에는 날카로운 자연석을 주워 사용하다가 나중에는 단단한 돌을 갈아 뾰족하게 날을 세워 도끼나 칼을 만들어 사냥할 때 썼다. 그러다가 화살이나 창을 만들어 무기로 사용하거나 짐승을 잡는 데도 쓰기 시작했다. 짐승이나 새를 잡으면 불을 지펴 구운 뒤에 돌칼로 베어 먹었다. 물가에서는 조개나 굴을 주웠고 뼈로 만든 낚시나 돌창으로 큰 물고기를 잡아먹기도 했다.

이들은 밤이나 겨울철을 견디기 위해 짐승 가죽으로 옷을 만들어 입거나 나뭇잎 및 나무껍질로 몸을 감싸기도 했다. 처음에는 자연동굴을 찾아 살았는데, 차츰 여럿이 함께 사는 데 불편하고 습기가 찬다는 사실을 깨닫고 넓은 돌을 세워 돌집을 지어 살았다. 그리고 나무로 만든 몽둥이와 돌로 만든 돌칼 같은 것을 사용했다. 그러면서 자연스레 마을을 이루어 같은 핏줄끼리 씨족생활을 하게 되었다. 이들은 씨족의 어른인 족장을 중심으로 움집생활을 했다. 이때 족장은 잡은 고기의 몫을 나누거나 싸움을 말리거나 새로운 터전을 찾는 따위의 중요한 일을 맡았다.

사람의 사고가 발달하면서 삶의 방식도 하나씩 새롭게 나타났다. 사낭이나 고기잡이를 하기보다는 곡식을 심거나 짐승을 기르거나 그물로 물고기를 잡는 일이 편리하다는 것을 생각해낸 것이다. 밭갈이에 필요한 돌쟁기 따위의 농기구를 발명했고, 곡식을 가는 맷돌이나 토기를 만들어 쓰기 시작했으며, 불편한 돌집 대신 나무나 띠풀을 엮어 집을 지었고, 온돌을 놓아 화덕을 걸어 밥을 짓기도 했다. 나무껍질, 칡, 삼 등으로 옷감을 만들어 뼈로 만든 바늘로 옷을 지어 입었고 조개껍질이나 단단한 돌 또는 옥으로 몸치장을 하기도 했다. 한편, 해와 달이 뜨고 지는 변화를 보거나 갑자기 천둥 번개가 치는 자연현상과 수많은 동식물에 대한 외경과 신비를 느끼고 그것들을 신앙의 대상으로 삼고 숭배했다.

우리의 조상인 동이족東夷族 또는 예맥족濊貊族은 신석기시대에 더 많이 만주 일대에서 더운 남쪽으로 계속 내려왔다. 두만강을 지나온 사람들은 동쪽으로, 압록강을 지나온 사람들은 서쪽으로 내려와 동쪽의 바닷가나 서남쪽의 대동강, 임진강, 한강, 금강, 낙동강, 영산강 등의 강가를 중심으로 집단을 이루어 살게 되었다.

처음 이들은 가족을 단위로 한 씨족들이 집단을 이루어 살면서 공동으로 사냥이나 종교의식을 행했다. 혼인으로 씨족들끼리 결속을 다지고 부족을 이루었으며 씨족의 어른들이 모여 선출한 부족장이 그 부족을 다스렸다. 이런 부족들끼리 일정한 지역의 지배권을 놓고 싸움을 벌이기도 했고 여러 부족을 하나로 합친 큰 부족이 지배 세력이 되어 힘을 행사하기도 했다.

단군은 우리 겨레의 시조

마침내 우리나라 역사를 여는 시조가 나타났다. 천제 환인은 아들 환웅이 인간세상에 내려가 천하를 다스리고자 하는 뜻을 알고 아래로 온 천하를 내려다보았는데, 세 개의 높은 산 중에서 마침 태백산太伯山(지금의 백두산 또는 묘향산)이 인간을 널리 이롭게 할―홍익인간弘益人間―수 있는 곳이라 생각했다. 이에 천부인天符印 세 개를 주고 내려가 그곳을 다스리게 했다. 환웅은 무리 3,000명을 거느리고 태백산 꼭대기 신단神壇의 박달나무(또는 제단) 아래에 내려와 신시神市(신이 세운 마을)를 열고 세상을 다스리기 시작했다.

이때 한 동굴에 사는 곰과 호랑이가 환웅에게 사람이 되게 해달라고 빌었다. 이에 환웅이 신령스러운 쑥 한 다발과 마늘 스무 톨을 주면서 "너희가 이것을 먹고 햇빛을 100일 동안 보지 아니하면 곧 사람 모습이 되리라"고 했다. 100일이 지난 후 곰은 환웅의 뜻을 잘 따라 여자, 즉 웅녀가 되었으나 호랑이는 제대로 지키지 않아 사람이 되지 못했다. 웅녀는 혼인할 남자가 없어 늘 신단의 나무 아래에 가서 아이를 갖게 해달라고 빌었는데, 이에 환웅이 잠시 모습을 바꾸어 웅녀와 혼인했다. 이후 웅녀는 아들을 낳았는데, 그가 바로 우리 겨레의 시조인 단군이다.

이는 『삼국유사三國遺事』에 나오는 단군신화의 기본 줄거리다. 환웅은 이주민집단의 우두머리로, 곰과 호랑이는 토착민으로 보는 견해가 있는데, 이는 환인이 이주민으로 군림해 토착집단을 지배하면서 곰을 숭상하는 부족을 동조 세력으로 만들었다고 풀이한다. 고구려 고분벽화에서도 곰 설화를 그린 장면을 찾아볼 수 있다. 단군의 건국신화에는 고대의 신앙이 잘 나타나 있다. 환웅이 하늘에서 내려온 것은 태양을 숭배하는 신앙이 있었음을 뜻하고 곰과 호랑이 설화는 동물을 숭배하는 토테미즘totemism을, 박달나무는 나무에도 영혼이 있다는 애니미즘animism을 나타내는 것이다. 그래서 단군을 '박달임금'이라는 순수한 우리말을 한자로 번역하여 '檀君'이라 표기하기도 한다.

단군은 서기전 2333년에 평양에 도읍을 정하고 나라 이름을 조선이라 일컬었다. 평양은 어떤 특정지역을 말하는 것이 아니라 도읍과 같은 큰 취락聚落을 뜻한다. 따라서 단군이 도읍한 평양은 요동지방이나 압록강 서북쪽에 있었다고 한다. 근래에 이르러 단군조선의 영역이 단지 대동강과 평양 주변이 아닌, 만주와 한반도를 포괄하는 광대한 지역이었다는 설이 유력하게 등장하고 있다. 뒤에 고구려의 동천왕도 단군이 도읍했던 요동 근방의 평양으로 도읍을 옮긴 적이 있었다고도 한다.

한편, 단군신화는 우리 겨레의 기나긴 역사를 알려주며 중국과 같은 시대에 나라를 세워 면면히 이어온 5,000년 역사의 여명을 알려주고 있다. 그뿐 아니라 실제의 군왕으로 그 자손들이 1,000여 년 동안 계속 왕위를 이어왔다고도 한다.

단군신화는 북쪽 지방에서 널리 퍼졌으므로 남쪽 신라의 기록에는 단군의 이야기가 등장하지 않는다. 이 신화는 불교의 제석천 설화와 비슷하여 일연이 불교 설화로 윤색했다고도 한다. 한편, 고려시대의 학자 이승휴는 『제왕운기帝王韻紀』에서 단군을 이르러 "단웅 천왕이 손녀에게 약을 먹여 사람의 몸이 되게 한 뒤 박달나무 신과 혼인을 시켜 아들을 낳게 했다. 그이가 바로 단군이다"라고 했다.

13세기 말엽 원나라는 고려를 침략해 평양을 점령한 뒤 20여 년 동안 돌려주지 않았다. 이로 인해 고려에서는 원나라를 적대하는 분위기가 생겼고 단군을 국조國祖로 받드는 이미지를 만들어냈다. 일연과 이승휴가 단군신화를 채집해 문자로 기록했고 조선에 들어와서도 단군을 국조로 받들어 『세종실록지리지世宗實錄地理志』에 이를 기재하고 나라에서 제사를 모시게 했다. 이어 19세기 말엽 일제의 침략이 이어지자 민족정신의 일환으로 단군을 받들었고 해방이 된 뒤에는 개천절을 지정해 단군을 나라를 연 시조로 모셨던 것이다. 그러나 이를 완전한 고대국가라고 할 수는 없다. 대신 국가의 초기 단계인 군장국가chiefdom, 즉 연맹왕국kingdom의 전 단계의 국가로 볼 수 있다.

단군의 뒤를 이어 중국에서 온 기자는 평양에 도읍하고 "사람을 죽인 자는 죽인다", "도둑질한 자는 종으로 삼는다" 등의 8조금법을 실시하면서 1,000년쯤 나라를 다스렸다 한다. 기자조선 말기에는 위만에게 왕위를 빼앗긴 준왕이 남쪽으로 도망가면서 사실상 기자조선은 멸망했다. 기자는 중국의 실존 인물이지만 기자조선의 기자는 가공인물이라는 설이 유력하며, 이때도 단군조선이 계속되었다고 보기도 한다. 일연은 『삼국유사』에서 기자에 대해 한 줄로 간략하게 썼고 이승휴는 『제왕운기』에서 기자조선이 있는 것이 아니라 후조선이 928년 동안 계속되었다고 했다.

어쨌든 이 기간 동안 우리 겨레의 문화는 새로운 모습으로 바뀌어 발전했다. 신석기시대가 끝나고 청동기시대가 열린 것이다. 신석기시대 사람들은 돌로 만든 도구와 빗살무늬 토기를 주로 사용했으나 차츰 불편함을 느끼게 되었다. 돌칼은 고기를 자르기에 무뎠고, 돌도끼는 나무를 제대로 쪼개지 못했으며, 뿔이나 뼈로 만든 바늘은 가죽이나 옷감에 구멍을 내기 힘들었다. 이때 모양을 쉽게 만들 수 있는 구리가 발견되어 주석을 섞은 청동으로 도끼나 칼을 만들어 생활도구로 쓰게 되었다. 돌로 만든 도구와 청동도구를 함께 쓰면서 곡식을 재배하고 가축도 더 많이 기르기 시작했다. 집도 크게 늘려 16미터나 되는 큰 집을 짓고 살기도 했다. 무덤은 돌을 괴거나 상자 모양으로 쌓아 표시해 죽은 사람의 영혼이 편히 쉴 수 있게 했다. 한반도를 중심으로 널려 있는 고인돌은 대체로 지배자의 무덤으로 만들어진 것으로 다른 지역에서 볼 수 있는 고인돌과는 용도가 달랐다. 고인돌은 이웃나라인 중국에서도 찾아볼 수 없는 우리 겨레의 독특한 고대 문화의 한 표상이다.

옛조선 사회는 이렇게 청동기 문화를 발전시키면서 세력도 크게 키워나갔다. 족장들은 젊은 장정들을 거느리고 청동으로 만든 칼과 화살을 써서 적들을 막거나 부족을 다스렸다. 그리하여 조선은 서기전 4세기에 이르러 한반도의 북쪽과 만주 일대를 활동 무대로 삼고 중국의 연나라와 국경을 맞대었다. 조선은 끊임없이 공격해오는 연나라에 맞서 싸움을 벌였다.

그때 중국 땅에서는 유방劉邦의 토지 회수정책에 반발한 많은 제후가 일어나 싸움을 벌였고 위기를 느낀 많은 사람이 만주의 요동 벌판을 거쳐 조선으로 쫓겨왔다. 그들은 점차 이 땅을 넘보기 시작했다. 이에 더욱 예리한 무기를 만들고 새로운 도구를 만들 필요가 생겼으므로 쇠붙이를 사용하는 철기시대가 열렸다. 중국 사람들이 쇠붙이로 무기를 만들어 사용하는 것을 본 조선 사람들도 이를 본받아 쇠를 녹여 화살촉, 칼, 창 등을 만들었다.

이때 중국에서 쫓겨온 위만이 중국 사람들을 모아 세력을 잡았다. 그는 서기전 2세기쯤에 조선의 준왕 밑에서 일을 돌보며 신임을 얻고 있다가 끝내 준왕을 내쫓고 스스로 왕이 되었다. 위만이 일으킨 조선은 주위의 여러 부족을 힘으로 눌러 빼앗고 세력을 떨쳤다. 이에 새로 일어난 중국의 한나라는 말썽을 피우는 조선을 침략했다. 조선은 벌떼처럼 몰려오는 한나라 군사에 맞서 1년 동안이나 끈질기게 싸웠으나 끝내 서기전 108년에 망하고 말았다.

이 대목에서 참고로 조선이란 국호의 유래를 살펴보자. 중국 기록에는 단군의 건국 사실이 없다. 따라서 단군조선도 나오지 않는다. 중국의 정사인 『사기史記』와 『한서漢書』에는 '조선전'이 전해지는데, 연나라 사람인 위만의 이야기가 실려 있다. 위만이 조선으로 들어와 기씨의 조선을 몰아내고 왕이 되었다는 기록이다. 그뒤 동이족이 세운 조선이 자주 중국 기록에 나타났다. 한편, 일연은 단군조선을 고조선이라고 표기해 위만조선과 구분했다.

조무래기 나라들이 일어나다

한나라 무제는 위만조선의 땅에 낙랑, 진번, 임둔, 현도의 사군을 두고 중국인 관리를 보내 다스리게 했다. 낙랑군은 대동강 주변에, 나머지 삼군은 대동강 북쪽에 설치했다. 그리하여 멸망한 위만조선의 지배층과 유민들은 이리저리 흩어졌고 일부는 새로운 삶의 터전을 찾아 남쪽으로 옮겨갔다. 이런 이유로 철기 문화가 남쪽까지 널리 퍼졌으며 쇠로 만든 낫, 쟁기, 가래 등이 농사짓는 도구로 본격적으로 사용되었다.

우리 겨레는 한사군을 몰아내는 싸움을 벌여 낙랑을 제외한 삼군을 나라 바깥으로 몰아내는 데 성공했다. 기름진 땅을 차지한 낙랑은 우수한 철기 문화를 바탕으로 200여 년을 버텼으나 고구려 군사에 견디지 못하고 끝내 항복하고 말았다. 고구려 왕자인 호동왕자를 사랑했던 낙랑공주가 고구려 군사를 도와준 설화는 지금까지 전해진다.

한편, 낙랑은 낙랑군과 낙랑국이 있는데, 낙랑군은 요동, 낙랑국은 평양 주변에 있었으므로 이 둘은 구분되어야 한다는 설이 있다. 조선 후기 실학자 한백겸, 안정복 등은 중국 기록에 의존해 한사군이 한반도 북부에 있었다고 기록했고 민족사학자 신채호, 정인보 등은 한사군을 하나의 침략 세력으로 보고 요동반도에 있었다고 주장했다. 북한에서는 요동반도설을 따르고 대동강 언저리에서 발굴된 이 시기의 유적, 유물은 기자조선 유민들이 세운 낙랑국의 유적이라고 단정했다.

1세기쯤 한반도에는 여러 부족국가가 세워졌다. 이보다 앞서 만주의 송화강 상류에는 서기전 3세기에서 2세기 무렵 부여가 일어났는데, 부여의 지배 세력은 동이족의 한 갈래인 예맥이었다. 부여의 시조는 천제의 아들 해모수로 하백의 딸 유화와의 사이에서 고구려의 시조 주몽을 낳았다.

이즈음 남쪽 한강 주변에서는 진국辰國이 세력을 떨치고 있었고, 북쪽에서 사람들이 옮겨오자 마한, 진한, 변한으로 나뉘어 외교활동을 함께하기도 했다. 한강 또는 금강 일대에는 옛조선 시기부터 원래 한족韓族이 살고 있었다. 중국 사람들은 이들을 예맥과 함께 동이족의 한 갈래로 보았다. 이들은 무수한 작은 부족국가를 형성하여 서로 힘겨루기를 했다.

삼한은 북쪽에서 우리 겨레가 중국 민족 등 다른 나라와 영토를 놓고 겨루고 있을 때 농업과 목축으로 새 삶의 보금자리를 꾸미고 있었다. 기름진 땅에 알맞게 물을 대고 때로는 사냥을 하여 풍족한 생활을 했다. 한편, 뭍에서는 무기와 농기구를 만들기 위해 무쇠를 많이 생산했고 바닷가에서는 고기잡이를 위해 굵은 나무로 배를 많이 만들었다. 그리하여 뭍에서 생산한 무쇠를 뱃길로 북쪽의 낙랑, 남쪽의 일본에까지 수출했다.

북쪽에 나라를 세웠던 부여는 고구려가 힘을 떨칠 때 송화강을 중심으로 주위의 부족을 다스렸으며 고구려의 동쪽에서는 옥저와 동예(지금의 함경도, 강원도 지역)가 일어나 나라를 유지하다가 나중에는 고구려의 지배를 받았다. 이들 부족국가 또는 성읍城邑국가는 서쪽으로는 요하, 동쪽으로는 두만강 언저리, 북쪽으로는 송화강, 남쪽으로는 한반도의 다도해까지 이르렀다.

이렇게 우리 겨레가 서로 어울려 살아가는 동안 새로운 조짐이 일어났다. 여러 부족국가가 없어지기도 하고 통합되기도 하면서 새로운 고대국가가 탄생했다.

세 나라의 시대가 열리다

서기전 37년 무렵 부여에서 떨어져 나온 주몽(동명성왕)이 압록강 위쪽인 졸본(환인)의 험준한 산골짜기에 고구려(골짜기라는 뜻)를 세웠다. 고구려는 차츰 세력을 키워나갔다. 산악지대에서 단련해 날래고 용감한 고구려 군사들은 먼저 한나라의 세력을 몰아냈다. 도읍을 압록강 하류인 국내성으로 옮기고 요동성 일대와 압록강 일대를 모두 손아귀에 넣고 뒤에 낙랑까지 멸망시켜 대제국 건설의 기틀을 마련했다. 기상이 드높은 고구려 사람들은 자원이 풍부한 넓은 만주를 차지하려는 욕망에 불타 있었기에 날로 발전해갔다.

고구려가 한창 세력을 뻗치고 있을 동안 고구려의 한 갈래인 백제가 한강을 중심으로 서기전 18년 무렵에 나라를 세웠다. 백제의 시조 온조가 마한의 땅을 대부분 차지하고 새로운 나라를 세운 것이다. 백제는 차츰 세력을 넓혀 3세기쯤에는 고대국가의 모습을 갖추고 북쪽으로 고구려에 맞서면서 지금의 황해도, 경기도, 강원도를 대부분 손아귀에 넣었다. 이어 남쪽으로 마한의 마지막 세력을 꺾고 남해안까지 진출했다.

이보다 약간 뒤늦게 진한에서는 이웃한 다른 부족들을 누르고 박혁거세가 지금의 경주에서 신라를 세웠다. 그리하여 4세기 무렵에는 지금의 강원도와 충청도 일부, 경상도 대부분을 차지하고 국가제도를 정비하여 고대국가의 모습을 갖추었다. 서남쪽으로 백제, 북쪽으로 고구려와 맞선 신라는 세 나라 가운데 가장 늦게 일어났고 힘도 약하여 두 나라의 눈치를 보는 처지였다.

백제와 신라가 남쪽에서 일어나 세력을 키우는 사이 고구려는 북쪽의 여러 나라와 싸우면서 나라 안의 일에 더욱 힘을 쏟았다. 그리하여 4세기쯤에는 기상이 뛰어난 광개토대왕(땅을 넓힌 큰 임금이라는 뜻)이 일어나 만주를 차지하여 동북쪽으로는 말갈족, 서북쪽으로는 거란족, 서북쪽 아래 요동 근방에서는 중국과 영역이 맞닿아 있었다.

중국에서는 광개토대왕의 영토 확장정책에 두려움을 느끼고 있었다. 광개토대왕은 남쪽으로 백제까지 공격하여 한강 이남으로 내몰았다. 우리나라 역사에서 가장 넓은 땅을 차지했던 광개토대왕은 백제와 신라를 조공국朝貢國으로 만들고 멀리 일본까지 조공을 바치게 했으며 백제와 연합한 왜가 신라에 쳐들어오자 군사를 보내 쫓아내기도 했다. 뒤를 이은 장수왕은 땅을 안전하고 평화적으로 지키기 위해 도읍을 평양성으로 옮기고 중국과는 외교를 통한 화평을 유지하면서 남쪽으로 백제와 신라를 압박하여 영역을 넓히는 데 힘을 쏟았다.

백제는 고구려에 밀려 한강 가의 위례성을 벗어나 도읍을 웅진(공주)으로 옮긴 뒤 신라와 동맹을 맺고 고구려에 맞섰다. 백제는 다시 사비성(부여)으로 도읍을 옮기고 신라와 힘을 합하여 잃었던 한강 아래쪽을 되찾았다. 이에 힘입은 신라는 한강 위쪽을 차지하고 계속하여 동쪽으로 함경도 지역까지 진격해 들어갔다. 그러나 야망에 가득찬 신라는 백제와의 동맹을 깨고 한강 아래 지역의 백제 땅을 차지했으며 아울러 김해에 있는 금관가야와 고령에 있는 대가야를 차지하여 근심거리를 없앴다. 백제는 고구려와 신라의 핍박을 받으면서도 뱃길로 멀리 중국 남쪽과 무역을 활발히 했고 중국의 문화를 들여와 찬란한 백제 문화의 시초를 열었다. 또 왜에도 이를 전해 일본과의 쉼 없는 교류의 길을 텄다.

한편, 삼국이 건국될 무렵 낙동강 유역에서는 가야 등 여러 부족국가가 세워졌다. 금관가야가 위치한 김해지역은 일찍부터 풍부한 철 생산지로 알려져 있었으며 당시 철은 화폐로 쓰일 만큼 매우 중요한 자원이었다. 또한 이 지역은 낙동강 하류에 위치하여 중국의 군현 및 왜 등과 경상도 내륙지역을 연결하는 교통 중심지였다. 이런 지리적 이점을 활용하여 금관가야는 중국 남쪽으로부터 선진문물을 받아들였고 이를 경상도 내륙지역과 왜 등에 전하여 중계무역의 이익을 보면서 그 지역에 대한 통제력을 강화했다. 이를 기반으로 가야연맹을 형성하고 주도할 수 있었던 것이다.

그러나 4세기 이후 고구려의 남진이 본격화되면서 가야연맹도 커다란 변동을 겪었다. 백제는 고구려의 남진을 막기 위해 왜, 가야 세력과 동맹을 맺었고 신라는 이에 맞서 고구려와 끈끈한 관계를 맺었다. 400년에 왜 세력이 신라를 공격하자 고구려 광개토대왕은 5만의 군사를 보내 신라를 구원했다. 이때 고구려군은 신라 국경에 집결한 왜군을 격파한 다음 임나까지 진격했다. 고구려군의 침공으로 김해를 비롯한 경남 해안지대의 여러 가야국은 커다란 타격을 입고 세력이 점점 약해졌으며 일부 세력은 자신의 영향력이 미치고 있던 경상도 내륙지방으로 들어갔다.

가야 세력은 5세기 후반 고령지역의 대가야를 중심으로 다시 결집했다. 고령지역은 경상도 내륙지방이었기 때문에 고구려군 침입 때 별다른 타격을 받지 않고 지속적으로 성장할 수 있었다. 522년 신라는 대가야의 결혼동맹 요청을 받아들이는 한편, 남쪽 변방지역을 개척하기 위해 금관가야를 압박했다. 532년 이를 견디지 못한 금관가야는 신라에 항복했다. 신라의 금관가야 병합은 대가야를 중심으로 한 가야연맹을 위협했다. 대가야는 신라의 침략을 막기 위해 다시 백제, 왜와 연합을 추진했다. 진흥왕은 555년 가야 정벌을 본격화했다. 그리하여 562년 이사부가 신라의 대군을 이끌고 쳐들어왔을 때 대가야는 별다른 저항도 하지 못하고 항복했다. 이때 나머지 가야국도 차례로 신라에 병합되면서 가야제국은 소멸했다.

신라는 가야를 병합한 뒤 젊고 날랜 화랑도를 길러내 나라의 인재로 뽑아 썼으며 전투에서는 언제든지 이들을 앞장세워 승리를 장식했다. 진흥왕은 차지한 땅을 잃지 않으려고 온 나라의 경계를 살펴보고 수비를 강화했는데, 백제와의 동맹이 깨지자 백제의 복수심을 충동하고 자주 싸움을 걸어오게 하여 백제의 세력을 조금씩 약화시켰고 한강 아래 지역의 백제 땅을 차지했다.

궁지에 몰린 백제는 어제의 적이었던 고구려와 새로운 동맹을 맺게 되었다. 고구려에서도 백제와 평화를 유지하여 신흥 세력인 신라를 견제하면서 중국에서 남북조를 통일하고 새로이 일어난 수나라의 침략에 대비했다. 598년 고구려는 돌궐과도 동맹을 맺고 말갈족과 손을 잡아 먼저 수나라의 영토인 요서지방을 공격했다. 이에 화가 머리끝까지 난 수나라 문제文帝는 30만의 수군과 육군을 보내 고구려를 치게 했으나 평양성으로 오는 도중 홍수와 폭풍, 돌림병으로 싸움 한번 제대로 해보지 못하고 돌아갔다.

문제의 아들 양제煬帝는 복수심에 불타 고구려에 조공을 요구했으나 고구려는 콧방귀만 뀌고 거들떠보지도 않았다. 612년 양제는 100만 군사를 이끌고 고구려에 쳐들어왔다. 육군은 요동성을 통해 압록강으로, 수군은 바다를 건너 대동강을 거쳐 모두 평양성까지 들어왔다. 하지만 미리 잠복하고 있던 고구려 군사들이 수나라 수군의 목을 베었다. 살아서 되돌아간 병사들은 몇천 명밖에 되지 않았다.

한편, 수나라 육군은 30만 명의 별동부대를 뽑아 압록강을 건너 평양성 근처까지 왔으나 을지문덕이 이끄는 고구려 군사의 완강한 저항으로 꼼짝달싹 못했다. 이때 을지문덕은 적장 우중문于仲文에게 거짓으로 항복하는 척하며 다음과 같은 시 한 수를 전했다.

신책구천문神策究天文 신묘한 계책은 천문을 꿰뚫어볼 만하고

묘산궁지리妙算窮地理 오묘한 전술은 땅의 이치를 모조리 알리.

전승공기고戰勝功旣高 전쟁에 이겨서 공도 이미 높아졌으니

지족원운지知足願云止 만족을 알거든 그만 돌아가시구려.

이에 우중문이 군사를 돌려 살수(청천강)를 반쯤 건너가고 있을 때 을지문덕은 미리 매복시켜둔 군사를 일으켜 적들을 물리쳤다. 수나라 군사들은 허겁지겁 물을 건너다가 빠져 죽기도 하고, 고구려 군사의 칼에 목이 떨어지기도 하고, 자기들끼리 붙들고 싸우기도 했다. 이때 살아 돌아간 자는 30만 명 가운데 겨우 2,700명뿐이었다. 이것이 그 유명한 '살수대첩'이다.

이듬해 정월 분을 못 이긴 양제는 또다시 같은 방법으로 요동성을 공격해왔으나 고구려 군사들의 완강한 저항으로 실패했다. 양제는 그뒤에도 여러 번 침략을 감행했으나 번번이 실패했고 끝내 분을 풀지 못하고 죽었다. 결국 수나라는 멸망하고 당나라가 새로이 중국 땅을 차지했다.

삼국을 통일하다

—

고구려는 나라의 안정을 위해 새로 들어선 당나라와는 평화로운 관계를 유지했다. 서로 사신을 보내고, 포로도 교환하고, 문화도 받아들였다.

그러나 한편으로는 중국과의 국경 사이에 천리장성을 쌓아 침략에 대비했으며 백제와 손을 잡고 배후의 신라를 견제했다.

백제는 고구려가 수나라와 싸우는 동안 신라에 잃은 땅을 되찾기 위해 잦은 분쟁을 일으켰다. 의자왕이 왕위에 오른 후 백제는 신라의 서쪽 40여 성을 빼앗고 대야성(지금의 합천지방)까지도 차지했다. 이에 신라는 새로운 길을 찾을 수밖에 없었다. 신라는 백제 영토와 맞닿은 지역에 김유신을 보내 백제의 침략을 막게 하고 명망 있는 왕족 김춘추를 고구려에 사신으로 보내 도움을 요청했다. 그러나 고구려가 옛 영토를 돌려주면 도와주겠다고 하여 아무런 성과도 거두지 못했다.

당나라에서는 태종이 두번째 왕이 되었다. 야심이 많았던 태종은 겉으로는 태연한 척했지만 고구려를 꺾으려는 음모를 꾸미고 있었다. 그리하여 세 나라가 싸우기를 조장하면서 신라를 도와주는 척했다. 이때 고구려는 연개소문이 반대파를 몰아내고 권력을 장악했다. 태종은 당나라에 굽히지 않는 연개소문에 대해 분노를 참지 못하고 644년에 이세적李世勣을 대장으로 군사 30만 명, 말 1만여 필, 전함 500여 척으로 고구려를 공격했다.

이때 태종도 친위 군대를 이끌고 이세적을 도왔는데, 요동성을 비롯한 요동의 여러 성을 빼앗고 안시성을 포위했다. 당나라 군은 날마다 예닐곱 차례씩 싸움을 걸어왔다. 안시성 성주 양만춘과 고구려 군사들은 결코 무릎을 꿇지 않았고 용감하게 싸워 당나라 군사를 무찔렀다. 그렇게 석 달이 지나면서 8, 9만여 명의 당나라 군사가 목숨을 잃었고 군량도 떨어지자 태종은 뼈아픈 후회를 하며 물러갔다. 태종은 그뒤에도 여러 차례 고구려에 침입했으나 한 번도 성공하지 못했고 30만 명의 군사로 다시 고구려를 침공하려다 끝내 뜻을 이루지 못하고 죽었다.

한편, 신라가 당나라와 연합하자 고구려와 백제는 사이가 더욱 가까워졌다. 당나라 군사를 물리친 고구려는 신라를 깔보았고 신라의 40여 성을 빼앗은 백제는 더욱 의기양양해하면서 고구려와 연합하여 신라를 더욱 압박했다. 외로운 섬 신세가 된 신라는 당나라에 아양을 떨며 당나라 연호를 쓰고 당나라를 칭송하는 글을 바친 후 20만 명의 군대를 보내주겠다는 약속을 받아냈다.

김춘추는 왕(태종 무열왕)이 되자 처남 김유신의 주장에 따라 백제를 치기로 했다. 이때 백제 의자왕은 신라의 여러 성을 차지하고 사치와 오만으로 궁중에서 방탕한 세월을 보내고 있었다. 당나라는 신라와 손을 잡고 먼저 백제를 멸망시킨 뒤 고구려를 치려는 전략을 세웠다.

660년 드디어 큰 싸움이 벌어졌다. 당나라는 대총관 소정방蘇定方을 주축으로 13만의 군대를 보내 물길을 통해 백마강으로 쳐들어갔고 신라의 군대는 황산으로 쳐들어갔다. 나당 연합군의 침공을 받은 백제는 황산에서는 계백 장군이 용감히 싸웠고 백마강에서도 굳게 맞서 싸웠으나 끝내 버티지 못하고 웅진으로 물러갔다가 항복했다. 사비성은 나당 연합군에게 짓밟혔고 궁녀들은 낙화암에서 스스로 떨어져 나라 잃은 설움을 대신했다.

당나라는 의자왕과 태자 등 1만 3,000명을 포로로 데리고 돌아갔다.

그리고 백제의 땅을 다스리기 위해 다섯 개의 도독부都督府를 설치했다. 도독부는 군사를 배치하고 조세를 거두어들이는 등 외지를 통치하기 위한 기관이었으며 식민지 경영과 다를 바 없는 점령정책을 폈다. 이때 백제를 다시 일으키겠다는 부흥군이 일어나 주류성과 임존성을 근거지로 계속 항전했으나 실패했다.

당나라는 백제를 멸망시킨 후 신라의 도움을 받아 고구려를 공격하는 데 힘을 쏟았다. 660년과 661년 2년에 걸쳐 당나라는 35만의 군대를 보내 고구려를 공격했으나 결사 항전하는 고구려 군사를 당해내지 못했다. 신라의 김유신이 늦게 군사를 이끌고 평양으로 갔으나 당나라 군대가 이미 물러가서 맥없이 돌아오는 수밖에 없었다.

이런 소용돌이 속에서 연개소문이 죽자 그의 아들 남생과 남건, 남산은 고구려의 권력을 놓고 서로 다투었다. 이에 쫓겨난 남생이 어제의 적이었던 당나라에 구원을 청했다. 당나라는 재빨리 이 기회를 틈타 남생의 힘을 빌려 667년 총공격을 개시했고 신라도 군사를 보내 고구려를 협공했다. 668년 나당 연합군의 공격을 받은 고구려는 끝내 항복했다. 백제 멸망 후 8년 동안 꿈쩍도 않던 고구려도 내분으로 무너지고 만 것이다. 가장 무서운 적은 내분에 있었던 것이다. 당나라에서는 백제에서와 같이 고구려 도읍 평양에 도호부를 두어 다스렸다.

고구려도 부흥군이 익산을 중심으로 일어나 당나라를 위협했다. 당나라에서는 정벌한 땅을 다스리면서 부흥군을 누르기도 하고 그들끼리의 대립을 조장하면서 우리 겨레의 분열을 부채질했고 신라 세력을 억누르려 했다. 이는 처음에 신라에 백제와 고구려를 평정하면 그 땅을 모두 주겠다고 한 약속과 다른 것이었다.

신라는 당나라의 야심을 알아차리고 또 한번의 전쟁을 치를 결심을 했다. 670년 신라는 웅진과 임천에서 당나라 군사 1만여 명을 죽이고 군량을 실어나르는 배 70여 척을 부수었고, 675년에는 매소성(양주)에서 당나라의 군사 20만 명과 싸워 전마 3만 380필을 빼앗았다. 이에 세력이 약해진 당나라는 676년 평양의 안동도호부를 신성(만주 무순)으로 후퇴시킴으로써 신라는 마침내 통일을 이루게 되었다.

그리고 얼마 후 북쪽에는 고구려를 계승한 발해가 들어서 남북국시대를 이루었다.

통일신라인가, 후기신라인가

신라의 삼국 통일은 우리 역사에 크게 두 가지 의미를 던져준다. 먼저 그 힘의 바탕이 어디에서 나왔는가다. 이는 세 가지로 나누어볼 수 있다. 첫째, 인재 양성이다. '세속오계世俗五戒'에 보이듯이 청소년들에게 강한 의지를 심어주고 심신을 끊임없이 갈고닦게 한 것이다. 화랑도들은 언제나 전쟁터에서 앞장섰고 다른 군사의 모범이 되었다. 둘째, 탁월한 지도력이다. 대표적 인물로 김춘추를 들 수 있다. 비록 그는 뜻을 이루지 못했지만 자기 군사의 힘은 소모하지 않고 고구려의 힘을 빌려 백제를 평정하려 했을 뿐 아니라, 그 세력을 약하게 하려 했다. 또한 당나라 세력을 끌어들이는 데도 성공했다. 그리하여 결정적 순간에 비축해놓은 군사력을 이용해 당나라 군사를 용감히 물리쳤다. 셋째, 자만에 빠진 백제와 고구려의 내분을 활용했다. 백제의 의자왕은 신하들의 말을 듣지 않고 방비를 허술히 하면서 사치에 빠져 있었고, 고구려는 형제끼리 권력 싸움을 벌이다가 국력을 소모했다. 신라는 이 기회를 잘 포착하여 통일을 이룬 것이다.

다음으로는 역사적으로 볼 때 신라의 삼국 통일이라 보기에는 그 한계점이 있었다. 첫째, 영토를 서쪽으로는 대동강 아래 지역과 동쪽으로는 원산만을 경계로 토막을 냈다. 고구려의 옛 땅을 거의 상실한 반쪽짜리 통일을 한 것이다. 신라는 경주에서 벗어나 북쪽으로 진출하려는 의지가 없었다. 후에 고구려 유민들이 발해국을 세웠으나 처음에는 이들을 돕거나 선린관계를 맺지 않고 오히려 적으로 대했다. 둘째, 비록 오늘날의 민족의식과는 구분되지만 언어와 풍속이 같은 한 핏줄이라는 의식이 없었다. 눈앞의 통일만을 위해 외세를 끌어들인 역사적 폐단을 만든 것이다. 이후 우리나라는 어려운 일이 있을 때마다 남의 힘을 빌리려는 태도를 갖게 되었다. 셋째, 당나라를 섬기는 사대주의의 조짐이 싹텄다. 신라는 당나라에 아부하기 위해 당나라의 연호를 썼으며 모든 제도와 문화를 모방하는 데 정신이 팔려 우리나라의 특수한 환경과 문화를 북돋우는 데 인색했다. 당나라의 선진문화를 받아들이는 것과는 구분해야 할 것이다.

하지만 몇백 년 이어진 끊임없던 전쟁을 종식시키고 평화로운 사회를 이룩했다는 점에서는 역사적 의미가 있다 할 것이다. 발해와는 끝내 전쟁을 벌이지 않았다. 그러므로 오늘날의 민족 분단체제를 겪으면서 통일신라라고 불러야 할지, 후기신라라고 불러야 할지 다시 한번 되새겨보아야 할 것이다.

삼국의 제도와 신앙, 동질성

삼국은 각국의 문화와 중국 등 북방에서 흘러들어온 문화를 잘 조화하여 새로운 문화를 이룩했다. 국가체제도 처음에는 성읍국가의 성격을 띠었으나 차츰 중앙집권적 통치체제를 갖춘 고대국가로 발전했다.

고구려는 주몽이 건국하여 세습에 의한 군주가 들어서서 왕권이 이어졌고 국내성과 평양을 근거로 하여 대제국을 건설했다. 왕권은 광개토대왕과 장수왕 때 크게 강화되었다. 그러나 말기에 이르면 연개소문의 경우처럼 유력한 귀족들이 권세를 잡아 갈등이 끊이지 않았다.

백제는 온조왕이 한강 상류를 도읍지로 하여 나라를 세운 후 중국 남쪽과 왜와의 활발한 교류를 통해 국력을 키웠고 성왕 때 정치, 문화가 꽃피었다. 백제는 토착 세력이 세운 마한보다 우월한 제도를 시행해 끝내 병탄並呑할 수 있었지만 차츰 한강에서 밀려났다.

신라는 박씨, 석씨, 김씨가 왕위에 번갈아 오르다가 나중에는 김씨가 독차지했고 진골 귀족 출신의 대등大等으로 구성된 합의체 회의 기구인 화백회의和白會議로 국가의 중대한 일을 결정했다. 또한 화백회의는 귀족과 왕 사이의 권력을 조절하는 기능을 담당했으며 17관등 가운데 제1등인 이벌찬伊伐飡은 행정의 최고 관직으로 왕을 도왔다. 하지만 고구려, 백제보다 더욱 강력한 귀족사회를 이룩했다.

한편, 삼국은 북방에서 흘러들어온 샤머니즘을 공유했고 인류가 보편적으로 지녔던 토테미즘과 애니미즘 형태의 신앙을 가졌다. 고대부터 숭상된 곰 신앙과 호랑이 신앙이 하나의 보기가 될 것이다. 이런 과정에서 삼한시대부터 제정祭政이 분리되기 시작했다. 지배자들이 정치권력에 집중하면서 천제天祭 같은 종교의식은 천군天君이라는 제사장에게 맡긴 것이다. 제사장은 소도라는 별읍別邑을 주관했는데, 그곳은 신성불가침 지역으로 죄인이 이곳으로 도망가더라도 잡아가지 못했다.

상고사회부터 차츰 농업이 위주가 되면서 해와 달의 신이나 땅의 신을 받들어 풍년을 기원하거나 사람들의 행복을 빌었다. 그뒤 고대국가가 성립되고 각 나라의 시조를 수호신으로 받들고 신사와 신상을 만들어 숭배했다. 고구려와 백제에서는 동명, 신라에서는 박씨, 석씨, 김씨를 시조로 받들었다.

4세기에 이르러 중국으로부터 불교가 들어왔다. 372년 중국에서 경문을 갖고 온 승려 순도가 고구려에 불교를 전하자 384년 백제도 이를 받아들였다. 귀족들은 곳곳에 절을 짓고 불상을 모시고 신자가 되었다. 그러나 본래의 신앙에 빠져 있던 민중은 쉽사리 불교를 받아들이려 하

지 않았다. 특히 남쪽에 자리잡은 신라에는 불교의 전파가 쉽게 이루어
지지 않았다.

그러다가 신라에서는 527년에 이차돈의 순교로 불교가 공인되었다.
처음 삼국의 불교는 경전을 중심으로 퍼졌으나 차츰 미륵신앙으로 기
울어졌다. 지배층은 잦은 싸움을 벌이면서 왕이 내세에 나타날 미륵불
이라는 인상을 심으려 했고, 민중은 나라 간의 전투에 동원되면서 그들
을 구원할 미륵불이 출현하기를 고대했던 것이다. 그뒤 신라에서는 당
나라로 가는 구법승求法僧들이 줄을 이었고 당나라에 다녀온 자장은 통
도사를 세우기도 했다. 이어서 원효가 등장하여 귀족불교에 맞서 민중
불교를 이룩했다.

현재 중국이 한국의 고대사를 왜곡하고 있는 현실에서 삼국의 동질
성을 알아둘 필요가 있다. 민족의 동질성은 혈연, 언어, 풍속의 공유가
필수조건이 된다. 이를 정리하면 다음과 같다.

첫째, 혈연을 공유했다. 중국에서는 동쪽의 겨레붙이를 동이족 또는
예맥족이라 불렀다. 동이족은 넓은 범위로 쓰였지만 예맥족은 만주 아
래 지역과 한반도에 거주하는 혈연집단을 말한다. 하지만 그들은 원시
시대부터 북방에서 흘러들어온 이주민이었다. 그래서 이 지역에 사는 말
갈족(뒤에 여진족)이 같은 혈연으로 인식되어왔다. 이는 오늘날 DNA 조
사에서도 입증되고 있다. 이를 북방계인 퉁구스계라 한다.

둘째, 언어를 공유했다. 이들 종족은 같은 언어구조를 갖고 있었다.
좀더 쉽게 말하면 주어 아래 목적어나 보어가 놓이고 서술어는 어미가

된다. 곧 '나는 서울에 간다'이지 '나는 간다, 서울에'의 어순이 아니다. 이는 중국어나 유럽권 언어와는 다른 구조이지만 몽골어, 여진어, 일본어와는 같은 구조를 지닌다. 이를 우랄알타이어계語系라 한다.

삼국의 구성원은 같은 언어를 사용했다. 삼국이 서로 교류하면서 통역을 둔 증거가 사료에 한 번도 나오지 않는다. 승려 도림은 백제에 와서 왕과 바둑을 두면서 통역을 두지 않았다. 다만 방언이 있었다고 보아야 할 것이다.

셋째, 생활문화나 풍속이 같았거나 비슷했다. 그 예로 온돌, 윷, 씨름을 들 수 있다. 먼저 온돌(구들)을 살펴보자. 온돌은 추운 북방에서 사용되어 차츰 남쪽으로 퍼져나갔다고 보는 것이 상식이다. 흔히 온돌은 고구려에서 발명되었다고 보지만 삼국의 주민들이 자연스레 이용했다고 보는 것이 타당할 것이다. 고대의 경우만 보더라도 발해의 궁성 등 유적에서도 온돌이 발굴되고 있으며 지리산 화개골에 있는 칠불암에서도 발굴되었다.

윷놀이는 둥근 하늘과 동서남북 사방, 다섯 가축을 상징하는 윷판을 기본으로 하고 있다. 이는 부여의 사출도四出道에서 비롯되었다고도 하며 농경사회의 특징을 나타낸다고도 해석한다. 윷놀이는 한민족과 아메리카 인디언들 사이에 널리 퍼졌다. 윷판은 한반도에 널려 있는 고인돌이나 백제시대 유적인 미륵사지에도 나타난다. 한민족은 틈만 나면 윷놀이를 했다.

씨름은 고구려 고분벽화에 등장할 뿐 아니라 조선 후기의 풍속화에도 나온다. 한민족에게 씨름은 일상의 겨루기였고 놀이였다. 이 씨름이 백제를 통해 일본으로 건너갔다고도 하며 오늘날에도 몽골에서는 씨름이 전승되고 있다. 그러므로 씨름은 한민족의 또하나의 상징물이 된다고 할 수 있을 것이다.

민족의 동질성을 보여주는 이런 요건은 삼국이 공유했던 것이요, 통일이 된 뒤에는 주민들이 이를 공유하면서 갈등을 줄일 수 있었던 것이다. 그러므로 삼국의 역사는 중국이나 일본과는 달리 하나의 역사로 통합해 풀어야 한다.

삼국의 독특한 문화

또 삼국에는 한자로 된 불경과 함께 중국으로부터 유교의 책들이 들어왔는데, 유교는 종교로서보다 정치와 학문, 문화생활에 이바지했다. 이때부터 한문이 널리 퍼졌고 문자생활의 한몫을 담당했다. 한편, 신라에는 고유의 가르침으로 풍류도風流道가 있었다. 곧 유불선儒佛仙의 세 가르침을 하나로 묶어 중생을 가르쳤다. 이는 유교의 충효와 도교의 무위無爲와 불교의 자비를 권장했던 것이다.

백제를 정벌하고 신라에 침입한 왜를 몰아낸 고구려의 광개토대왕이 죽자 그때의 일을 기록한 비석의 글도 웅장한 한문체(예서체)로 지었다. 더불어 한자를 빌려 음을 표기한 향찰鄕札이 발달했다. 이는 한자를 우리 식대로 이용한 것으로 지금도 전해지는 몇 편의 향가가 이 표현방식으로 되어 있으며 근래에 발굴된 죽간竹簡에도 나타난다. 삼국의 역사도 한자로 기록되었으며 사람의 성이나 이름, 벼슬명이나 지명을 본디의 우리말과 함께 한자를 섞어 쓰기도 했다. 예를 들면 신라의 임금 칭호인 이사금尼師今은 이를 나타내는 잇금齒理의 한자 표기였다고 한다. 본래 있던 우리말에 한자를 이용한 표현 수단이 더해지자 의사 표현이 더욱 자유로워졌다.

음악과 미술, 건축도 독특하고 활발히 발달했다. 우리나라 사람들은 예부터 춤과 노래를 좋아했다. 농사일이 끝난 뒤 풍물을 울리며 풍년을 즐기는 것은 삼한시대부터 있어온 것으로 전해진다. 어깨춤과 발놀림은 흥이 한껏 겨웠을 때 저절로 터져나오는 몸짓이다. 악기도 만들어져 이런 흥겨움에 더해졌다. 고구려의 왕산악은 거문고, 가야의 우륵은 가야금을 만들었고 신라의 백결선생은 방아타령을 지어 사람들로 하여금 연주하거나 부르게 했다.

목공과 석공은 나무를 자르고 돌을 쪼아 절과 궁궐, 탑을 세웠다. 고구려 쌍영총의 석실에는 웅장하고 화려한 벽화들이 그려져 있고, 익산의 미륵사와 부여의 정림사는 백제의 오밀조밀한 건축술로 이루어졌다. 신라 경주의 분황사탑에는 한 석공의 은밀한 속삭임과 숨결이 나직이 깔려 있고 동양에서 가장 오래된 천문대인 첨성대는 완벽한 건축술로 이루어져 어느 과학자의 영혼이 하늘을 향해 뻗쳐 있는 듯하다. 이렇게 고구려의 예술은 웅장하고 백제의 예술은 우아하며 신라의 예술은 섬

세한 손재주가 두드러졌다.

한편으로 삼국 사람들은 황무지를 개간하고 농기구를 더 편리하게 만들어 계절에 따라 다른 곡식을 심었다. 고구려는 3세기 초, 백제와 신라는 4세기 초에 소갈이 방법이 널리 보급되었다. 소갈이는 논밭을 갈 때 소에 멍에를 씌우고 쟁기를 매달아 끌게 한 방식이다. 이런 소갈이 방식을 이용하게 되면서 사람 노동력의 다섯 배 정도의 능률을 올리게 되었고 이로 인해 삼국은 예전보다 훨씬 높은 농업 생산력을 구현할 수 있게 되었다.

삼국 사람들은 베를 짜서 옷으로 지어 입고 부드러운 짐승 가죽도 손질하여 이용했다. 가죽띠를 두르고 가죽신을 신었으며 소매와 바지는 헐렁하게 만들어 입었다. 여자들은 수를 놓은 옷과 주름치마를 입었고 처녀들은 머리를 땋아 뿔과 옥으로 장식했다.

일하고 남는 시간에는 활과 창으로 무예를 겨루고, 씨름과 석전石戰으로 힘을 기르고, 윷놀이와 제기차기, 투호로 놀이를 즐겼다. 신라 사람들은 특히 한가위에 햅쌀로 송편을 빚어 조상에게 제사를 지내고 이웃과 나누어먹는 풍속을 즐겼다. 이것이 오늘날에 전해지는 추석의 유래다.

이렇듯 삼국은 한편으로는 나라를 지키고 다른 한편으로는 산업을 일으켰다. 이들은 이웃나라와도 끊임없이 교류했다. 고구려는 중국과 땅을 맞대고 있으면서 그곳의 학문과 문화를 받아들여 백제와 신라에 전해주었으며 동해를 통한 뱃길로 일본에 승려들을 보내 불교를 전파시 컸다.

한편, 고구려는 서쪽과 남쪽으로도 외교 또는 교류의 길을 널리 텄는데도 외교의 통로를 넓힌 사실은 주목받지 못했다. 고구려의 사신들이나 승려들이 중국을 비롯해 일본 등지에서 활동한 사실은 많이 알려져 있으나 천축국(인도)과 티베트, 중앙아시아 사마르칸트 지역에 진출한 사실은 별로 알려져 있지 않다. 이는 근래에 서길수 교수가 답사를 통해 이 지역의 고분벽화에서 새 깃털을 꽂은 외국 사신을 찾아내면서 밝혀졌다. 중국 둔황敦煌의 막고굴에 40여 개의 벽화를 비롯해 천축국과 티베트의 벽화에서도 많이 찾아볼 수 있다. 그동안은 새 깃털을 꽂은 조우관鳥羽冠으로 보아왔는데, 그 가운데에서도 닭깃털관鷄羽冠으로 여겨진다. 고구려에서는 닭의 신을 숭배하여 이를 모자의 장식으로 사용했다고 본 것이다.

백제는 뱃길로 중국과 통하면서 일본에 불교와 유교를 전해주었다. 백제의 박사들은 일본에 초청을 받아 가서 글과 농업기술뿐 아니라 천문, 역학도 가르쳐주었다. 아직기와 왕인은 일본의 은인이었으며 고구려 혜자와 백제의 혜총은 일본의 우상인 쇼토쿠태자聖德太子의 스승이었다. 또한 백제의 건축기술자, 도공은 일본에 가서 살면서 그곳의 돌을 쪼고 흙을 빚어 아름다운 예술품을 만들었다.

신라에서는 뱃길로 중국에 사람을 보내 그곳의 학문과 문화를 익혔다. 특히 당나라로 가는 유학자들과 승려들은 해마다 수십 명씩 무리를 지어 건너갔고 멀리 일본과도 곡식이나 그릇을 거래하는 등 해상활동도 활발했다. 그리하여 일본은 삼국으로부터 학문과 문화를 전해 받아 차츰 문명에 눈을 떴다. 여러 무사가 땅을 차지하여 서로 으르렁거리던 일본은 우리 조상들 덕분으로 아스카 문화飛鳥文化를 이룩하고 뒤늦게나마 고대국가로 발돋움했던 것이다.

단군은 실제 인물인가*

옛날 옛적 환인(제석이라 이른다)이 있었는데, 서자庶子[맏아들 이외의 모든 아들] 환웅이 자주 하늘 아래에 뜻을 두고 인간 세상을 탐내 찾아보았다. 아버지가 아들의 뜻을 알고 아래로 삼위三危[세 높은 산]**를 보니 태백산太伯山이 인간을 널리 이롭게 할 수 있었다[弘益人間]. 이에 천부인天符印 세 개를 주어 가서 다스리게 했다. 환웅이 무리 3,000명을 거느리고 태백산 마루(지금의 묘향산) 신단수神壇樹*** 아래에 강림하니 이를 신시神市라 일렀는데, 그이를 환웅천왕이라 이른다. 풍백風伯과 우사雨師, 운사雲師를 거느리고 곡식을 맡고 목숨을 맡고 병을 맡고 형벌을 맡고 선악을 맡아 무릇 인간의 360가지의 일을 맡아 세상에 있으면서 다스렸다.

그때 곰 한 마리와 호랑이 한 마리가 같은 동굴에 살면서 늘 신인 환웅에게 사람이 되게 해달라고 빌었는데, 그때 신께서 신령스러운 쑥 한 다발과 마늘 스무 톨을 주면서 "너희가 이를 먹고 햇볕을 100일 동안 보지 않으면 곧바로 사람의 모습을 얻게 될 것이다"라고 말했다. 곰과 호랑이는 이를 얻어먹고 세이레(21일) 금기를 지켰다. 곰은 여자의 몸을 얻었으나 호랑이는 금기를 지키지 못해 사람의 몸을 얻지 못했다. 웅녀熊女

가 혼인할 상대가 없었기에 늘 신단수 아래에서 잉태하게 해달라고 빌었다. 이에 환웅이 잠시 변하여, 곧 가화假化한 뒤 혼인하고 잉태하여 아들을 낳으니 그가 곧 단군왕검壇君王儉****이었다.

당나라 고高[중국 상고시대 요임금을 가리킨다] 임금 즉위 50년 경인년(당나라 요임금 즉위 원년은 무진년이니 50년은 정사년이지 경인년은 아니다. 그 전말과 사실이 의심스럽다)에 평양성(지금의 서경)에 도읍을 정하고 처음으로 조선이라 일컬었다. 또 도읍을 백악산 아사달로 옮기고 궁홀산(방홀산이라고도 한다) 또는 금미달이라 했다. 단군왕검은 나라를 1,500년 다스렸다. 주나라 호왕虎王[무왕을 일컫는다]이 즉위한 기묘년에 기자를 조선의 임금으로 봉하자 단군은 장당경으로 옮겨갔다가 뒤에 다시 아사달로 돌아와 숨어서 산신이 되니 나이가 1,908세였다.

—일연, 『삼국유사』

* 신화도 일정한 역사 사실을 담았다고 볼 수 있다. 이 번역은 되도록 의역보다는 직역의 투를 썼다.
** 원전의 삼위三危를 보통 '삼위태백'이라 묶어서 번역하지만 여기에서는 '세 높은 산'으로 분리하여 번역했다.
*** 『고기古記』를 인용했다고 하면서 '박달나무 단檀' 자를 쓰지 않고 모두 '단 단壇' 자를 썼다.
**** 왕검은 우리말로 임금이라는 뜻이다.

동명왕을 기리노라

세상에는 동명왕의 신이新異의 일을 말하는 이가 많다. 비록 어리석은 지아비와 못난 지어미라도 그런 일을 말할 줄 알고 있다. 내가 일찍이 들었노라. 웃어 가로되 선사이신 공자는 괴력난신怪力亂神을 말하지 않는다했으니 이는 실로 황당하고 기궤奇詭한 일을 말한 것이지 우리가 지금말하려는 것이 아닐 터이다. 『위서魏書』, 『통전通典』을 읽어보니 또한 그의사적이 실려 있다. 그러나 간략하여 자세하지 않은데, 자기네 이야기는상세하고 남의 이야기는 간략하게 다루려는 뜻이 아닐까?

지난 계축년 4월에 『구삼국사舊三國史』를 얻어 「동명왕 본기」를 보니그 신기한 이적異跡의 자취는 세상에서 말하는 것을 뛰어넘었다. 그러나처음에는 믿을 수 없어서 귀신의 환영으로 여겼다. 세 번 다시 탐미하며점점 더 그 근원을 섭렵하니 환영이 아니라 성인이며, 도깨비가 아니라신령이었다. 하물며 나라 역사를 곧바르게 쓰는 책에 어찌 망령됨을 전해주겠는가? 김부식님께서 거듭 우리나라 역사를 찬술했지만 자못 그사적이 간략했다. 생각건대 공公께서는 나라 역사는 세상을 바로잡는 책이라고 여겨 큰 이적의 일을 후세에 보여주는 것은 옳지 않다고 하여 생략한 것인가? 「당현종 본기」와 「양귀비전」을 살펴보니 방사方士가 하늘에 오르고 땅에 들어가는 일은 없지만 오직 시인 백낙천이 그런 일이 없어질지 몰라서 노래를 지어 기록했다.

그가 저 황음荒淫 기탄奇誕의 일을 오히려 읊어서 후세에 보여주었는데, 하물며 동명왕의 사적은 변화와 신이로써 뭇사람의 눈을 현혹시키는 것이 아니라 실로 나라를 개창한 신령스러운 자취이니 이를 기술하지 않으면 후세 사람들이 장차 무엇을 보리오. 이로써 시를 지어 기록하니 무릇 천하로 하여금 우리나라가 본디 성인의 도읍임을 알게 하고자 한다.

— 이규보, 「동명왕편병서東明王篇幷序」,* 『동국이상국집東國李相國集』

* 「동명왕편」은 중국과 우리나라 역사를 소재로 한 장편 서사시인데, 이 글은 그 취지를 밝힌 머리말이다. 그 마지막 구절은 "길이길이 자손에게 전해 많은 세월 나라를 다스리리"로 내용 서술을 과학적으로 접근하고 있다.

2장

남북국시대가 열리다

남쪽의 신라, 북쪽의 발해

백제와 고구려를 멸망시키고 새 신라가 역사 전면에 등장했다. 그동안 새 신라를 통일신라라고 불렀으나 고구려 영역의 일부만 차지했다는 점과 고구려 계승을 표방한 발해가 북쪽의 고구려 영역에서 건국되었다는 점의 두 가지 이유를 들어 후기신라라 부르기로 하자. 그리고 이와 함께 이 시대의 구분을 '남북국시대'라 명명하기로 하자.

후기신라를 이룩한 문무왕과 그뒤를 이은 신문왕은 전보다 훨씬 넓어진 영토를 효과적으로 다스리기 위해 왕권을 크게 강화했다. 중앙에는 많은 벼슬아치를 두어 왕을 돕게 했고 지방에는 여러 고을에 수령을 두어 왕의 명령을 전달하고 행정과 세금에 관한 일을 맡아보게 했다. 그리고 지방의 힘센 세력, 곧 호족을 통제하기 위해 '상수리제도上守吏制度'를 새로 만들었다. 재산을 많이 모으거나 세력을 떨치는 지방의 호족들이 힘을 더 키우려고 반란을 일으키는 일이 잦았기 때문이다. 이에 상수리제도를 실시하여 지방 호족들이나 그 아들들을 왕이 있는 도읍에 데려다놓고 잘 대접하면서 그들의 고을 소식을 알려주었다. 그들은 인질과 다름없었다.

신라는 경주에 도읍을 정하고 지방에 5소경小京을 두었다. 이는 곧 신라의 요충지에 설치한 특수 행정구역으로 사신을 임명하여 왕 대신 다스리게 했고, 때로는 왕이 직접 돌보기도 했다. 이는 경주의 6부 체제를 본뜬 것이었다. 조금 과장된 것 같기는 하지만 통일 후 도성이 확대되어 경주는 인구가 100만 명에 가까웠고 숯으로 밥을 지어 먹어 연기가 나지 않았을뿐더러 전쟁이 없는 태평성대를 상징하듯이 온 도시가 기와집으로 덮였다 한다.

온 나라 사람들은 맡은 일에 충실히 임했고 더욱 열심히 노력했다. 장인들은 금이나 은으로 세공품을 만들었고, 도공들은 질그릇을 구웠으며, 농부들은 가축을 기르거나 약초 및 채소를 재배했고, 장사꾼들은 특산품을 팔았다.

나라에서는 사람들에게서 거두어들인 물건을 상인을 거치지 않고 직접 당나라와 일본에 팔아 벼슬아치들에게 필요한 비단, 책, 약재 등의 물건을 사왔다. 당나라와 일본은 뱃길로 다녔는데 영암, 완도, 남양만,

남해안을 항구로 이용했다. 영암은 당나라의 남쪽인 상하이와 양쯔 강으로 통했고, 남양만은 중국의 북쪽인 산동반도와 통했으며, 남해안은 쓰시마 섬對馬島을 거쳐 일본과 통했다. 특히 완도에 청해진을 설치하고 청해진 대사가 된 장보고는 큰 배를 만들고 해군 1만 명을 양성하여 해상의 모든 무역을 총지휘했다. 장보고는 중국이나 일본의 해적들이 우리나라 배를 약탈하고 간혹 육지에도 올라와 불을 지르고 물건을 빼앗고 사람을 죽이는 것을 보고 해적을 모조리 소탕하는 데 힘썼다. 그리하여 청해진은 큰 항구로 번창했으며 신라는 멀리 류큐琉球(일본 오키나와 현에 있던 옛 왕국)와도 통하는 해상왕국이 되었다.

한편, 신라는 처음에는 통일전쟁 때문에 당나라 군사를 내몰아 당나라와 외교관계가 서먹했으나 곧 다시 예전 관계를 회복했다. 당시 당나라는 이웃나라와 많은 교류를 하고 있었다. 신라는 전보다 더 많은 유학생과 승려를 보내 당나라의 학문과 문화를 배워오게 했을 뿐 아니라 당나라의 많은 제도를 본받았다. 당나라도 빈공과賓貢科라는 과거시험을 통해 신라 사람들을 나라의 벼슬아치로 쓰기도 했다. 아울러 신라 사람들의 해상활동이 활발해지면서 산동반도와 양쯔 강 일대에는 신라 사람들만 사는 마을이 생겼고 신라 사람들의 행정을 돌보는 신라소라는 관청과 신라 승려들이 머무는 법화원이라는 사찰이 생기기도 했다.

일본의 왜구들은 남해안을 노략질하던 습성을 버리지 않았지만 신라의 강력한 수군에 눌려 함부로 집적거리지 못했다. 신라는 융성하고 있었다. 이때 북쪽에서는 큰일이 벌어지고 있었다.

고구려가 망하자 고구려의 많은 장수와 유민은 당나라에 포로로 끌려갔다. 그들 가운데에는 고구려의 장수였던 대조영도 있었다. 그는 696년 영주營州(오늘날의 차오양朝陽)에서 거란족이 당나라의 지나친 억압정책에 맞서 반란을 일으키자 고구려 유민과 말갈족을 규합해 고구려 부흥운동을 전개했다. 그들은 한동안 요동의 일부 지역을 점령하는 등 기세를 올렸으나 당나라가 거란을 진압한 뒤 총공격을 퍼붓자 동쪽으로 물러났다. 당나라는 추격을 멈추지 않았고 대조영은 천문령에서 당나라 군대를 크게 이겼다. 그리고 698년 당나라의 영향력이 약화된 틈을 타 고구려가 망한 지 30여 년 만에 진국震國(동쪽 나라라는 뜻)을 세웠다.

고구려 사람들이 지배계급이 되어 다스린 진국은 고구려 부활에 뜻을 두면서 신라와 국경을 맞대고 있었다. 당시 당나라 황제였던 현종은 어쩔 수 없이 713년 대조영을 발해군왕으로 봉하고 국교를 맺었다. 이때부터 발해라는 이름을 썼다.

대조영(고왕)은 나라의 기틀을 튼튼히 하여 대무예에게 왕위를 물려주었다. 2대 왕 대무예(무왕)는 일본에 사신을 보내 "우리나라는 고구려의 옛 땅을 찾고 부여가 남긴 풍속을 지킨다"라고 선언했고, 3대 왕 대흠무(문왕)는 일본에 보낸 국서에서 스스로를 '고구려의 왕'이라고 일컬었다. 이는 이 땅이 부여와 고구려의 영토였으므로 같은 겨레인 자기들이 이곳에서 고구려의 뒤를 이었다는 뜻이었다.

발해는 당나라 세력을 물리치고 고구려 영토 대부분을 회복했다. 남쪽으로는 지금의 평안남도 일부를 제외한 고구려의 옛 땅 대부분을 되찾았고, 서쪽으로는 요동성까지 차지하여 당나라와 국경을 맞대게 되었다. 그리고 동쪽으로는 연해주, 북쪽으로는 지금의 중국과 러시아의 국경 및 몽골 근처까지 진출했다.

발해는 육지뿐 아니라 바다로도 뻗어나가 일본과 많은 교섭을 벌였는데, 이는 신라와 당나라를 견제하기 위해서였던 것으로 보인다. 그러나 한편으로는 당나라의 문화를 받아들여 빛나는 국내 정치를 이룩했고 많은 사람을 당나라에 보내 그 나라의 학문을 배워오게 했다. 나중에는 당나라는 물론 신라와도 우호적 관계를 유지했다.

발해 사람들은 넓은 땅에 농사를 지어 넉넉한 생활을 했으며 수백년 된 나무를 베어 배를 만들었다. 또 밀림지대에서 사냥한 고기를 먹었고 그 가죽은 옷과 생활도구로 사용했다. 그들은 커다란 배로 일본과 무역을 활발히 했으며 돌궐과는 손을 잡고 친하게 지냈다. 당나라, 신라와도 무역의 길을 트고 있었다. 그리하여 나라의 세력이 점점 커져 '해동성국海東盛國(바다 동쪽의 번창한 나라라는 뜻)'이라는 칭송을 들었다.

발해는 나라를 어떻게 다스렸을까

그러면 발해의 통치제도를 살펴보자. 발해의 통치제도는 고왕과 무왕 시기의 초창기를 거쳐 3대 문왕의 시기부터 새로 정비되었다. 고구려의 옛 제도를 그대로 이어받거나 당나라의 제도를 받아들여 사용했으며 자신들의 고유방식에 맞추어 정리하기도 했다. 그러면 발해의 통치제도에 대해 좀더 자세히 살펴보자.

중앙 정치조직   중앙기구의 3성 6부를 기본으로 그 아래 보조기구를 두었다. 곧 선조성, 중대성, 정당성 등 3성과 충부, 인부, 의부, 예부, 지부, 신부 등 6부를 두었다. 성省은 조선시대의 의정부, 부部는 조선시대의 6조와 비슷한 역할을 했다. 선조성은 정책을 심의하고 결정하는 기구이고, 중대성은 정책을 기초하고 제정하는 기구이며, 정당성은 심의 의결된 정령을 집행하는 기구다. 정당성의 최고 책임자인 대내상大內相은 정무를 통괄하는 영의정과 같은 역할을 한다. 6부는 서무 인사, 군사, 외교, 조세, 형벌, 건설 등 여러 행정을 맡아보는데, 그곳의 장관인 경卿은 판서(오늘날의 장관)와 같은 역할을 한다. 이 6부의 명칭은 발해만의 고유성을 지녔다. 한편, 그 아래 여러 기구와 벼슬자리를 두었으며 천문, 제사, 농사, 서적 등 잡다한 일을 맡은 특별 관사들이 있었다. 이들 기구는 당나라 제도를 본뜬 신라보다 고유성을 많이 지니고 있는 특색이 있다.

지방 행정조직   발해는 모두 알다시피 고구려의 영역 대부분을 차지했으나 남쪽은 대동강과 원산만 아래쪽을 회복하지 못했고 북쪽과 동쪽으로는 조금 더 뻗어나갔다. 그러다보니 평양과 대동강 이남, 원산만 아래쪽으로는 진출하지 못했다. 이들 영역 안에 5경 15부 62주를 편제했다. 5경은 상경용천부, 중경현덕부, 동경용원부, 남경남해부, 서경압록부다. 상경용천부는 흑룡강성 영안시 발해진, 중경현덕부는 길림성 화룡시 서고성, 동경용원부는 길림성 훈춘시 팔련성, 남경남해부는 함경남도 북청 일대, 서경압록부는 길림성 임강시 등으로 추정하고 있다(다음에서 설명할 것이다). 지방에는 용원, 부남해부, 압록부, 장령부, 부여부 등의 15부를 두었다. 부에는 도독都督, 주州에는 자사刺史, 현縣에는 현승縣丞을 두어 통치했다.

한편, 발해는 점령한 곳에 번蕃을 두었다. 발해는 끊임없이 북쪽으로 새로운 영역을 확장해나가면서 새로 개척한 곳은 특수지역으로 분류했다. 특수지역의 주민들은 발해의 정치와 문화에 익숙하지 못했고 쉽사리 순종하려 하지도 않았다. 이곳에는 중앙에서 직접 행정관을 임명하지 않고 점령한 곳에서 세력을 가진 우두머리를 뽑아 어느 정도 권한을 주어 다스리게 했다. 하지만 주민들이나 우두머리가 언제 배반할지 모르기 때문에 중앙에서 별도로 번장蕃將을 보내 현지의 우두머리와 주민을 감독하거나 통제했다.

이처럼 중앙의 높은 벼슬아치와 지방의 우두머리 벼슬아치를 임명하는 제도를 시행하는 등 왕이 강력한 권력을 쥐고 있었던 탓에 중앙의 벼슬아치들과 지방의 수령들은 권한에 상당한 제약을 받았다. 또한 자신들의 고유제도를 시행하는 모습도 보였다. 일반 백성들이 왕과 왕가 사람들을 부를 때에는 고유의 언어와 관례에 따랐다. 곧 왕을 가독부可毒夫 또는 성주聖主라 불렀고, 신하가 왕을 부를 때는 기하基下라 했으며, 왕의 아비를 노왕老王, 왕의 어미를 태비太妃, 아내를 귀비貴妃, 맏아들을 부왕副王이라 불렀다.

군사제도도 살펴보자. 군사조직은 중앙군과 지방군으로 나누어 편성했다. 중앙군은 다시 '좌우맹분위左右猛賁衛, 좌우웅위左右熊衛, 좌우비위左右羆衛, 남좌우위南左右衛, 북좌우위北左右衛 등의 10위로 편제했는데, 이름에 좌우라든지 남북이라든지 방향을 가리키는 글자와 동물을 나타내는 글자를 사용했다. 또한 이름에 나타나는 '맹분猛賁'은 '용맹스럽고 날래다'는 뜻을 지니고 있고 '곰', '큰 곰'의 뜻을 지닌 글자도 붙였다. 이름의 의미에 따라 역할이 달랐을 것으로 여겨진다.

발해의 영역과 인구는 얼마나 되었을까

발해는 229년 동안 나라를 유지하면서 끊임없이 영역을 넓혀나갔다. 앞에서 간단히 설명했지만 그 과정을 초창기와 융성기로 나누어 좀더 자세히 살펴보자.

발해는 동모산을 근거지로 삼아 나날이 영역을 확대해나갔다. 송화강 상류에서 동북쪽으로 뻗어 나와 동해와 흑룡강 방면으로 진출했던 것이다. 흑룡강 언저리에 있던 흑수말갈은 이에 위협을 느끼고 당나라에 접근했다. 726년 무왕은 흑수말갈을 공격했으나 영역을 빼앗지는 않았다. 이와 달리 요동은 노는 땅이나 다름없었다. 발해가 요동을 탐내지 않은 것은 이곳에서 너무 많은 힘을 소모한 고구려의 전철을 밟지 않으려는 뜻이 숨어 있었을 수도 있다. 『신당서新唐書』에서는 무왕을 "크게 영역을 넓혀 동북쪽의 여러 오랑캐가 두려워 신하 노릇을 했다"라고 기록했다.

한편, 당나라는 발해의 위세에 눌려 735년 안동도호부를 요동에서 요하를 거쳐 요서 땅으로 옮겼다. 쫓겨간 것이나 마찬가지였다. 당시 발해는 동쪽으로 오늘날 연해주 지방의 일부 지역까지 차지했다. 이 시기에는 도읍을 상경과 동경 두 곳을 번갈아가며 세웠는데, 영역을 넓히는 일과 깊은 연관이 있었다. 주로 북쪽과 동쪽을 넓히고 있었음을 알 수 있다.

3대 문왕 때에는 세력이 더욱 융성하여 목단강(홀한하) 유역에서 두만강 하류까지, 그리고 서쪽으로는 휘발하와 혼하의 분수령까지 확보했다. 즉 서쪽으로는 거란과 당나라의 국경에 머리를 맞대고 있었던 것이다. 특히 이 시기에 솔빈부率賓部(만주의 동쪽과 러시아 연해주 땅)를 공격해 차지하여 동쪽의 영역이 동해의 바닷가까지 미쳤다.

하지만 발해는 당나라, 신라와 평화를 유지했다. 발해는 나라를 세운 뒤 당나라의 경계와 멀리 떨어진 곳에 도읍을 정했다. 그 서쪽 중간에는 거란이 차지하고 있었다. 당나라와 국경을 맞댄 곳은 요동반도의 끝자락인 압록강 입구 언저리였다. 하지만 당나라는 고구려 유민의 저항으로 안동도호부를 평양에서 북쪽 지대로 옮긴 뒤 사실상 평양 일대의 관리를 포기했다. 따라서 평양 일대는 형식으로는 당나라 영역이었지만 그들의 세력이 미치지 않는 지역이나 다름없었다.

발해는 동쪽으로는 오늘날의 함흥지방을 신라와 경계로 삼고 그 아래로 내려가려는 뜻을 보이지 않았다. 발해의 이런 변경정책은 발해가 멸망할 때까지 유지되었다. 그 결과 발해는 당나라와 영역 전쟁을 한 번도 벌이지 않았으며 신라와도 작은 분쟁조차 일으키지 않았다. 그리하여 발해는 당나라와 끊임없이 사신을 교환하면서 오랫동안 평화를 유지할 수 있었으며 신라와도 그런대로 잘 지낼 수 있었다.

10대 선왕 시기에는 바다 "북쪽의 여러 부족을 토벌했다"라고 기록되어 있다. 이는 송화강 하류와 흑룡강 중하류 일대에 근거지를 둔 흑수말갈을 정복하여 일부 땅을 빼앗기도 하고 경계가 서로 맞닿아 있었음을 말한다. 선왕은 영역을 가장 많이 넓힌 군주로 꼽혀 융성기의 절정을 이루었다. '해동성국'은 이때의 발해를 높이 평가하여 이르던 말이었다.

이 시기에 북쪽의 경계는 송화강 유역에서 오늘날 러시아 땅인 연해주 남부의 미타호(오늘날의 싱카이 호興凱湖)를 포괄하며 우수리 강과 흑룡강이 합류하는 지역까지였다. 이곳에는 가장 북쪽에 철리부, 회원부, 안원부를 두었고 그 아래 동해 쪽에는 안변부, 정리부, 솔빈부를 두었다. 흑룡강이 합류하는 동북쪽에는 흑수말갈의 영역이 있었다. 서북쪽에는 막힐부와 부여부, 서쪽에는 장령부와 압록부를 두었고, 남쪽으로는 압록강 하류인 박작구를 당나라와 경계로 하고 그 남쪽 아래로는 대동강 위의 지역을 확보했다. 곧 요동과 평양을 내주고 압록강과 청천강 사이의 산맥을 경계로 했던 것이다. 동해의 남쪽 남경이 있는 곳에는 남해부를 두었다. 남해부는 두만강을 건너 남쪽으로 내려온 곳에 두었으니 오늘날 한반도 안에 포함되어 있었던 것이다.

다시 정리하면 발해의 영역은 고구려의 옛 영역을 거의 차지한 셈이었지만 대동강 이남과 요동반도를 회복하지 못한 대신 동해와 흑룡강 쪽으로 경계를 더 넓혀간 것이다. 또 오늘날 러시아 땅인 연해주의 일부 지역을 차지했다. 그러므로 서남쪽의 고구려 영역을 벗어나 좀더 추운 지방으로 확장해나간 셈이다.

인구도 크게 늘었다. 건국 초에 동모산을 도읍으로 정했을 때 발해 인구는 40만 명에서 80만 명으로 추정되는데, 무왕이 영역을 확장한 말기에 이르렀을 때는 고구려 인구의 3분의 1로 잡고 있다. 이는 무왕이 스스로 고구려 인구의 3분의 1이었다고 말한 데 근거를 두고 있다. 『구당서舊唐書』에 따르면 고구려가 망할 무렵 호구는 69만 7,000호였다고 한다. 한 호구마다 다섯 명으로 잡으면 대략 350만 명이 되고 그 3분의 1은 120만 명이 된다.

선왕이 영역을 넓힌 시기에는 발해 인구를 350만 명으로 보고 있다. 고구려보다 조금 적었다고 할까? 고구려는 요동, 평양 등 인구 밀집지역을 영역으로 차지했으나 발해는 인구 밀도가 낮은 동쪽 바닷가와 북쪽 흑룡강 주변을 영역으로 두었기 때문이다.

발해의 도읍지

발해의 도읍지를 살펴보면 국내외의 정치적 상황에 따라 도읍지를 네 차례 옮긴 것으로 나타난다. 첫 도읍지까지 합하면 다섯 차례에 걸쳐 도읍을 옮긴 셈이다.

698년 대조영이 동모산 언저리에 있는 오동성(성산자산성)을 첫 도읍지로 정한 뒤 45년여 동안 이곳을 근거지로 삼아 영역을 넓히고 나라의 발전을 도모했다. 이곳은 발해의 후손들이 잊을 수 없는 고향일 것이다. 그러나 이를 두고 후대 사람들은 "사마귀만한 땅에서 일어나서 큰 나라를 만들었다"라며 조롱 같기도 하고 칭찬 같기도 한 말을 늘어놓았다. 문왕은 742년에 도읍을 동모산의 코밑인 중경현덕부로 천도했다. 송화강 유역을 조금 벗어나 백두산 지대 가까이로 옮긴 것이다.

중경中京은 '가운데 서울'이란 뜻이요, 현덕부顯德府는 '덕을 현창하는 관부'라는 뜻이다. 이는 '중간지대에 서울을 두고 덕으로 백성을 다스린다'는 의지를 드러냈다고 볼 수 있다. 수성守成(새로 창건한 나라를 잘 이루고 지킴)의 군주인 문왕의 통치 방침을 알려주는 대목일 것이다. 중경현덕부의 소재지는 길림성 화룡시 서고성이며 오늘날 조선족자치주의 중심지인 연길시가 여기에 속했다. 연길시는 예전에도 교통의 요지였다.

도읍을 중경으로 정한 뜻은 무엇이었을까? 고왕과 무왕은 북부와 동부의 땅을 개척하여 많은 성과를 거두었다. 그러나 남쪽과 서쪽의 개척은 별로 이루어지지 않았다. 이곳으로 도읍을 옮긴 것은 지리적 위치로 보아 북방의 개척보다도 남방의 개척에 뜻을 두면서 나라의 안정을 꾀하려 했던 정책으로 보인다.

문왕은 755년을 전후하여 도읍을 북쪽으로 거슬러올라가서 경박호

鏡泊湖 옆의 상경용천부로 옮겼다. 이때 당나라에서는 안녹산安祿山의 반란이 일어날 무렵이었다. 상경上京은 '위에 있는 도읍으로 임금이 사는 관부'라는 뜻이다. 상경은 5경 가운데 가장 북쪽에 위치해 있었다. 오늘날 그 소재지는 흑룡강 성 영안시 발해진이다. 어쨌든 처음 이곳으로 도읍을 옮긴 뒤 30년 정도 머물렀다.

785년 무렵에는 도읍을 동경용원부로 옮겼는데, 오늘날의 길림성 훈춘시 팔련성이다. 바로 두만강 변에 있다. 이곳에서 동해까지는 100킬로미터쯤 되는데, 두만강을 따라 내려가서 두만강 입구의 바다에 닿는다. 일본과 사신을 교환하고 무역을 활발히 벌일 수 있는 좋은 입지조건이었고 신라와도 교류를 틀 수 있는 지리적 이점을 지니고 있었다.

마지막으로 794년에 다시 상경용천부로 옮겼다. 이곳을 도읍으로 정한 뒤에는 다시 천도하지 않았다. 160여 년 동안 이곳을 도읍으로 삼았다. 선왕은 이곳을 근거지로 삼아 왕성한 정복활동을 벌였다. 상경성은 발해에서 가장 중요한 곳이기도 했고 규모도 매우 커서 동북지방의 최대 도시라 말할 정도였다. 그 들판 한가운데에 자리잡은 상경성은 다른 곳과는 달리 오늘날에도 그 흔적이 많이 남아 있다. 근래에 들어 많은 학자가 거듭 발굴, 조사하여 연구한 바에 따르면 이 성은 오랫동안 계획을 짜고 건설한 곳으로 8세기에서 9세기 당시 아시아에서는 드물게 큰 성시城市였다고 한다.

무왕 재위 시기에 착수하여 문왕 재위 시기에 기본이 완성되었을 것으로 여겨진다. 737년에서 755년 사이, 곧 18년에 걸쳐 이루어진 것이다.

물론 그 이후에도 꾸준히 새로 정비하고 확장했다. 상경성은 평면에 직사각형으로 이루어져 있었다. 전체 구조는 외성과 내성이 북부 중앙에 자리잡은 궁성을 에워싸게 만들었다. 성은 흙으로 쌓았는데 외성의 둘레는 16킬로미터가 조금 넘으며 내성의 둘레는 4.5킬로미터, 궁성의 둘레는 2.7킬로미터 정도였다. 당시 동북아시아에서는 가장 큰 도성이었다. 세 겹의 성이 기본으로 이루어진 상경성은 고구려의 도성인 평양성의 내성, 중성, 외성과 같은 양식이다.

궁성 안에는 궁전을 중심으로 양쪽에 동궁과 서궁이 배치되어 있었다. 물론 이들 궁궐은 왕이 집무를 보는 공간이기도 했지만 왕과 그 가족이 주거하는 터전이기도 했다. 궁성과 내성의 동쪽 사이에는 어화원御花園을 두었다. 어화원은 궁중식물원으로 온갖 꽃과 나무, 풀이 자랐으며 연못에는 물고기들이 뛰어놀았다. 왕과 그 가족, 벼슬아치가 휴식하는 공간으로 활용되었다.

궁성의 정문은 남문으로 오문지午門址라고도 하는데, 여기서 오午는 남쪽을 나타내는 간지干支를 의미한다. 현무암으로 화려하게 꾸며진 이 문은 양쪽으로 출입문을 두었고 가운데에는 문의 누각이 있었다. 남문의 기초 길이는 42미터, 남북의 너비는 27미터, 높이는 5.2미터이므로 그 규모를 짐작할 수 있다. 지금도 기둥과 계단 등이 보존되어 있는데 그 모습이 장대하다. 이 정문처럼 상경성에는 현무암을 여러 건축물의 재료로 사용했다. 현무암은 바탕이 단단하지만 쪼개면 기둥 모양으로 갈라졌기에 다듬어 쓰기가 편리했다.

한편, 제2궁전터 동쪽에는 우물터가 자리잡고 있다. 이 우물은 궁중에서 사용했다. 우물 윗부분은 지면보다 약간 높고 돌을 이용해 팔각 모양으로 둘렀으며 우물 안쪽은 둥근 모양으로 현무암을 차곡차곡 쌓았다. 깊이는 5.6미터인데 지름이 가장 넓은 곳은 0.99미터다. 우물의 아가리 부분을 보수했으나 오늘날에도 원형은 그대로 유지되어 있다. 원래는 서쪽에도 하나 더 있었는데, 부서져서 지금은 흔적도 찾아볼 수 없다.

그곳 사람들은 이 우물을 팔보유리정八寶琉璃井이라 부르는데, 팔각으로 된 돌샘이라 하여 팔각석정八角石井이라고도 한다. 여덟 개의 각은 팔방을, 유리는 보석의 한 종류를 의미하는데, 많은 사람이 물을 마실 수 있는 귀한 우물이라는 뜻이다. 이 우물은 단순한 샘물이라기보다 돌로 빚은 정교한 생활 예술품처럼 보인다.

내성에는 여러 관아를 배치했지만 외성 안에는 중앙대로가 있었다. 이는 장안성(오늘날의 시안)의 주작대로朱雀大路(주작은 남쪽을 나타내는 새, 대로는 큰 길을 뜻한다)와 비슷하다. 이 대로를 중심축으로 동쪽 지구와 서쪽 지구로 나누어 구획했으며 궁성과 관아 건물의 주변과 방 안에는 주민들이 나누어 살았다.

또 궁성의 여러 건물의 실내 바닥에는 고구려의 난방 방식인 온돌을 놓았다. 따라서 이곳의 온돌 양식은 집안현의 고구려 온돌과 같다고 한다. 적어도 이 궁궐을 지은 기술자들이 고구려의 주거 양식을 수용한 모습을 엿볼 수 있다.

아무튼 상경성은 산과 둔덕에 기대어 성을 쌓은 평양성과 달리 평지에 성을 쌓은 평지성이다. 이처럼 상경성과 평양성은 지형에 따라 성을 달리 쌓았으나 세 겹으로 쌓은 것, 돌을 많이 이용한 것, 성벽 속에 돌을 쌓고 그 위에 흙을 쌓은 것 등이 거의 같았다.

상경성 주변에는 도읍을 방어하기 위해 대목단성 등 많은 보루와 성을 쌓았다. 이것도 평양성 주변의 위성 성들을 본받은 것이다. 이처럼 발해에는 여러 곳에 많은 성을 쌓았는데, 평지성이 고구려의 성보다 많다는 것 말고 산성의 만듦새는 고구려 양식을 그대로 계승했다.

발해의 유적과 문화
-

발해는 불교와 유교를 숭상한 국가였다. 무엇보다 이에 따른 공예와 조각이 발달했다. 발해의 수많은 불상이 발굴되었는데, 상경성 주변에서 발굴된 불상은 현무암을 사용했다는 데서 특징을 찾을 수 있다. 그 대표적 불상은 흥륭사의 돌부처다. 이 돌부처는 연꽃무늬를 새긴 좌대 위에 걸터앉아 있다. 모두 현무암을 재료로 썼는데, 세 개의 돌로 몸체와 두 무릎을 따로 조각하여 끼워 맞추었다. 전체 높이는 3.3미터에 이르며 몸체와 받침돌은 균형과 조화를 잘 이루고 있다. 조형의 비율이 잘 맞아떨어지며 체구는 의연하고 당당한 모습을 하고 있어서 장엄함을 드러낸다. 현재 중국 동북지방에서 가장 큰 돌부처로 꼽힌다.

어쨌든 발해에는 돌부처 말고도 쇠부처, 구리부처, 놋부처, 찰흙부처,

나무부처 등이 있다. 그 밖에도 모양 면에서 선 부처, 앉은 부처, 누운 부처 등이 있으며 그 자세도 다양하다. 이들 부처는 모두 예술적 수준이 뛰어남을 알 수 있다. 부드러운 용모에 미소를 머금고 있고 옷 주름이 잘 드러나 있다. 전체적으로 균형이 잘 잡혀 있다.

현재 흥륭사의 돌부처 옆에는 석등탑이 우뚝 서 있다. 등불을 켜는 이 탑도 현무암으로 만들었는데 팔각 평면의 형식이다. 가장 밑부분은 둥근 돌을 깔고 그 위에 연꽃무늬를 처지게 조각한 받침돌을 올려놓았다. 다시 그 위에 둥근 기둥 모양의 간주竿柱(중심을 받치는 기둥) 돌을 세웠고 그 위에 다시 연꽃이 피는 모양으로 조각한 상대上臺 돌을 올려놓았다. 그리고 그 위에 올려놓은 2층의 탑에는 아래에 여덟 개의 창문을, 위에 16개의 작은 구멍을 냈다. 그 안에 등불을 켜는 장치를 둔 뒤 그 위에 지붕 모양의 덮개를 씌웠고 마지막으로 7층의 보륜寶輪(덮개 위의 바퀴 모양 장식)을 세웠다. 밑돌에서 보륜까지 전체 높이는 6미터쯤 된다. 원래는 6.4미터였다 한다. 화엄사 돌등과 비슷한 규모다.

이 석등탑은 해체하여 옮길 수도 있고 다시 조합할 수도 있는데, 한 치의 틈도 없이 짜여 있어서 뛰어난 구성 비율을 보여준다. 조각기법도 매우 원숙하고 세밀하여 위아래의 균형이 잘 맞고 여러 부분이 잘 어우러져 웅대하면서 우아하다는 평가를 받는다.

또 정혜공주 무덤 안에서 발굴된 두 개의 돌사자가 주목을 끈다. 이 무덤은 780년에 만들어졌으므로 돌사자도 이때 함께 조각된 것으로 보아야 할 것이다. 돌사자의 높이는 51센티미터인데 앞발을 버티고 앉아 있는 모습이다. 대가리를 쳐들고 입을 벌려서 날카로운 이빨을 드러내 울부짖는 형상을 하고 있다. 억센 목덜미에 앞가슴을 불쑥 내민 채 앞 발로 힘차게 버티고 있는 모습으로 매우 사실적으로 조각했다.

그 밖에도 많은 불탑, 향로, 사리함 등 불교와 생활 관련의 조각품과 도구를 만들었다. 금은으로 만든 작은 불상은 당나라와 일본으로 보내기도 했으며 흙으로 빚은 자기나 도기, 현무암으로 아기자기하게 만든 향로도 널리 사용되었다. 그런데 예술 가치가 있는 발해의 불상은 정작 일본에 많이 보관되어 있다. 이 불상들은 당시에 흘러들어간 것도 있으나 대개 일본이 만주지역을 점령했을 때 가져간 것으로 알려져 있다. 아무튼 이들 불상을 보면 그 높은 예술성을 알 수 있다.

또한 질그릇과 사기그릇을 통해 생활문화와 생활예술을 엿볼 수 있다. 발해의 질그릇은 자배기, 보시기, 바리, 단지, 뚜껑, 벼루 등 종류가 다양했다. 겉에는 풀색, 누런색, 밤색, 자주색, 붉은색 등 여러 색깔의 유약釉藥(구울 때 광택과 무늬를 내는 가루 잿물)을 발랐으며 모양도 손잡이 달린 단지, 세 발이 달린 그릇, 둥근 모양의 벼루 등 다채로웠다. 이들 질그릇은 세 가지 채색을 한 질그릇이라는 뜻의 '삼채도기三彩陶器' 등의 이름으로 다른 나라에 널리 알려졌다. 이들의 모양과 질, 색깔로 볼 때 고구려의 질그릇 기법을 그대로 전수받은 것으로 여겨진다. 유약을 바르지 않은 보통의 질그릇인 보시기, 바리, 병, 접시 등도 윤택이 나거나 나팔 모양의 아가리를 만들거나 구름 모양의 무늬를 넣었다. 무엇보다도 질그릇을 통해 생활 감정을 표현한 것이 많았다. 여러 형태로 만든 도기

가운데에서도 돼지 모습을 이상한 모양으로 만든 질그릇이 유행했다.

또한 그릇의 꽃이라 할 수 있는 사기그릇도 만들었다. 사기그릇의 빛깔은 젖빛 나는 흰색이 중심을 이루었지만 청회색, 남색의 것도 있었다. 보시기, 접시, 단지 등이 가장 많다. 크기는 여러 가지였는데, 아가리 지름이 154센티미터, 높이 48센티미터의 항아리도 발견되었다. 이들 사기그릇은 당나라에도 수출되었다. 발해에서 만든 자배기를 두고 당나라에서는 "크기가 반섬들이나 되며, 안팎이 투명한 순자색이며, 두께는 한 치가 넘는데도 무게는 새털처럼 가볍다"라고 했다. 이렇게 큰 자배기를 아주 가볍다고 칭찬한 것이다.

발해의 기와도 예술성을 살리고 있다. 이들 기와는 용도와 모양에 따라 여러 종류로 구분되는데 암키와, 수키와, 막새, 괴면기, 치미雉尾(꿩의 꽁지깃 모양으로 만든 장식 기와) 등이 있다. 수막새는 아름다운 공예 솜씨를 뽐냈다. 가운데의 꽃술이 두드러져 튀어나오게 만들었으며 주변에 네댓 개의 꽃잎을 사방으로 퍼지게 했다. 꽃잎 사이의 빈 곳에도 십자 등 갖가지 모양을 넣었다. 옛 솔빈부에서 발견된 수막새에는 네 개의 연꽃잎이 십자 모양으로 배치되어 있고 그 사이사이에는 새가 한 마리씩 놓여 있다. 이 새는 상상의 새로 불사조라 불리는 봉황새이며 이파리는 봉황새가 먹는다는 죽순으로 보기도 한다. 수막새에는 또 20가지나 되는 연꽃무늬를 넣었는데 테두리를 두른 것, 넝쿨 모양을 한 것, 꽃잎 속을 복잡하게 한 것 등이 섞여 있다. 또 꽃잎은 풀색, 자주색, 누런색 등의 유약을 바른 것이 많다.

발해의 벽돌은 직각 모양, 네모난 모양, 한쪽 끝이 뾰족한 모양 등 여러 종류가 보인다. 그 모양에 따라 건축 자재로 적절하게 사용된 것이다. 여기에도 여러 무늬를 새겼는데 꽃, 꽃잎, 꽃덩굴 등의 무늬를 아로새겨 넣었다. 줄기와 이파리의 무늬도 네 개, 여섯 개, 여덟 개 등 여러 가지로 새겼다. 벽돌은 담을 쌓기도 하고 길바닥에 깔기도 하고 물도랑에 쌓기도 했는데, 그 아름다운 무늬는 보는 이를 즐겁게 했을 것이다.

발해 사람들은 옛 부여 사람들처럼 흰옷을 즐겨 입어 역사에 백의민족이라는 이름을 남겼다. 발해의 역사와 문화 예술은 우리의 대륙 개척 정신의 본보기가 된다고 할 수 있다.

후기신라의 몰락

신라는 꾸준히 발전했고 왕궁이나 귀족들의 생활은 점점 사치스러워져 갔다. 왕은 포석정에 술잔을 띄워놓고 정치는 돌보지 않았다. 통일이 된 뒤에 신라 사회는 귀족과 평민, 노비 등으로 신분이 더욱 엄격하게 구분되었다. 왕족인 진골이나 벼슬아치들은 나라에서 많은 토지를 받아 평민들을 노예처럼 마구 부려먹었다.

경주와 소경을 중심으로 한 귀족들은 노비를 몇천 명씩 거느리고 화려한 생활을 했다고 한다. 이때부터 귀족의 부패가 본격적으로 만연했고 승려들도 왕실이나 귀족과 결탁하여 많은 특권을 누리며 사치스러운 생활을 했다. 그러나 평민들은 남의 곡식을 빌려 먹거나 재물을 빌려 쓴 뒤에 갚지 못해 귀족들의 머슴이나 노예가 되는 경우가 많았다.

농민들은 자기 땅에 농사를 지어 조세를 바치는 것 외에도 때도 없이 모든 나랏일에 동원되었다. 농민들의 살림은 점점 줄어들었다. 노예들은 대개 빚을 갚지 못한 사람들이거나 죄를 지은 사람들이었다. 그들은 귀족들에게 매여 겨우 목구멍에 풀칠이나 하면서 살았다. 곧 주인집에 함께 사는 솔거노비率居奴婢와 바깥에 살면서 농사 등의 주인집 일을 해주는 외거노비外居奴婢가 이때부터 구분되어 나타났다. 이들 외에도 부곡민이라는 천민들이 있었다. 이들은 자기네들끼리만 모여 살면서 노예보다는 조금 나은 생활을 했을는지 모르지만 귀족으로부터 수탈을 당한 것은 매한가지였다. 대개 귀족들의 생활을 돕고 국가의 특수한 일, 곧 성을 쌓거나 절이나 왕궁을 짓는 일에 주로 동원되었다. 그들은 노예와 같이 포로가 된 사람, 반란이나 죄를 지은 사람, 반란이 거듭 일어난 고을 사람들, 또는 그들의 자식들과 손자들이었다.

이런 병폐들이 사회의 발전을 가로막은 것은 물론이고 신라 사회를 무너뜨리는 중대한 원인이 되었다. 왕실과 귀족들은 왕위를 놓고 자주 분쟁을 일으켰다. 통일 이후 문무왕에서 진성왕까지 230여 년에 걸쳐 번영과 평화를 누렸으나 9세기에 이르러서는 혼란이 계속되며 점차 붕괴될 조짐이 보이기 시작했다. 왕족끼리 서로 물고 뜯고, 아우가 형을 죽이고, 삼촌이 조카를 죽이고, 신하가 임금을 죽이는 음모와 반란이 쉴새 없이 벌어지더니 끝내 큰 규모의 난을 일으키는 사태로까지 이어졌다.

822년 웅천주 도독 김헌창은 아버지가 왕이 되지 못한 것에 불만을 품고 난을 일으켜 나라 이름을 장안이라 하고 무진주(광주)와 완산주(전주) 등을 손아귀에 넣고 기세를 올렸다. 중앙의 군대와 맞붙어 싸움을 벌였으나 끝내 패하고 말았다. 이어 아들이 없는 흥덕왕이 죽자 임금의 사촌 동생 균정과 조카 제륭이 왕위를 놓고 다투다가 조카가 이겨 희강왕이 되었으나 그도 결국에는 왕위를 빼앗기고 목을 매어 죽었다.

균정의 아들 우징은 아버지가 죽자 몰래 청해진으로 도망가서 그곳 대사로 세력을 떨치던 장보고에게 기대었다. 장보고의 군사를 데리고 왕궁으로 쳐들어간 우징은 민애왕을 죽이고 신무왕이 되었다.

왕위 다툼이 빈번해지면서 신라 사회는 극도로 불안해지고 혼란스러워졌다. 농민들도 이리저리 몰려다니면서 떠돌이생활을 하거나 산적 떼로 변했다가 마침내 진성왕 때에 이르러서는 전국적으로 크게 반란을 일으켜 귀족과 지배층에 저항했다. 부당하게 권익을 침해당한 농민들의 반항은 이때부터 시작되었다고 할 수 있다. 게다가 힘있는 지방의 호족 세력은 성주나 장군 등 제멋대로 이름을 붙이고 세력을 잡으려고 궁리를 하는 한편 이웃의 약한 세력을 눌러서 끌어들여 힘을 키우기도 했다. 더러는 왕이 되어볼까 하는 욕심에 죄 없는 사람들을 죽이면서 세력을 늘리기도 했다. 그리하여 후기신라에 분열이 생겼으며 각지의 세력은 몇 개의 큰 덩어리로 나뉘게 되었다.

후기신라의 사상

후기신라가 안녕을 누릴 때 예술은 찬란한 발전을 거듭했다. 통일이 될 무렵 불교는 귀족이나 민중 사이에 더욱 널리 퍼졌다. 열반종, 계율종, 법성종, 화엄종, 법상종 등 교종의 5교 종파가 이루어졌고 말기에는 선종이 많이 퍼져 달마대사의 선법을 받드는 산문인 9산의 종파(곡성의 태안사 등 아홉 개의 절이 유명했다)가 성립되었다.

통일 무렵 승려로 크게 활약한 이는 원효와 의상이었다. 불교가 점점 귀족화, 교조화되면서 승려들의 지위도 높아져 왕은 옆에 승려를 두고 나랏일에 자문을 받았다. 이에 승려들은 호화로운 생활을 하면서 승려의 근본인 고행을 외면하는 실정이었다. 원효는 민중과 고통을 나누는 민중불교를 부르짖었다. 그뿐 아니라 당나라에 가서 불교를 배우려 하지 않고 스스로 불교의 진리를 깨치기에 힘썼다. 이와 달리 의상은 당나라에 유학을 다녀온 뒤 화엄종의 교리를 널리 벼슬아치들에게 가르쳤고, 그리하여 많은 절을 세웠다. 또 나라를 지키는 원력으로 불교(호국불교)를 내세워 왜의 침입과 북방의 침략으로부터 나라를 보호해달라고 빌었다.

말기에 이르러서는 특히 밀교(주문, 진언 같은 것으로 복을 비는 종파)가 널리 퍼졌다. 벼슬아치에게 계속 수탈을 당하던 농민들이나 노비들의 현세의 복을 빌고 내세에는 극락에 가게 해달라는 믿음이 밀교를 확산시킨 것이다. 또 농민들과 노비들은 내세에 나타나 사람들을 구제해준다는 미륵부처와 모든 불쌍한 사람을 감싸준다는 관세음보살을 널리 받들었다.

한편, 불교를 배우고자 당나라로 간 많은 승려 가운데 혜초는 죽을 고비를 수없이 넘기면서 석가모니가 태어난 인도에 다녀왔다. 그가 다섯 천축국에 갔다온 이야기를 모아 기록했다는 『왕오천축국전往五天竺國傳』은 명저로 전해진다.

선종의 승려들은 나라가 혼란할 때 반란에 가담하여 정치 개혁을 시도하기도 했다. 대개 교종은 문자를 익힌 귀족들이 많이 따랐던 데 반해, 일반 민중이나 호족들은 마음을 갈고닦으면 성불한다는 선종에 많이 의지하여 선종의 승려들이 이들과 호흡을 함께했다.

삼국 초기에 한자와 함께 유교가 전해져온 이래 조정과 귀족들은 한자를 배우고 유교의 교양을 익혔다. 나라에서는 신문왕 때 국학國學(나라에서 세운 학교)을 세워 유교를 가르쳤으며 유교와 한문 시험을 보아 벼슬아치로 뽑아 쓰기도 했다. 이에 많은 학자가 쏟아져나왔다. 그 가운데에서도 다음 몇 사람을 꼽을 수 있다.

강수는 통일 이전부터 나라에 많은 공을 세웠는데 특히 문장가로 이름을 날렸다. 그는 당나라에 보내는 글을 도맡아 썼다. 그의 짜임새 있고 아름다운 문장은 당나라에 많은 감명을 주어 신라와 당나라의 동맹에 큰 공을 세웠다.

설총은 원효의 아들로 아버지와는 달리 유교를 받들었다. 그는 유교의 경전과 한문 문장에 밝았을 뿐 아니라 향찰을 요약 정리하여 경서를 해설하거나 토를 달아 읽게 하는 데 크게 이바지했다. 딱딱한 경전에 원래 있던 우리말로 토를 달아 해석과 이해에 도움을 주었던 것이다.

김대문은 성덕왕 때의 사람으로 지금의 경기도 광주 땅을 다스리는 높은 벼슬을 지내면서 『계림잡전鷄林雜傳』, 『고승전高僧傳』, 『화랑세기花郞世紀』 같은 우리나라 역사책을 많이 썼다. 고려 때의 김부식이 『삼국사기三國史記』를 지을 때 이들 역사책을 많이 이용했다 한다. 그의 저서는 당시 많은 사람이 당나라의 학문과 역사에만 빠져 있었을 때 우리나라의 일을 기록한 것으로 지금까지도 높이 평가되고 있다.

최치원은 당나라에 유학을 다녀왔으며 신라가 혼란스럽던 9세기에 나타난 큰 학자이자 정치가였다. 그는 당나라에서 높은 벼슬자리에 올랐으며 이름을 떨쳤다. 그는 신라로 돌아와 한림학사翰林學士라는 높은 벼슬을 지내면서 나라의 정치를 바로잡자는 시무책時務策 십여조를 올렸으나 썩은 조정은 이를 받아들이지 않았다. 그리하여 벼슬을 버리고 전국을 떠돌아다니다가 가야산 해인사에서 종적을 감추었다. 그는 산어귀에서 신 두 짝만을 남기고 사라졌는데, 사람들은 그가 신선이 되었다고 수군거렸다.

김가기는 최치원과 같은 시대 사람으로 당나라에 들어가 벼슬을 하면서 문장으로 이름을 떨쳤다. 그는 한때 신라로 돌아와 도교를 전하기도 했으나 다시 당나라로 건너가 그곳에서 죽었다. 도교를 좋아했던 그는 스스로를 도사道士라고 했다 한다.

이렇게 유교가 발달하는 동안에 도교도 널리 퍼졌다. 특히 신라 사회가 혼란스러워지자 참마음을 찾으려는 사람, 세상을 등지려는 사람, 암담한 현실을 개탄하는 사람들이 도교의 진리와 그 신선사상에 많이 빠져들었다.

후기신라의 예술
—

한편, 한자문화가 널리 퍼지는 동안에도 우리 고유의 말은 하나도 바뀌지 않았다. 지금도 일부 전해지는 향가는 한자의 음을 빌려 우리말을 기록했다. 향가가 널리 불리자 진성왕은 각간이 되는 위홍과 승려 대구화상에게 명하여 향가집 『삼대목三代目』을 엮게 했다. 비록 향가는 음악으로 발전한 것이지만 일상생활에서 쓰는 우리말을 한자를 빌려 기록한 것으로 오늘날 우리 옛말을 알아볼 수 있는 귀중한 자료다. 또한 음악도 많이 발전해 귀족들 사이에서는 주로 가야금과 거문고가 유행했고, 사찰에서는 재를 지낼 때 범패를 불러 불교음악의 발전을 가져왔다.

역법, 천문, 병법도 과학적으로 발전했다. 많은 천문학자는 첨성대 같은 건축기구를 만들어 밤을 새우며 하늘을 관찰했고 곳곳에 대장간을 만들어놓고 새로운 무기와 사냥도구를 개발했다. 그 가운데에서도 김암은 천문과 병법에 뛰어났다. 그는 김유신의 증손자로 당나라로 건너가 공부했는데, 점치는 법과 몸을 숨기는 법을 적은 『둔갑법遁甲法』을 지어 유명했다 한다. 그는 사천박사司天博士로 천문 관측을 맡아보았고 태수가 되어서는 농민들에게 진법陣法을 가르쳐주기도 했다. 779년에는 일본에 갔는데, 일본 천황이 그의 여러 재주에 반하여 강제로 붙잡아두고 그의 기술을 배우려 했다 한다.

이런 여러 가지 발달에 힘입어 책을 보급할 수단으로 나무로 글자를 새겨 찍는 인쇄술도 널리 알렸다고 전해진다. 후기신라는 건축, 조각, 회화 등 불교를 소재로 한 미술품으로 오늘날까지 찬란한 빛을 전해준다. 주로 절, 탑, 불상, 종 등과 귀족들이 즐겨 쓰던 공예품들이 전해지는데, 특히 돌을 쌓거나 조각한 작품들이 많이 전해지고 있다. 경주 부근의 바위들 가운데 조각할 만한 곳은 거의 하나도 빼놓지 않았다 해도 지나친 말이 아닐 것이다. 경주의 남산은 조각으로 된 산이라 할 만큼 돌부처가 많이 있다.

김대성은 8세기 중엽에 활약한 인물이다. 그는 불국사를 창건했는데, 그의 손끝이 닿은 돌은 아름다운 예술품으로 바뀌었다. 그는 나라의 안녕과 부모의 행복을 위해 예술품을 빚는 데 온 힘을 쏟아부었다. 751년쯤 토함산의 돌을 쪼고, 갈고, 손질하여 화강암으로 쌓아 올린 석굴을 만들었다. 석굴암의 전실에는 금강역사 사천왕을 새겼고, 가운데에는 높이 3미터의 석가모니 좌상을 세우고 관음상, 나한상, 보살상 등을 돋을새김 기법으로 조각했다. 이 석가모니의 얼굴에는 잔잔한 미소가 조용히 번져 우리를 금방 따뜻하게 품어줄 듯이 자비로우면서도 함부로 가까이할 수 없는 장엄함이 함께 깃들어 있다. 그 밖의 다른 모습들도 정교한 구조, 다른 불상과의 조화, 율동미, 풍부한 표현으로 어우러져 있다. 이것은 통일과 조화의 세계를 나타낸다. 석가모니불은 왕을 상징하고, 그 주위 보살상은 귀족과 지배 세력을 뜻하며, 전실의 조각은 후실을 보호하는 군사 등을 나타내는 것이다.

불국사는 그 규모가 10만여 평(약 33만 제곱미터)이 되었다 하며 목조 건물은 조일전쟁 때 불탄 것을 다시 지었으나 돌로 된 다보탑, 석가탑, 돌계단, 다리 등은 천년의 비밀을 간직한 채 지금도 아름다운 모습으로 그곳에 서 있다.

그 밖에 봉덕사의 종은 구리 30만 킬로그램을 부어 만든 것이며 화엄사의 3층 석탑과 쌍계사의 빗돌은 온갖 풍상 속에서도 꿋꿋이 신라의 신비를 전해준다. 어디 그뿐이랴. 구리와 금으로 된 크고 작은 부처들은 잔잔한 웃음, 약간 구부린 허리의 부드러움, 늘어뜨린 옷자락의 유연함으로 우리를 감탄하게 하며 온갖 장식을 단 금은의 왕관은 신라 사람들의 화려함을 보여준다. 또한 돌로 쪼아 전국에 늘어놓은 부처들은 신라 석공들의 훌륭한 솜씨를 보여준다.

나무 조각은 전해지는 것이 없으나 당나라에 보낸 만불산은 나무로 바위, 물, 벌, 나비, 부처 등을 새겨놓은 것이 마치 기묘한 요술 같다고 한다. 그림으로는 특히 황룡사 벽에 늙은 소나무를 그려놓으니 새들이 날아와 앉으려 하다가 부딪혔다는 솔거의 이야기가 전해진다. 글씨도 명필가 김생이 있었는데, 그의 글씨는 마치 벌레가 기어가고 뱀이 꿈틀거리는 것처럼 글씨의 획이 살아 움직였다 한다. 그러나 전해지는 그림과 글씨가 없다는 사실이 안타깝다. 수많은 전란 탓이다. 어쨌든 신라의 예술은 우리에게 영원한 감동을 주고 있다.

신라에는 풍류도가 있었다

나라에 현묘玄妙한 도가 있으니 이를 풍류라 한다. 그 가르침의 근원은 선사仙史에 자세히 실려 있는데, 실로 유교, 불교, 도교의 세 가르침을 포함하는 것으로서 여러 백성을 직접 만나 교화했다. 또 집에 들어가면 효도하고 나아가 나라에 충성하는 것은 노나라 사구司寇[공자]의 종지宗旨요, 무위無爲[자연스러움]로써 일을 처리하고 말 없는 가르침을 실행하는 것은 주나라 주사柱史[노자]의 종지요, 모든 악을 짓지 않고 모든 선을 받들어 실행하는 것은 축건태자竺乾太子[석가]의 교화다.

—최치원, '난랑비서鸞郎碑序'*, 『삼국사기』

* 『삼국사기』 「신라본기」에 나온다. '난鸞'은 봉황의 일종인 난새를 뜻하고 '랑郎'은 화랑을 뜻한다면 난랑은 합성어가 될 것이다. 유불선 합일사상을 나타내고 있다.

발해는 우리 역사다

고려가 발해의 역사를 편찬하지 않은 것은 고려의 세력이 떨치지 못했기 때문임을 알 수 있다. 예전 고씨는 북쪽에 살면서 고구려라 불렀고 부여씨는 서남쪽에 살면서 백제라 불렀으며 박씨, 석씨, 김씨는 동남쪽에 살면서 신라라 불렀는데, 이것이 삼국이다. 마땅히 삼국의 역사가 있어야 했으니 고려가 찬수함이 옳을 것이다. 부여씨가 망하고 고씨가 망하자 김씨가 그 남쪽을 차지했고 대씨가 그 북쪽을 차지하여 발해라 불렀다. 이것이 남북이라 부르는 것으로 마땅히 남북국의 역사가 있어야 했는데, 고려가 이를 찬수하지 않은 것은 잘못이다.

무릇 대씨는 어떤 사람인가? 바로 고구려 사람이다. 그가 소유한 땅은 누구 땅인가? 바로 고구려 땅이다. 그래서 동쪽, 서쪽, 북쪽을 개척하여 더 넓혔던 것이다. 무릇 김씨가 망하고 대씨가 망하자 왕씨가 이를 통합하여 고려라 했다. 남쪽 김씨의 땅은 온전히 차지했지만 북쪽 대씨의 땅은 온전히 소유하지 못하여 여진에 들어가기도 하고 거란에 들어가기도 했다. 마땅히 이런 때에 고려가 계책으로 삼아야 할 것은 급하게 발해의 역사를 찬수해 이를 가지고 "어찌 우리 발해의 땅을 돌려주지 않는가? 발해의 땅은 고구려의 땅이다"라고 여진을 꾸짖어 말하고 장군 한 명을 보내 수복했다면 토문강[두만강] 이북을 거두어들여 사용할 수 있었고 이를 가지고 "어찌 우리 발해의 땅을 돌려주지 않는가? 발해의 땅은 곧 고구려의 땅이다"라고 거란을 꾸짖어 말하고 장군 한 명을 보내 수복했다면 압록강 서쪽을 차지할 수 있었다.

끝내 발해의 역사를 찬수하지 않아 토문강 북쪽, 압록강 서쪽을 누구의 땅인지 알지 못하게 되어 여진을 꾸짖으려 해도 할말이 없고 거란을 꾸짖으려 해도 할말이 없다. 고려가 끝내 약한 나라가 된 것은 발해의 땅을 얻지 못했기 때문이다. 탄식할진저. 어떤 사람이 "발해는 요나라에 멸망되었으니 고려가 무엇으로 그 역사를 찬수할 수 있었겠는가?"라고 말했다. 이는 그렇지 않다. 발해는 중국을 본받아 반드시 사관을 두었다. 홀한성[상경용천부]이 격파될 때 고려로 망명한 자들이 세자 이하 10여 만 명이었다. 그들 가운데 사관이 없었더라도 반드시 책은 있었을 것이요, 사관과 책이 없어서 세자에게 물어본다면 역대 그 세대를 알 수 있었을 것이요, 대부벼슬을 지낸 은계종에게 물어보았다면 예약을 알 수 있었을 것이요, 10여 만 명에게 물어보았다면 알지 못하는 것이 없었을 것이다.

장건장은 당나라 사람이었으면서도 일찍이 『발해국기渤海國記』를 지었는데, 고려의 사람이 어찌 발해의 역사를 찬수할 수 없었겠는가? 아아, 문헌이 흩어지고 없어진 지 몇백 년이 지나 찬수하고 싶어도 자료를 얻을 수가 없구나. 내가 규장각의 벼슬아치로 궁중의 많은 책을 읽었기에 발해의 사적을 엮었는데 군, 신, 지리, 직관, 의장, 물산, 국어, 국서, 속국 등 9고考를 만들었다. 세가世家, 전傳, 지志라 하지 않고 고考라 한 것은 역사서로 완성하지 못해서이며, 또한 감히 역사서라 스스로 자부할 수 없기 때문이다.

갑진년(1784) 윤 3월 25일

— 유득공, 「발해고서渤海考序」*, 『영재집泠齋集』

---

* 「발해고서」는 『영재집』에 실려 있다. 유득공 외에 발해사에 주목한 학자는 이덕무, 정약용 등이 있었고 이들도 관련된 글을 남겼다. 장건장은 당나라 상인으로 발해를 왕래하면서 당나라에 발해와 관련된 글을 남겼다.

3장

최초의 통일국가,
고려

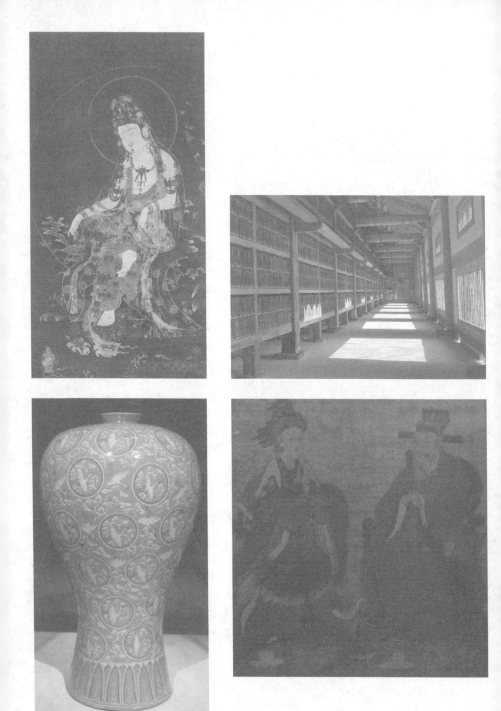

후삼국과 고려의 건국

신라 말기 지배 세력은 권력 다툼과 사치로 날을 보내며 농민들의 재물과 곡식을 빼앗아갔고 사회는 분열되었다. 이런 혼란한 틈을 탄 지방의 호족 세력은 불만에 찬 농민을 규합하여 제각기 중앙정부에 맞서 세력을 넓혔다. 그 가운데 궁예와 진훤(견훤이라고도 하지만 성으로 쓸 때에는 '진'이라고 해야 옳다)의 세력이 가장 컸다.

진훤은 처음에는 바다를 지키는 장군으로 용맹을 떨쳤다. 그는 장수들을 모아 신라에 맞서는 군대를 만들고 농민들을 끌어들여 민심을 얻었다. 900년에 그는 완산주(지금의 전주)에 도읍을 정하고 나라 이름을 후백제라 하여 백제 회복의 뜻을 세우고 새로운 나라를 세웠다. 진훤은 날랜 뱃사람과 신라에 불만을 품은 백제의 유민들을 이끌고 넓은 호남 평야를 차지했고 차츰 이웃 지역까지 아울러나갔다.

궁예는 신라의 왕족으로 승려가 되었다가 사회가 혼란한 틈을 이용하여 왕이 되고자 하는 마음을 품었다. 처음에 그는 양길의 부하가 되어 용맹을 떨쳤으나 마침내 스스로를 미륵불이라고 일컬으며 901년 송악(지금의 개성)에 도읍을 정하고 나라 이름을 후고구려라 했다. 그러나 얼마 지나지 않아 강원도 철원 땅으로 천도하고 나라 이름을 마진摩震이라 했다가 이어 다시 태봉泰封으로 고쳤다. 경기도 일부와 강원도를 장악한 궁예는 주위의 작은 세력들을 누르고 부하로 삼았다.

진훤은 남쪽에서 일어나 백제의 부흥을 내세운 것이요, 궁예는 북쪽에서 일어나 고구려의 부흥을 표방한 것이다. 이들 두 세력은 각기 경주를 중심으로 움츠러든 신라 주변을 잇따라 공격했으며 늙은 호랑이가 된 신라는 어찌해볼 힘이 없었다.

궁예는 제힘을 지나치게 믿고 거들먹거렸으나 그의 밑에서 많은 공을 세운 개경의 호족 출신 왕건은 용맹과 지혜가 뛰어나 많은 사람으로부터 존경을 받았다. 왕건은 승려 도선을 통해 "세상이 혼란해지면 왕씨가 나타나 왕이 된다"는 도참설圖讖說(이인異人이나 선지자先知者 등이 미래의 길흉화복을 예언한 책이나 소문 따위를 가리킨다)을 퍼뜨려 여러 사람을 끌어들이는 데 성공했다. 왕건은 끝내 궁예를 몰아내고 많은 사람의 추대를 받아 918년에 새로운 왕이 되었다. 그는 나라 이름을 고려라고 고치고 이듬해에는 고향인 송악으로 도읍을 옮겼다. 그가 바로 고려의 태조다.

왕건은 모든 사람을 덕으로 대했으며 신라와 호족 세력에게도 무력의 힘보다 관용과 너그러움을 보여주었다. 그리하여 민심은 모두 왕건에게 기울었다. 신라에서는 사신을 보내 사이좋게 지낼 것을 청했다. 고려는 많은 세력이 몰려와 나날이 융성해졌다. 따라서 북쪽은 고려, 그 아래 서쪽은 후백제, 동쪽은 신라가 각각 차지하여 세 나라가 또다시 솥발처럼 받치고 있었다.

이런 가운데 진훤은 나날이 세력을 넓혀 신라 주변을 공격했으며 고려도 북쪽에서 꼼짝달싹 못하게 길을 가로막고 있었다. 진훤은 싸움마다 크게 이겨 삼국을 통일하는 데 강력한 주도권을 쥐게 되었다. 왕건도 진훤을 아버지라 부르며 극진히 대했다. 그러나 왕건은 호락호락하지 않았다. 그는 신라를 힘으로 누르기보다 회유하는 외교정책을 폈다. 힘이 있는 호족의 딸을 왕비로 맞거나(태조는 왕비를 여럿 두었다) 자기의 딸 및 조카딸을 호족과 결혼시켜 사위로 삼는 등 신라와 손을 잡고 우의를 돈독히 했다.

진훤은 신라와 고려가 손을 잡든 말든 계속 힘으로만 밀어붙였다. 그리하여 927년에는 신라의 도읍 경주까지 쳐들어가 천년의 화려한 옛 도읍지를 쑥대밭으로 만들었고 사람들을 무수히 잡아 죽이는 것으로도 모자라 여자들을 겁탈했다. 그뿐 아니라 경애왕을 사로잡아 스스로 목숨을 끊게 했으며 김부를 왕(경순왕)으로 앉히고는 뚜렷한 대책도 세우지 않은 채 물러갔다.

왕건은 신라에 조의를 표하는 한편, 군대를 친히 거느리고 공산(지금
의 대구 팔공산)에서 진훤의 군대와 맞서 한바탕 결전을 벌였다. 그러나
진훤의 군대가 왕건을 포위했고 왕건은 싸우는 틈을 타서 가까스로 달
아나 목숨을 건졌다. 후백제는 계속 신라의 성들을 공격했다. 고려는 신
라의 땅이 후백제의 손아귀로 몽땅 넘어가면 자신의 나라도 발붙일 곳
이 없음을 알고 또다시 후백제와의 싸움을 위해 친히 군대를 이끌고 나
섰다.

고창(지금의 안동)에서 고려와 후백제의 군대가 만나 치열하게 전투
를 벌인 끝에 고려가 승리를 거두었다. 고려는 장군 유금필의 용맹과 지
략에 힘입어 후백제의 군사 8,000여 명을 죽였으며 후백제는 동료들의
시체를 버리고 도망갔다. 이 승리는 누가 후삼국을 통일하느냐를 판가
름하는 것이었다.

고려가 승리한 이후 전쟁의 양상은 크게 달라졌다. 주도권이 후백제
에서 고려로 넘어간 것이다. 왕건은 경주까지 몸소 찾아가 신라의 왕을
위로했다. 한편, 후백제의 장군 홍직은 가장 뛰어난 진훤의 부하였는데
고려에 투항했다.

이즈음 후백제에서는 반란이 일어났다. 진훤이 넷째 아들 금강에게
왕위를 물려주려 하자 신검, 양검, 용검 삼 형제가 반란을 일으켜 아버
지를 김제에 있는 금산사에 가두고 금강을 죽였다. 그리고 아버지 대신
신검이 왕 노릇을 했다. 진훤은 막내아들과 딸을 데리고 금산사를 탈출

하여 개경으로 갔다. 이에 왕건은 진훤에게 임금 다음가는 높은 자리를 주고 정성을 다해 대접했다.

이와 비슷한 시기에 신라의 경순왕은 모든 벼슬아치와 함께 나라의 보물을 수레에 싣고 개경으로 가서 왕건에게 스스로 나라를 바쳤다. 왕건은 마지못한 척 이를 받아들이고 경순왕에게도 진훤과 같은 대접을 해주며 맏딸과 결혼시켰다. 그리하여 935년 신라는 마침내 망하고 말았다.

진훤이 없는 후백제는 내분이 더욱 잦았다. 진훤의 사위이자 후백제의 가장 힘센 장군인 박영규는 은밀히 고려와 내통하여 고려가 쳐들어오면 도와주겠다고 했다. 왕건은 936년 친히 10만에 가까운 군사를 이끌고 진훤과 함께 후백제를 치러 나섰다. 이와는 별도로 1만 5,000명의 군사가 따로 협공하게 했으며 또다른 호족 세력의 군대도 돕게 했다. 경상도 선산 근방에서 맞닥뜨린 후백제와 고려 군사는 피비린내 나는 싸움을 벌였고 후백제의 군대는 무너지기 시작했다.

황산(지금의 논산)까지 쫓겨간 신검은 모든 장수를 데리고 고려에 항복했다. 이로써 후백제는 진훤이 나라를 일으킨 지 44년, 나라 이름을 정한 뒤 36년 만에 백제 유민의 한을 풀지 못한 채 멸망했다. 백제 유민들의 끈질긴 저항은 진훤, 신검의 부질없는 내란으로 빛을 보지 못하고 말았다.

북쪽으로 땅을 넓히다

지금부터 왕건을 태조로 부르기로 하자. 태조가 후삼국을 통일한 뒤 100여 년간은 고려가 나라의 기틀을 다졌던 시기로 주로 영토 문제와 내정을 개혁, 정비했다. 고려는 초창기부터 북쪽으로 진출하기 위해 북방 정책을 폈는데, 이는 나라 이름을 고려라고 한 것으로도 알 수 있다. 태조는 불같은 의지로 드넓은 고구려의 옛 땅을 다시 찾고자 했던 것이다.

태조의 북방정책은 함경도에서 동북만주 일대에 이르는 동북면東北 面과 평안도에서 서북만주 일대에 이르는 서북면西北面으로 나누어 각기 달리 세력을 펼쳤다. 서북면은 왕건이 고려를 건국하면서부터 개척을 시 작했다. 먼저 황폐해진 옛 고구려 도읍인 평양의 무너진 성을 고치거나 우거진 풀을 뽑아 정비한 뒤 서쪽 서울이란 뜻으로 서경西京(지금의 평양) 이라 했다. 더불어 많은 사람을 옮겨 살게 하고 그들로 하여금 만주 땅 을 개척하게 했다.

926년 같은 겨레인 발해가 거란에 망하자 발해의 왕실과 유민들은 고려로 망명하거나 귀화했으며 발해의 지배를 받던 여진족(말갈족의 갈 래)은 어디로 붙어야 할지 몰라 이리저리 눈치만 보고 있었다. 태조는 여진족 가운데 따르는 자는 거두고 반항하는 자는 내쫓으면서 그 일대 에 세력을 뻗어나갔다. 이렇게 하여 용강 등지의 땅을 확보하여 요충지 로 삼았다.

주로 사냥을 하며 지내는 여진족의 성격을 잘 파악하고 있던 태조는 장수들에게 그들에게 먹을 것을 주어 꾀되 늘 경계를 게을리하지 말라고 주의를 주었다. 이처럼 세심한 배려로 고려는 신라가 차지하고 있던 땅보다 훨씬 더 넓은 북쪽의 청천강 유역까지 확보할 수 있었다.

하지만 동북면의 경우에는 이와는 조금 사정이 달랐다. 이곳은 산악 지대로 생산품이 적어 사람들이 별로 살지 않았기에 신라 때 이쪽의 경계에는 함경남도의 안변을 중심으로 한 곳과 덕원을 중심으로 한 곳에 각각 군을 두고 있을 뿐이었다. 그래서 신라 말기에 사회가 혼란한 틈을 타 몰래 들어와 살고 있던 여진족이 어느 틈에 이 땅을 차지하고 있었다.

태조는 이곳의 여진족들을 달래는 한편, 힘으로 제압하여 모두 항복 시켰다. 때로는 전쟁을 하여 지금의 영흥 일대까지 영토를 차지했다. 그러나 그런 태조의 북진은 더이상 뻗어나가지 못했고 후손으로 넘겨졌다. 때마침 만주 일대에 거란족이 고려와 거의 비슷한 시기에 일어나 나라 이름을 요遼라 하고 고려 못지않게 강한 세력을 지니고 버티고 있었기 때문이다. 요나라가 발해를 멸망시켰으므로 태조는 이 거란족을 원수로 생각했다.

942년 거란족은 사신 30여 명과 낙타 50여 필을 선물로 보내 화친을 제의했으나 태조는 발해를 멸망시킨 일을 꾸짖으며 사신들을 모두 섬으로 유배를 보냈고 낙타는 개성 만부교에 매달아 굶겨 죽였다. 만부교는 고려시대 개경 보정문 안에 있던 다리로 낙타를 이곳에 묶어두고 굶겨 죽인 일로 탁타교橐駝橋라고 불리게 되었다. 이는 야다리라고도 한다.

940년경에 중국을 거쳐 인도의 승려 발라鉢喇가 건너왔다. 태조는 이 승려를 맞이하여 불교를 가르치게 하고 때로는 정사 문제에 대해 조언도 들으며 정성을 다해 대접했다. 태조는 발라가 중국으로 돌아갈 때 당시 북쪽에서 세력을 떨치던 후진後晉과 손을 잡고 양쪽에서 거란을 칠 수 있게 다리를 놓아달라고 부탁했다. 이 일은 끝내 이루어지지 않았지만 태조가 고구려 영토를 회복하는 데 걸림돌이 되는 거란을 얼마나 미워했는지를 알 수 있다.

태조는 943년에 죽었지만 태조의 북방정책은 계속 이어졌다. 여진족은 청천강 위쪽과 압록강 아래쪽에 흩어져 살면서 양쪽의 눈치를 보고 있었고 고려와 거란은 여진을 사이에 두고 계속 싸웠다.

993년 거란은 중국 본토를 치기 전 근심거리를 없애기 위해 소손녕蕭遜寧을 앞세워 대군을 이끌고 고려에 쳐들어왔다. 이에 고려에서는 한바탕 싸울 작정이었지만 일단 먼저 화의를 제의해보기로 하고 장군 서희를 거란 진중으로 보냈다.

소손녕은 서희를 위협했고 서희는 소손녕을 타일렀다.

"그대 나라는 신라 땅에서 일어났으니 고구려의 옛 땅은 마땅히 우리 차지다. 그런데도 그대들이 이를 허락 없이 침략하여 차지하고 있다. 또 우리와 경계가 서로 잇닿아 있는데도 바다를 건너 송나라를 섬기니 이 까닭에 우리가 쳐들어온 것이다. 이제 땅을 떼어 우리에게 바치고 신하 노릇을 하면 아무 탈이 없을 것이다."

"아니다. 우리는 고구려의 뒤를 이었다. 그리하여 이름을 고려라 하고 평양에 도읍을 정한 것이다[실제는 개경에 도읍을 정했다. 평양은 제2의 도읍으로 서경이라 했다]. 만일 경계를 밝히면 그대 나라의 동경지방[지금의 남만주 일대]이 다 우리나라 안에 있는 터인즉 침략했다는 말은 당치도 않다. 또 압록강 안팎은 우리 경계 안인데 여진이 그 사이에 끼어들어 살면서 간사를 부리고 모질게 굴어 그곳으로 다니기가 바다보다 더 어려우니 서로 사귀지 못함은 여진 때문이다. 만일 그대 나라가 여진을 몰아내고 우리 땅을 돌려주어 성을 쌓고 길을 통하게 하면 어찌 신하 노릇도 마다하랴."

—『고려사절요高麗史節要』

소손녕은 고려가 친교의 뜻이 있다는 말을 듣고 군사를 돌렸다. 서희는 조정으로 돌아와 압록강 근방의 땅을 얻은 뒤에 사신을 보내도 아무 탈이 없을 것이라고 주장했다. 그러나 조정에서는 다른 환란을 걱정하여 사신을 보내 친교의 뜻을 전했다. 거란은 고려가 굴복하는 체하자 요구를 들어주었다.

거란은 고려와 오가는 길을 편리하게 하기 위해 압록강 서쪽에 다섯 성을 새로 쌓았다. 한편, 고려로 하여금 압록강 동쪽까지 280여 리(110킬로미터) 정도에 걸쳐 성을 쌓고 교통로를 확보하게 했다. 고려에서는 겉으로는 협조하는 척하면서 하나씩 실리를 거두었다. 서희는 압록강 일대에 성을 늘려나갔고 관리를 파견해 다스리게 했다. 이렇게 하여 고려는 영토를 압록강까지 차지하는 데 성공했다. 75년이 지난 뒤에야 태조의 뜻이 이루어진 것이다. 사실 당시에 압록강, 두만강 일대의 땅은 먼저 차지하는 사람이 임자였다.

그러나 고려가 늘 거란을 등지고 송나라와 친하게 지내자 1018년 소배압蕭排押이 군사 10만을 이끌고 또다시 쳐들어왔다. 이에 고려에서는 강한찬이 맞섰는데, 그가 거란의 군사를 흥화진과 귀주 일대에서 가차 없이 무찌르자 소배압은 겨우 남은 몇천 명의 군사를 이끌고 물러갔다. 30여 년에 걸친 전쟁이 패배로 끝나자 거란은 어쩔 수 없이 1020년에 강화를 맺고 고려의 영토를 사실상 인정했다. 고려는 교묘한 계책으로 압록강 이남의 영토를 끝내 차지한 후 한 발짝도 물러서지 않았다. 이는 태조의 북방 개척정신을 이어받은 고려의 장수와 군사들의 빛나는 공이 었다.

나라의 기틀을 다지다
–

고려는 후삼국을 통일한 뒤 민족 통일국가로 북방 개척에 못지않게 나라의 기틀을 튼튼히 다지는 일에 힘썼다. 귀족 중심의 통치를 하면서 중앙집권적 체제를 갖추어나갔다.

태조는 불교를 숭상했고 풍수지리설을 신봉했다. 도선을 국사로 모시고 그의 가르침에 따라 절을 지었다. 이는 신앙으로서 불교를 받들기보다 나라를 지키기 위한 수단이었다. 곧 호국불교의 이념에 따라 나라의 안녕을 빌기 위한 조치였다. 특히 후백제를 멸망시킨 땅에 개태사開泰 寺를 창건하여 몸소 글을 지어 올리면서 나라가 영원히 아무 탈 없이 편 안하게 해달라고 빌었다. 이런 절을 비보사찰裨補寺刹(땅기운이 너무 왕성해 그대로 두면 큰 싸움이 일어날 수 있는 곳에 미리 절을 지어 땅기운을 다스리 기 위함이었다)이라고 하는데, 군사와 경제의 요충지 역할을 했다. 비보사 찰에 군사기지를 마련하고 군량미를 비축해두었던 것이다.

태조가 무엇보다 중요하게 여긴 일은 호족 세력을 누르고 왕권을 강 화하여 중앙집권을 꾀하는 일이었다. 호족은 신라 말기 사회가 혼란한 틈을 타서 사병私兵을 거느리고 성주 또는 장군이라 부르며 세금을 마음 대로 걷고 군대를 모집하면서 거의 왕이나 다름없이 행세했다. 고려가 통일을 한 뒤에도 호족 세력의 기세는 꺾이지 않았다. 태조는 이들을 누 르기 위해 성주나 장군의 호칭을 없애고 사심관제도를 두었다. 그들로 하여금 세금을 걷거나 행정력을 발휘할 수 있는 일은 시키되, 군대는 많 이 거느리지 못하게 한 것이다. 또 사심관과 호족의 아들들을 개성으로 보내 중앙과 관계되는 그 지방 일을 맡아보게 하면서 교육을 하기도 했 다. 이는 볼모의 성질을 띤 것으로 호족 출신인 사심관이나 호족이 반란 을 일으키지 못하게 묶어두는 것이기도 했다. 이를 기인제도라 한다.

한편으로는 많은 호족과 인척관계를 맺었다. 태조는 29명의 아내를 두었는데, 거의 호족의 딸들로 각 지역에 따라 고루 안배하여 뽑았다. 결 과적으로 왕과 인척관계를 맺은 호족은 함부로 중앙정부에 위협을 가하 지 못했다. 호족 출신 왕비에게서 태어난 왕자와 공주는 모두 34명이었는데, 어머니가 다른 아들딸끼리 혼인을 시켜 이중, 삼중으로 관계를 맺게 하여 왕권을 유지하는 데 도움이 되도록 했다. 그리고 오랫동안 신라와 호족들에게 시달려온 농민들에게는 세금과 부역을 가볍게 해주었고 가난한 사람들에게는 살길을 마련해주기 위해 배려를 아끼지 않았다.

태조는 죽을 무렵 훈요십조訓要十條를 지어 그의 정책을 후대 왕에게 전했는데, 열 가지 내용을 살펴보면 다음과 같다. 1조: 국가를 위해 불교를 숭상할 것, 2조: 함부로 절을 짓지 말 것, 3조: 왕위는 적장자에게 물려줄 것, 4조: 거란과 같은 야만국의 풍속을 배격할 것, 5조: 서경을 중시할 것, 6조: 연등회, 팔관회 등을 성대히 할 것, 7조: 왕이 된 자는 공평하게 일을 처리하여 민심을 얻을 것, 8조: 차령산맥 이남과 금강 밖은 반역의 땅이니 그 지역 인물은 등용하지 말 것, 9조: 신료들의 녹봉을 함부로 늘리거나 줄이지 말 것, 10조: 널리 경사經史를 보아 옛일을 경계할 것. 태조는 한 조목이 끝날 때마다 "속마음에 이를 간직하라"라고 써놓았다. 그 가운데 지역을 차별하는 구절이 있어 후세에 폐단이 생겼다.

태조가 죽고 뒤를 이은 왕들은 그의 유훈을 이어갔다. 4대 왕 광종은 혜종 때 왕규의 난을 겪은 후 더욱 구체적으로 호족을 억제하는 정책이 필요하다는 것을 절실히 느꼈다. 그리하여 노비안검법奴婢按檢法을 만들었다. 당시 호족들은 신분에 따라 일정한 수의 노비만을 소유하게 되어 있었으나 규정을 어기며 함부로 많은 노비를 거느리는 경우가 많았다. 여진족으로 항복해온 사람들, 다른 호족에게서 빼앗은 노비, 집 없는 사람들을 강제로 가두어 노비로 삼는 등 수많은 노비를 거느리고 거들먹거렸으며, 때로는 노비들을 사병으로 기르기도 했다. 광종은 철저히 가려서 노비들을 해방시켜주었다. 이는 노비의 해방에만 의미가 있는 것이 아니라 호족의 기반과 세력을 약화시키려는 의도를 가진 것이었다.

광종은 과거제도도 실시했다. 그때까지 호족들은 태조가 꾀한 건국기 안정을 위한 정책에 따라 많은 벼슬을 차지하는 특권을 누렸고 그 세력이 중앙권력에 도전하는 경우도 종종 있었다. 광종은 중국인 쌍기雙冀의 의견을 받아들여 엄격한 시험을 거쳐 벼슬아치를 뽑았다. 이 과거는 세계에서 중국에 이어 두번째로 시험을 통해 벼슬아치를 뽑은 사례가 되었다. 이로 인해 배경이나 세력을 믿고 날뛰던 호족의 자제들은 번번이 과거에 떨어졌고 중앙의 왕권은 더욱 강해졌다. 더불어 과거의 시험 과목으로 유교 경전을 두어 커진 불교 세력을 견제했다. 그러나 기술관 등은 잡과라 하여 일반 관리에 비해 차별을 하는 폐단을 낳기도 했다.

6대 왕인 성종은 개경에 국립대학이라 할 수 있는 국자감國子監을 세워 유학의 경전을 가르쳤고 지방에도 향학鄕學을 두었다. 이 교육제도는 바로 과거제도와 직접적으로 연결되었다. 교육제도는 귀족 중심으로 이루어졌으나 교육을 중시하는 전통을 세웠다. 호족이 아닌 귀족의 자제들에게는 신분에 알맞은 벼슬을 주고, 양민에게는 과거를 볼 수 있는 기회를 주고, 중인에게는 의술, 산술, 천문 등의 잡직을 주고, 승려들에게는 상관을 주는 승과를 보였는데, 각 신분에 따라 교육제도를 달리 적용했다. 이것은 신분을 제도로 굳히는 데 한몫했다. 그리하여 귀하고 천한 사람은 태어날 때부터 이미 신분이 나뉘었고 임금과 신하는 서로 넘볼 수 없는 하늘이 정해준 관계라는 유교 이념을 강조했다. 이렇게 유교 이념을 충실히 따르는 정책은 호족을 누르고 반란을 막는 효과를 가져왔으나 신분의 귀천과 상하를 엄격히 하는 신분제도를 낳았다. 이로 인해 고려를 귀족사회라 부르게 되었다.

이렇게 왕권을 강화함에 따라 중앙의 행정기구도 다져졌다. 성종은 중서문하성中書門下省을 두어 국가정책을 결정하거나 심의했으며, 상서성尙書省을 두어 6부(조선시대의 6조와 같다)에서 모든 행정을 집행하게 했다. 그 밖에도 많은 기구를 새로 두었는데, 대개 유교 국가인 당나라의 제도를 본뜬 것이었다.

성종 때에는 지방의 행정도 새롭게 개편했다. 성종은 전국을 12목으로 나누어 중앙에서 목사를 파견했다. 그후 전국을 5도로 나누어 그 아래에 주, 부, 군, 현을 두어 다스렸다. 또 군사적으로 중요한 북쪽과 동쪽에는 양계라 하여 군의 장수가 행정을 지휘했다. 군대는 중앙과 지방으로 나누어 배치했다.

이런 정규의 지방행정이나 군사기구 외에는 특수 행정구역으로 향, 소, 부곡을 곳곳에 두었다. 이 가운데 일부는 신라의 제도를 따른 것인데, 이때 더욱 강화되었다. 이곳에는 포로, 항복한 졸개, 죄를 지은 사람, 수척水尺 등 천한 직업을 가진 사람들이 집단을 이루어 한곳에 모여 살았다. 다시 말해 천민들을 구별하여 일반 양민과 격리시켜 살게 했던 것이다. 이는 앞에서 지적한 신분제도에 바탕을 둔 귀천의식에서 비롯된 잘못된 정책이었다.

　마지막으로 가장 중요하게 추진한 정책은 토지제도 정비였다. 신라 말기 사회가 혼란한 틈을 타 호족들은 함부로 토지를 점유했고 그 경계도 확실하지 않았다. 이를 중앙에서 거두어들여 새롭게 분배했다. 5대 왕인 경종은 전시과田柴科를 실시하여 지위에 따라 벼슬아치들에게 일정한 토지와 임야를 나누어주고 그 토지를 직접 경작하는 농민들에게서 조세를 거두어들였다. 토지를 받은 벼슬아치는 살아 있을 때에만 조세를 받을 수 있었고 죽으면 토지를 다시 국가에 반납해야 했다. 또한 나라에 공을 세운 사람이나 높은 벼슬아치들에게만 나누어주는 공음전功蔭田도 두었는데, 자손 대대로 조세를 받을 수 있었다. 공음전은 영구히 사유지가 되었다.

　그리고 절의 모든 경비를 대는 원천인 사원전寺院田을 두어 국교가 된 불교의 승려들에게 특혜를 주었다. 승려들은 후기신라 말기처럼 세속화되어 배불리 먹고 사치를 일삼을 재산을 확보하여 고행의 길을 외면했다. 그 밖에도 궁중이나 관청에 딸린 토지도 많아 왕족이나 귀족들의 특혜가 보장되었다. 그리하여 직접 생산자인 농민들은 토지를 갖지 못해 소작인으로 전락하여 귀족들이나 승려들에게 부림을 당하거나 수탈에 시달렸다. 처음에는 성공한 것처럼 보였던 토지제도는 끝내 고려가 망하는 원인의 하나가 되었다.

여진 정벌과 국내의 반란

고려는 11세기 중엽에 거란의 침입을 막고 10년에 걸쳐 국경지방에 천리장성을 쌓았다. 이 무렵 만주의 북쪽에서는 여진의 한 갈래인 완안부完顏部가 일어나 세력을 크게 떨치고 있었다. 처음에 그들은 고려를 부모의 나라로 떠받들며 공물을 바쳐왔다. 이에 고려에서는 식량과 농기구 등을 주며 달랬고 귀순한 여진 사람에게는 집과 토지를 주어 일반 백성들과 함께 살게 했다.

그러나 세력이 세지자 여진은 1104년 기병을 앞세워 함흥지방을 노략질했다. 이때 장군 윤관이 고려의 보병을 이끌고 나가 싸웠으나 패배했다. 고려에서는 여진이라는 새로운 적을 맞이하여 기병을 주축으로 한 신기군神騎軍, 보병을 주축으로 한 신보군神步軍, 승병을 주축으로 한 항마군降魔軍을 편성하여 별무반을 조직하고 1107년 윤관의 지휘 아래 여진을 정벌했다. 그리하여 여진 세력을 몰아내고 함흥 일대에 9성을 쌓았다. 이때 고려의 영토는 동북쪽으로는 두만강에 이르거나 그를 넘게 되었다. 그러나 여진에서 사신을 보내 잃은 땅을 돌려줄 것을 요구하자 고려에서는 오랜 군사활동으로 국력이 약해져 이들을 무마하기 위해 9성을 2년 만에 돌려주었다.

여진은 계속 세력을 키워 중국 북쪽을 차지하고 있던 요나라를 멸망시키고 금金을 세웠다. 그리고 1126년 고려 왕에게 신하가 될 것을 강요했다. 이때 권세를 잡고 있던 이자겸은 여러 신하의 반대를 무시하고 금나라의 요구를 받아들였다. 이자겸 일당은 자기들의 권력을 계속 유지하기 위해 이런 굴욕을 받아들인 것이었다. 하지만 결과적으로 고려가 이 요구를 받아들이고 금나라를 인정한 것은 역사적으로 큰 의미를 지닌다.

송나라는 자기네 땅을 차지하고 있던 숙적인 요나라를 몰아내기 위해 금나라와 손을 잡았으나 금나라는 곧이어 송나라까지도 침략했다. 송나라는 어쩔 수 없이 남쪽으로 쫓겨가서 남송南宋을 세웠다.

고려는 그동안 송나라와 끊임없이 교류하면서 그곳의 문화를 받아들이고 국제적 친분을 쌓아왔는데, 이때에 그 관계가 끊어지게 되었다. 그뿐 아니라 중국 땅과 만주 땅의 민족들, 곧 요나라와 금나라 등이 서로 싸움을 벌일 때 고려는 등거리 외교로 중립을 지켜 어느 쪽에도 원한을 사지 않았다. 어쨌든 이런 상황에서 고려는 큰 싸움을 벌이지 않고 평화와 안정을 누렸다. 그러자 중앙의 벼슬아치들은 나라 바깥의 사정을 외면한 채 권력을 잡는 데만 혈안이 되었다. 그들은 권력을 잡고 농간을 부렸고 이로 인해 '고려의 귀족정치'가 본격적으로 시작되었다. 대표적인 인물로 이자겸을 꼽을 수 있다. 이자겸은 정치권력뿐 아니라 불교계에도 손을 뻗쳐 당시 큰 세력인 법상종法相宗을 수하로 끌어들였다.

이때 사대적 유신들도 많이 등장했다. 여러 임금은 송나라의 정치제도를 본받고 유교 이념을 도입했는데, 유학자들은 실권이 있는 많은 벼슬자리를 차지했다. 그리하여 유학자 출신인 김부식 같은 사대파가 조정에 많은 세력을 거느리게 되었다.

귀족을 대표하는 이자겸은 반대 세력을 계속 죽이다가 끝내는 스스로 왕이 되려고 반역을 도모했다. 이에 17대 왕 인종의 측근 세력은 왕을 보호하기 위해 1126년 이자겸을 없애려 했으나 이자겸이 낌새를 눈치채고 탁준경을 시켜 먼저 그들을 제거했다. 하지만 이자겸은 오히려 탁준경에게 죽임을 당했다. 이자겸의 죽음은 특권 귀족이 몰락하고 대신 무신들이 정권을 잡는 계기가 되었다.

그뒤 승려 묘청은 도읍을 개경에서 서경으로 옮기자는 천도운동을 펼쳤다. 당시 금나라에 굴복하고 있는 조정의 신하들과 송나라에 충성심을 보이고 있는 김부식 같은 사대주의자들에 맞서 평양 출신인 묘청, 정지상 등은 평양에 대화궁을 짓고 "황제라 부르고 연호를 써야 한다 稱帝建元"고 주장하며 "금나라를 정벌하자"고 외쳤다. 1135년 그들은 끝내 자신들의 주장을 들어주지 않는 조정에 맞서 대위국大爲國이라는 국호를 내걸고 고려 조정에 반기를 들었다. 그러나 그들은 개성 세력과 맞붙어 싸워 김부식이 이끄는 관군에 패했다. 이 싸움을 자주 세력과 사대 세력, 승려와 유학자, 서경 세력과 개경 세력의 대결이라 한다. 그리하여 김부식 등을 중심으로 하는 문신들의 새로운 귀족 세력이 형성됨으로써 탁준경 일당과 김부식 일당으로 대표되는 무신과 문신의 대결이 새로이 등장하게 되었다.

두 내란으로 말미암아 조정의 신망은 떨어졌고 재정은 바닥이 났으며 많은 건물은 불탔다. 이에 불탄 건물을 새로 짓고 텅 빈 재정을 보충하기 위해 백성들을 괴롭혔다. 그 가운데에서도 귀족들은 정치권력을 손아귀에 넣고 많은 농간을 부렸으며 토지를 계속 늘려 소유하면서 백성들을 수탈하는 데 여념이 없었다. 게다가 문신과 무신의 알력 싸움에 고려의 국운은 서서히 기울기 시작했다.

무신의 발호와 민중의 등장

고려의 벼슬아치는 문반과 무반으로 나뉘었는데, 그들은 처음에는 똑같은 대우를 받았다. 그러나 차츰 나라가 안정되면서 권력을 잡고 있던 문반은 무반을 깔보았다. 특히 고려 중기의 여러 왕이 유교의 정치제도에 따라 문반을 더 높이 대우하자 문반은 정치권력뿐 아니라 토지 등 경제적 이익을 독점했다. 그리하여 무반은 군사 지휘권마저 문반에게 빼앗겼고 한낱 문반의 호위나 맡는 처지로 전락했다.

어느 날 밤, 연회를 베풀던 자리에 늙은 무신 정중부가 긴 수염을 자랑스럽게 뽐내자 김부식의 아들 김돈중은 이를 고깝게 여기고 촛불로 그의 수염을 태웠다. 이에 정중부는 몹시 화를 내며 김돈중의 뺨을 후려치고 달아났다. 이 사건으로 김부식은 의종에게 정중부를 벌할 것을 청하여 정중부는 매질을 당했다. 정중부를 비롯한 무신들은 점차 불만을 품기 시작했다.

그뒤에도 의종과 문신들은 잦은 연회를 베풀면서 무신들에게 호위를 서게 했다. 무신들은 끼니를 거르며 밤새워 호위를 했다. 어느 날 문신들은 연회 때 무신들에게 권법拳法을 보이게 했는데 늙은 대장군 이소응이 힘에 부쳐 도망치자 벼슬이 낮은 문신 한 명이 나서서 이소응의 뺨을 갈겼다. 이에 20여 년 동안 쌓인 묵은 감정이 폭발하여 정중부, 이의방 등 무신들은 1170년 연회에 참석한 문신들을 비롯하여 조정의 문신들도 마구 죽였다. 이것이 바로 '무신의 난'이다.

이때 동원된 군사는 궁중 호위를 맡은 부병府兵이었다. 부병은 토지를 받아 농민에게 경작시키게 하는 대신 거기서 나오는 소출로 생활을 하며 병역을 담당했는데, 이때쯤에는 법으로 정해진 토지도 제대로 받지 못하면서 군역의 의무만 지고 있었다. 그리하여 그들의 불만은 점점 더 쌓여가고 있었다. 무신들과 부병들은 의종을 폐한 뒤 거제도로 유배를 보내고 새 임금 명종을 받들어 무신정권을 세웠다. 무신들은 문신들이 누리던 온갖 권력과 재산을 차지했다.

무신의 난은 100년 동안 무신정권이 들어선 계기가 되었다. 이에 문신들은 세력을 되찾으려 했으나 번번이 실패했다. 왕실의 비호를 받던 교종 계통의 승려들도 무신들을 공격했다.

정중부는 자신보다 먼저 조정의 권력을 장악했던 이의방 일파를 없애고 혼자 정권을 쥐고 흔들다가 경대승에게 죽임을 당했다. 정중부를 제거한 경대승은 정권을 잡고 사병 조직인 도방都房을 설치했다. 그러나 그는 서른 살에 병으로 죽었다.

뒤를 이어 이의민이 모든 실권을 쥐었다. 그는 벼슬을 팔고 아무 죄 없는 백성의 재산을 갈취하면서 정치를 그르치다가 최충헌에게 죽임을 당했다. 최충헌은 처음에는 정치의 잘못을 바로잡으려 애썼는데, 명종이 이를 제대로 시행하지 않자 왕을 폐하고 허수아비 왕 신종을 세운 뒤 온갖 권력을 휘어잡고 무단정치를 시작했다. 동생 최충수가 맞서자 그마저 죽이고 도방을 설치하여 반대 세력이 반란을 꾸밀 때마다 이를 토벌했다. 그는 마음대로 네 명의 왕을 갈아치웠고 반대 세력을 가차없이 제거했다.

비록 최충헌은 무신이었으나 문신들을 대거 등용하여 이용했다. 문신들은 벼슬에 올랐어도 늘 무신들의 눈치를 보았으며, 그마저도 무신과의 연줄이 없으면 낮은 자리조차 얻을 수 없었다. 최충헌은 또 많은 세력을 거느리고 있는 승려들까지 자신의 정권을 유지하기 위해 이용했다. 그리하여 왕실과 밀착되어 있는 교종을 억누르고 민중에 주로 기반을 둔 선종 승려들과 손을 잡으려 애썼다. 승려들은 타락해가는 교종을 견제하기 위해 최씨의 무단정치에 동조하기도 했고 때로는 농민들과 연대하여 봉기에 가담하기도 했다.

최씨의 마지막 실권자인 최의는 처음에는 노비를 우대하고 사재를 털어 빈민을 구제하는 등 선정을 베풀었으나 차츰 포악해져 현사賢士들을 깔보고 함부로 살인을 저질렀다. 1258년 그는 김준, 임연 등에게 죽임을 당했고 최씨의 60년 무신 독재정권은 무너졌다.

그뒤 김준이 정권을 잡았다가 임연에게 빼앗겼고 임연과 그의 아들 임유무가 다시 집권하여 문신들을 몰아내고 항전을 결의했다. 몽골이 침입해왔을 때 무신들은 정권을 잃을까 두려워 완강하게 타협을 거부하여 민중의 고통을 가중시켰다. 무신들의 횡포 아래 나라의 힘은 점점 더 약해졌고 곳곳에서 민중 봉기가 일어났다.

무신정권을 쥐고 흔든 독재자들은 하나같이 문신보다 극성스럽게 벼슬을 사고팔았으며 많은 토지를 차지하여 재산을 늘렸다. 그들은 사치스러운 생활을 하면서도 민중의 고통에는 눈 하나 깜짝하지 않았다. 잦은 정변과 변란으로 나라는 하루도 편할 날이 없었고 농민, 천민 등 하층민의 고통은 더욱 심해졌다. 그들이 이끌었던 민중 봉기의 예를 몇 가지 살펴보자.

첫째, 서적西賊으로 불리는 북쪽 지방 농민들의 봉기다. 1172년 함경도의 농민들은 수령들이 탐욕스럽고 포악한 데 반기를 들고 관가를 습격하여 수령들을 죽였다. 1174년 조위총이 무신정권에 맞서 서경에서 봉기를 일으킬 때 이곳의 많은 농민은 스스로 일어나 싸웠다. 그들은 계속해서 5년 동안 들과 산에서 출몰하며 무신정권에 저항했다.

둘째, 남적南賊으로 불리는 남쪽 농민들의 봉기다. 1176년 공주에서는 농민들이 봉기를 일으켜 공주를 차지하고 관군에 맞섰다. 그들은 한때 중앙정부의 회유에 항복했으나 그것이 거짓임이 밝혀지자 충청도의 모든 고을을 점령할 정도로 봉기를 크게 일으켰다.

1193년에는 남적의 연합 세력이 봉기를 일으켰는데, 청도에서 일어난 김사미와 울산에서 일어난 효심은 한때 경상도 일대를 거의 차지할 정도로 세력이 컸다. 그들은 관리들의 목을 베고 주린 백성들에게 관곡을 털어주며 1년 동안 세력을 떨쳤다. 조정에서는 온 힘을 기울여 밀양에서 전투를 벌인 끝에 7,000여 명을 죽이고 겨우 평정했다. 그뒤에도 여기저기서 농민이나 노비, 천민인 부곡민 등이 봉기를 거듭 일으켰다. 1202년에는 농민 봉기 세력들이 연합하여 경주를 중심으로 대대적인 반기를 들었다. 그들은 신라의 부흥을 외치고 무신정권을 무너뜨리자고 외치며 민심을 선동하면서 경상도와 강원도 일대를 차지했다. 최충헌은 모든 군사력을 동원하여 그들을 토벌했다.

한편, 이와 달리 1198년에는 개성에서 노비의 반란이 일어났다. 최충헌의 사노비 만적은 "왕후장상의 씨는 따로 없다"라는 말로 개성 북산에 올라 나무를 하던 공사公私 노비들을 부추겨 많은 동조자를 모았고 누런 종이 수천 장을 오려 '정丁' 자 모양으로 표시하여 돌렸다. 누런색은 황건적 등이 쓰던 저항의 표시였고 정 자는 장정을 가리켰다. 그들은 흥국사 뜰에 모여 일시에 먼저 최충헌을 죽이고 이어 각자의 주인을 죽인 뒤 노비 문서를 불사르기로 했다. 그러나 거사 날짜에 모인 인원은 몇백 명에 지나지 않았다. 이에 다시 4일 후로 미루었다가 동료 노비의 밀고로 100여 명이 붙잡혀 강물에 수장되었다.

이처럼 세차게 일어나던 민중 봉기는 몽골의 침입으로 수그러들었다. 그러나 그들의 봉기는 역사적 의의가 실로 크다 할 수 있다. 농민이나 천민 등 하층민들은 민중 세력으로서 사회질서를 개편하기 위해 봉기를 일으켰고 이는 민중의 의지가 움트기 시작한 것이라 할 수 있다. 그들은 결연한 봉기로 고려의 귀족사회와 무단 독재정치에 맞서 싸워 성장한 민중의 모습을 보여주었다. 이로써 조정에서도 어쩔 수 없이 그들의 요구가 무엇인지, 그들의 고통이 어디에 있는지를 알고 민중을 달래기 위해 일부 빼앗은 토지를 돌려주거나 조세를 감해주었다. 결국 그들은 고려 사회의 발전에 이바지한 것이다. 그들의 저항은 고려 말에 이르러 다시 세차게 등장한다.

몽골의 침입과 항쟁

무신 독재정치에 이어 민중 봉기가 끊임없이 일어난 100여 년 동안 조정의 세력은 약해질 대로 약해져 있었다. 이런 국내 상황 속에서 13세기에는 북쪽의 바깥 나라들의 정세가 빠르게 변하고 있었다.

금나라의 압박을 받고 있던 몽골은 테무친鐵木眞(칭기즈 칸의 본명)이라는 영웅이 나타나 부족을 통일했다. 칭기즈 칸은 영토를 동서남북으로 크게 확장해나가면서 동남쪽의 배후 세력인 거란과 고려를 손아귀에 넣으려 했다. 고려는 재빨리 몽골과 손을 잡고 우리 땅으로 쫓겨온 거란을 쳐서 굴복시켰다. 이를 빌미로 몽골은 공물을 바치라거나 사대의 예를 다하라는 등 지나친 요구를 해왔다. 하지만 고려는 그들의 요구를 고분고분 들어줄 수 없었다. 그러자 몽골은 1231년 압록강을 건너 쳐들어왔고 개경까지 밀고 들어와 노략질을 했다. 조정에서는 어쩔 수 없이 화친을 청하여 형제의 나라로 조약을 맺었다. 몽골은 행정 감시를 위해 서북쪽 일대에 '다루가치達魯花赤'를 설치한 뒤 철수했다. 다루가치는 몽골어로 '지키는 사람'이라는 뜻으로 몽골 사람을 파견하여 고려의 내정을 간섭했다(1278년에 폐지되었다).

그뒤 계속되는 지나친 요구와 다루가치의 횡포가 심해지자 고려는 1232년에 일대 결전을 각오하고 강화도로 도읍을 옮겼다. 이에 몽골은 살리타撒禮塔가 이끄는 대군을 보내 쳐들어왔다. 살리타는 개경을 함락하고 한강 남쪽까지 진출했으나 용인 싸움에서 고려군에게 죽임을 당했다. 이때 몽골군은 전술적으로 일단 물러갔으나 계속 군사를 보내 여러 차례 괴롭혔다. 그러나 강화도를 지키는 삼별초三別抄는 완강히 버티었다. 삼별초는 최우가 도둑을 잡기 위해 세운 야별초를 좌별초와 우별초로 나누고 몽골에 포로로 잡혔다가 도망쳐온 자를 신의군이라는 이름으로 조직한 군대였다. 그 밖에도 육지에서는 농민들이 주축이 되어 곳곳에서 몽골군을 물리쳤다.

이렇게 오랜 싸움을 계속하는 동안 강화도에서는 문신들을 주축으로 한 강화파와 무신들을 주축으로 한 항전파로 나뉘어 대립했다. 1258년 최의가 살해되자 원종은 문신의 도움으로 몽골과의 강화를 성립시켰다. 그리하여 원종은 몽골로 가서 우의를 돈독히 하고 돌아왔다. 이때 임연과 그의 아들 임유무는 다시 집권하여 문신들을 몰아내고 항전을 결의했다.

1270년 원종은 몽골의 지원에 힘입어 도읍을 다시 개경으로 옮기고 강화도의 군사를 육지로 옮기라고 명령했으나 임유무 등은 이 말을 듣지 않고 버텼다. 무신들은 나라를 지키려는 항전의 의미도 있었지만 몽골의 지배를 받으면 자신들의 정권을 내놓아야 하는 것은 물론 다시 문신의 지휘를 받게 되는 처지가 되므로 맞섰다고 할 수 있다. 특히 삼별초는 개경으로의 환도를 반대하고 몽골의 세력을 업은 왕의 명령을 받들지 않았다. 이에 왕은 삼별초를 폐지하라고 명령했다. 삼별초의 지휘관 배중손은 이 소식을 듣고 새로이 관부官府를 설치하고 왕족 온溫을 새로운 왕으로 받들며 연안 경비를 강화했다. 이에 섬에 남아 있던 관리들이 육지로 탈출하고 섬 안의 민심이 흔들리자 배중손은 새로운 진지를 찾아 나섰다. 그는 1,000여 척의 배를 동원하여 많은 재물과 사람들을 싣고 남해의 진도로 근거지를 옮겼다. 그가 진도로 근거지를 옮긴 이유는 몽골과 고려군이 육전에는 능하지만 해전에는 약했기 때문이다. 삼별초는 남해안 일대의 제해권制海權을 손아귀에 넣고 연안 일대의 고을을 다스렸으며 거제도, 제주도 등 30여 개의 섬을 지배했다. 그들은 3년 동안 남쪽에 해상왕국을 건설하여 맞섰다.

고려와 몽골의 연합군은 그들을 토벌하기 위해 많은 군대를 이끌고 해남, 마산 등 남해안 일대에 진을 쳤다. 진도에서 싸우다 죽은 배중손의 뒤를 이어 지휘를 이어받은 김통정은 삼별초와 새로 모집한 지방 군대로 버티다가 물러나 제주도로 들어갔다. 그들은 제주도에서 두 개의 성을 쌓고 마지막 항전을 벌이다가 1273년에 끝내 패했다. 삼별초는 몽골에 항전한 마지막 군대였다.

이때 몽골은 국호를 원元으로 바꾸고 삼별초를 평정했다는 공을 내세워 고려의 내정을 간섭하기 시작했다. 원나라는 고려에 관리를 파견하여 동정을 감시하고 행정에 관여했으며 철령 이북과 자비령 이북의 땅을 빼앗아 다스리기도 했다. 오랫동안 피땀 흘려 확보한 땅을 몽골이 지배하게 된 것이다. 그뿐 아니라 원나라는 일본을 침략하기 위해 제주도에 탐라총관부를 두어 말을 기르는 목장을 관리하게 했다. 제주도의 말은 이때부터 기르기 시작한 것이다. 또 충렬왕 때에는 개경에 정동행성征東行省을 설치하여 일본 정벌에 필요한 물자와 배를 공급하게 했다. 원나라 세조는 일본을 정벌하려고 정동행중서성征東行中書省을 설치했다가 일본 정벌 계획을 그만둔 다음에는 정동행성으로 바꾸어 고려의 내정을 감시하고 간섭했다.

1274년 10월 김방경이 이끈 고려군과 원나라의 연합군은 마침내 일본 정벌에 나섰다. 그러나 겨울에 태평양에서 불어오는 계절풍 때문에 연합군이 일본에 상륙하기도 전에 배들이 난파당했다. 일본에서는 이 바람을 가미카제神風라 하며 지금도 일본을 막아준다고 여긴다. 그후에도 고려와 원나라는 여러 차례 일본 정벌을 시도했고 충렬왕이 직접 원나라에 가서 일본 정벌의 방책을 제시하기도 했다. 그러나 이 일로 인해 고려의 국력은 더욱 약해졌고 원나라에 질질 끌려다니는 처지로 전락했다.

왕실의 예속과 문화의 교류

고려 왕실은 무신정권을 제거했으나 원나라의 속국이자 부마국駙馬國(사위의 나라)으로 전락했다. 원나라의 공주를 왕비로 맞이하기로 약속되어 있었기 때문이다. 고려가 망할 때까지 원나라의 공주 일곱 명을 왕비로 맞이했다. 그러므로 고려의 왕은 원나라의 사위가 되었고 왕자는 볼모와 다름없는 처지에서 원나라에 가서 교육을 받았다. 그뿐 아니라 왕이 죽고 난 뒤에 올리는 시호에 나라를 열거나 다시 세웠다는 뜻으로 붙여지는 조祖와 나라를 이은 왕에게 붙여지는 종宗을 올리는 것은 천자 나라의 제도라 하여 왕으로 낮춰 부르게 했다. 모든 중앙의 관직명도 이같은 뜻에 따라 바꾸었다. 이는 모두 제후의 격으로 낮춘 것이었다.

또 그들은 동녀童女(어린 여자아이)나 환관宦官(임금 곁에서 시중드는 벼슬아치)은 물론 금과 은, 산삼, 해동청海東靑(매의 종류) 같은 특산품도 바치게 했다. 이것만이 아니었다. 고려 고유의 풍속을 못마땅하게 여기고 몽골어와 몽골 이름을 쓰고 몽골 풍속을 따르게 했다. 이해를 돕기 위해 중요한 것, 또는 오늘날까지 전해지는 언어, 의복, 음식 등 몇 가지를 나누어 살펴보자.

첫째, 몽골풍이 유행했다. 머리는 정수리 쪽을 깎고 뒤로 길게 땋아 늘어뜨리는 변발이 유행했고 이제까지 짧았던 옷은 통복通服으로 길어진 두루마기(몽골어에서 유래)가 널리 퍼졌다. 또 족두리, 옷고름에 차는 장도, 뺨에 찍는 연지도 몽골에서 유래되었다. 이 밖에도 몽골어의 잔재가 남아 있는데, 벼슬아치, 구슬아치, 장사치 등과 같이 '치赤'가 가장 많이 쓰이며 궁중 용어로는 임금이 먹는 음식을 부르는 수라가 있다. 또한 매를 많이 이용하여 사냥한 탓에 '보라매', '송골매' 같은 몽골어도 유행했다.

둘째, 음식에 끼친 영향이다. 설렁탕은 몽골의 '슬루'에서 유래된 것인데, 유목민족인 몽골 사람들이 소의 부속물을 냇가에서 고아먹는 음식이었다. 또 만두는 상화霜花라 했는데, 이때부터 퍼졌다 한다. 소주는 몽골 사람이 페르시아에서 수입한 것이 전래된 것이다. 이수광의 『지봉유설芝峯類說』에는 "소주는 몽골에서 나왔는데 약으로나 쓸 뿐이지 함부로 마셔서는 감당하지 못한다"라고 실려 있다.

셋째, 말과 노새 같은 교통수단이다. 몽골은 말 없이는 생활할 수 없었다. 떠돌이생활을 하면서 전쟁을 하거나 짐을 싣거나 타고 다녀야 했기 때문이다. 그들은 우리나라 기후가 말을 기르기에 알맞고 풀이 풍부한 것을 알고 곳곳에 말 방목장을 만들었다. 그전에도 말은 있었지만 이때 더욱 많이 보급되었다.

넷째, 혼인 풍습이다. 조선왕조에 들어와 남녀가 혼인할 때 법제상으로 열네 살에서 열다섯 살을 기준으로 정했지만, 고려 시기에는 남자는 일곱 살에서 열두 살, 여자는 열 살에서 열다섯 살에 보통 혼인을 시켰고 어린 계집아이와 어린 남자아이를 데려다가 기른 뒤에 혼인시키는 민며느리와 데릴사위 풍습은 원나라에 뽑혀가지 않으려는 데서 비롯되었다는 설이 있다.

한편, 고려 시기에는 여성들의 활동과 권익이 조선시대보다 훨씬 보장되어 있었다. 여성은 자신의 개인 재산을 가질 수 있었고 자신의 뜻으로 이혼할 수 있었다. 또한 격구 같은 운동도 할 수 있었고 말을 타고 거리를 다닐 수도 있었다. 여성들은 재산 상속에도 거의 차별을 받지 않았으며 부모 제사를 받을 때에도 아들딸 구별하지 않고 번갈아 지냈다. 그래서 가족 내력을 적은 가승家乘에도 태어난 순서대로 첫째 딸, 둘째 아들과 같은 방식으로 기록했다.

다섯째, 목화와 화약의 전래다. 공민왕 때의 문익점은 원나라에 사신으로 갔다가 그곳에서 일이 잘못되어 귀양을 가게 되었는데, 귀양지에서 목화를 심어 옷을 지어 입는 것을 보았다. 그는 귀국할 때 원나라에서 유출을 막았던 목화씨를 붓두껍에 넣어 몰래 가지고 돌아왔다. 그는 장인 정천익에게 목화씨를 주어 재배하게 했고 정천익은 단성 일대에 이를 심었다. 그러나 목화가 생산되어도 이것을 실로 짜거나 옷감을 만드는 방법을 몰라 애태우던 중 원나라에서 온 승려를 만나 실 잣는 기계를 만드는 법을 배웠다 한다. 그리하여 그 기계를 문익점이 가져온 것이라는 뜻으로 문래文來라 했다.

화약은 원나라에서 목화보다 외부로 유출되는 것을 더욱 엄하게 막았다. 일본을 정벌할 때에도 화약 만드는 법을 비밀로 지켰는데, 고려 말엽에 최무선은 이를 알아내기 위해 고심했다. 최무선은 원나라에서 오는 상인들을 만나기만 하면 그 제조법을 알아내려고 노력했는데, 어느 날 화약 제조법을 알고 있다는 원나라 상인을 만나 집으로 데리고 와 후한 대접을 한 끝에 그 방법을 조금 알아냈다. 그뒤에도 그는 원나라의 화약기술자인 이원과 한동네에 살면서 온갖 방법을 동원하여 드디어 알아냈다. 그리하여 1377년 화통도감火㷁都監 설치를 조정에 건의하여 각종의 화기를 만들어냈고 이를 사용하여 고려 말엽에 쳐들어온 왜구를 물리쳤다 한다. 최무선의 이런 노력 덕분에 왜구뿐 아니라 조일전쟁 때에도 뛰어난 대포로 일본에 맞설 수 있었다.

고려가 원나라의 것을 받아들이기만 한 것은 아니었다. 고려의 의복이나 음식도 원나라에서 유행했는데, 원나라에서는 이를 고려양高麗樣이라 불렀다 한다. 또 원나라나 아라비아 사람들도 고려에 옮겨와 많이 살았다. 제국 공주를 따라 고려에 온 연안 인씨印氏를 비롯하여 아산 장씨莊氏, 원주 변씨邊氏가 원나라 사람의 자손이라 하고 덕수 장씨張氏는 아라비아에서 온 장순총의 후손이라 한다.

이와 같은 생활양식은 일부는 원나라의 풍습을 따른 것이었지만 일부는 고려 사람들이 활발히 문화를 수입함으로써 이루어졌다. 그리하여 우리 물자를 노략질당하는 데서 오는 폐해도 있었지만 한편으로는 원나라의 좋은 것을 재빨리 이용하는 지혜도 보여주었다. 겉으로는 원나라의 힘에 눌려 복종했지만 내면에는 원나라에 대한 복수심과 저항심이 충만해 있었다. 그리하여 고려 조정에서는 친원파와 반원파로 나뉘었고 고려가 망할 무렵에는 그들의 대립이 전면에 드러났다.

신흥 귀족이 독점한 토지

원나라의 간섭을 받은 이후 무신들은 쫓겨났으나 새로운 귀족으로 권문세족이 등장했다. 그들은 다시 새로운 세력이 되어 많은 특권을 누렸다. 국왕 아래 일부 승려들과 함께 그들은 귀족의 세력권을 형성했다. 그들은 권력을 빙자하여 토지를 한없이 늘려갔다. 가장 먼저 국왕이 많은 땅을 차지했는데, 이를 장藏 또는 처處라 부르며 조세를 면제받고 노비를 투입하여 강제로 농사일을 하게 했다.

또한 절이 국가의 비호를 받고 있는 현실에서 왕이 사찰에 토지를 내려주기도 하고 대토지 소유자들이 원찰願刹을 지정하여 많은 토지를 기증하기도 했다. 이렇게 해서 유점사, 화엄사, 해인사 등 큰 사찰은 많은 토지를 가진 지주가 되었다. 그러나 무엇보다 주목되는 것은 권력을 쥔 귀족들의 토지 소유였다. 그들은 관리의 등급에 따라 토지 소유를 제한한 제도인 국가의 전시과 제도를 무시하고 토지를 강제로 빼앗거나 노비를 시켜 개간하여 많은 토지를 가졌다. 이것을 농장農莊이라 불렀는데, 이들 귀족이 차지한 크고 작은 농장은 전국 곳곳에 있었다. 그 규모가 큰 것은 5,000결에서 6,000결이나 되었다(결結의 단위는 그 시대와 기준에 따라 여러 가지가 있으나 벼의 생산 단위로 따지면 벼 한 줌을 기준으로 열 줌을 한 단, 열 단을 한 짐, 100짐을 한 결로 잡았다). 이들 농장은 산과 냇물을 경계로 한 것도 있고 하나의 행정구역 구실을 한 것도 있었다. 그들은 그 특권을 이용하여 종사자들인 노비나 전호佃戶(일종의 소작인)

에게 국가의 부역을 면제해주기도 했다.

이렇게 토지 소유가 한쪽으로 치우치자 하층민인 농민들은 농사지을 땅이 없어 농장으로 흡수되었고 천민인 노비들은 더욱 상전에 얽매이는 결과를 낳았다. 농장주인 귀족들은 이 토지를 계속 소유하기 위해 권력을 더욱 굳건히 하려 했고 그 방법의 하나로 원나라에 기대거나 원나라의 힘을 빌리려고도 했다.

이에 비해 국가의 재정은 면세免稅와 면역免役이 늘어난 탓에 재원이 줄어들어 더욱 궁핍해졌고 국가 소유의 토지가 줄어들어 공식적인 명목으로 왕이 하사하는 토지도 바닥이 나게 되었다. 이는 원나라가 간섭한 이후 고려가 망할 때까지 일어난 현상이었다. 여러 왕은 이런 잘못을 고치려고 수차례 시도했다. 왕들은 이 토지 개혁을 추진할 세력으로 중앙 정계에 등장한 낮은 신분의 신진 벼슬아치를 꼽았다. 그들을 '신진 관료'라 부를 수 있었는데, 신진 관료는 조상의 가문이나 배경의 줄이 없었고 잘못된 현실을 바로잡으려는 의지에 찬 세력이었다.

공민왕은 두 가지를 추진했다. 나라 안으로는 개혁정치를 단행하고 나라 바깥으로는 원나라의 지배에서 벗어나는 일이었다. 당시 중국 대륙에는 새로이 명나라가 일어나 원나라의 세력을 약화시키고 있었다. 공민왕은 친원 세력을 제거하고 정동행성의 일부를 철거한 뒤 철령 이북의 땅을 되찾았다. 그리고 명나라와의 우호관계를 드러냈다. 이어 공민왕은 제도를 뜯어고치면서 전통적 귀족들이 권력을 독점하는 통로였던 정방政房(무신 독재 때부터 있어온 변칙적인 정치기구)을 없애버렸다. 특히 공민왕은 즉위 초부터 토지 개혁과 노비 면천免賤을 중심 과제로 삼아 1352년 종래의 전민변정도감田民辨正都監을 확대 실시했다. 그러나 보수 귀족들의 방해와 반대로 제대로 시행되지 못했다.

1366년 승려 신돈이 등장하여 그 책임자가 되었다. 그는 본래의 목적대로 귀족들의 토지를 거두어 본래의 농민들에게 돌려주고 양인이 되고자 하는 귀족의 노비는 모두 그들이 바라는 대로 해주었다. 신돈의 이런 정책은 과감하고 실천적이며 현실적이었다. 귀족들은 이에 크게 반발했다. 보수적인 태고太古를 중심으로 불교 세력의 일부도 신돈의 반대 세력이 되었다. 그리하여 신돈에게 온갖 구실을 씌워 제거하고 이어 공민왕마저도 살해했다. 이를 두고 훗날 조선왕조의 역사책에는 "신돈의 횡포", "공민왕의 나쁜 행실" 때문이었다고 기록했다. 이후 전통적 귀족과 신진 관료의 대립은 격해졌다. 그리고 친원파와 친명파, 보수파와 개혁파로 나뉘어 끝없는 싸움을 벌였다.

이 틈을 타 남쪽에서는 왜구가 계속 침입했다. 이에 맞서 고려는 금강 입구까지 쳐들어온 왜구의 배 500척을 불태웠으며 남해를 통해 지리산을 넘어 남원까지 들어온 왜구를 무찌르기도 했다. 1389년 마침내 박위가 전함 100여 척을 이끌고 쓰시마 섬을 정벌하면서 왜구의 침입은 한동안 잠잠해졌다. 북쪽에서는 홍건적이 침입했다. 홍건적은 원나라에 맞서 일어난 반란 세력이었다. 그들은 원나라 군사에 쫓겨 청천강을 넘어와 노략질을 하다가 고려군에게 패해 달아나기도 했고 1361년에도 침략하여 개성까지 내려오는 바람에 왕은 안동까지 피난을 가기도 했다.

이런 속에서 민심은 흉흉했고 백성들은 이루 말할 수 없는 고통을 겪었다. 이런 상황을 주시하고 기회를 엿보던 장수 이성계와 신진 관료 정도전은 서로 손을 잡고 새로운 왕조를 건설했다.

불교문화를 꽃피우다

고려는 불교를 숭상했으므로 왕실은 승려를 높이 받들고 각지에 사찰을 많이 지었다. 왕의 동생이나 아들이 승려가 되는 경우도 많았다. 왕실의 비호를 받으면서 승려들은 귀족화되었고 사찰은 많은 토지를 소유하면서 점차 타락해갔다.

이런 가운데 교종과 선종은 심각하게 대립했다. 후기신라시대에 불교의 많은 종파가 일어나 대립했는데, 이때까지도 수그러들지 않았다. 교종은 주로 왕실과 결탁하여 특권을 누렸고 선종은 하층민 쪽을 파고들었다. 이처럼 교종과 선종의 폐단을 없애고 통합을 꾀하기 위해 문종의 왕자인 대각국사 의천은 교관겸수教觀兼修를 내걸었다. 교관겸수의 '교'는 부처님의 말씀을, '관'은 부처의 가르침을 실천하는 것인데, 이 둘을 함께 해야 참 깨달음에 이른다는 것이다. 그러나 이 운동은 무신정권이 들어선 후 쇠퇴했다. 무신정권이 교종을 억누르고 선종의 편에 섰기 때문이다. 그리하여 교종과 선종의 갈등은 더욱 미묘하게 번졌다.

이에 보조국사 지눌이 새로운 운동을 벌였다. 당시 바깥으로는 몽골의 침입이 잦았고 안으로는 계속하여 무신이 제멋대로 날뛰던 시기였다. 지눌은 일대 화합운동을 벌였는데, 그 중심은 돈오점수頓悟漸修와 정혜쌍수定慧雙修였다. 돈오점수에서의 돈오는 '마음이 곧 부처'임을 깨닫는 것이요, '이를 바탕으로 수행하는 것이 점수다. 그리하여 그 수행에서는 참선定과 불법慧을 함께 닦아야 한다는 것이다. 지눌이 스물두 살에 개성에서 법회를 열고 이 주장을 펴자 40여 명의 청년이 이에 동조하여 정혜결사定慧結社를 했다. '글귀만 찾는 미친 지혜尋文之狂慧'와 '침묵만 지키는 어리석은 참선守黙之痴禪'을 비판하고 이 결사운동을 벌이자 많은 젊은 불교 승려가 뜻을 같이했다. 그들은 수선사修禪社를 조직하고 전국적인 규모로 확대해나갔다. 또 조계산 송광사가 그 운동의 중심이 되어 활발한 운동을 펴자 신라의 원효 때와 같이 하층민들은 크게 지지했다. 그리하여 불교계에 혁신의 바람이 불었다. 그들은 후기 몽골에 대항하는 정신적 밑거름이 되었고 이로 인해 귀족 불교에 대항하는 민중 불교로 발전하게 되었다.

이에 자극을 받은 교종의 대표적인 승려 요세는 강진 백련암에 기거하면서 백련결사白蓮結社 운동을 전개했다. 그들도 귀족보다 민중 쪽에 섰기에 민중에게 지상낙원의 희망을 안겨주었다. 한편, 민중은 미래에 태어날 미륵불을 믿는 미륵신앙에 빠져들기도 했다. 지금의 김제 금산사가 그 신앙의 중심지였다. 이 절에는 미륵불이 있다.

고려 초기에는 풍수지리설에 힘입어 좋은 땅을 찾고 안락한 곳을 가리는 풍조가 널리 퍼졌다. 이는 지배자의 수탈과 잦은 외침 탓에 현세의

복을 빌고 이상사회를 갈망하는 데서 비롯되었다. 그러나 불교사상이 쓰러져가는 고려왕조를 받치기에는 사회의 상황이 너무나 변해 있었고 타락한 불교가 제 모습을 찾기에는 너무나 경직되어 있었다. 이런 때에 새로운 사조가 들어왔는데, 이것이 송나라의 주자가 완성한 성리학이다.

성리학이 처음 들어올 당시에는 인간된 도리를 강조하고 인간사회의 질서를 존중하는 내용들이 주로 보급되었다. 그리하여 고려 중기 이후 글귀나 따지는 유교에서 한 걸음 나아가 실천사상으로 성리학을 받아들였다. 이때의 성리학자로 이색, 정몽주, 권근, 정도전 등을 들 수 있다. 성리학자들은 고려에 새로운 기풍을 불어넣으려는 쪽과 고려를 엎어버리고 새로운 왕조를 세우려는 쪽으로 나뉘게 되었다.

이처럼 사상적인 대립과 결합이 새로 일어나는 상황에서 일연과 이승휴는 자주적이고 민중적인 역사를 기술하여 전해주었다. 일연은 『삼국유사』, 이승휴는 『제왕운기』를 쓰면서 나라의 시조인 단군과 동명성왕의 업적을 기록했다. 원나라에 맞서려는 자주적인 모습을 보여준 것이다. 이보다 앞선 시기에 이루어진 『삼국사기』에는 이런 사실이 빠져 있었다. 이규보, 이곡 등은 한문소설과 같은 재미있는 이야기를 엮었다. 이규보는 술을 소재로 한 『국선생전』 등을 비롯하여 많은 문학 작품을 썼으며 임춘은 돈을 소재로 한 『공방전』, 이곡은 대나무를 의인화한 『죽부인전』 등을 썼다. 민중은 「처용가」 같은 노래를 불러 감정을 나타내고 토속적인 생활 모습을 보여주었다. 그리고 건축과 탑을 많이 지었고 글씨와 그림 또는 연극 등도 많은 발전을 보였다. 그 가운데에서도 팔만대장경을 빼놓을 수 없다.

팔만대장경은 몽골의 침략에 맞서 나라를 지키기 위해 부처의 가호를 받으려고 만든 것이다. 이것은 몽골의 침략이 한창때인 1236년에서 1251년까지 16년에 걸쳐 만든 경판經板이다. 피난지 강화도에서 이 경판을 만들기 위해 수많은 사람이 동원되었다. 나무를 잘라오는 사람, 나무를 다듬는 사람, 글자를 새기는 사람 등이 모두 나라를 지킨다는 경건한 마음으로 경판을 만드는 일에 임했다. 글자를 새기는 사람은 한 글자 쓰고 한 번씩 절하면서 잘못 새기지 않으려고 애썼다. 그리하여 지금까지 전해지는 8만여 개의 경판에는 틀린 글자가 딱 하나뿐이라고 한다.

어쨌든 이런 정성으로 5,233만 152자를 새겨 판면板面을 만들었는데, 글자는 모두 돋을새김으로 되어 있다. 판면 네 모서리에는 동판을 붙여 뒤틀리지 않도록 짰고 글자 하나하나에는 바람이 통하게 했다. 우리의 자연환경에 맞추어 온도와 습도에 손상되지 않게 한 것이다. 이를 보관하고 있는 해인사 경판각 안에서 향을 피워보면 향기가 경판 속으로 고루 빨려들어 갔다가 다시 문밖으로 빠져나가는 것을 볼 수 있다. 공기의 흐름을 이용했기 때문이다.

이 경판은 완성된 뒤 몽골의 침입이나 삼별초의 저항 때에도 끄떡없이 보존되었다가 조선왕조 초에 경상도 해인사로 옮겨졌다. 그리하여 경판각을 새로 지었는데, 750년이 넘은 지금도 깨끗하게 보존되어 있고 여러 차례의 화재 위험도 넘겼다. 한국전쟁 때에도 폭격을 피했으며 지금까지도 거미줄 하나 생기지 않았다고 한다.

팔만대장경은 고려의 금속활자, 자기와 함께 고려가 전해준 민족의 3대 유산이라 할 수 있다. 이의 완성은 선종과 교종, 귀족과 노비를 가리지 않고 나라를 지키기 위한 원력願力에서 나온 것이다.

과학과 기술의 찬란한 발달

고려에서도 유교제도를 정치 이념으로 삼아 과거시험에서 문반을 중시했고 과학이나 기술은 잡과라 하여 그 아랫자리에 두었다. 따라서 잡과에 지망하는 기술관들은 별로 대접을 받지 못했으나 맡은 일을 충실히 했다. 그들은 정치권력을 꿈꾸지 않았고 그것을 잡으려고 음모를 꾸미거나 살육을 하지 않았다. 그랬기 때문에 우리가 세계에 자랑할 수 있는 발명이 그들의 손에서 이루어질 수 있었던 것이다.

고려 사회는 초기부터 불교에 대한 믿음이 깊어 많은 불경을 만들었고 중기부터는 유교가 널리 퍼져 많은 유교 경서를 찍어냈다. 종래에는 중국에서 전래된 목판의 인쇄기술을 사용했다. 나무판에 글자를 새겨 책을 찍었던 것이다. 그러나 이 목활자는 고정식이어서 다른 책을 낼 때에는 글자를 활용하여 쓸 수 없었으므로 불편함을 느끼고 활자를 발명했다. 이는 여러 글자를 각각 새겨두었다가 필요에 따라 글자들을 모아 조판하게 한 것이다. 글자를 손쉽게 많이 새길 수 있기 위해서는 나무보다 구리, 철, 연(납) 등이 필요했다. 이것이 이른바 금속활자다.

금속활자는 고려 중기쯤에 발명된 것으로 보이는데, 1234년에 『고금 상정예문古今詳定禮文』을 주자鑄字로 찍어냈다는 기록이 있다. 이는 독일에서 금속활자를 만든 것보다 216년이 앞서는 것이요, 세계 최초의 것이다. 그후 공양왕 때 서적원書籍院을 두고 그 일을 맡게 했으며 조잡한 활자를 끊임없이 개량하여 조선왕조에 들어와 20회나 활자를 바꾸었다(이 활자 개량은 간지의 연대를 써서 계미자, 갑인자 등으로 부른다). 또한 글씨체도 한 가지로만 통일한 것이 아니라 여러 아름다운 글씨를 써서 예술적인 모양도 보여주었다. 오늘날에는 1377년에 이 활자로 찍은 『직지直指』가 남아 있어 세계 최초의 금속활자로 공인받고 있다. 이를 발명한 사람의 이름은 전해지지 않으며 판에 소속된 많은 기술자가 참여하여 공동으로 만들어낸 것으로 보인다.

한편, 생활도구는 세계적으로 널리 알려진 고려청자를 꼽을 수 있다. 당시 서민들은 여러 가지 용도의 그릇을 썼는데, 그 가운데에서도 토기와 목기가 많이 유행했다. 흙으로 빚은 토기와 나무로 다듬은 목기는 가장 손쉽게 만들 수 있었기 때문이다. 칠을 한 토기는 투박하지만 음식을 담으면 잘 식지 않는 장점이 있었고 목기는 음식의 독성을 없애거나 쉽게 상하지 않게 하는 옻칠 등을 하여 음식을 오래 보존했다. 이에 비해 귀족들은 금, 은의 그릇을 썼다.

이즈음 송나라로부터 자기가 수입되었다. 고려의 기술자들은 비싸고 구하기 힘든 남의 나라의 자기를 쓰는 것보다 자기 손으로 직접 만드는 것이 훨씬 더 경제적임을 알게 되었다. 그리하여 도공들은 자기를 만들기 시작했다. 여러 성분의 흙 가운데에서 자기에 알맞은 흙을 골라 철분을 섞어 유약을 바르고 구운 다음 자기에 여러 가지 무늬를 넣기도 하고 유약을 엷게 바르거나 짙게 발라 완성했다. 또한 자기 모양도 다양하게 만들었는데, 음식을 담는 그릇만이 아니라 병, 술잔, 향로, 연적, 필통 같은 생활용구도 만들었다. 자기를 만드는 도공은 관에 매여 있는 사람도 많았으나 자기가 널리 보급되면서 곳곳에 있는 개인의 도공도 자기를 만들었다.

자기는 처음에는 귀족 중심으로 쓰였으나 차츰 일반 백성들도 사용하여 고려 사람들은 깨끗하고 아름다운 생활용구를 사용하게 되었다. 그리하여 오늘날도 전해지는 고려청자는 단순한 그릇이 아니라 하나의 예술품으로 높이 평가받고 있다. 도공은 예술가, 그가 만든 작품은 예술품이 되었다. 조선왕조에 들어와 '이조백자'가 만들어졌고 오늘날에도 도자기를 빚지만 고려청자의 솜씨는 못 따라가고 있고 그 신비조차 풀지 못하고 있다.

그 밖에도 고려 사람들이 목화를 재배하게 되면서 실을 잣고 베를 짜는 기구들이 만들어졌다. 이와 함께 밭을 소갈이하는 등 농사법을 개량함으로써 여러 가지 농기구도 개발되었다. 일부 기구들은 오늘날까지도 전해지고 있다.

활발한 무역과 코리아의 명성

마지막으로 고려 사회의 특징인 상업의 장려에 대해 살펴보자. 고려 초기에는 유교를 기본 정치 이념으로 삼은 귀족사회였고 유교 경전을 중심으로 과거제도를 실시했으나 중기 이후에는 상업을 중시하고 장려하여 나라의 재정을 늘릴 수 있었다.

남송 시기 고려의 상인들은 뱃길로 양쯔 강 일대에 진출하여 활발한 무역을 벌였다. 상인들은 남송의 책, 도자기, 비단 등을 수입해오고 산삼과 돗자리 같은 특산품을 수출했다. 또한 그들은 북쪽으로는 금나라와도 무역을 했고 멀리 아라비아와도 물건을 사고팔았다. 이때 고려의 무역은 매우 활발하여 예성강 입구의 벽란도碧瀾渡는 여러 나라 사람들이 들끓는 국제 무역항이 되었고 아라비아 상인들이 가져오는 비단이 쌓였다. 벽란도는 국제 항구였던 만큼 거리에 상가가 즐비했고 요릿집과 음식점도 곳곳에 들어서 있었다.

어떤 상인은 실크로드를 통해 육지로 왔고, 송나라 도읍인 카이펑開封에서 배를 타고 왔으며, 중국 남쪽 항구인 광저우廣州를 거쳐서 왔다. 또한 송나라 상인은 항저우杭州에서 배로 고군산열도와 태안반도의 안흥이나 해미를 거쳐서 오기도 했다. 그들이 갖고 온 물건은 공작새, 상아, 향료, 비단 등과 낙타도 있었다. 특히 아라비아 상인들은 한꺼번에 수백 명씩 몰려왔다고 한다.

사례를 하나 들어보자. 1055년 왕과 대신들은 개경에서 외교 사절과 상인 등 400여 명을 모아 큰 잔치를 벌여 접대했다. 그들은 송나라를 비롯한 북쪽의 거란과 여진, 남쪽의 일본, 서아시아의 아라비아와 페르시아, 버마(미얀마)와 같은 동남아시아의 손님들이었다. 개성에는 그들이 머무는 영빈관 같은 큰 숙소가 네 개, 작은 숙소가 열 개 있었다. 그곳은 외국인 전용 숙소였다.

그들은 각자 자기 나라로 돌아가 중국 땅 옆에 고려가 있다고 알렸다. 그리하여 고려는 중국의 남쪽은 물론 서아시아 지방과 유럽까지 이름이 널리 알려지면서 '코레아' 또는 '코리(고려)'라는 이름이 생겨난 것이다. 그뒤 고려는 18세기 초기에 프랑스 지도에는 코레Coree로, 네덜란드 지도에는 코레아Corea라 표기되었다. 이후 유럽의 여러 나라 지도에는 첫 글자가 코co로 쓰였지만 차츰 코리아Korea로 굳어졌다. 그러므로 코리아라는 나라 이름은 고려를 표기하는 데서 비롯되었고 고려 상인들의 활동과 외교적 노력에 직접적 영향을 받은 것이었다. 통일국가 고려는 이런 역사와 국토를 근세조선에 물려주었다.

열 가지 조목을 잘 지켜라

짐이 들었노라. 대순大舜은 역산에서 밭을 갈다가 요나라 임금의 선양禪 讓을 받았고 고제高帝[한나라를 세운 유방]는 패택沛澤에서 일어나 드디어 한나라의 왕업을 이룩했다. 짐도 여느 집안에서 일어나서 잘못 추대되 어 여름에는 더위를 두려워하지 않고 겨울에는 추위를 피하지 않으면서 노심초사하여 19년 만에 삼한을 통일하고 임금이 된 지 25년에 이제 몸이 늙었다. 혹시나 후대의 왕들이 방탕하여 강기를 문란하게 하지 않 을지 크게 걱정된다. 이에 훈요를 지어 전하노라. 아침저녁으로 펴보고 읽으면서 길이 귀감으로 삼기를 바라노라.

　훈요 1 국가의 대업은 여러 부처의 호위의 힘을 받았으므로 선종, 교 종의 사원을 새로 세워 주지를 가려 보내 수도하여 그 업을 다스리게 하라. 후세의 간신이 정권을 잡아 승려들의 간청에 따라 서로 절을 바꾸 거나 빼앗지 못하게 금지하라.

　훈요 2 사원은 도선이 산수의 순역을 점친 데 따라 새로 지은 것이 다. 도선의 말에 "내가 점쳐 정해놓은 것 말고 함부로 사원을 세우게 되면 지덕地德을 손상시켜 왕업이 장구하지 못하리라" 했다. 짐이 생각건대 뒷세상의 국왕, 공후, 후비, 조신 등이 각기 원당을 다투어 세운다면 큰 걱정거리가 된다. 신라 말기에 사원과 탑을 다투어 세워 지덕이 손상되어 나라가 망한 것이다. 어찌 경계하지 않으랴.

훈요 3 적자와 적손에게 국가를 전하는 것이 일반적인 관례이지만 만일 장자가 자질이 부족할 때에는 둘째 아들에게 주고 둘째 아들이 자질이 부족할 때에는 그 형제 가운데에서 신하들이 추대하는 자에게 왕위를 계승하게 하라.

훈요 4 예로부터 당나라의 풍속을 숭상해 예악과 문물을 거기에 따르고 있으나 나라의 풍토와 사람의 성품은 다르다. 그러므로 구차하게 반드시 같이할 필요는 없다. 거란은 금수의 나라이므로 풍속도 같지 않고 말도 다르니 부디 의관제도를 본받지 말라.

훈요 5 짐은 우리나라 산천의 힘에 따라 통합의 대업을 이룩했다. 서경의 수덕水德은 순하여 우리나라 지맥의 근본을 이루고 있어 길이 대업을 누릴 만한 곳이니 자子, 오午, 묘卯, 유酉[3년마다 드는 해다]의 해마다 순수巡狩하여 100일을 머물러 안녕을 이루게 하라.

훈요 6 짐의 소원은 연등회와 팔관회에 있다. 연등은 부처에게 제사하고 팔관은 하늘, 5악, 명산, 대천, 용신을 받드는 것이다. 뒷세상의 간신이 신위와 의식 절차를 보태거나 빼지 못하게 하라. 짐도 마음속에 혹시 모이는 날이 나라의 제삿날과 서로 겹치지 않기를 바라고 있다. 임금과 신하가 함께 즐겼으니 삼가 제사를 경건하게 거행하라.

훈요 7 임금이 신민의 마음을 얻는 것은 어렵다. 마음을 얻는 요체는 간언을 받아들이고 참소를 멀리함에 있다. 간언을 따르면 어진 임금이 되고 참소하는 말은 꿀과 같으나 믿지 아니하면 참소는 저절로 그칠 것이다. 또 때를 가려 백성을 부리고 부역을 가볍게 하고 납세를 적게 해주며 농사의 어려움을 알아주면 자연스레 민심을 얻어 나라는 부강해지고 백성은 편안해질 것이다. 옛말에 고소한 미끼가 있는 곳에는 반드시 고기가 몰려오고, 후한 상을 주는 곳에는 반드시 훌륭한 장수가 있으며, 활을 벌이는 곳에는 반드시 새가 도망치고, 인애를 베푸는 곳에는 반드시 양민이 있다고 하지 않았나. 상벌이 공평하다면 질서도 조화를 이룰 것이다.

훈요 8 차현[차령산맥] 남쪽과 공주강 밖은 산세와 지형이 모두 거슬리게 뻗어서 인심도 그러하다.* 그래서 저 아래 지역의 사람이 조정에 들어와 왕후나 친척과 혼인을 맺고 권세를 잡으면 더러 나라를 어지럽히거나 더러 백제 통합의 원한을 품고 임금이 거동하는 길을 범하여 반역을 일으킬 것이다. 또 일찍이 관가의 노비나 진역의 잡직에 속했던 무리가 더러 세력가에 의탁하여 신역을 면제받거나 더러 왕후나 궁원宮院[왕실]에 붙어서 간교한 말을 하며 권세를 잡고 정사를 문란하게 하는 재변을 일으키는 자가 있을 것이다. 그러니 비록 양민이라도 벼슬살이를 하면서 권세를 부리지 못하게 하라.

훈요 9 무릇 모든 신료의 녹봉은 나라의 대소에 따라 제도로 정한 것이니 함부로 늘리거나 줄여서는 안 될 것이다. 또 옛글에 말하길 녹은 공적에 따라 매기고 벼슬은 사사로운 정으로 주지 말라 했다. 만일 공적이 없는 사람이거나 친척과 가까운 자에게 헛되이 녹을 주면 백성의 원성을 들을 뿐 아니라 그 사람도 복록을 오래 누리지 못할 것이니 꼭 경계해야 한다. 또 강하고 포악한 나라와 이웃을 삼고 있으니 화평할 때에도 위급을 잊어서는 안 되며 늘 병졸을 아끼고 구휼할 것이며 부역을 참작해 면제시켜주어라. 해마다 가을에는 용맹하고 날랜 인재를 사열하여 그들 속에서 용맹한 자는 적절하게 승진을 시켜야 한다.

훈요 10 나라와 집을 가진 자는 늘 무사한 때를 경계할 것이며 널리 경사를 읽어 예를 거울삼아 오늘의 일을 경계하라. 큰 성인인 주공도 무일無逸 한 편을 지어 성왕에게 바쳐 경계로 삼게 했으니 마땅히 이것을 그림으로 그려 벽에 걸어두고 출입할 때 보고 살펴야 한다.

—왕건, '훈요십조', 「본기」, 『고려사』

* 『고려사절요』에도 나온다.
  고려 역사의 흐름을 보여주는 사료. 이재범은 차령산맥과 공주강의 표현은 호남지역이 모두 포함되는 것이 아니라 공주 일대에 국한해서 보아야 한다는 주장을 폈다. 이 대목을 두고 지역 차별의 단서를 드러냈다는 논란이 일어났다.

불교의 폐단을 바로잡자

공손히 들으니 땅에서 거꾸러진 자는 땅을 짚고 일어선다 했으니 땅을 떠나서 일어남을 찾는 것은 옳은 방법이 될 수 없다. 한마음이 미망하여 끝없는 번뇌를 일으키는 자는 중생이요, 한마음을 깨달아 끝없는 묘용妙用을 일으키는 자는 모든 부처님이니, 비록 미망과 깨달음은 다르나 요체는 한마음에서 말미암았으니 마음을 여의고 부처를 찾는 자도 바른 방법이 될 수 없도다.

지눌은 어린 나이 때부터 몸을 조사가 계신 곳에 던져 두루 선방에 참석했는데, 부처와 조사께서 자애로움을 드리워 미물을 위한 문을 상세히 살펴보니 우리 무리로 하여금 모든 인연을 쉬고 마음을 비워 부합해 밖으로 달려가서 찾지 않게 함이었다. 경에 이른바 만일 사람이 부처의 경계를 알고자 할진대 마땅히 그 뜻을 깨끗이 갖기를 저 허공과 같이 하라는 것과 같은지라.

무릇 보고 듣고 외우고 익히는 자가 마땅히 만나기 어려운 마음을 찾아서 스스로 지혜를 써서 관조하여 설파하신 바와 같이 닦으면 스스로 불심을 닦으며 스스로 불도를 이루어 몸소 부처의 은혜를 갚음이라 이를 수 있겠다. 그러나 우리 무리가 아침저녁으로 행하는 바의 자취를 돌이켜보니 불법에 빙자해 아상我相과 인상人相을 꾸며서 이해의 길에 매달리고 풍진세상의 일에 골몰하여 도덕을 닦지 못하고 옷과 밥만 축내니 비록 다시 출가해도 무슨 덕이 있으리오.

슬프다. 무릇 삼계三界를 여의고저 하되 번뇌를 끊는 수행이 있지 못하니 한갓 남자의 몸만 되고 장부의 뜻은 없음이라. 위로 도를 넓힘을 어기고 아래로 중생을 이롭게 하지 못하고 가운데로 임금의 은, 스승의 은, 부모의 은, 벗의 은 등 네 은혜를 저버렸으니 진실로 부끄러움이 되도다. 지눌이 이 때문에 길이 탄식한 지 오래되었노라.

임인년 정월에 상도上都[개경] 보제사 담선법회談禪法會에 나갔더니 어느 날 동학 열 명쯤이 모여 약속하되 "모임을 마친 뒤에 마땅히 명리를 버리고 산림에 은둔해서 결사結社를 하여 늘 선정禪定을 익히고 지혜를 고르게 하는 것으로 힘을 쓰고 예불하고 경을 읽는 것으로 노력하고 운력運力[공동으로 노동하는 것]하는 것에 이르기까지 각자 맡은 바를 따라 경영해서, 인연을 따라 성품을 기르고 평소의 삶을 내쳐서 멀리 달사와 진인의 높은 행실을 따른다면 어찌 상쾌하지 않으랴?"라고 했다.

— 보조국사*, '정혜결사문', 『보조법어普照法語』

---

* 보조는 고려 불교를 개혁하는 데 앞장서서 일대 바람을 일으켰다. 의천과 함께 고려의 대표적인 승려로 꼽혔다. 그래서 그 전통이 후기로 이어져 불교의 맥을 이루었다. 현재의 조계종에서도 그를 불조로 받들고 있다.

4장

조선 전기,
유교적 이상 국가를 꿈꾸다

근세조선의 성립

1392년 개경 송악산 아래에 자리잡은 만월대에 찾아온 여름은 무더웠다. 그해 7월 이성계는 신하들의 추대를 받아 왕위에 올랐다. 조선왕조의 개창開創은 평온하게 이루어졌다. 조선의 건국은 고려 말기의 정치·사회적 정세와 밀접한 관련을 갖는다. 무엇보다도 고려 말기에 이르면 귀족과 관료, 사원 등이 많은 토지를 소유하게 되어 농민은 서구 중세 사회의 농노와 같은 처지에서 농장주의 끊임없는 경제적 수탈과 압박에 신음했다. 몇몇 특권층의 대토지 소유에 따른 농장의 확대는 국가가 지배할 수 있는 공전의 감소를 가져오게 되어 새로이 관료가 된 신진 관료에 대한 토지와 녹봉의 지급까지 어렵게 만들었다. 따라서 권력과 경제적 기반이 약한 신진 관료는 대토지 소유자인 권문세가에 불만을 품고 어떻게든 이 불평등한 사회 현실을 개혁해야 한다는 생각을 갖게 되었다. 그러나 신진 관료는 고려왕조를 계승하며 개혁을 하자는 온건파와 새로운 나라를 세우자는 급진파로 나뉘었고, 결국에는 급진파가 이겨 조선왕조가 들어서게 된 것이다.

그러면서 급진파의 핵심 인물인 이성계가 새로운 왕조의 왕으로 추대되었다. 이성계는 공민왕 때부터 계속된 전란을 치르면서 수많은 공을 세워 백성들의 추앙을 받던 장군 가운데 한 사람이었다. 그의 먼 조상은 전주지방의 호족이었으나 함경도 영흥지방으로 옮겨 대대로 살면서 그곳 사람들의 덕망을 얻게 되었다. 이런 지지 기반을 바탕으로 그는 남보다 뛰어난 무공을 세울 수 있었고 막강한 세력도 유지할 수 있었다. 하지만 귀족이 아니었던 탓에 그로 하여금 귀족 세력에 반대하고 농민의 입장에 서게 한 듯하다. 이런 그의 출신 성분은 급진적 개혁파 유학자들과 손을 잡게 된 바탕이 되었다고 할 수 있다.

무신인 이성계가 신진 유학자들과 손을 잡게 된 배경의 하나는 당시의 사회 상황에서는 어느 하나의 세력만으로는 개혁에 성공하기 어려웠기 때문이다. 외적의 침입과 귀족 세력의 저항을 동시에 물리치기 위해서는 이성계같이 백성의 신망을 얻은 능력이 뛰어난 무장의 힘이 필요했고, 개혁의 방향을 이론적으로 뒷받침하고 그것을 실제로 진행시키려면 진보적인 사상을 갖고 개혁을 실천할 수 있는 지식인 계층인 신흥 유학자 관료의 힘이 필요했다. 이때 신진 유학자인 정도전은 귀양에서 풀려나 떠돌이생활을 하면서 함흥에 있는 이성계를 찾아갔다. 그러고는 은근히 새로운 나라를 세울 것을 암시했다. 음모가인 정도전과 단순한 무장인 이성계는 이때부터 손을 잡고 일을 도모했다.

중국에서 원나라가 쇠약해지는 틈을 타서 명나라가 새로이 대륙을 차지하려는 정세 변화가 생기자 이성계와 손을 잡은 신진 세력은 명나라와 정치적 관계를 맺고자 했다. 그러나 당시 고려의 실권자 최영은 원나라와의 관계를 계속 유지하려 했다. 명나라가 엉뚱하게도 한때 원나라가 차지했던 철령 이북의 땅을 돌려달라고 요구하자 최영은 이를 거절하고 요동지방을 공격하기 위한 전략을 세웠다. 그러나 이성계는 "작은 나라로 큰 나라를 치는 것은 잘못이다"라는 명분과 함께 고려가 군량과 군사 규모에서 명나라와 대결할 수 없는 약소국이고, 거국적으로 대군을 움직일 경우 왜적의 침입이 늘어날 공산이 크며, 전쟁 시기가 여름인지라 농사를 망치게 되므로 농민의 지지를 받지 못하고, 장마철에 이르면 전염병으로 군사들의 희생이 클 것이라는 등의 이유로 반대했다. 그런데도 최영의 뜻이 관철되었다. 그러나 결정적인 실수를 저질렀다. 이성계를 출전군의 사령관으로 임명한 것이다.

이성계는 압록강 중류의 위화도에서 군사를 돌려 최영을 비롯한 반대 세력을 물리치고 고려의 실권을 잡았다. 겉으로는 그럴듯한 명분을 내세웠으나 위화도 회군에는 실권을 잡기 위한 정치 음모가 짙게 깔려 있었다.

고려의 실권을 잡은 유교적 신진 세력은 불교 세력과 고려 귀족들의 세력을 제거하는 한편, 그들의 경제적 기반을 무너뜨리기 위해 과전법科田法에 의한 토지 개혁을 단행했다. 과전법은 당시의 문란한 토지 소유관계를 정리하여 확립시켰던 토지제도로 관료에게 녹봉 대신 토지를 나누어주었다. 국내의 모든 토지를 국유로 하되, 그것을 점유하여 경작할 수 있는 권리는 스무 살 이상의 정년자丁年者에게 분배하고, 관료의 등급에 따라 조租를 받을 수 있는 권리, 곧 수조권收租權을 주었던 것이다. 과전법의 실시로 말미암아 고려의 귀족들은 군사권과 정치권에 이어서 경제적 기반마저 잃고 무력해지게 되었다.

이렇게 고려의 실권을 장악한 신진 세력은 자신들이 차지한 지위와 권세를 유지하기 위하여 유교를 숭상하고 불교를 배척하는 척불숭유斥佛崇儒운동을 벌였다. 옛 귀족 세력은 그 기반을 잃고 몰락했으나 그들의 정치 이념이었던 불교는 여전히 당시의 사상계를 지배했다. 해인사 등 불교 사원은 막대한 토지와 인력을 소유하고 국가 재정을 침해하는 등의 부작용을 낳고 있었다.

과전법을 실시하여 토지를 개혁했는데도 사원이 차지한 대토지를 해체하지 못한 이유는 승려는 토지를 받을 수 없다는 규정과 사원에 토지를 기탁할 수 없다는 규정을 과전법에 둠으로써 사원 경제의 확대를 막는 데 그쳤기 때문이다. 그러므로 국가 재정 확대와 인력 확보를 위해서는 사원 경제 해체가 불가피했고, 개혁파의 지도 이념인 유교 확립을 위해서는 불교를 배척하는 운동을 벌이지 않을 수 없었다. 이 운동의 중심

인물은 정도전이었다.

이런 여러 개혁을 추진하는 과정에서 신진 세력은 고려왕조의 마지막 보루였던 정몽주 일파를 없애고 이성계 왕위 추대 공작을 추진했다. 그들은 도평의사사에서 결의하여 왕위 추대를 합법화시킨 뒤 허울뿐인 공양왕을 폐위하고 왕위를 양도받는 형식으로 이성계를 추대하여 이씨의 조선왕국을 건설했다. 이로써 고려왕조는 34대 공양왕을 마지막으로 개국한 지 474년 만인 1392년에 망하고 조선왕조가 새롭게 열렸다.

조선의 건국은 이처럼 여러 신하가 추대한 형식을 통하여 이루어진 것이 특색이다. 새로운 왕조 건설의 중심 세력이 유교 이념을 바탕으로 한 관리였다는 점과 그들이 추진한 개혁방법과 계획이 매우 치밀했다는 점에서 무력을 쓰지 않는 왕조 교체가 가능할 수 있었다.

이성계는 즉위 직후 나라 이름을 그대로 고려라고 했으나 곧 명나라 황제의 승인을 얻어 조선으로 바꾸었다. 이성계 일파가 조선과 화령和寧 (이성계의 고향인 영흥의 옛 지명)이라는 두 가지 이름을 올리자 명나라 황제 주원장이 조선으로 지정해주었던 것이다. 이 국호는 고조선의 후계 자라는 자부심과 정통성을 확보하기 위한 측면을 고려한 것이다. 그러나 명나라의 승인을 얻었다는 사실은 시대 상황으로 보아 어쩔 수 없었다고 할 수 있지만 조선의 사대주의적 성격을 드러내고 있어 씁쓸함을 금할 길 없다. 우리나라 역대 국호로서는 최초로 중국 황제의 재가를 받은 불명예스러운 경우였다.

국호를 정한 뒤 이성계는 도읍을 한양으로 옮겨 경복궁 등 많은 궁궐을 짓고 민심을 새롭게 하려고 애썼으며, 유교를 나라를 다스리는 근본 원리로 삼았고, 농업을 적극 장려하여 백성들의 생활을 안정시키는 데 노력했다. 그러나 유교는 충효를 기본 윤리로 했기에 상하관계를 엄격히 하고 질서와 복종을 강요하는 가치철학을 제공했다. 또한 철저한 농본주의는 고려시대에 이루어졌던 상업 유통으로 인한 인구의 이동, 사회의 교류를 막는 역할도 했다.

고려의 왕족에 대해서는 처음에는 비교적 관대하고 온건한 술수를 써서 그들을 회유하려 했다. 그러나 고려의 옛 신하들 가운데 일부가 왕씨와 연결하여 새 왕조를 뒤집어엎으려는 사건이 일어나자 이를 빌미로 폐위된 공양왕과 그 아들을 죽이고 왕씨를 섬으로 추방했고 곳곳에 숨어 있는 왕씨를 찾아내어 죽임으로써 고려의 왕족은 거의 멸족되다시피 했다. 그러나 성을 바꾸고 살아남은 왕씨들도 있었다.

이성계는 고려의 옛 신하들도 새 왕조로 회유하고 포섭하려 했다. 일부 사람들은 새 왕조의 벼슬을 받기도 했으나 새 왕조에 협력하지 않고 시골로 내려가 은둔한 사람들도 적지 않았다. 길재, 원천석 등은 이성계가 내려준 벼슬을 사양하고 산림이나 초야에 묻혀 살며 고려에 대한 충절을 굽히지 않았다. 그들을 두문동 72현이라 부른다.

대외정책에서 조선은 명나라와 군신의 관계를 맺고 사대외교를 펼쳤으며 북쪽의 야인(여진족)이나 일본에 대해서는 교린정책을 펴서 국제적 평화 유지에 힘썼다. 조선은 능동적으로 사대정책을 추진했는데, 명나라는 조선 건국 이래 계속 위압적 자세로 사대와 조공 관계를 요구했다.

당시 조선 조정에서는 명나라의 요구가 지나치자 정도전을 중심으로 한 세력은 요동정벌 등 전쟁을 일으키려 한 일까지 있었다. 그후에도 명나라는 끊임없이 많은 양의 금과 은, 말 등을 보내라는 요구를 해왔다.

왕권을 중심으로 한 중앙집권적 관료조직은 태종 때 기초를 닦았고 세종과 세조를 거쳐 성종 때에 이르러 자리를 잡았다. 태종은 왕실의 왕자나 개국공신 등 개인이 거느린 사병을 없앰으로써 군사력을 왕권 밑으로 집중시켰다. 태종은 2차에 걸친 왕자의 난을 통해 형과 아우를 제거하고 왕위에 올랐다. 그는 자기가 거느린 군사력을 십분 활용하여 왕좌를 차지할 수 있었으나 왕위에 오르자 개인의 수하에 있는 군사력이 오히려 왕권 강화에 역행한다는 사실을 깨닫고 이를 폐지하기 위해 온 힘을 기울였다.

또 태종은 열여섯 살 이상의 남자는 호패를 차고 다녀야 한다는 호패법號牌法을 실시해 전국의 인구 동태와 호구를 명백히 파악하는 한편, 의정부와 6조 제도를 중심으로 한 관제 개혁을 단행했다. 대궐 문 앞에는 신문고를 두어 백성들이 억울한 일을 자유롭게 청원할 수 있게 했고 국가에 해가 되는 반란 음모 등을 신속히 고발하게 했다. 그리고 불교를 이단이라고 지목해 배척하고 유교 정치의 충실을 기하는 데 힘썼다.

아울러 새 도읍을 한양으로 정한 후 행정구역을 한성부라 명명하고 한양의 여러 시설과 왕궁인 경복궁과 창덕궁을 건립하고 하수 처리를 위한 청계천 굴착 사업 등의 업무를 추진하여 도읍으로서의 면모를 갖추는 데도 노력을 아끼지 않았다.

태종의 뒤를 이은 세종은 백성들의 생활 안정에 큰 관심을 가졌으며 문화 발전에 대한 의욕과 그 중요성에 대해서도 깊이 깨닫고 있었다. 그는 황희, 맹사성 등 훌륭한 재상들의 보필과 집현전 학사들의 뛰어난 학문적 도움을 바탕으로 유교문화를 더욱 발전시켰고 나아가 민족문화 발전의 기틀을 확립했다. 각 왕의 업적을 기록하는 왕조실록의 편찬은 세종 때에 이르러서야 비로소 제 모습을 갖추었다.

또한 세종은 북쪽 국경지방에 6진과 4군을 설치하여 우리 국토의 확장에 힘썼는데, 압록강에 이르는 현재의 우리 국토를 확정한 것은 역사상 큰 의미를 갖는다. 북방에서 우리 민족을 괴롭히던 야인에 대한 정벌에 관해서는 이미 그 이전부터 논의가 있었다. 태조는 북방에 성을 쌓아 침략에 대비하는 한편, 야인을 회유하기 위하여 귀순하는 이들에게는 관직과 생활 물품을 나누어주기도 했고 경성, 경원에서는 교역도 할 수 있게 해주었다. 그러나 그후에도 그들의 침략은 끊이지 않았고, 세종은 마침내 김종서를 7년에 걸쳐 함경도에 파견하여 무력으로 야인을 몰아내고 두만강 유역에 6진을, 최윤덕과 이천을 시켜 압록강 유역의 4군을 각각 설치하게 했다. 그리고 그곳에 남부지방 사람들을 이주시켜 완전한 조선의 국토임을 대내외에 확인시켰다(세종의 업적은 뒤에서 다시 설명할 것이다).

단종과 세조 때에 이르러 4군은 철폐되었으나 이는 군사상 국경 방어선의 일시적 후퇴였을 뿐 국토를 포기한 것은 결코 아니었다. 요컨대 그것은 4군이라는 관제를 법제로만 폐지한 것에 지나지 않았다.

단종에 이어 왕위에 오른 세조는 큰 업적을 남겼다. 그러나 그는 어린 조카인 단종을 폐위시킨 뒤 왕이 되었고 단종 복위운동을 벌인 성삼문, 이개 등 사육신과 그 혈족을 무참히 살해하여 백성의 신망을 잃었으며 후세의 비난을 받았다. 특히 사육신의 한 사람인 성삼문이 만고의 충신이란 칭송을 받을수록 세조의 인기는 땅에 떨어졌다. 하지만 세조는 대금 황제大金皇帝를 자칭하며 반란을 일으킨 이징옥의 난과 북쪽 지방의 차별 대우에 불만을 품고 반란을 일으킨 이시애의 난을 진압하고 중앙의 권세 있는 신하들과 지방의 호족 세력을 왕권에 복속시켜 중앙집권을 크게 강화했다.

세조는 왕권의 안정과 왕조의 기틀을 다지기 위해서는 국가의 통치 질서를 확실히 규정해두어야 한다고 생각했다. 개국 초기에 정도전은 고대 중국의 6전을 토대로 우리 실정에 맞는 법을 마련하기 위해 『조선경국전朝鮮經國典』, 『경제문감經濟文鑑』 등을 편찬했고 조준, 하윤 등은 『경제육전經濟六典』을 편찬했다. 그러나 이것들은 항구적 법전이 되기에는 부족했고, 국가적 기틀이 잡혀감에 따라 점점 늘어나는 법령을 모두 포괄할 수 없었다. 그리하여 세조는 최항, 노사신, 한계희 등에게 명하여 『경국대전經國大典』을 편찬하게 하고 세조 자신이 직접 감수와 교열을 맡았다. 『경국대전』은 조선왕조의 관료조직과 사회, 경제 활동에 관한 기본 법전으로 이, 호, 예, 병, 형, 공의 6조로 구성되었다. 세조 때에는 호전과 형전밖에 완성되지 못했던 이것이 모두 완성되어 반포된 것은 성종 재위 시기인 1485년으로 편찬한 지 9년 만의 일이었다. 시대가 흐름에 따라 일부 내용을 수정하기는 했으나 이 법전은 조선왕조 기본 법전으로서의 자리를 굳건히 지켰다. 『경국대전』을 편찬, 반포함으로써 조선왕조의 왕권 확립은 완성되었고 조선은 유교적 법치국가로 발전하게 되었다.

왕과 양반 관료 세력은 권력을 나누어 가졌다. 왕은 권력구조 꼭대기에 위치하여 모든 업무를 재가해서 처리하고 명령을 내리는 결정자 역할을 했으므로 사실상 전제체제였으나 때로 그 권한을 제약받기도 했다. 양반 관료는 신하로서의 직분을 지킴으로써 절대왕권에 대한 명분상의 충성을 보인 반면, 정책의 건의와 언로를 통해 왕권을 제약했기 때문에 그들의 지위와 권세는 왕권과 균형을 이룰 수 있었다.

또한 중국의 경서와 역사 서적을 정리하여 옛일을 토론하고 왕의 자문에 응하던 홍문관(옥당), 관료의 부정과 잘못을 살피던 사헌부, 국왕에게 간언을 올리던 사간원 등 3사의 왕권 견제, 국왕 및 세자의 통치철학을 지도하던 경연과 시강원, 관료와 유림의 정치적 의견과 건의를 담은 상소 등의 제도적 장치에 의해 국왕은 그 권한에서 양반과 관료 세력으로부터 일정한 견제를 받았다.

그러나 『경국대전』은 양반과 노비 등 사회신분제 강화로 신분의 소통과 상승을 막았고, 양반에게 특권을 보장하여 차별사회를 만들었으며, 지나치게 농업을 위주로 하고 사농공상 등으로 차별을 두어 사회의 분화分化를 차단하는 폐단을 가져왔다. 이것은 유교적 왕조질서를 유지하는 데 핵심이 되었지만 사회변동이나 발전을 가로막는 요인이 되었다.

통치기구와 다양한 제도
—

조선이 건국된 뒤 단계를 거쳐 통치기구를 비롯하여 여러 제도가 정비되었다. 유교의 통치 이념과 『경국대전』에 토대를 두고 새 시대 상황에 맞게 제정되어 적어도 조일전쟁과 조청전쟁이 일어나기 전까지는 정착되었다. 그러면 좀더 구체적으로 조선의 정치제도, 지방제도, 군사제도, 교육제도, 과거제도 등에 대해 살펴보자.

정치제도 정치체제는 크게 문관(동반)과 무관(서반)으로 나뉘었고 이는 다시 중앙의 경직京職과 지방의 외직外職으로 구분되었다. 그리고 관료의 직급은 정1품에서 종9품까지 한 품계를 정종正從으로 나누어 18품계로 구분했다.

통치조직은 왕에게 통치권이 집중되게 했는데, 중앙정부의 중요한 기관은 의정부와 6조였다. 의정부는 최고의 정책 조정기관으로 정1품의 영의정, 좌의정, 우의정 등 3정승의 합의제로 운영되었고 모든 관리를 통솔하고 일반 정사를 공평하게 다스릴 의무를 지니고 있었다. 3정승은 나라의 중요한 정사를 의논했으며 모든 문제는 원칙적으로 그들의 합의를 거쳐 왕에게 보고되었다. 왕의 재가도 의정부를 거쳐 해당 관청에 전달되었다.

6조는 의정부 밑에서 일반 정사를 담당하던 기관으로 이조, 호조, 예조, 병조, 형조, 공조로 나뉘었는데, 책임자는 정2품의 판서였고 그 밑에는 종2품의 참판 등의 관직이 있었다.

왕명의 출납을 맡아보던 승정원은 6조의 공식적인 일뿐 아니라 국가의 모든 문서와 사건을 왕에게 보고하고 왕의 명령을 각 기관에 전달하는 기관이다. 책임자는 정3품의 도승지였으며 여기에는 여섯 명의 승지가 있어 6조의 일을 각각 담당했다.

사헌부와 사간원은 왕과 정부를 견제하는 기관이었는데, 대간 또는 양사라고도 했다. 사헌부는 모든 관료의 부정과 실책을 살피던 기관으로 종2품의 대사헌 이하 집의, 장령, 지평 등의 관직이 있었고, 사간원은 임금의 잘못을 임금에게 간하던 기관으로 정3품의 대사간 이하 사간, 헌납, 정언 등의 관직이 있었다. 한편, 중국의 서적들을 모아 옛일을 토론하고 국왕의 학문적 자문에 응하던 홍문관이 있어서 앞에서 말한 사헌부, 사간원과 더불어 3사라고 불렀다.

사법기관으로는 의금부가 있었는데, 종1품의 판사, 정2품의 지사, 종2품의 동지사 등이 왕의 명령을 받아 모반죄인 정치범과 삼강오륜을 어긴 죄인 등을 다스렸다. 그러나 의금부에서는 그런 중죄인뿐 아니라 때로는 일반 범인까지 다루었기 때문에 다른 죄인을 다스리던 형조, 한성부, 사헌부 등의 역할과 중복되어 그 한계가 분명하지 않았다.

교육과 학문을 담당한 기관으로 서적의 간행을 맡아보던 교서관, 고급 문관의 양성기관으로 국립대학 격인 성균관, 왕의 교서를 작성하고 정치의 득실을 기록하던 예문관, 사대교린의 외교문서를 작성하던 승문원, 역사의 기록과 편찬을 담당하던 춘추관, 왕의 학문을 지도하고 나랏일을 논의하던 경연 등이 있었다. 이 기관들에서는 유교정치의 기본이 되는 각종의 학문적이고 문예적인 일을 뒷받침했다.

지방제도 지방 행정조직은 전국을 8도로 나누고 그 밑에 부, 목, 군, 현을 두었다. 도에는 관찰사(감사, 방백)를 두어 그 밑의 수령들(부윤, 부사, 목사, 군수, 현령, 현감)을 통솔하고 감독하는 권한을 주었다. 이들 지방 관리는 군사(목사 이상)로 행정과 사법의 모든 권한을 행사할 수 있었으나 자기 출신지에는 부임할 수 없었을뿐더러 일정한 임기를 두었다. 수령이 한 지방에 너무 오래 있거나 자신의 출신지에서 근무하게 되면 자신의 동족과 결탁하여 세력을 키울 수 있었기에 그것을 막으려 했던 것이다.

수령은 농업 장려, 호구 확보, 교육 진흥, 군정 정비, 부역 균등, 송사(재판) 처결, 향리의 부정 방지 등의 직책을 맡았다. 그 가운데에서도 그 지방에 할당된 조세, 공납의 징수 및 수송은 국가 재정의 기본이었기 때문에 수령의 임무 가운데 가장 중요한 것이었다. 실제로 행정 실무는 그 지방의 향리(서리, 아전)가 담당했는데, 향리는 6방으로 나뉘어 지방행정을 효율적으로 처리했다.

그 밖에 수령의 자문기구로 향청이 있었는데, 고려 말의 유향소(향소)를 개편하여 지방 통치조직을 흡수한 것이다. 여기에는 지방 양반 가운데 한 명의 좌수와 몇 명의 별감을 임명하여 수령의 자문에 응하고 풍기를 단속하거나 향리를 감찰하여 풍속 교정의 임무를 맡아보게 했다. 그러나 여러 가지 폐단이 생겨 지방행정에는 큰 기여를 하지 못했다.

군사제도 군사조직에는 무반의 최고기관으로 중추원이 있었다. 그러나 실무를 담당하지 않았기 때문에 한가한 직책에 있는 사람들을 대접해주는 예우기관에 지나지 않았다. 실제 최고기관은 세조 때 설치된 5위 도총부로 중앙의 다섯 부대(5위)를 지휘했다.

지방에는 각 요소에 병영과 수영을 설치하고 병마절도사(병사)와 수군절도사(수사)를 두어 각각 육군과 해군을 지휘하게 했다. 이 시기에는 각 도의 관찰사가 으레 병사와 수사를 겸했으며 수사는 도에 따라서 병사가 겸했다. 또 지방 각처의 요충지대에는 크고 작은 진을 설치하여 병영이나 수영에서 모두 다스렸다. 특히 함경도에는 병영을 두 곳, 경상도와 전라도에는 수영을 두 곳 설치했는데, 이는 야인과 왜구를 방비하기 위한 국방상의 필요에 따라 취해진 조처였다.

군인들은 그 성격에 따라 대체로 세 부류로 나뉘었다. 먼저 왕실을 호위한다는 구실 아래 편성된 특수부대인 여러 위衛에 속하는 군인이다. 이들은 왕실의 먼 친척, 대신의 자제, 공신의 자손 등 특권 지배층에 대한 특전으로 편제되었기 때문에 처음부터 군사력은 보잘것없었다. 둘째, 갑사甲士를 위주로 한 직업군인이다. 이들은 무예시험을 치르고 선발된 정예부대였고 국토방위와 왕실의 시위를 담당하는 중추적 역할을 했다. 무예가 뛰어난 양반 자제들도 많이 포함되어 있었다. 셋째, 양인의 병역의무에 따라 편성된 군인이다. 장정들로 돌아가며 당번을 맡았다. 이들은 한양에 올라와 시위하는 정병正兵이어서 갑사와 함께 기간 병력을 이루었다. 이와 같이 양인 장정들은 정군이 되지 않으면 정군의 경비를 담당하는 봉족奉足이 되어 병역의무를 이행해야 했다. 따라서 5위의 갑사나 정병, 각 진영의 군인들 가운데에는 무예시험을 거쳐 선발된 직업군인도 있었으나 대부분은 병역의무를 지니는 정군들로 구성되었다.

한편, 군사제도와 관련하여 국경지방에서 발생하는 긴급사태를 신속히 중앙에 보고하기 위해 마련된 봉수제도와, 국경지방과 교통, 통신을 원활히 하기 위한 역마제도도 있었다. 특히 봉수제도는 높은 산에 봉수대를 설치하여 낮에는 연기로, 밤에는 불빛으로 신호했다. 평시에는 횃불을 한 개, 적이 나타나면 두 개, 적이 국경에 접근하면 세 개, 국경을 넘어오면 네 개, 싸움이 일어나면 다섯 개를 올리게 했다. 구름이 끼거나 바람이 불어 연락할 수 없을 때는 봉졸들이 차례로 달려서 보고를 했다.

교육제도 교육제도는 유교를 숭상하고 불교를 억제하는 입장과 문관을 높이고 무관을 낮추는 입장에 따라 유교교육에 중점을 두어 주로 양반 자제를 대상으로 관리를 양성할 목적으로 성립되었다. 그래서 한양에 둔 4부학당은 과거시험의 준비기관과 다름없었고 교과 내용도 유학과 한문학이 중심을 이루었다. 물론 양인도 교육을 받을 수 있었으나 대체로 양반 자제들이 그 혜택을 누렸다. 양반 자제들은 일고여덟 살이 되면 전국 각지에 있는 서당에서 한문의 기초를 익힌 다음 한양에서는 4부학당에, 지방에서는 향교에 진학했다. 그리고 몇 년 뒤에는 생진과(소과)에 응시하여 합격자는 생원이나 진사가 되어 성균관에 들어갈 수 있는 자격을 얻었다. 성균관 유생이나 이와 동등한 자격을 가진 자는 문과(대과)에 응시할 수 있었는데, 문과에 합격해야만 관직에 나아갈 수 있었다.

이런 교육기관 가운데 성균관은 조선 후기까지 그 권위를 유지했으나 향교는 조선 중기부터 무력해져 지방 교육기관으로서의 기능을 거의 상실하게 되었다. 향교 대신에 등장한 것이 서원이었다. '서원'은 선현을 받들어 제사를 지내는 일과 자제를 교육하는 일을 겸하는 기관이었다.

과거제도 과거제도는 크게 문과, 무과, 잡과로 나뉜다. 시험은 3년마다 정기적으로 시행하는 식년시式年試가 있었다. 그 밖의 시험은 나라에 큰 경사가 있을 때 실시하는 증광시, 왕이 성균관에 친히 나아가 실시하는 알성시 등이 있었다.

문과는 양인도 응시할 수 있었으나 실제로는 양반들만 응시했다. 또 무과나 잡과에 비해 크게 중시했기 때문에 출세하려는 사람들은 이 시험에 응시했다. 33명만이 최종 합격되었는데 갑, 을, 병과로 나누어 등급을 정하고 갑과의 1등을 장원, 2등을 아원 또는 방안, 3등을 탐화 등이라 부르며 성적에 따라 등용했다.

무과는 양반뿐 아니라 양인들에게도 응시 자격이 주어졌다. 이 시험은 주로 직업군인을 뽑는 기능을 담당했다.

잡과는 역관, 의관, 감상관의 관원 등 특수기술을 지닌 관리를 뽑기 위한 시험이었다. 중앙이나 지방의 해당 관아에서 양성하는 기술 수련자들이 응시했는데, 그들은 신분적으로 세습되는 중인층이었다. 이런 특수기술직에 종사하는 기술직을 문관이나 무관과 구분하여 잡직이라 했고, 또 여기에 종사하는 사람들을 잡색인이라 했기 때문에 이에 대한 시험을 잡과라 불렀던 것이다.

그 밖에 과거와는 달리 문관직과 무관직, 잡직에 임용하거나 승진시키기 위한 보다 간단한 시험인 취재取才가 있었고 학문과 행실, 덕망이 뛰어난 사람을 추천하는 천거, 공이 있는 사람의 자손을 특별히 관리로 등용하는 문음門蔭 등이 있어서 과거를 통하지 않고도 관직에 나아갈 수 있는 길이 있었다. 이런 방법은 모두 양반층에 대한 예우에서 비롯된 것이었다.

이와 같은 조선의 정치제도의 특색은 대략 다음과 같은 몇 가지로 요약해볼 수 있다.

첫째, 문반·무반의 양반으로 구성된 통치체제라고는 하지만 실제 그 중심 세력은 문반이었고 상하의 위계질서가 엄격한 관료체제였다.

둘째, 관료들의 승진에 특수한 제한을 두어 고급 관리의 한계선을 그었다. 곧 정3품 이상의 관원을 당상관, 그 이하의 관원을 당하관이라 하여 당상관이 고급 관료층을 이루었다. 또 그 밖에 6품 이상의 관원을 참상관, 7품 이하의 관원을 참하관이라 하여 참하관이 하급 관료를 이루었다. 당상관이나 참상관이 되는 데는 여러 가지 신분상의 제약이 따랐고 치적에서도 좋은 평가를 받아야 했다.

셋째, 최고위 관료의 겸임제를 들 수 있는데, 정1품의 관원들은 으레 몇 개 관청의 책임자를 겸하게 하여 정치권력이 소수의 고급관료에게 집중되게 했다. 이것은 국가 경비의 절감과도 관계되어 있는 문제였다.

이런 관료제도와 과거제도는 고려의 제도를 더욱 세분하여 확립한 것으로 유교 이념을 핵심으로 신분제도를 고착시키는 역할을 했다.

농본민생주의를 내세우며 상공업을 천시하다
—

조선시대의 경제 기반은 토지였다. 지배계층인 왕족과 양반 관료는 토지에서 생산되는 물품으로 풍족한 생활을 했으며 농민이나 그 밖의 일반 백성들도 토지에 기대어 살아가야만 했다. 그래서 국가에서도 농업은 천하의 근본이라는 농본정책을 폈다.

토지제도는 과전법을 기본으로 했다. 과전법에 따라 관리가 된 사람은 누구나 등급에 따라 토지를 나누어 받았으며 퇴직한 사람도 토지를 받았다. 그러나 이 토지를 실제로 경작하는 사람은 농민들이었기 때문에 관리들은 토지를 경작하는 농민들에게 경작의 대가로 조를 받아 생활했다.

과전은 경기도에 한해 주어졌다. 이는 국가의 권력이 직접 미치게 하여 고려 말과 같은 전제의 문란을 미리 막아보자는 뜻에서였다. 또한 과전은 1대에 한하여 지급되는 것이 원칙이었으나 관리가 죽고 난 후 그 아내가 재가하지 않은 경우 지급되는 수신전守信田, 관리와 그 아내가 모두 죽고 어린 자녀만 남는 경우 주는 휼양전恤養田, 정치적 변란이 있을 때마다 공을 세운 사람에게 지급되는 공신전功臣田, 명나라와의 외교에서 공을 세웠거나 역모를 고발하는 등 특수한 공을 세운 사람에게 내려준

별사전別賜田 등은 처음부터 세습이 인정되었다. 다만 경기도의 토지만으로는 늘어나는 관직자들에게 토지를 지급할 수 없는 지경에까지 이르렀다. 이에 대한 대응책으로 세조 때는 과전법을 폐지하고 현직 관리에게만 토지를 지급하는 직전법職田法을 실시했다.

그러자 관료는 퇴직 후 생활을 보장할 길이 없어지면서 재임하는 동안 수탈을 자행하는 등의 폐단이 나타나게 되었다. 부정부패가 널리 퍼지기 시작한 것이다. 그리하여 성종 때에는 국가가 토지를 관리하여 관료에게 현물로 녹봉만을 지급하는 관수관급제官收官給制가 시행되었다. 지금의 월급제와 비슷했다.

중앙이나 지방의 관청에는 공해전公廨田이라는 토지를 주어 그 기관의 운영비로 사용하게 했고 군인전軍人田, 학전學田, 원전院田, 역전驛田, 둔전屯田 등의 이름으로 각 기관에 토지를 나누어주기도 했다. 이렇게 국가에서 각 기관에 토지를 나누어준 것은 경제생활의 바탕이 농토였기 때문이다.

조선시대의 세제는 기본적으로 토지를 대상으로 하는 조세, 사람을 대상으로 하는 부역, 민가를 대상으로 하는 공납이 중심이었다. 조세는 농토에서 생산되는 곡식을 거두어들이는 것인데, 모든 토지에서 일정한 비율로 거두는 것은 불합리할 뿐 아니라 백성들의 생계에도 커다란 영향을 미쳤다. 그리하여 세종 때에는 황희의 의견을 받아들여 토지의 비옥함과 척박함, 그해의 작황에 따라 전분 6등법, 연분 9등법으로 구분하여 보다 합리적인 조세법을 제정했다(전분 6등법은 토지의 비옥도에 따라 다른 자를 사용하여 전국의 토지를 1등전에서 6등전까지 나눈 것이고, 연분 9등법은 매년의 수확을 그해의 작황에 따라 상중하로 나누어 상상년에서 하하년까지 9등분하여 조세의 기준으로 정한 것이다). 조세는 추수 후에 논에서는 쌀, 밭에서는 콩으로 거두어들였다.

부역은 국가가 백성들에게 노동력을 부과하는 것으로 중앙이나 지방 관아의 사역에 동원되었다. 성곽이나 관청 건설, 도로 및 제방 수축, 공물 운반, 그 밖의 잡역 등을 담당했다. 그런데 너무 과중하여 흩어져 도망가는 사람이 많았다. 여기에는 양인의 군역, 노비의 천역賤役도 포함되었으며 실제로 부역하는 대신에 군포軍布(군대 경비로 내는 무명)나 노비 신포奴婢身布(노비의 몸값으로 내는 무명)를 납부하는 경우도 많았다. 이 제도는 백성들에게 많은 부담을 주었다.

공납은 민가를 대상으로 토산물을 부과하는 것으로 연례적으로 부과하는 상공常貢과 임시로 부과하는 별공別貢이 있었다. 예를 들면 궁중에 반찬용으로 김을, 제수용으로 곶감을 바치는 따위였다. 공납의 종류는 생활에 필요한 거의 모든 물품에 해당되었으며 현물로 바치는 것이었기 때문에 이를 거두어들여 운반하고 보관하는 과정에서 적지 않은 고통을 백성들에게 주었다.

전국 각 고을에서 거두어들인 세납물은 도읍지로 운반되었다. 전국의 해안 및 한강, 낙동강 변의 내륙 요지에는 조창이 마련되어 있어 각 고을에서는 이곳으로 운반된 세납물을 보관했다가 배에 실어 한양의 경창까지 수송했다. 그러나 평안도와 함경도의 세납물은 북방의 오랑캐를 방어하기 위한 국방비로 충당되었기 때문에 도읍으로 운반되지 않았다.

육지의 교통수단으로는 역원제驛院制가 있었다. 전국의 주요 도로에 30리(12킬로미터) 정도의 간격으로 역을 설치하여 역마와 숙박 시설을 갖추어놓고 공문 전달, 공물 수송에, 그리고 출장 가는 관리들에게 편의를 제공했다. 이때 출장 가는 관리는 마패에 새겨진 말의 수에 따라 역마를 사용할 수 있었다. 이 마패는 상서원에서 발행해주었다.

역에는 역장과 역졸이 있었고 몇 개의 역을 묶어 감독하는 찰방이 있었다. 또 원은 여행자들의 편리를 도모하기 위하여 교통의 요지나 한적한 도로변에 설치되었던 숙박기관으로 전국 각지에 널리 퍼져 있어 왕래하는 여행자들에게 도움을 주었다.

조선시대의 주요 산업으로는 면업, 광업, 염업, 수산업, 상업, 수공업을 들 수 있다. 면업은 고려 말에 문익점이 원나라에서 가져온 목화씨를 정천익이 재배에 성공함으로써 널리 보급되었다. 예로부터 우리 민족의 가장 중요한 의복 재료는 모시와 삼베였으나 면화가 본격적으로 재배된 조선 중기부터는 무명이 그것을 대신하게 되었다. 이처럼 면화의 도입과 재배 확대는 우리의 의복 재료를 바꾸는 데 매우 중요한 역할을 했다. 목화는 일종의 의류혁명을 가져왔다고 할 수 있었다.

광업에서는 조선 초기부터 적극적으로 광산을 개발하여 금과 은을 생산했다. 여기서 생산된 금과 은은 주로 명나라에 조공품으로 보냈으나 명나라의 과중한 요구 때문에 조선에서는 금과 은이 생산되지 않는다는 거짓말을 하기도 했다. 그리고 철, 구리, 유황 등은 평계를 대고 국내의 수요를 충족시키기 위해 채굴했다. 그것은 농기구, 무기, 동전 등을 만드는 데 필수 재료였다. 이런 광산 개발은 주로 농민의 부역을 바탕으로 관에서 경영하는 것이 일반적이었으나 때로는 일반 백성의 채굴을 허용하기도 했다.

소금은 인간생활에 없어서는 안 될 물품이었기에 국가에서 적극적으로 생산정책을 폈다. 우리나라에서는 땅에서 나오는 육염이 없었기 때문에 일찍부터 바닷물을 이용하여 생산하는 해염이 서해 등지에서 생산되었다. 소금은 식량과 더불어 식생활의 중심이었으므로 생산을 더욱 중요시했으며 염업은 면업, 광업과 함께 조선의 3대 기간산업이었다. 소금을 생산하는 사람은 염간 또는 염정이라고 했으며 신분은 양인이되 하는 일은 천역이었다. 그리고 소금생산을 권문세가에서 독점하는 경우도 있어 그 폐단이 컸다.

수산업도 염업과 마찬가지로 일찍부터 발달하여 어획물의 종류만 해도 60여 종이 되었지만 이것도 권세에 눌려 어업제도 자체가 제대로 시행되지 못했다. 어산물은 궁궐의 공물을 비롯하여 백성들의 식생활에도 필요한 것이었다. 또한 경제적인 문제도 개입되게 마련이었기 때문에 여러 가지 폐단이 생겨나기도 했다.

상업은 도읍과 지방의 몇몇 도시를 중심으로 성장해갔으나 어디까지나 지배계층인 양반 관료계층과 관청에서 필요로 하는 물품을 공급해주는 역할을 수행했다. 국가에서도 농본주의를 채택했기 때문에 상업은 크게 발전하지 못했다. 조선 초기의 상업 형태로는 한양의 시전과 각 지방의 장시를 중심으로 한 보부상, 선상 등이 있었다.

도읍의 시전은 운종가(현재의 종로)를 중심으로 800여 간의 긴 행랑을 세워 상점가를 만든 뒤 상인들에게 점포를 빌려주고 그들로부터 점포세와 상업세를 받았다. 이들 상인은 주로 궁궐과 각 관아에서 필요한 물자를 조달하는 독점 어용상인의 성격을 띠었다. 그들은 각기 특정 상품에 대한 판매를 보장받는 대신에 궁궐이나 관아에서 필요로 하는 물품을 공급하고 중국에 보내는 물품을 부담해야만 했다. 이들 시전 가운데에서 수요가 가장 많던 비단, 무명, 명주, 종이, 모시와 베, 생선 등 여섯 개 품목을 파는 상점이 크게 번창했으며 관에서도 그들에게 가장 많은 물품을 부과해 훗날 이른바 육의전六矣廛이라는 명칭을 얻게 되었다.

그리고 이들 상인에게는 국역 부담의 대가로 국가의 허용 범위를 벗어난 상업행위를 규제할 수 있는 권리, 곧 금난전禁亂廛의 특권을 부여하여 난전을 단속하거나 체형할 수 있게 했다. 난전을 벌이는 사람을 발견하면 상품을 몰수하거나 80대의 장형을 가하는 난전례亂廛例를 행했기 때문에 난전은 발을 붙일 수 없었다. 이로 말미암아 조선의 상업은 크게 발전할 수 없었고 이는 조선 후기에 이르러서야 철폐되었다.

그뿐 아니라 상공업을 말리末利라 하여 천대하고 상업행위를 업신여겼기에 인구의 이동, 교통의 원활을 가로막고 농촌이나 도시를 폐쇄적으로 만들었다. 그리하여 18세기 말까지 엄격한 통제가 가해져 사회의 변동과 변화에 장애가 되었다.

지방의 상업은 장시(향시)를 중심으로 하는 교환경제가 거의 전부였다. 장시는 호남과 영남 지방의 기근과 재난이 그 형성 계기가 되었는데, 어려운 때를 당하여 물품의 교역이 필요해짐에 따라 소도시를 중심으로 자연발생적으로 장시가 열리게 된 것이다. 여기에서는 과중한 세금 및 군역을 피하여 농촌을 떠나게 된 농민들이 몰려들어 장사를 했다. 따라서 국가 재정 대부분을 농업 생산물에 의존하는 정부로서는 농민들이 농촌을 떠나는 것을 막기 위하여 지방에서 장시가 열리는 것을 막으려고까지 했다.

처음에는 한 달에 두 번 열리던 장시가 나중에는 한 달에 여섯 번 열리는 5일장으로 바뀌게 되었다. 정기적인 장시 개설의 관습은 널리 퍼졌고 지역마다 하나의 교역권을 형성했다. 장시에서는 농민이나 수공업자가 서로 필요한 물품을 교환하는 것이 일반적이었으나 소도시를 돌며 소도구나 생활필수품을 파는 전문적 떠돌이 상인 보부상도 있었다. 또한 매매를 중개하거나 여관업과 대금업을 전문으로 하는 객주와 여각도 있었다. 이곳저곳을 떠돌아다니는 보부상에게는 통행증이나 허가증을 주어 통제했고 세수를 늘리기 위해 일정한 세금을 바치게 함으로써 보부상을 정부의 통제 아래 두었다.

대외무역은 중국, 여진, 일본 등과의 관무역이 주였고 이들 나라를 드나드는 사신의 수행원들을 중심으로 약간의 사무역이 허용되었다. 사신이 갖고 나갈 수 있는 물품은 배와 인삼이었는데, 물품의 양은 엄격히 제한되었다. 그 밖에 사사로운 무역은 엄격히 금했다. 다만 중국, 여진과는 국경지대에서, 일본과는 동래의 왜관과 도읍에서 사신들이 가져온 물건에 대해 관의 감시 아래 부분적인 사무역이 행해졌다.

그러나 이와 같은 상업이나 무역 체제 아래에서는 상업이 발달할 수 없었다. 또한 이와 같이 농업 중심의 자급자족적인 자연경제에서는 화폐의 유통도 원만히 이루어질 수 없었다. 태종 때는 저화를 만들어 유통을 꾀하기도 했다. 저화는 종이 돈으로 제조 연대를 쓴 도장을 찍어 정부에서 발행했음을 알렸다. 동전과는 달리 불환不換 화폐였다. 세종 때는 조선통보라는 동전을 만들어 통용시키고자 했으나 효과는 거두지 못했다.

수공업은 조선시대 공업의 전부라고 할 수 있는데, 이는 관부에 예속되어 관에서 필요로 하는 각종 수공품을 생산하는 관장제수공업과 개인이 가정에서 수공품을 생산하는 민간수공업으로 나뉘었다. 그러나 민간수공업은 생산 규모나 생산량, 전체 비중에서 관장제수공업에 비해 보잘것없었으므로 이때의 수공업은 관장제수공업이 중심을 이루었다.

수공업자는 공장工匠이라 불렸으며 각기 소속기관에 정원 수대로 등록되어 수공품을 무상으로 제작하여 관의 수요를 충족시켜야 했다. 그들의 신분은 양인이나 관에 예속된 노비인 공천公賤이었다. 그리하여 중앙에서는 30여 개의 관아에 예속된 2,800여 명의 공장이 129종, 지방에서는 3,500여 명의 공장이 27종의 수공품을 생산했다.

수공품의 종류는 도읍에서는 사기, 철물, 무기, 직물이 중심이었고 지방에서는 지물, 방석, 무기, 목기, 칠기, 가죽제품 등이 많았다. 또 농가에서는 부업으로 가내수공업이 전해져왔으나 자급자족적인 단계를 크게 벗어나지 못했다.

이처럼 수공업이 부진할 수밖에 없었던 이유는 상품생산을 전제로 하지 않은 자연경제체제와 상공업에 대한 정부의 억제정책 때문이었다. 또 물건을 만든 장인은 물건을 팔지 못하게 했고 물건을 파는 상인은 물건을 만들지 못하게 통제했기 때문에 각기 원활한 직능을 발휘할 수 없었다. 이것은 18세기 말에 통공정책이라는 이름으로 해소되었다.

태어날 때부터 신분의 귀천이 결정되다

조선시대의 사회 신분은 고려시대로부터 이어져온 신분제도와 성리학적 이념 위에서 이루어졌다. 성리학에서는 인간의 신분, 지위, 빈부, 귀천 등은 태어날 때부터 결정된다고 하여 조선의 양반 관료들은 자기들이 절대적인 권위와 지배적인 지위를 차지하는 것을 당연하게 여겼다. 그리하여 고려 때보다 더욱 엄격하게 신분을 나누었다(주로 『경국대전』이 완성된 이후). 조선왕조는 봉건적 신분제 사회라고 해도 지나친 말이 아니었다. 이때의 사회 신분은 크게 양반, 중인, 상민, 천민의 네 계층으로 나뉘었다.

양반은 원래의 뜻과는 달리 차츰 관직을 가진 지배계층을 일컫는 말로 쓰였으며 선비 또는 사대부를 가리키기도 했다. 따라서 조선시대의 양반이라 하면 왕족을 포함하여 관직에 오를 수 있는 사대부계급을 가리키는 말이었다. 그들은 교육과 학문을 독점한 지식계급이었고 과거에 응시하여 관직을 독점한 관료계급이었다. 또한 과전이나 녹봉을 받아 생활하는 지배계급이었고 군역이나 부역에 동원되지 않는 특권계급이었다. 그러나 양반계층 사이에서도 여러 가지 차별은 있었다. 문관과 무관의 차별이 있었고 적자와 서자의 차별도 심했다. 설령 첩의 자식인 서얼이 과거시험을 보아 관직에 나아가더라도 어느 한계 이상은 승급하지 못했다. 또한 출신지방에 따른 차별도 있어서 평안도와 함경도 출신은 특별한 경우를 제외하고는 중앙의 고위 관직에 등용되지 못했다. 아무튼 양반들은 정해진 국가 의무도 요리조리 빠져나가는 불법을 저지르기 일쑤였다.

중인은 특수기술직을 세습하는 신분으로 기술과 관계된 교육을 받았으며 잡과에 응시하여 기술관이 될 수 있었다. 중인에는 서리, 향리, 군교 등이 포함되었는데, 도읍의 중앙, 곧 장교와 수표교 부근에 집단적으로 모여 살아서 중인이라 불렸다. 그들은 역관, 의관, 관상관, 화원 등 기술직에 종사했다. 서리는 각 관아의 하급 관리를 말하는데, 도읍의 녹사와 서리, 지방의 향리가 이에 속했다. 군교는 하급 장교인 군관, 포교를 가리켰다. 양반을 정책 결정자라고 한다면 중인은 행정 실무자라 할 수 있었다.

상민은 농업, 공업, 상업 등 생산활동에 종사하는 사람들로 평민, 양민이라고도 했는데, 국가에 대해 조세, 공납, 부역(군역)의 의무를 부과받았다. 직업상 농민은 수적으로 대부분을 차지했고 자신의 토지를 경작하거나 지주 또는 국가 소유의 땅을 빌려 농사를 지었다. 그러나 교육을 받을 수 없었기 때문에 무식하고 가난했다. 그들은 사실상 직업 선택이나 거주 이전의 자유가 없어서 대대로 농사를 지을 수밖에 없었다. 영세 농민들은 조세, 공납, 부역의 부담이 커서 생활고에 신음했으며 국가나 양반은 그들의 피땀 흘린 노동의 대가로 생활을 유지했다. 후기에는 몰락한 양반 등이 농업에 종사하기도 했지만 신분과 관계지을 때에는 농민의 범위가 애매했다. 그리고 공업·상업에 종사하는 사람들은 앞서 언급한 바와 같이 엄격한 관의 통제를 받아야만 했다. 또 나라가 농본정책을 폈기 때문에 공장이나 상인은 더욱 천대를 받았다.

천민은 인간으로서의 대우조차 제대로 받지 못하는 최하계층으로 공공기관이나 개인에 속한 노비는 물건 취급을 받았으며 매매와 증여 또는 상속, 공출의 대상이 되었다. 노비들은 관에 예속된 관노비와 개인에 예속된 사노비가 있었는데, 대개가 전쟁 포로나 형벌로 노비가 된 자들로 신분이 세습되었다. 같은 노비라도 사노비는 신분이 더욱 낮았다. 그들은 상전이 역모로 몰리거나 큰 죄를 지었을 경우 몰수의 대상이 되기도 했다. 그리하여 그들을 가리켜 '일하는 짐승'이란 말이 생겨났다. 그 밖에 무당, 광대, 사당, 창기, 백정 등도 노비와 다를 바 없이 천대를 받았다. 외진 곳에 특수 부락을 이루고 집단생활을 했으나 그 천대는 이루 말할 수 없었다.

조선시대의 가족제도는 가장을 중심으로 한 대가족제였다. 가장의 권한은 대단하여 가족을 대표하고 통솔할 뿐 아니라 조상에 제사를 지내는 특권도 가졌다. 조선왕조는 엄격한 가부장제 사회라 할 수 있었다. 혼인에서도 동성 간의 결혼은 금지되었고 남편에 대한 아내의 정절과 복종은 절대적이었다. 완전히 남성 중심의 가족제도였다. 원칙적으로 남자는 열다섯 살, 여자는 열네 살 이상이 되어야 결혼할 수 있었다. 남자는 재혼을 할 수 있었으나 여자는 허락되지 않았다. 또한 가족관계에서도 적자, 서자의 차별이 엄격하여 서자는 재혼한 여성의 자녀와 같이 재산 또는 제사 상속에서도 많은 차별을 받았다. 그리고 양반은 반드시 가묘나 신주를 모시고 조상에 제사지내야 했고 관혼상제의 예식은 모두 『주자가례朱子家禮』를 따르는 것이 불문율로 되어 있었다. 『주자가례』는 중국 유학자 주희朱熹가 가정의 예절에 대해 쓴 책인데, 관혼상제를 중심으로 형식, 절차 등을 적었다. 국가에서 제정한 규정은 아니었으나 오랜 관습법처럼 지켜져왔다.

이런 바탕에서 정치변동과 사회변동이 일어났다. 유교의 귀천 관념에 따라 지배자와 피지배자는 태어날 때부터 결정된다고 여겨 양반들에게만 정치, 경제 등 모든 영역에서 특권을 부여해준 조선의 양반 관료체제는 여러 가지 모순을 내포하고 있었다.

지배계급인 양반 관료는 차별을 엄격히 규정한 신분제도로 자신들의 기득권을 자손 대대로 누리려 했으며 하위계층에 군림하기 위해 학문과 문화를 거의 독점했다. 그리하여 재주가 있고 지혜가 뛰어난 사람이라 하더라도, 양반이 아니거나 양반이라 하더라도 여자인 경우에는 자신의 뜻을 펼 수 있는 길이 없었다. 여성은 사회 진출에 철저히 통제를 받았다. 엄격한 남존여비의 사회였다. 말단 행정관이나 기술관인 중인조차도 생활이 어렵고 사회적으로 천대를 받는 처지였다. 대다수를 차지하는 상민들은 조세, 공납, 부역 등의 의무만을 지녔고 일에 쫓겨 구차한 생활을 면할 수 없었다. 최하 신분인 천민의 생활은 말할 필요도 없을 정도였다.

또한 시대가 흐를수록 과거에 합격하는 사람 수는 늘어났지만 그들이 차지하고자 하는 관직 수는 한정되어 있었다. 이로 인해 과거에 합격하고도 관직에 나가지 못하는 사람들이 많아졌고 정치권력과 관직을 둘러싸고 대립과 투쟁이 생길 수밖에 없었다.

성종 때 지방, 특히 영남지방에 기반을 두고 학문에 힘썼던 사림파 학자들이 중앙으로 진출하여 언관言官의 주요 관직을 차지함에 따라 훈구파(관학파) 세력과 복잡하게 얽히면서 대립했다. 훈구파 세력은 조선 초기부터 나라에 공을 세워 공신전, 별사전 등의 넓은 토지를 차지했다. 그들은 새로이 땅을 개간하거나 사들이고, 권세를 이용해 토지를 확충하고, 세금을 피하려는 농민의 자진 기탁 등의 방법으로 넓은 농토(농장)를 지배했다. 그리하여 그들은 다수의 농지와 노비를 거느리고 부귀영화를 누렸다.

이런 현상은 15세기 중엽부터 나타난 후 점차 전국적으로 확대되어 사회적 문제가 되었다. 새로이 관직에 진출한 사림 출신의 관료는 이에 불만을 품고 그들을 견제하려고 했기 때문에 훈구파와 사림파의 대립은 피할 수 없는 일이 되었다. 이렇게 대립과 반목을 드러내던 두 세력이

충돌하여 많은 관료와 추종자들이 죽거나 화를 당하게 된 일을 사화士
禍라 하고 후기로 내려오면서 당파를 형성하여 정권을 다투게 되었으니
이를 당쟁黨爭이라 부른다.

사화는 연산군 때 일어난 무오사화를 시작으로 갑자사화, 기묘사화,
을사사화가 잇따라 일어났는데, 기득권을 누리는 훈구파에 맞선 신진
사류들이 떼죽음을 당했다 하여 '선비들의 화'라는 뜻으로 사화라 불렀
다. 사화는 을사사화를 마지막으로 일단 막을 내렸는데, 당쟁의 전초 단
계라 할 수 있었다. 사화를 빌미로 조성된 당파의 분화는 조선 후기 당
쟁의 불씨를 남겨놓았다.

16세기에 다시 정계에 등장한 사림 간의 정권 다툼은 동인과 서인으
로 나뉘어 싸움을 벌이면서 조선 후기 내내 계속되었다. 이렇게 당쟁이
오랫동안 지속될 수 있었던 것은 각 당파의 인물들이 서원을 중심으로
한 지방 세력을 등에 업고 있었을뿐더러 농장이라는 거대한 경제적 기
반을 갖고 있었기 때문이다. 한편, 신하들의 세력이 커지는 것을 두려워
한 왕들이 이런저런 꼬투리를 만들어 사화를 조종했다는 설도 있다. 그
러나 지배층 내의 정치적 싸움으로 인해 그때마다 많은 사람이 화를 당
하여 정치적 안정에 금이 갔으며, 나라의 질서가 흐트러졌고, 공동체의
사회 통합도 무너졌다. 그러나 이런 당쟁이 있었기에 집권층이 반대파를
의식하여 정책결정에 신중을 기하게 한 측면도 있었다. 또한 정계에서
소외된 인사들이 지방을 중심으로 학문을 깊이 연구하는 분위기가 만
들어지기도 했다.

이런 당쟁은 당시 제한된 관료만이 정계에 등장할 수 있는 정치제도, 사림사회의 언로言路라는 이름을 빌린 공리공담空理空談의 만연, 직업의 다양성이 보장되지 않은 경제생활의 불평등에서 비롯된 것이었다. 하지만 근본 원인은 조선시대의 전반적 정치, 사회 구조와 관련이 깊다고 할 수 있을 것이다.

훈민정음을 만들다

세종의 문화 업적으로 가장 먼저 손꼽히는 것은 '훈민정음', 즉 '한글' 창제다. 훈민정음 창제는 우리말을 그대로 표현하지 못하고 한자의 음과 뜻을 빌려 표현하는 이두나 향찰, 또는 어려운 한문으로 표현할 수밖에 없었던 문자생활에서 백성들에게 쉽게 표현할 수 있는 고유한 우리 문자를 마련해주었다는 점에서 그 의의가 크다. 더군다나 '백성을 가르치는 바른 소리'라는 이름에서 보여주는 바와 같이 훈민정음이 백성의 문자생활을 편하게 해주기 위해 창제되었다는 점에서 더욱 높이 평가된다. 세종이 직접 지은 서문에는 훈민정음의 창제 목적이 다음과 같이 기록되어 있다.

우리나라의 말이 중국과 달라 서로 뜻이 통하지 못하므로 어리석은 백성이 말하고자 할 바가 있어도 마침내 제 뜻을 능히 펴지 못하는

사람이 많다. 내가 이를 딱하게 여겨 새로 28자를 만드노니 사람마다
하여금 쉽게 익혀 날마다 쓰기에 편하게 하고자 할 따름이니라.

이러한 취지에서 세종은 최만리 등 일부 유학자들의 반대를 물리치
고 성삼문, 정인지, 신숙주 등 집현전 학자들과 함께 이두와 인도의 범
어, 여진어, 일본어 등을 참고하여 한글을 만들었다. 세종은 이 새로운
문자로 『용비어천가龍飛御天歌』를 지어보고 실용화에 자신이 생겨 창제
3년 만인 1446년에 이를 세상에 반포했다.

훈민정음의 제작 원리는 세계 문자사에서 유례를 찾아볼 수 없을 정
도로 과학적이고 독창적이다. 먼저 하나의 음절을 초성, 중성, 종성으로
나누는 삼분법을 채택하여 각각 따로 설명하고 있다. 바로 이것이 중국
음운학을 바탕으로 하면서도 그것을 뛰어넘은 훌륭한 점이라 할 수 있
다. 중국 음운학에서는 첫소리(초성, 자음)를 성聲이라 하고 나머지를 운
韻이라 하는 이분법을 쓰고 있었다. 그래서 훈민정음에서는 초성과 종
성은 모두 자음이기 때문에 그 동일성을 확실히 깨달아 "초성은 종성을
다시 쓴다"는 규정을 내리고 있다.

훈민정음의 원리를 좀더 설명하면 다음과 같다. 초성(자음)은 발음기
관의 모양을 본떠 'ㄱ, ㄴ, ㅁ, ㅅ, ㅇ'을 만든 다음 각기 획을 하나씩 더하
여 'ㄱ→ㅋ', 'ㄴ→ㄷ→ㅌ', 'ㅁ→ㅂ→ㅍ', 'ㅅ→ㅈ→ㅊ', 'ㅇ→ㆆ→ㅎ'을 만들
었다. 'ㆁ'은 다르게 하고, 'ㄹ'과 'ㅿ'도 혀와 이의 모양을 본떴으나 형체를
달리하여 획을 더하지 않았다. 이렇게 하여 자음 17자가 만들어졌다. 중

성(모음)은 하늘을 본뜬 'ㆍ', 땅을 본뜬 'ㅡ', 사람을 본뜬 'ㅣ'를 기본으로 하여 이 세 자(천, 지, 인)를 서로 결합시켜 'ㅏ, ㅑ, ㅓ, ㅕ, ㅗ, ㅛ, ㅜ, ㅠ'의 여덟 자를 만들어 총 11자가 된 것이다.

이렇게 창제된 정음은 당시 일부 양반계층에게는 환영받지 못했으나 이것이 우리 역사와 문화에서 차지하는 의미는 참으로 크다. 한글 창제로 말미암아 우리의 문학을 우리의 글로 기록할 수 있게 되었고, 『용비어천가』와 『월인천강지곡月印千江之曲』을 비롯한 한글 문학이 등장하게 되었으며, 간경도감刊經都監이라는 불경 번역기관이 설치되어 많은 불경이 언문으로 번역되어 나오기도 했다. 또한 그때까지 입으로 전해지던 고려 가요들이 『악학궤범樂學軌範』, 『악장가사樂章歌詞』, 『시용향악보時用鄕樂譜』 등의 책에 우리말로 기록되어 귀중한 자료로 전해지게 되었고 한자를 모르는 농민들이 읽을 수 있는 농업에 관한 책이라든가 중국이나 일본이 알지 못하게 비밀을 지켜야 하는 병서 등도 한글로 적었다. 한편으로는 한자를 모르는 사람들에게 조선왕조의 당위성을 일러주는 가사들이 지어졌고 유교의 충효 이념에 근거를 둔 책들을 만들어 서민들에게 쉽게 읽히려 하기도 했다.

무엇보다 중요한 것은 우리 민족이 우리의 슬기를 마음껏 펼칠 수 있는 우리의 글을 마련했다는 점일 것이다. 아울러 우리의 귀중한 문화유산, 곧 시조, 가사, 한글소설 등의 탄생과 발전은 바로 '한글'이 창제되었기 때문에 가능했으며 오늘날 우리가 우리의 말과 글을 마음껏 사용할 수 있는 것도 여기에서 비롯된다 할 수 있다. 그러나 한글이 우리 민족의 문자로 일반화되고 일상화된 것은 훈민정음이 창제된 후 450여 년이 지난 19세기 말이었다. 이때야 비로소 우리 민족은 실질적으로 언문일치와 문자생활을 영위할 수 있게 되었다.

다양한 편찬사업으로 유교정치를 추구하다

조선 초기에는 여러 방면의 학문이 크게 발달하여 역사, 지리, 법전, 예의, 음악 등에 관한 많은 책이 간행되었다. 특히 세종에서 성종에 이르는 시기에 집현전이나 홍문관의 학자들은 전통적인 우리 문화를 정리하여 많은 책을 펴냈다. 각종 책들은 대개 유교의 입장에서 실제 사회에 쓸모가 있다고 생각되는 것들로 실용적 성격을 띠었다. 이때 간행된 역사서를 살펴보면 먼저 역대의 왕조실록을 들 수 있다. 왕조실록은 태종 때『태조실록』이 처음 편찬된 이래 역대 왕들이 죽고 난 뒤에는 반드시 실록이 편찬되어 차례로 간행되었다. 실록은 춘추관에 사관을 두어 실록의 자료가 될 정사政事를 수집하여 기록하게 하고 왕이 죽은 뒤 따로 편찬 담당관을 두어 정치 업적을 편찬하게 한 것이다. 이렇게 편찬된 실록을 안전하게 보존하기 위해 한양의 춘추관을 비롯하여 성주, 전주, 충주에 사고史庫를 두어 한 부씩 보관하게 했다. 편찬사업은 그후에도 계속되어 오늘날까지 조선시대의 역사 연구에 귀중한 자료로 쓰이고 있다. 그러나 내용이 너무 방대하여 펼쳐보기 어려웠기 때문에 이를 다시 간

추려서 역대 왕의 훌륭한 업적만을 모아 편찬한 것이 『국조보감國朝寶鑑』이다. 『국조보감』도 세조 때 간행된 이래 계속 수정, 보완되었다.

또 조선 초기부터 지난 왕조의 역사 편찬에도 관심을 가져 정도전, 김종서, 정인지 등이 참여하여 편찬한 것이 『고려사高麗史』이며 이보다 1년 뒤에 편찬, 간행한 것이 『고려사절요高麗史節要』다. 『고려사』와 『고려사절요』는 앞 시대의 역사를 정리해둔다는 뜻도 있었지만 고려 말기 이성계가 조선왕조를 건국한 것이 당연하다는 논리를 내세우려 한 의도도 있었다. 그렇기 때문에 고려 말기의 고려 왕실에 얽힌 이야기가 과장되거나 왜곡된 것이 많다. 성종 때에는 단군조선에서 고려 말까지의 역사를 편년체로 기술한 역사서인 『동국통감東國通鑑』이 편찬되었다. 이때는 민족의식이 강하게 일어나 단군을 민족의 시조로 받들어 평양에 사당을 세워 나라에서 제사를 지내기도 했던 시기였으므로 우리의 역사를 기록할 때는 으레 단군조선을 민족사의 기원으로 적었다. 그러나 이 책은 지나치게 유교 사관에 얽매여 사대적인 측면을 강조한 흠이 있다.

지리에 관해서는 신라 말 이래 전해 내려온 풍수지리설이 널리 퍼졌다. 이는 나라의 도읍지나 묘지의 위치 등을 정할 때 지세에 따라 나라나 집이 망하거나 흥하다는 생각에서 비롯된 것이었다. 자연이나 인문지리에 관한 지식은 역사와 함께 군사나 정치에 실제로 필요한 것이었다. 그래서 세종 때에는 지방을 실제로 답사하여 지도 작성에 대한 측량을 시도했고 조선의 전국 지도를 만들기 시작했다. 이와 함께 지리지의 편찬사업도 계획되어 『팔도지리지八道地理誌』가 완성되었다. 이것은 『세종

실록지리지『世宗實錄地理志』에 수록되어 오늘날까지 전해지는데, 각 지방의 연혁, 산천, 산성, 토지, 호구, 인물 등 정치에 필요한 지식을 담았다. 성종은 이것을 더욱 보완하여 『동국여지승람東國興地勝覽』을 편찬하게 했다. 여기에는 누각이나 정자, 학교, 사찰, 고적, 인물 등 인문에 관련된 것이 많이 실렸으며 이와 관련이 있는 시문도 많이 수록되었다. 이것은 중종 때 『신증동국여지승람新增東國興地勝覽』으로 증보, 개정되었는데, 오늘날까지 전해져 당시의 풍속이나 지리적 사실을 알려주는 귀중한 자료로 쓰이고 있다.

법전과 정치에 관계되는 것으로는 『경국대전』과 『치평요람治平要覽』을 들 수 있다. 『치평요람』은 세종 때 정인지 등 집현전 학사들이 편찬한 것으로 역대 사적에서 정치인의 거울이 될 만한 사실들을 뽑았다. 중국 고대의 주나라에서 원나라에 이르기까지 중국의 역사와 기자조선에서 고려에 이르기까지 우리나라의 역사 가운데 국가의 흥망, 임금 및 신하의 간사함과 올바름, 정치적 교훈, 풍속, 윤리와 도의 문제 등 여러 방면에서 권장하거나 징계할 만한 사실을 가려 뽑아 후세 자손들의 거울로 삼고자 했다.

또한 세종 때에는 농업 기술책인 『농사직설農事直說』과 한방 의학책인 『향약집성방鄕藥集成方』, 『의방유취醫方類聚』가 간행되어 농업의 발달과 백성 건강에 크게 기여했다. 『농사직설』은 세종이 각 도에 명하여 지방의 경험 많은 농부들에게 들은 씨앗 저장법, 토질 계량법, 모내기하는 법 등을 모아 펴낸 것이다. 이것은 성종 때 강희맹이 금양(시흥)지방에서 직접 경험하고 들은 농사방법, 곧 사계절의 농사 및 농작물에 대한 주의사항을 기록한『금양잡록衿陽雜錄』과 합쳐서 간행하여 전국에 널리 보급했다.『향약집성방』은 우리나라 전래의 치료법을 한데 모아 각종 병에 대한 설명과 그 처방을 기록한 것이요,『의방유취』는 중국의 의약서들을 널리 수집, 참조하여 만든 일종의 의학백과서로 그 형식은『향약집성방』과 비슷했다. 이 두 책은 광해군 때 허준이 완성한『동의보감東醫寶鑑』의 바탕이 되었다.

한편, 예의는 음악과 함께 국가의식의 가장 기본이 되는 것이었고 조선이 유교를 통치 이념으로 삼고 있었기 때문에 이에 관한 책도 간행되었다. 세종 때에 시작되어 성종 때에 완성된『국조오례의國朝五禮儀』는 제사, 관혼, 빈객, 군사의례, 상장례의 다섯 부문, 곧 오례에 관한 규범을 제정, 편찬한 것으로『주자가례』를 기초로 하여 만들어 조선의 조정과 양반사회 예식의 기본이 되었다. 또한 세종은 일반 백성에게 유교적 윤리관을 심어주고 권장하기 위해 설순 등에 명하여『삼강행실도三綱行實圖』를 편찬하게 했다. 이 책은 군신, 부자, 부부의 삼강에 모범이 될 만한 충신, 효자, 열녀 각 35명씩을 뽑아 그들의 행실을 그림으로 그리고 설명을 붙인 것이다. 유교 도덕의 기본이 되는 덕목들을 백성에게 장려하여 양반사회의 질서를 바로잡고자 하는 의도에서 비롯되었다고 할 수 있다. 조일전쟁 뒤에는 일본군에 저항하여 정조를 지킨 열녀의 사적을 수집하여 보태어 간행했다.

결국 이와 같은 각종 편찬사업은『경국대전』과 같은 법전 편찬과 마찬가지로 유교적인 정치를 이루기 위한 수단으로서 국가적 사업으로 추진되었으며 그 과정에서 역사, 지리, 정치, 농업, 의학 등의 각종 문화가 발달했던 것이다. 이와 같은 각종 서적의 편찬, 간행의 부산물로 활자가 개량되고 인쇄술이 발달하게 되었다.

고려 때부터 이용되어오던 금속활자는 조선왕조에 들어와서도 대량으로 만들어져 사용되었다. 태종 때에는 주자소를 설치하여 구리로 만든 활자인 계미자를 만들었고 세종 때에는 다시 활자를 고쳐 보다 정교한 갑인자를 만들었다. 그리하여 활자는 더욱 정교해지고 인쇄술도 발달하여 서적을 대량으로 찍어낼 수 있게 되었다.

과학기술의 발달

조선의 과학기술은 신라, 고려와 달리 크게 발달했고 베이징北京을 통하여 중국과 아라비아에서 전해진 과학 지식을 받아들였는데 이는 과학기술을 더욱 발달시키는 데 도움이 되었다. 초기부터 조선 조정에서는 농업생산과 관련이 깊은 천문과 기상에 상당한 관심을 보였다. 그 결과 세종 때는 원나라의 역법인 수시력授時曆과 명나라의 역법인 대통력大統曆을 참작하여 『칠정산내편七政算內篇』을 편찬했고 이슬람 역법인 회회력回回曆을 얻어 『칠정산외편七政算外篇』을 만들었다. 이 두 책을 편찬함으로써 우리나라는 중국 역법의 의존에서 벗어나 처음으로 역법 계산을 독자적으로 할 수 있게 되었으며 이슬람 천문학을 통하여 서유럽 천문학의 이론을 도입할 수 있게 되었다.

또 세종 때에 만들어진 과학기구로는 천문 관측기인 간의, 천체의 운행을 측정하는 혼천의, 해시계, 물시계 등이 있었다. 그 가운데 특히 장영실이 만든 물시계는 자동으로 시간을 알리는 장치가 붙은 자격루로 만들어져 조선의 새로운 표준 시계로 등장하게 되었다. 이 공로로 장영실은 노비의 신분에서 벗어날 수 있었다.

그리고 측우기는 세종 때 강우량의 분포를 측정하던 기구인데, 1442년 측우기에 관한 제도를 제정한 뒤 중앙에는 서운관(관상감)에 설치하여 강우량을 자로 재어 기록하게 했고 지방에도 같은 모양의 기구와 자를 보내 각 관아의 뜰에 설치하여 수령들에게 측정하여 기록하게 했다. 이는 이탈리아의 B. 가스텔리B. Gastelli가 1639년에 처음 사용한 것보다 200년이나 앞선 것으로 우리 민족의 슬기와 지혜를 보여준다. 이런 과학기기의 제작에는 이천, 장영실 등의 공헌이 컸다.

이와 같은 관심은 원래 농사와 관계가 깊은 것으로 실제 농업정책 면에서도 합리적인 개선 방안이 제시되었다. 앞에서 이야기한 『농사직설』과 같은 여러 농업 서적이 간행, 보급되었고 농업용수를 이용하기 위한 제방 공사가 벌어지기도 했다. 그 예로 김제의 벽골제를 수축하기 위하여 1만 명의 인원이 동원된 것을 들 수 있다.

성리학의 꽃을 피우다

고려 말 안향이 원나라에서 도입한 성리학은 조선시대 유학의 지배적인
흐름을 이루고 정치, 사회, 교육, 도덕 생활의 기준이 되었다.

정도전과 권근은 고려 말에서 조선 초에 걸쳐 우리나라 성리학의 기
초를 닦아놓는 역할을 했다. 정도전은 불교와 노자, 장자 사상을 이론
적으로 비판하고 유학의 타당성을 밝혀 새 왕조의 지배 이념을 확립하
는 데 기여했다. 권근은 『입학도설入學圖說』과 『오경천견록五經淺見錄』을 지
어 그의 유학사상을 드러냈다. 『입학도설』은 위로는 천명을 두려워하고
아래로는 백성을 편안하게 하되, 멀리는 옛날의 흥망을 거울삼고 가까
이는 조상들의 부지런하고 검소함을 본받아 안일함이 없는 참된 마음
을 갖는 것으로서의 '경敬'을 중시하여 훗날 경을 위주로 하는 우리나라
유학의 사상적 경향을 형성하는 실마리가 되었다. 『주역』을 풀이한 『주
역천견록周易淺見錄』은 정자나 주자의 해석을 중시하여 그 학설을 따르고
있으나 때로는 그 잘못을 비판하고 자기의 의견을 주장하기도 한다.

조선 초기의 유학자들은 유학을 학문으로만 생각하지 않고 유학의
근본 사상과 인륜 도덕이 왕도정치를 펴고 유교적 사회를 이루는 데 공
헌해야 한다고 생각했다. 정도전, 권근이나 세종과 세조 때에 활동했던
최항, 정인지, 신숙주, 양성지 등이 대표적인 학자였다. 그들은 고려시대
의 학자들이 시문에 힘쓰고 경전의 해석에만 모든 노력을 기울였던 것
과는 달리, 학문 연구뿐 아니라 정치에도 직접 참여하여 학문적인 이론

과 포부를 실제 정치에 반영하고자 하는 이른바 훈구파 학자들이었다.

그러나 훈구파 학자들과는 달리 길재부터 김숙자와 김종직 부자, 김굉필, 조광조로 이어지는 학자 계열이 있었는데, 그들을 사림파라 한다. 그들은 정치를 멀리하고 주로 영남지방에 살면서 성리학을 연구하고 제자를 양성하는 데 힘썼다.

그들 가운데 특히 김종직은 영남지방 유학자들의 종조宗祖로서 김굉필, 정여창 등 수많은 제자를 길러냈으며 성종의 총애를 받아 제자들을 정계에 많이 진출시켰다. 그의 제자들은 주로 3사(사간원, 사헌부, 홍문관)에 있으면서 이미 정계에 자리를 굳히고 있던 훈구파 관료와 심한 마찰을 일으켰다. 김종직이 초나라의 어린 왕 의제가 항우에게 죽임을 당한 것을 슬퍼하며 지은 「조의제문弔義帝文」을 그의 제자 김일손이 사초史草에 기록한 사건을 계기로 무오사화가 일어나 그의 제자들은 대거 숙청을 당했고 이미 죽은 김종직도 무덤이 파헤쳐져 목을 베이는 수난을 겪었다. 이 글은 단종과 세조의 관계를 풍자했다는 지목을 받았다. 이 일을 계기로 그의 학문적 맥을 이은 사람들은 벼슬길에 나서기를 단념하고 숨어 살면서 학문 연구에만 몰두하는 경향이 두드러지게 나타났다. 그리하여 그들의 사상적 흐름은 보다 사변적이고 철학적인 경향을 띠게 되었다.

그 중심인물은 김굉필과 그의 제자 조광조였다. 김굉필은 주자가 지은 『소학小學』을 열심히 연구하여 '소학동자'라 불렸는데, 명예나 공리를 멀리하고 오로지 수양하는 데 노력했으며 일상 행동은 모두 예법에서 벗어나지 않았다. 그는 도를 중시하여 실천 위주의 도학에 힘을 기울여 참된 성현의 학문이 있음을 밝혔다. 그는 '도道'가 별것이 아니라 그저 마땅히 해야 할 일을 하는 것일 뿐이라 했다. 그의 도학정신은 그의 제자인 조광조에게 계승되었다. 조광조는 도학을 바탕으로 한 정치를 펴려 했으나 기묘사화로 인해 실패했다. 그러나 그의 도학정신은 조광조가 살던 당대뿐 아니라 후세에까지 많은 영향을 미쳤다.

16세기에 이르면 서경덕과 이언적이 등장하고 다시 조식과 이황, 이이가 그뒤를 이어 조선 성리학의 꽃을 피웠다. 서경덕은 일생을 은거하면서 학문에만 매진했다. 그의 학문 태도는 독특했는데, 우선 바깥 사물에 대한 이치를 탐구하는 데 주력했다. 먼저 사물을 보고 생각한 후에 책을 읽는 것이 그가 학문하는 방법이었고 마음속으로 생각하고 반성하는 것보다는 자연현상을 관찰하고 거기에서 형이상학적인 진리를 밝히려 했다. 그는 주자의 이원론적 이기론二元論的 理氣論에 대하여 '기'는 없어지지 않는다는 기불멸론氣不滅論을 주장하고 기일원론氣一元論을 제창하여 성리학에 대해 비판적 자세를 가짐으로써 조선에서 독창적인 주기론主氣論의 선구자가 되었다.

한편, 서경덕과 같은 시기의 이언적이 주창한 주리主理의 학설은 뒤에 이황의 사상에 많은 영향을 주어 이른바 주리파主理派의 선구자가 되었고 조식은 지리산 밑에서 실천을 중시하는 가르침을 폈다. 명종, 선조 때에 많은 유학자가 배출되었고 이와 기, 심성을 중시하는 학문이 유행하여 우리나라 유학의 전성시대를 이루었다.

이황은 고향인 경상북도 예안에 도산서당을 세우고 학문 연구에 힘써 많은 성리학 책을 지었다. 이황은 성리학을 연구한 학자 가운데 그 깊은 뜻을 완전히 이해하고 진전을 보인 최초의 학자였다. 그는 이언적의 주리설을 잇고 주자의 학설을 신봉하여 '조선의 주자'라고 일컬어졌다. 그는 우주의 원리를 이와 기라는 이원론적인 것으로 파악했으나 주리론적 경향을 띠었다. 그에 의하면 '이'는 '기'를 움직이게 하는 법칙이요, '기'는 '이'의 재료라는 것이다. 이런 그의 철학적 태도는 도학적인 입장에서 인간의 도덕적 완성을 중시하고 이성에 따르는 행동을 최고의 덕으로 생각하는 것이었다. 그뒤 우리나라의 유학자로서 이 문제를 언급하지 않은 사람이 없을 만큼 중요한 문제로 남았다.

한편, 이황의 문하에서는 유성룡, 김성일, 정구와 같은 유명한 학자가 나와 이른바 영남학파로서 학문적 전통을 이어나갔다. 그들은 후에 이이를 중심으로 하는 기호학파와 대립하여 동인과 서인의 동서붕당東西朋黨을 형성하는 부정적인 원인도 만들었다. 그러나 이황의 저서는 훗날 일본으로 흘러들어가 일본 유학계에 커다란 영향을 미쳤다.

이황의 주리적인 주장과 달리 서경덕의 학설에 가까운 주기적인 학설을 확립한 사람은 이이였다. 이이는 모든 현상의 변화와 발전을 기의 작용으로 이해하고 이념적인 것보다는 실천적인 윤리를 중시했다. 또한 그는 '이'는 피어날 수 없으며 오직 '기'만이 피어날 수 있다는 주장을 내세워 이황의 주장에 반대했다. 그가 친구인 성혼과 벌인 논쟁은 마치 이황과 기대승의 논쟁을 방불케 했다.

이이는 정치에도 오랜 기간 참여하여 정치, 경제, 사회, 교육 면에서 여러 가지 포부를 갖고 새로운 의견을 주장했으나 그 뜻을 이루지는 못했다. 특히 그가 북방의 오랑캐 또는 왜적의 침입에 대비해야 한다는 양병설(10만 양병을 주장한 것으로 알려져 있으나 군사를 잘 훈련해야 한다고만 주장했다는 설이 유력하다)을 주장한 것은 매우 유명하다. 그의 문하에는 김장생, 이귀, 조헌 등이 있었는데, 그들은 이른바 기호학파의 중심인물이었다. 이렇듯 이황과 이이는 조선 유학사에서 쌍벽을 이루어 후세까지 학문적 대립을 보였다.

성리학의 발달과 함께 서원書院과 향약鄕約이 조선 사회에 등장했다. 서원은 선현을 제사지내고 지방의 유생들이 모여 독서하고 학문을 강의하는 기관이었다. 지방의 선비들은 서원에 모여 학문을 토론했으며 후진을 교육하여 그들의 학통을 잇게 했다. 최초의 서원은 1542년 풍기 군수 주세붕이 순흥에서 고려의 학자 안향을 모시는 사당을 짓고 백운동 서원이라 한 것인데, 그후 이를 본받아 전국 각지에 많은 서원이 세워졌다. 1550년 이황의 건의로 임금이 백운동 서원에 '소수서원'이라는 간판을 내려주고 책, 노비, 토지 등을 주어 장려했는데, 이것이 사액서원賜額書院의 시초였다. 국가의 정책적 배려 아래 생겨난 서원은 한양의 학자 및 지방의 일부 학자 사이에서만 다루어지던 학문활동을 전국적으로 번지게 하여 지방문화의 발전을 도왔고 성리학이 보다 넓은 기반을 갖추고 학문적 성과를 거두는 데 기여했다.

향약은 지방 자치단체의 덕화와 상호협조를 위해 만든 규약으로 우리나라에서는 중종 때를 전후하여 널리 시행되었다. 향약의 시작은 북송 때 여씨呂氏 가문에서 만든 여씨향약이었는데, 이는 일가친척과 마을 전체를 교화하고 선도하기 위해 만들어진 것이었다. 향약의 내용은 덕이 되는 일을 서로 권하고(덕업상권德業相勸), 잘못됨을 서로 규제하며(과실상규過失相規), 예의 풍속을 서로 교환하고(예속상교禮俗相交), 어려움을 서로 돕는다(환난상휼患難相恤)는 네 항목으로 되어 있다. 이황과 이이도 향약에 관심이 많아 여씨 향약에 우리 실정에 맞는 조목을 보태거나 빼서 각기 향약을 만들었는데, 이황의 예안향약, 이이의 해주향약 등이 있다. 이 두 사람의 향약은 후세에 각 지방 향약의 바탕이 되었으며 조선의 풍속 교화에 커다란 영향을 미쳤다.

이처럼 서원과 향약은 사회에 공헌한 바가 컸다. 그러나 후기에 이르러 서원은 당쟁의 소굴이 되었고 향약은 민중을 압제하는 도구로 전락했다.

문학과 예술의 발달

조선 전기의 문학은 말할 나위도 없이 한문학이 주류를 이루었다. 이 시기의 한문학은 대개 관료적 문학, 처사적 문학, 방외인 문학으로 나뉜다. 관료적 문학은 양반 관료의 생활과 그 이념을 구현하는 것으로 사대부가 지향하는 문학의 본질이라 할 수 있다. 그러나 시대의 흐름과 세대에 따라 등장하는 관료의 성격에 의해 많은 변화를 겪었다. 조선 초기에 한문학은 고려 시기보다 크게 융성했고 서거정, 김종직, 성현 등 뛰어난 문인들이 등장했다. 서거정이 명문의 글을 모아 편집한 『동문선東文選』은 우리 한문학의 집대성이라 할 수 있다. 그러나 관료적 문학은 미사여구만을 추구하는 방향으로 나아가 마침내는 허무의식과 패배의식에 사로잡혀 처사적 문학에 주도권을 넘겨주게 되었다.

처사적 문학도 관료적 문학과 마찬가지로 지배층의 입장을 반영하는 것이기 때문에 서로 보완되는 성격의 문학이었다. 사대부는 중앙의 관료인 동시에 지방의 지주였고, 나아가서는 조정의 관료였으므로 임금을 보좌하고 물러나서는 강호의 처사로서 자신의 뜻에 맞게 지내는 양면적인 생활을 했다. 이로 인해 문학에서도 관료적 문학과 처사적 문학의 양면성을 지니게 되었다.

처사적 문학은 길재로부터 시작되어 그후 도학자들에게 계승되었는데, 자연을 노래하고, 은거하는 즐거움을 읊었으며, 안빈낙도를 추구하는 것이 주된 내용이었다. 그러나 그들이 읊는 자연은 순수한 의미에서의 자연이 아닌 임금의 은혜가 서려 있는 자연이요, 관료세계와 대립되는 자연이었다. 16세기에 이르면 지방 사림이 중앙의 관료로 대거 진출함에 따라 처사적 문학은 종래의 관료적 문학을 밀어내고 문학활동의 주류를 이루게 되었다. 처사적 문학의 중심인물은 이황, 송순, 정철, 이현보, 이이 등으로 성리학의 심화, 발달과 더불어 그 깊이를 더하여 발전해 갔다.

방외인 문학은 관료적 문학과 처사적 문학에 대립되는 문학이라 할 수 있다. 앞의 두 문학이 사대부 지배층의 입장을 반영하고 있는 데 반해, 방외인 문학은 부당한 현실을 거부하는 저항의 문학이었다. 이는 현실에 적응하지 못하고 사회적 규범이나 도덕적 규범으로부터 자신을 해방시키려고 하는 일종의 반항적 인간들에 의해 만들어졌다.

　　방외인 문학의 선구자는 김시습이었다. 조카인 단종을 몰아내고 왕위에 오른 세조의 비인간적 행위에 충격을 받고 일생을 방랑하며 지낸 듯 보였지만, 실제로 그는 자신을 둘러싸고 있는 현실세계가 자신의 이상과 하나도 맞지 않았던 이유로 그 어느 곳에도 안주할 수 없었던 것이다. 한때는 머리를 깎고 승려가 되기도 했고 농사를 짓기도 했으나 무엇 하나 그를 붙잡아두지 못했다. 항상 현실에 불만을 갖고 있었으며 날카로운 비판의식을 지니고 있었다. 김시습은 이 불만과 울화를 문학작품을 통해 터뜨렸다. 그는 시를 통해 마음의 울분과 포부를 읊거나 예법과 도덕적 틀에서 벗어난 자유를 누리기도 했으며, 사회 부조리나 현실의 불합리에서 오는 비장한 기분이 바탕에 흐르는 문학작품을 남겼다. 조선 최초의 소설이라 일컬어지는 『금오신화金鰲新話』는 바로 그의 이런 방외인적 생활 태도에서 나온 걸작이었다. 그는 『금오신화』의 다섯 작품을 통해 인간의 진지한 삶을 추구했고 참된 인간성을 긍정하는 그의 기본 입장을 분명히 드러냈다.

　　김시습과 같이 관료도 될 수 없고 자연에 은거할 수도 없어 방외인으로 방랑하는 사람들은 이후에도 계속 생겨났다. 특히 16세기에 들어와 훈구파와 사림파의 대립이 날카롭고 격해지자 그 사이에서 패배한 사람들과 타고난 신분적 질곡 탓에, 또는 기질상 현실에 적응하지 못한 탓에 방랑하는 사람들이 생겨나게 되었다. 이런 사람들로는 어무적, 정희량, 정염과 이른바 삼당시인으로 불리는 최경창, 백광훈, 이달, 그리고 임제 등이 있었다.

한편, 한글 창제를 계기로 이 시기에는 시가문학이 크게 발전했다. 세종은 한글을 창제한 후 그 실용성을 실험하기 위해 반포에 앞서 권제, 정인지, 안지, 신숙주, 박팽년 등에 명하여 『용비어천가』를 짓게 했다. 『용비어천가』는 후에 세종이 손수 지은 『월인천강지곡』과 더불어 조선왕조에 들어와 생긴 '악장'이라는 새로운 시가 형태였다.

『용비어천가』는 선조인 목조에서 태종에 이르는 여섯 조상의 덕을 기리고 후대의 왕들을 훈계해 왕손의 영구한 번영을 축원한 125장으로 된 노래다. 다분히 세종의 조상을 영웅시하고 조선의 건국이 천명에 의한 필연적 결과였음을 천명하려는 의도에서 창작된 목적문학의 성격을 띠었다. 『월인천강지곡』은 세종이 석가의 공덕을 찬양한 노래로 상, 중, 하 세 권으로 구성되어 있었으나 현재는 상권의 194장만이 전해진다.

이 악장체와 함께 한때는 고려시대에 유행했던 경기체가의 작품들, 곧 변계량의 「화산별곡」, 권근의 「상대별곡」, 정극인의 「불우헌곡」, 주세붕의 「도동곡」 등이 만들어지기도 했다. 그러나 경기체가의 노래들도 담당계층이 사대부였기 때문에 그 기반이 일반 백성들에게까지 미치지 못하고 금방 사라졌다. 따라서 조선 초기의 대표적 국문학 장르는 시조와 가사였다. 악장과 경기체가가 민중적 기반을 갖지 못하여 금방 사라질 수밖에 없었다고 한다면, 시조와 가사는 비록 양반 사대부의 손에 의해 그 형식이 시험되고 제작되었다 하더라도 앞의 두 문학 장르에 비해 그 향유층이 훨씬 넓었기에 오랫동안 이어질 수 있었다.

시조는 고려 말에 형태가 이미 완성되었다. 양반들의 서정성을 표현하는 데 가장 알맞은 형태였기 때문에 항상 양반계층의 애호를 받았다. 내용은 주로 유교적 윤리관을 많이 다루고 있으나 때때로 남녀 간의 애정을 읊기도 했다.

고려가 망하자 고려의 신하였던 길재, 원천석 등은 고려왕조의 옛 자취를 그리며 회고가를 지었고 변계량, 황희 등 조선의 신망받는 신하들은 조선왕조를 찬양하는 송축가를 지었다. 김종서, 남이와 같은 무신들은 무장의 기개를 드러내는 호기가를 지었고 단종이 수양대군에게 왕위를 빼앗기는 일을 겪고는 사육신을 비롯한 왕방연, 원호 등이 그들의 충절을 나타내는 충의가나 단종을 애도하는 애상가를 지어 불렀다.

이런 작품들은 정치적 사건과 관계있는 것이지만 시조가 모두 그러했던 것은 아니다. 맹사성의 「강호사시가」를 비롯하여 이현보의 「어부사」, 이황의 「도산십이곡」, 이이의 「고산구곡가」, 권호문의 「한거십팔곡」, 장경세의 「강호연군가」 등으로 이어지는 강호가가 있다. 이것들은 안빈낙도를 이상으로 했으나 그 사상적 바탕은 유교였으며, 자연을 소재로 했으나 그 자연도 순수한 의미의 자연이 아닌 임금의 은혜가 드리워진 자연이었다.

이와는 달리 인생 문제에 대한 내용을 다룬 시조가 있으니 바로 송순, 황진이, 정철, 박인로 등의 시조가 전형적이다. 내용은 주로 윤리적인 문제, 유교적 교훈, 애틋한 사랑을 노래하고 있다. 가사는 3행으로 된 짧은 형태의 시조와는 달리 3·4조 또는 4·4조의 음수율을 가진 두 구가 1행을 이루고 그 행이 100행 정도가 되는 시가 형태다. 따라서 내용도 단순한 서정성보다는 교훈적이고 현실적인 유교 이념을 많이 다루고 있다. 최초의 작품으로는 정극인의 「상춘곡」을 들기도 한다. 대표적 작품으로는 정철의 「사미인곡」, 「속미인곡」, 「관동별곡」, 「성산별곡」, 박인로의 「태평사」, 「선상탄」, 「사제곡」, 「누항사」, 「독락당」, 「영남가」, 「노계가」, 송순의 「면앙정가」, 백광홍의 「관서별곡」, 양사언의 「미인별곡」 등이 있으며, 그 가운데에서 특히 유명한 것은 정철과 박인로의 작품들이다. 정철의 「사미인곡」과 「속미인곡」은 우리말을 아주 정교하게 구사한 것으로 높이 평가된다. 후대에 『구운몽』, 『사씨남정기』 등의 소설을 쓴 바 있는 김만중은 앞의 작품을 "동방의 이소離騷"(중국 남쪽의 노래를 모은 것이 '이소경'이다)라고 격찬하기도 했다. 이때의 가사들은 주로 미인이나 전쟁, 은일 등에 관한 내용을 다루고 있으나 후세로 갈수록 교훈이나 기행, 유배, 신세 한탄 등을 다루는 경향이 짙어졌다.

조선시대의 예술은 고려시대까지 융성했던 불교 예술과는 달리, 유교생활에 바탕을 둔 예술활동이 활발히 전개되었다. 유교적 가치 기준에 따라 화려한 것보다는 검소한 것을 미덕으로 삼았고, 형식적인 예절을 숭상하여 정서를 풍부히 할 수 없었던 탓에 예술작품에서 섬세하고 화려한 맛은 거의 느낄 수 없다. 또한 음악, 미술, 공예 등에 종사하는 사람들도 사회적으로 좋은 대우를 받지 못했다.

조선시대에 지은 많은 건축물은 조일전쟁 때 거의 불타 없어지고 현재 남아 있는 것으로는 창덕궁의 돈화문, 창경궁의 홍화문·명정문·명정전 등이 있을 뿐이다. 그 가운데 돈화문은 그 규모가 장중한 것으로 조선 전기의 건축술을 대표한다고 할 수 있다.

한편, 도성의 성문에서도 이때의 건축술을 엿볼 수 있는데, 숭례문(남대문)과 흥인지문(동대문)이 그 꾸밈새가 가장 뛰어나다. 개성의 남대문, 평양의 보통문도 이때의 건축물이다. 석탑으로는 탑골공원의 원각사지십층석탑, 낙산사의 칠층석탑 등이 유명하다.

회화는 중앙에 도화원圖畵院을 두고 화원을 양성하여 조정이나 대신들의 필요에 따라 인물화나 기록화를 그리게 했다. 그 밖에도 양반의 취미에 맞는 산수화를 많이 그리게 했다. 이때의 화가들은 대개 도화원 출신의 직업화가와 양반 출신으로 취미 삼아 그림을 그린 여기화가로 나눌 수 있는데, 이런 구분은 그림의 특색이나 분위기에 따른 것이 아니라 그 출신 성분에 따른 것일 뿐이다. 양반 출신의 강희안, 화원 출신의 안견, 최경, 이상좌 등이 유명했다. 특히 안견은 산수화에 능하여 안평대군이 박팽년과 함께 도원에서 노닌 꿈을 그렸다는 「몽유도원도」라는 걸작을 남겼으며 후기까지도 그의 화풍을 따르는 화가가 끊이지 않을 정도로 많은 영향을 끼쳤다.

서예는 문인이나 학자들에게 요구되는 교양으로 장려되었는데, 그 필법은 중국 조맹부趙孟頫의 영향을 많이 받았다. 뛰어난 서예가로는 조선 전기의 4대 서가四大書家로 꼽히는 안평대군, 김구, 양사언, 한호 등이 널리 알려졌다.

공예는 우리나라에서 독자적으로 발달한 돌, 기와, 나무, 대나무, 자개 등을 이용한 것과 도자기가 많았으나 대개 양반계층의 사치스러운 생활에 사용되었다. 도자기 만드는 기술은 상당히 발전하여 고려청자와는 다른 분청사기, 백자 등의 질적인 향상을 보여주었다. 특히 백자는 조선왕조 전 시기를 통해 만들어졌는데, 소박하고 은은한 흰 색채는 고려청자에서 느끼지 못하는 조선인의 서민적 정취를 느끼게 해준다. 중앙에서는 초기부터 광주에 궁중의 음식을 맡아본 사용원司饔院의 분원을 두고 훌륭한 도자기를 많이 만들었기 때문에 분원자기라는 이름까지 생겨나게 되었다.

음악은 국가의 각종 의식, 제례 등과 밀접한 관계가 있었기 때문에 국가에서도 큰 관심을 가졌다. 그래서 조정에서는 음악을 담당하는 기관인 장악원掌樂院을 설치하여 악기 개량, 악공 훈련, 악곡 정리 등을 맡아보게 함으로써 아악을 보전하기에 힘썼다.

박연은 세종의 명을 받들어 새로운 악기인 석경을 제작하고 악보를 정리하여 아악의 체계를 확립했다. 성종 때의 성현, 유자광 등이 편찬한 『악학궤범』은 음악을 아악, 당악, 속악으로 분류하여 체계를 세웠고 음악 원리를 처음으로 중요하게 다루어서 동양 음악 연구에 귀중한 자료가 되었다. 속악으로는 시조, 가사, 가곡 외에도 민요가 널리 퍼져 있었고, 음악과 밀접한 관계를 가진 농악무, 무당춤, 승무 등의 민속 무용이 민중의 오락생활에서 큰 몫을 차지했다. 한편, 민속극으로 산대놀이라는 가면극과 꼭두각시놀음이라는 인형극이 발전했다.

사대교린의 외교관계
-

조선왕조의 전통적 대외관계는 명나라와 여진, 일본이 그 중심을 이루었다. 그런데 조선 중기로 접어들면서 명나라에 대한 사대관계는 더욱 철저해졌다. 조선 초부터 왕이 즉위할 때는 반드시 명나라의 책봉을 받아야 했고 왕이 죽었을 때는 이 사실을 알려 시호를 받았다. 또 사대의 상징으로 명나라의 연호를 사용했고 정기적으로 사신을 보내 예의를 다했으나 직접적인 내정의 간섭은 받지 않았다. 정기적으로 가는 사신 편에 종이, 마필, 화문석 등의 조공을 바쳤고 명나라에서는 하사의 형식으로 비단, 약재, 서적 등을 주었다. 조선에서는 명나라와 평화를 유지하며 전쟁을 막고 명나라의 선진문화를 받아들여 우리 문화의 발달에 기여하고자 했다. 이를 사대 조공외교라 불렀다. 이런 조공외교는 조선에만 국한된 게 아니라 중세 아시아의 보편적 국제질서였다.

조선과 일본, 여진과의 관계는 한마디로 교린관계였다 할 수 있다. 태조 때 정식으로 일본과 교린관계가 성립된 이래 조선에서는 여러 가지 회유책을 써서 통상의 편의를 봐주었지만 왜구가 근절되지 않았기 때문에 세종은 즉위하자마자 왜구의 소굴인 쓰시마 섬을 정벌한 일도 있었다. 그리하여 한때 왕래가 끊긴 적도 있었으나 생활의 위협을 받게 된 쓰시마 섬 도주는 사신을 보내 다시 교역할 것을 여러 번 요청하여 세종은 삼포(웅천의 제포, 동래의 부산포, 울산의 염포)를 열어 교역을 허가했다. 그러나 왕래하는 선박과 사람이 많아지자 1443년에 세종은 다시 계해조약을 맺어 제한하기도 했다.

일본 사신의 배가 삼포에 도착하면 검사를 마친 후 한양으로 보내 진상품을 바치게 했으며 조선에서는 하사품을 주었다. 사신들은 한양에 오면 동평관에 묵었는데, 이 숙소를 중심으로 사무역이 행해지기도 했다. 이처럼 조선과 일본 사이의 관계가 어느 정도 정상화되자 왜구도 훨씬 줄어들었다. 그러나 중종 때는 삼포에 거류하던 일본인이 반란을 일으켜(삼포왜란) 다시 삼포를 폐쇄하고 쓰시마 섬과 관계를 끊었다. 1426년 일본인을 삼포에 거주하며 장사를 하게 한 탓에 후기에는 일본인의 완전한 거주지인 주택과 상점이 들어서게 되었다.

그뒤 다시 쓰시마 섬 도주의 간청으로 교역이 재개되었는데, 그 이전에 비해 훨씬 더 엄격한 통제를 가했다. 그러던 중 1555년 왜구의 배 60여 척이 전라도 연안을 노략질하여 병마절도사 원적, 장흥부사 한온 등이 전사하는 불상사가 일어났고, 이를 을묘왜변이라 부른다. 그 충격으로 조정에서는 '비변사'라는 특별기관을 설치하여 왜구에 대비하고자 했다. 이후에도 왜구의 노략질은 여전하여 조정에서는 일본인의 왕래를 금했고, 나아가서는 두 나라 사이의 정식 외교도 끊어지게 되었다.

북방에 터전을 잡은 여진과의 관계는 대체로 교린정책을 썼지만 때로는 무력을 사용하기도 했다. 여진은 대체로 일상 생활품이 부족했기 때문에 자주 국경을 침범하여 노략질을 했다. 그래서 태종 때는 경성과 경원에 무역소를 두어 필요한 물건을 바꾸어가도록 했다. 그들은 주로 말, 산삼, 각종 털가죽 등을 갖고 와서 옷감, 쌀, 콩, 소금, 농기구, 종이 등으로 바꾸어갔다.

조선에서는 여진 사람들의 귀화를 장려하는 한편, 여진 추장들에게 각종 명예 군직軍職을 주기도 했다. 그러나 생활이 궁핍한 여진족은 자주 국경을 침략했다. 결국 조선은 세조와 성종 때 네 차례나 군사를 일으켜 여진을 정벌하기에 이르렀다. 하지만 별 성과는 거두지 못했다.

조일전쟁
—

먼저 밝혀둘 것은 1592년부터 1598년까지 두 차례에 걸쳐 일본이 조선으로 쳐들어왔는데, 임진년에 일어났기 때문에 그동안 이를 임진왜란이라 불렀다. 그리고 두번째 쳐들어온 것만 따로 부를 때는 정유년(1597)에 일어났으므로 정유재란 또는 정유왜란이라 했다. 하지만 여기에서는 이를 하나로 묶어 조일전쟁이라 부르기로 한다.

조선은 초기부터 왜구의 잦은 침략 위협을 받아 비변사라는 합의기관을 설치하여 군국기무軍國機務를 장악하게 하는 등 대비책을 강구했다. 그러나 선조 때에 이르러 당파 싸움이 치열해지면서 국론이 분열되고 사회 기강이 해이해지면서 국방정책을 확립하지 못했다. 이와 같이 타성에 젖어 있는 동안 일본에서는 새로운 형세가 펼쳐지고 있었다. 일본은 15세기 중엽부터 오랫동안 내란에 시달렸다. 이때 마침 도요토미 히데요시豊臣秀吉라는 영웅이 출현하여 혼란을 수습하고 전국을 통일하여 봉건적인 지배권을 강화하려고 노력했다. 그는 오랜 싸움에서 얻은 봉건 영주들의 강력한 무력을 해외로 방출시켜 자신에 대한 불평을 해소시키고 국내의 통일과 안전을 꾀하고자 했다. 그리하여 그는 쓰시마 섬 도주를 시켜 조선에서 일본에 사신을 보내 수호하도록 요청했으나 조선에서는 이를 거절했다.

일본이 재차 요청하자 조선에서는 일본의 실정과 도요토미 히데요시의 저의를 알아보기 위해 1590년에 통신사 황윤길, 부사 김성일, 서장관 허성을 일본으로 보냈다. 이듬해 3월 통신사 편에 보내온 도요토미 히데요시의 답서에는 명나라를 정벌하려는데 길을 좀 빌려달라는 말이 있었다. 이렇듯 일본의 조선 침략의 의도가 분명히 드러났는데도 사신들의 보고는 합치되지 않았다. 조선의 벼슬아치들이 동인, 서인으로 갈라져 당쟁을 계속하는 동안 일본은 유럽에서 전래된 조총을 대량으로 생산하여 전쟁 준비를 마쳤다.

1592년 4월 도요토미 히데요시는 15만 대군으로 원정군을 편성하여 조선을 침략해왔다. 고니시 유키나가小西行長를 선봉으로 하는 제1군은 부산에 들어와 이를 함락시킨 후 연이어 들어온 가토 기요마사加藤清

正, 구로다 나가마사黑田長政 등과 합세하여 세 길로 나누어 진격했다. 고니시 유키나가가 이끄는 제1군이 부산, 밀양, 대구, 상주, 문경을 거쳐 충주로 나아갔고, 가토 기요마사가 이끄는 제2군은 울산, 영천을 거쳐 충주에서 제1군과 세력을 합하여 한양으로 향했다. 구로다 나가마사가 지휘하는 제3군은 김해, 추풍령을 지나 북쪽으로 향했으며 수군 9,000여 명은 바다에서 이들을 도왔다.

조정에서는 급보를 접하고 신입을 도순변사에, 이일을 순변사에 임명하여 새재를 넘어 들어오는 일본군을 막으려 했으나 이일은 상주에서 먼저 대패했고 신입은 충주의 탄금대에서 배수진을 치고 싸웠으나 패하여 전사했다. 신입이 패했다는 소식은 민심을 극도로 불안하게 만들었고 선조는 조정의 신하들을 이끌고 한양을 떠나 개성으로 도망갔다. 조선 조정은 명나라에 사신을 보내 도움을 청했다. 그러나 이때는 이미 백성들의 마음이 조정에서 멀리 떠나 있었고 오히려 왕과 지배층에 대해 큰 반감을 갖고 있었다. 백성들은 조정에서 군사를 모집하는데도 응하지 않았을 뿐 아니라, 선조와 신하들이 백성을 버리고 피난길에 오를 때에는 곳곳에서 앞길을 막고 욕을 퍼부었다. 왕이 한양을 벗어나자 양반과 벼슬아치에 억눌려 지내온 노비들은 노비 문적을 보관하고 있던 장예원掌隷院을 불태웠고 아울러 자신들을 관리하던 기관인 형조에도 불을 질렀다. 그 바람에 다른 대궐도 온통 불타 없어졌고, 장안에는 도적이 들끓었으며, 민심은 극도로 흉흉해졌다.

일본이 침략을 시작한 지 한 달도 채 못 되어 한양은 일본의 손아귀에 들어갔으며 6월에는 평양까지 점령되었다. 잇따라 함경도 회령에서는 두 왕자마저 백성들의 협력으로 사로잡혀 함경도 일대도 쉽게 일본의 손아귀에 들어갔다. 이때 선조는 다시 의주로 도망갔다.

바다에서는 처음에는 경상우수사 원균이 이끈 수군이 패하여 많은 배를 잃었으나 전라좌수사 이순신의 등장으로 전세가 역전되어 일본군은 공급로를 차단당하고 바다에서의 활동을 제약받았다. 이순신은 많은 전선戰船, 특히 거북선과 판옥선을 이끌고 왜선을 쳐부수었다. 제1차는 옥포, 제2차는 사천·당포·당항포, 제3차는 한산도 앞바다, 제4차는 부산해전에서 적선을 크게 무찔렀다. 특히 한산도 앞바다에서는 60여 척, 부산해전에서는 100여 척의 적선을 격파하여 제해권을 장악했다. 이 공으로 이순신은 3도 수군통제사가 되어 수군을 지휘하게 되었다. 이때부터 바다에서는 일본군이 전투를 벌일 수 없었다.

또 관군들이 모두 도망치는 상황에서 국내 각지에서는 일본군에 항쟁하려는 의병이 일어났다. 충청도 옥천에서는 조헌이 의병을 일으켜 청주의 일본군을 공격하다 전사했으며 경상도 의령에서는 홍의장군 곽재우가 군사를 일으켜 의령, 창녕 지방의 적을 물리치고 잇따라 진주에서 김시민과 함께 적을 무찔렀다. 전라도 담양에서는 고경명이 나와 은진까지 북상했다가 금산성에서 일본군과 싸우다 전사했다. 김천일은 나주에서 군사를 일으켜 수원을 근거지로 하여 일본군을 추격했으며 강화도로 진을 옮겨 연안에 흩어진 적을 소탕했다. 함경도에서는 정문부가 경성, 길주 등을 회복했으며 묘향산에서 불도를 닦던 서산대사 휴정은 팔도의 승려들에게 격문을 돌려 그의 제자 유정(사명당)과 함께 승병 1,700명을 이끌고 평양 탈환에 공을 세웠다. 그의 제자 처영도 승병을 모아 권율이 지휘하는 군사와 함께 싸웠다.

명나라에서 파견된 송응창宋應昌, 이여송李如松 등은 4만의 군사를 이끌고 평양을 탈환한 뒤 계속하여 무모하게 한양 쪽으로 향했으나 벽제관의 싸움에서 일본군에 크게 패하고 일시 개성으로 후퇴했다. 일본군은 한양에 집결하여 마침 함경도에서 후퇴해온 가토 기요마사의 군대와 합세하여 행주산성을 공격했다. 행주산성은 권율이 배수진을 치고 있던 곳인데, 일본군이 쳐들어오자 성안 민중의 절대적인 협조 아래 격전을 벌인 끝에 적들을 물리쳤다. 이 싸움은 김시민의 진주성 싸움, 이순신의 한산도대첩과 함께 조일전쟁 3대첩의 하나로 꼽히고 있다.

이러는 동안 명나라에서는 일본측에 계속 화의를 청했고 일본군도 각지에서 일어난 의병 봉기와 명나라 군사의 개입, 보급로 차단, 각종 질병의 유행 등으로 전의를 상실하고 있었기에 화의에 응해 1593년 4월에는 전군을 남쪽으로 이동시켜 결과를 기다렸다. 일본군은 화의를 진행하는 도중 진주성에 보복 공격을 가했다. 치열한 전투 끝에 의병장 김천일, 경상우병사 최경회, 충청병사 황진 등은 전사하고 진주성은 함락되었는데, 이 전투는 전란 가운데 가장 치열한 싸움의 하나였다.

이때부터 2, 3년간 양쪽 사신이 부산하게 왕래했지만 화의는 결렬되었다. 도요토미 히데요시가 명나라에 요구하는 조건과 명나라에서 받아들일 수 있는 조건이 서로 맞지 않았기 때문이다. 심유경은 명나라 조정에 일본이 내세우는 조건을 거짓으로 보고하여 명나라에서는 도요토미 히데요시를 일본 국왕에 봉한다는 책서와 금인金印을 전달하게 했다. 그러나 도요토미 히데요시는 이를 내팽개치고 받지 않았을 뿐 아니라 다시 조선 침략을 꾀했다. 심유경은 명나라에 돌아가 조정을 속였다는 죄로 처단되었다.

도요토미 히데요시는 14만 대군으로 조선을 다시 침공했다. 이것이 정유재란이다. 이때 이순신은 출전하라는 왕명을 어긴 죄로 탄핵을 받아 옥에 갇히게 되었다. 그는 겨우 사형을 면하고 백의종군하게 되었으며 권율의 휘하로 들어갔다. 일본 수군은 원균의 함대를 다대포와 칠천량에서 전멸시켰다. 원균은 일본군을 육지에서 맞아 싸워야 한다고 주장했지만 권율의 강요로 출전하여 패했던 것이다. 이순신이 정비해두었던 전선은 대부분 파괴되었고 원균, 이억기 등은 전사했다. 이에 기세를 얻은 일본군은 경상도를 중심으로 전라도 일대까지 점령했다. 그러나 조선과 명나라의 연합군은 총반격을 가하여 소사전투에서 일본군을 크게 무찔러 전세를 만회했다. 수군에서도 이순신이 다시 기용되어 겨우 12척 남은 배를 갖고 결사적인 항전에 나서 명량에서 적의 함대 133척을 맞아 격전 끝에 큰 승리를 거두었다. 이로써 조선은 다시 제해권을 거머쥐게 되었으며 일본군은 사기를 잃게 되었다.

이때 침략의 원흉인 도요토미 히데요시가 병으로 죽었고 그의 유언에 따라 일본군은 철수했다. 이순신은 명나라의 제독 진인陳璘과 함께 철수하는 일본군을 노량에서 공격하다가 장렬한 최후를 맞이했고 적의 전함 200여 척을 격파했다. 이렇게 해서 7년에 걸친 전란은 막을 내렸으나 이 전쟁이 조선과 명나라, 일본에 미친 영향은 매우 컸다.

조선에서는 전쟁중에 죽은 인명은 말할 필요도 없고 국토도 여지없이 황폐화되었다. 따라서 경제적 파탄은 물론 신분상의 제약이 해이해졌다. 비참한 생활을 감당하지 못한 백성들은 도적으로 변신하여 각지에는 도적이 들끓었고 민심은 흉흉했다. 그뿐 아니라 전국의 많은 건물과 각종 귀중한 서적, 미술품이 불탔다. 왕조실록 등의 귀중한 역사책을 보관하던 사고도 전주사고만 남고 모두 불타 없어졌다. 이 전란으로 인해 민중의 사상적인 면에도 많은 변화를 일으켜 애국심이 고취되었고, 자아 각성이 일어났으며, 왜인에 대한 적개심이 더욱 높아졌다. 또 명나라 군사들에게 피해를 입은 백성들의 원망이 높았다.

일본에서는 봉건 영주들의 세력이 약화되어 도쿠가와 이에야스德川家康가 국내 세력을 쉽게 정복할 수 있었다. 조선에서 잡아간 많은 포로를 농토에 투입시켜 경작을 하게 했고 노예로 매매하기도 했다. 조선 도자기 기술공은 일본 도자기 기술 발전에 기여했고 조선에서 전래된 활자는 일본 활자기술을 급속도로 진전시켰다.

한편, 명나라는 대군을 조선에 파견하여 국력을 크게 소모한 탓에 국가 재정이 문란하게 되었다. 이는 만주에서 일어난 여진족에게 세력을 확대할 수 있는 기회를 주어 명나라는 망하고 청나라가 일어서는, 이른바 명나라와 청나라가 교체되는 계기가 되었다. 이처럼 조일전쟁은 동양 3국의 국제 정세를 크게 전환시키는 결과를 가져왔다.

사대 세력과 자주 세력의 충돌

조일전쟁 후 지배 세력이나 하층민 모두 커다란 변화를 보였다. 조일전쟁 초기에 일본군이 영남지방에 먼저 침입해왔을 때 관군은 모두 도망쳤고 이씨 조정에서 소외받거나 수탈당하던 일부 민중은 일본군에 협조하여 왜향도倭向導 또는 왜훈도倭訓導가 되어 일본의 앞잡이 노릇을 했다. 게다가 일본군은 점령한 땅에 조선 사람을 수령으로 삼아 다스리게 했다.

이런 현상은 양반 지배계층이 정치적·경제적 이익을 독점하고 민중은 조세, 부역에 과중한 부담을 지면서도 제 권리를 얻지 못한 구조적 모순에서 비롯되었다. 이렇게 민심이 이반되었는데도 많은 벼슬아치나 토호 양반들은 의병을 기피하면서 의병의 군졸이 될 노비조차 풀어주려 하지 않았다. 게다가 새로 부임한 고을 원들은 종래보다 더욱 명목을 늘려 농민이나 상민들을 착취했다. 한편, 농민들은 난으로 인해 떠돌이 생활을 했으나 이런 수탈에 견디지 못하고 깊은 산속으로 숨어드는 경우가 흔했다.

일본군의 횡포 못지않게 명나라 군대도 백성들을 못살게 굴었다. 그들의 식량이나 일상의 물품을 조선 조정에서 공급해주었기 때문에 하층민들은 더욱 무거운 부담을 지게 되었다. 그런데도 지배 세력 사이에서는 명나라가 나라를 구해주었다는 은의의 생각을 강하게 품게 되어 사대모화사상─재조지은再造之恩(나라를 다시 만들어준 은혜), 자소지은

字小之恩(작은 나라를 사랑해준 은혜) —이 더욱 팽배해졌다.

이런 시대 상황에서 어렵사리 왕위에 오른 광해군은 현실을 냉철하게 분석했다. 그는 만주에서 욱일승천의 기세로 일어나는 여진의 세력을 보았고 쇠잔해진 명나라의 무력한 모습도 확인했다. 광해군은 이런 여러 가지 현실을 두고 이를 타개하는 데는 새로운 세력이 필요하다고 보았다. 그리하여 그는 북인 계열인 정인홍, 이이첨, 박승종 등을 중용했다. 그들은 내심 사대사상을 배격하는 인물들이었다. 명나라 군대를 빨리 돌아가게 해야 한다고 했던 정인홍은 왕권에 도전하는 세력을 꺾어야 한다고도 주장했다. 그의 주장이 받아들여지자 성리학으로 정치의 이론을 삼던 많은 사대주의자가 조정에서 밀려났다. 또 광해군은 불안한 왕위를 다지기 위해 영창대군을 죽이거나 왕가의 법도로 어머니가 되는 인목대비(선조의 왕비이자 영창대군의 어머니다)를 유폐하기도 했다.

이런 상황에서 1619년 명나라에 원군을 파견했다. 요동을 차지한 여진의 누르하치努爾哈赤가 국호를 후금後金이라 하고 황제라 부르며 명나라에 선전포고를 했다. 그러자 명나라에서는 후금을 치기 위해 조선에 원군을 요청해왔고 조선에서는 강요에 못 이겨 군대 1만 3,000명을 보냈다. 도원수 강홍립은 광해군이 시킨 계획에 따라 싸얼후薩爾滸(지금의 만저우 선양 아래쪽)에서 적당히 싸우는 체하다가 후금에 항복했다. 그리고 강홍립은 조선이 후금과 잘 지내기를 원한다는 광해군의 뜻을 누르하치에게 전했다. 그러자 조정에서는 명나라에 대한 의리를 저버린 강홍립을 벌해야 한다고 들고 일어났다. 그러나 광해군은 이를 억누르고 계속 후금에게 호의를 보였다. 그리하여 후금은 조선을 정벌하려는 계획을 중지했다. 광해군은 후금의 침입을 막으려고 무척 고심했고 이는 일시나마 성공을 거둔 것으로 보인다.

그러나 반대 세력의 반발은 매우 거세었다. 그리하여 1623년 반대 세력들은 군사를 동원하여 무력으로 광해군을 왕위에서 몰아내고 정인홍, 이이첨 등 대북파들을 잡아 죽였다. 이를 인조반정이라 하는데, 반대 세력의 중심인물은 서인들이었다. 서인과 남인 가운데에는 성리학의 정통관을 고수하고 명나라에 대한 사대은의에 젖은 인사들이 많았다. 그리하여 서인이 정권을 잡자 후금에 대해 강한 적대감을 보였고 명나라에 대해 더욱 강한 사대적 태도를 취했다. 후금은 더욱 강해져 황제라 일컬으며 명나라를 칠 계획을 세웠다. 하지만 현실을 외면한 조선의 조정에서는 명나라를 여러모로 도우면서 후금 사신을 죽이려고까지 하면서 배척했다.

이런 현실에서 1624년 이괄은 조정의 대접이 소홀함에 불만을 품고 평안도와 황해도에서 반란을 일으켜 한양까지 쳐들어왔다. 이에 인조는 공주로 도망쳤다가 난이 끝난 뒤 다시 한양으로 돌아왔다. 이렇게 나라의 힘이 약해지는 속에서 명나라의 장수 모문룡毛文龍 등은 후금에 쫓겨와 황해의 가도에 진을 치고 조선의 조정에 원조를 요청해왔다. 이래저래 모문룡에게 가져다준 양곡은 60만 석이나 되었다.

치욕의 조청전쟁

이렇게 조선이 뒷전에서 자꾸 말썽을 부리자 후금에서는 사신을 보내 위협하는 수준으로는 조선의 태도를 꺾을 수 없다고 판단하여 후환을 없애기 위해 1627년 1월 대거 침입해왔다. 이것이 제1차 조청전쟁(정묘호란)의 시작이었다.

후금의 기마병은 꽁꽁 언 압록강을 단숨에 건너 5일 정도 걸려 한양으로 쳐들어왔다(고려 때부터 북쪽에서 침입해올 때에는 늘 압록강이 얼기를 기다려 겨울에 전쟁을 벌였다). 인조는 새로이 성을 쌓은 남한산성으로 미처 들어가지도 못하고 강화도로 도망갔다. 이때 후금은 "광해군의 원수를 갚는다"고 했고 "의리 없는 조선을 친다"고도 했다. 대신들은 강화도에 숨어 지내다가 두 달 만에 최명길의 주장에 따라 강화를 맺었다. 곧 "형제의 나라로 우의를 돈독히 한다"는 따위의 맹약을 하여 한 차례 톡톡히 굴욕을 당했다.

강화를 맺은 뒤 후금의 군사는 일단 물러갔다. 겉보기에는 두 나라가 평온한 듯이 보였지만 이후 일은 더욱 복잡하게 얽혔다. 후금은 때때로 사신을 보내 물품이나 군사를 보내라는 등 무리한 요구를 해왔다. 그러나 조정에서는 이 핑계 저 핑계를 대며 후금의 요구를 피했고 쫓겨온 명나라 군사들에게 군사 기지를 제공하거나 무기와 양곡을 보냈다.

이즈음 태조인 누르하치가 죽고 아들 태종이 황제가 된 뒤 국호를 청淸으로 바꾸고 명나라를 완전히 멸망시킬 계획을 세우면서 늘 말썽을 부리는 조선을 먼저 치기로 했다. 이런 상황인데도 조정에서는 척화파 김상헌, 주화파 최명길 등이 갈라져 서로 다투기만 할 뿐 청나라에 대한 외교정책을 결정짓지 못했다.

1636년 12월 마침내 청나라 태종은 스스로 100만 대군(정확한 숫자는 알 수 없으나 역사 기록에는 10만 또는 20만으로 되어 있다)을 거느리고 왔다고 큰소리치면서 순식간에 한양 근방까지 접근해왔다. 이에 인조는 강화도로 가는 길이 막혀 남한산성으로 서둘러 몸을 피했다. 본격적인 2차 조청전쟁(병자호란)의 시작이었다.

인조는 남한산성에서 한 달 동안 버텼다. 갑자기 산성으로 피했기 때문에 먹을 것을 제대로 마련하지 못해 왕은 닭다리 하나로 하루를 때웠으며 신하들은 끼니를 이을 수도 없었다. 삼남지방의 의병을 기다리며 버티는 동안 척화파와 주화파는 각각의 주장을 놓고 날카롭게 맞섰다. 청나라 군사들은 여염집에 불을 지르고, 닭과 개 등 가축을 모조리 잡아먹고, 부녀자들을 닥치는 대로 겁탈하는 등 온갖 약탈을 저질렀다. 강화도로 쳐들어가 세자빈 등 많은 인질을 잡기도 하고 남한산성 바로 아래에서 백성들을 통나무에 묶어놓고 칼로 쳐 죽이기도 했다.

인조는 어쩔 수 없이 항복 문서를 썼다. 김상헌은 최명길이 쓴 항복 문서를 찢으며 통곡했고 최명길도 김상헌의 옷깃을 잡고 함께 통곡했다. 인조는 신하들을 거느리고 한강 상류의 삼전도에 나와 무릎을 꿇고 항복했다. '형제의 나라'에서 '군신의 나라'로 바꾸어 맹약했던 것이다. 조일전쟁 때에도 이런 치욕은 당하지 않았다. 아무런 준비 없이 큰소리만 치다가 당한 수모였다.

　청나라 군사들은 물러나면서 소현세자와 봉림대군, 많은 척화파 신하를 인질로 데려갔다. 이때부터 조선은 명나라에서 청나라를 섬기게 되었다. 하지만 전쟁이 짧은 기간에 끝나 조일전쟁 때보다 피해가 적었고 사회변동도 극심하게 전개되지 않았다.

서로 돕고 살자*

다음의 일곱 가지 어려운 일이 생겼을 때는 서로 도와야 한다.

1. 수재와 화재를 겪을 때다. 피해가 적으면 사람을 보내 구조하고 심하면 몸소 많은 사람을 이끌고 가서 구제하면서 위문한다. 만약 이 때문에 양식이 떨어졌으면 여럿이 의논하여 재물로 구제한다.

2. 도둑이 들었을 때다. 가까운 사람은 쫓아가 힘을 합하여 도둑을 잡고, 힘이 있는 이는 관아에 알린다. 그 집이 가난하면 의연금을 모아 돕고, 만약 이 때문에 조석의 끼니를 거르거나 옷을 헐벗게 되면 여럿이 의논해 재물을 내서 구제한다.

3. 병이 들었을 때다. 병이 가벼우면 사람을 보내 문병하고 심하면 의원과 약을 보내 구해준다. 직월直月(숙직의 일을 보는 사람)이 주재하되 약원約員(회원) 가운데 나이가 젊은 이를 시켜 번갈아가서 의원에게 묻는다. 가난하면 여럿이 의논하여 그 병을 요양하는 비용을 돕는다. 만약 온 집이 병들어 누워서 농사를 지을 수 없으면 약원들이 협력하여 종과 소를 내어 갈거나 매어주며 공동 작업을 할 만한 자라면 신실한 사람을 골라준다.

4. 상사에 조문하고 부조하는 것이다. 만약 지극히 가난하여 장사를 할 수 없는 이라면 여럿이 의논하여 여느 부조 말고도 재물을 내서 구제를 더 해준다.

5. 외롭고 어린아이가 있을 때다. 약원 가운데 사람이 죽고 아들이 있으나 외롭고 어려서 의지할 곳 없는 이를 말한다. 만약 그 집이 넉넉하면 친족 가운데 정직하고 신실하고 일을 주관할 이를 가려서 대처하고 그 재산의 출납을 살펴본다. 친족 가운데 그런 사람이 없으면 약원 가운데에서 친절한 이에게 맡긴다. 만약 그 집이 가난하여 자급할 수 없으면 약원들이 협력하여 구제하여 의탁할 바를 잃지 않게 할 것이다. 만약 침해하고 속이는 자가 있으면 여러 사람이 힘써서 밝혀 처리한다. 만약 그 아들이 조금 크면 사람을 가려 가르치고 또 혼인을 주선해준다. 만약 마음대로 방탕하거나 단속함이 없으면 또한 막아주고 살펴서 예법으로 구속하여 불의에 빠짐이 없게 하며 끝내 가르칠 수가 없는 지경이 되면 그만둔다.

6. 억울하게 몰린 경우가 닥칠 때다. 약원 가운데 남의 무고誣告를 입어 억울한 죄나 허물을 자기의 힘으로 펴지 못하는 이가 있다면 형세가 관아에 알릴 만한 것이면 알리고, 계책으로 구해할 만한 것이 있으면 구해준다. 혹시 그 집이 이 때문에 의지할 곳을 잃은 자는 여럿이 함께 재물로 구제한다.

7. 아주 가난한 경우다. 약원 가운데 가난을 참고 분수를 지키며 생계가 군색하여 먹을 것이 끊어지는 경우가 있으면 재물로써 구제하고

처녀가 혼인할 시기가 지났으면 약원들이 연명으로 관아에 호소하여 관아에서 구해주기를 진정한다.

　앞의 어려운 일을 서로 구휼하는 일은 마땅히 구휼을 받을 이가 있으면 그 집에서 약정約正(향약의 책임자)이나 직월에게 알리고 만약 약원들이 이를 듣고 알면 알림을 기다리지 아니하고 약정이나 직월에게 알린다. 그러면 직월은 두루 알리고 또 일을 꾸미고 독촉한다. 대체로 같은 약원끼리는 재물, 기구, 수레, 말, 종 등은 서로 있고 없음을 구분하여 서로 빌린다. 만약 쓰기에 급하지 않은 물건이나 방해되는 것은 꼭 빌릴 필요가 없다. 빌릴 만한 것을 빌려주지 않거나 기한이 넘어도 돌려주지 않거나 빌린 물건을 파손한 자는 약정과 직월이 알아내어 규약을 범했다는 허물을 따지고 장부에 기록한다. 이웃이나 마을에 혹시 급한 일이 있으면 비록 약원이 아니더라도 먼저 듣고 아는 이는 또한 구조해야 하며 혹시 구조할 수 없다면 약원들에게 알리고 구조하게 한다. 이와 같은 일을 하는 이가 있으면 착한 행동을 장부에 기록하여 고을 사람들에게 알린다.

—이이, '환난상휼患難相恤', 「해주향약」, 『율곡집栗谷集』

* 이 부분은 네 가지 향약 조건에서 환난상휼 부분만 소개했다. 당시의 향촌 사정이 잘 반영되어 있다. 오늘날의 공동체 운동에 참고 자료가 될 것이다.

인재를 고루 써라[*]

나라를 다스리는 사람과 하늘이 준 직분을 다스리는 사람은 재능이 없어서는 안 된다. 하늘이 인재를 내는 것은 본디 한 시대의 쓰임을 위해서다. 그래서 하늘이 사람을 낼 때는 귀한 집 자식이라고 하여 풍부하게 주고 천한 집 자식이라 하여 인색하게 주지 않는다. 그래서 옛날의 어진 임금은 이런 것을 알고 인재를 더러 초야에서도 구하고, 더러는 군졸 가운데에서도 뽑고, 더러는 항복한 오랑캐 장수 속에서도 데려오고, 더러는 도둑 가운데에서도 끌어올리고, 더러는 고지기를 등용하기도 했다. 이들은 다 알맞은 자리에 등용되어 재능을 한껏 펼쳤다. 나라가 복을 받고 치적이 날로 융성하게 된 것은 이 방법을 썼기 때문이다.

중국같이 큰 나라도 인재를 빠뜨릴까 걱정하여 늘 그 일을 생각한다. 잠자리에서도 생각하고 밥 먹을 때도 탄식한다.

어찌하여 숲속과 연못가에 살면서 큰 보배를 품고도 팔지 못하는 자가 수두룩하고 영걸 찬 인재가 하급 구실아치 속에 파묻혀서 끝내 그 포부를 펴지 못하는 자도 많은가? 정말 인재를 모두 얻기도 어렵거니와 모두 거두어 쓰더라도 재능을 다하기도 어렵다.

우리나라는 땅덩이가 좁고 인재가 드물게 나서 예로부터 걱정거리였다. 더구나 조선시대에 들어와서는 인재 등용의 길이 더 좁아져서 대대로 명망 있는 집 자식이 아니면 좋은 벼슬자리를 얻지 못하고 바위 구멍과 띠풀 지붕 밑에 사는 선비는 비록 뛰어난 재주가 있어도 억울하게 등용되지 못한다. 과거에 합격하지 않으면 높은 지위를 얻지 못하고 비록 덕이 훌륭한 사람도 과거를 보지 않으면 재상 자리에 오르지 못한다.

하늘은 재주를 고르게 주는데 이것을 명문의 집과 과거로써 제한하니 인재가 늘 모자라 걱정하는 것은 당연하다. 고금은 멀고도 오래고 천하는 넓지만 첩이 낳은 아들이라 해서 어진 사람은 버리고 어미가 두 번 시집갔다 해서 그 아들의 재주를 쓰지 않는다는 말은 듣지 못했다. 우리나라만이 천한 어미를 가진 자손이나 두 번 시집간 자의 자손을 벼슬길에 오르지 못하게 한다.

조막만하고 더욱이 양쪽 오랑캐 사이에 끼어 있는 이 나라에서 인재를 제대로 쓰지 못할까 두려워해도 더러 나랏일이 제대로 될지 점칠 수 없는데, 도리어 그 길을 스스로 막고서 "우리나라에는 인재가 없다"고 탄식한다. 이것은 남쪽 나라를 치러 가면서 수레를 북쪽으로 내달리는 것과 무엇이 다르겠는가. 참으로 이웃 나라가 알까 두렵다.

한 사내, 한 여편네가 원한을 품어도 하늘이 마음이 언짢아 오뉴월에 서리를 내리는데, 하물며 원망을 품은 사내와 원한에 찬 홀어미가 나라의 반을 차지하고도 화평한 기운을 불러오려 하기는 어려우리라.

옛날에 어진 인재는 보잘것없는 집안에서 많이 나왔다. 그때에도 지금 우리나라와 같은 법을 썼다면 범중엄范仲淹이 재상 때에 이룬 공업이 없었을 것이요, 진관陳瓘과 반양귀潘良貴는 곧은 신하라는 이름을 얻지 못했을 것이요, 사마양저司馬穰苴와 위청衛靑 같은 장수와 왕부王符의 문장도 끝내 세상에서 쓰이지 못했을 것이다.**

하늘이 냈는데도 사람이 버리는 것은 하늘을 거스르는 것이다. 하늘을 거스르고도 하늘에 나라를 길이 유지하게 해달라고 비는 것은 있을 수 없는 일이다. 나라를 다스리는 자가 하늘의 순리를 받들어 행하면 나라의 복된 운수는 맞이할 수 있을 것이다.

―허균, 「유재론遺材論」, 『성소부부고惺所覆瓿藁』

* 이 글은 현재 고등학교용 국어교과서에 실려 있다. 조선시대 인사정책을 꾸짖고 있다.
** 범중엄은 어진 재상, 진관은 이름이 높은 간관, 반양귀는 부당한 관리를 탄핵한 유명한 벼슬아치, 사마양저는 미천한 출신의 장수, 위청은 개가한 여인의 아들로 대장군, 왕부는 천한 출신으로 유명한 문장가가 되었다. 모두 서자거나 재가녀의 아들이거나 천민 출신이었다.

5장

조선 후기,
개혁과 혼돈의 시대

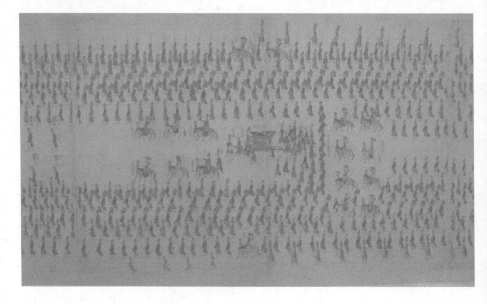

탕평책과 정조의 개혁정치

—

조청전쟁이 끝난 뒤 10여 년 만에 명나라는 멸망하여 완전히 청나라에 넘어갔고 조선에서는 심양에서 볼모로 8년을 보낸 봉림대군이 1649년 왕위에 올랐다. 그가 바로 효종인데, 그는 나라의 치욕은 물론 청나라로 부터 너무나 큰 수모를 당했기에 청나라 정벌 계획을 세웠다. 10년 동안 군사를 기르고 양곡과 무기를 준비하는 등 이른바 북벌을 계획했다. 그는 이 계획을 추진하면서 주자학에 충실하고 존명배청尊明排淸 의식이 철저한 송시열과 명장으로 이름난 이완과 뜻을 맞추었다. 그러나 효종은 이를 실현하지 못하고 죽었고 이 계획은 효종의 아들 현종에게 맡겨졌다.

북벌 계획이 추진되는 동안 당파들은 서로 싸우며 한쪽을 몰아내기도 하고 죽이기도 했다. 그 싸움의 꼬투리는 효종이 죽었을 때 어머니인 대비가 복상服喪을 얼마 동안 치러야 하느냐는 것 따위였다. 이것을 예송이라 부르는데, 주로 서인과 남인이 논쟁을 벌였다. 이런 판국이었으니 북벌 계획을 제대로 추진할 수 없었고 또 송시열 등 서인들은 북벌론을 정치권력을 잡거나 왕의 신임을 얻는 데 이용했다는 비난을 받기도 했다. 송시열 등 서인 세력이 정권을 계속 잡으면서 존명사상은 더욱 팽배했고 주자학 이외의 학문, 즉 양명학이나 도교, 불교 등은 이단으로 몰렸다.

1674년 숙종이 임금이 된 뒤에는 당파 싸움이 더욱 잦았다. 서인과 남인이 싸우면서 서인 가운데 강경파는 노론, 온건파는 소론이 되어 이른바 4색四色(남인·북인, 노론·소론을 일컫는다)이 굳어졌다. 이 싸움은 100여 년 동안 치열하게 계속되었다. 연이어 이 당파가 정권을 잡았다가 다른 당파에게 밀려나는 환국換局이 일어났고 이 세력이 저 세력을 몰아 죽이는 사화가 계속되었다. 이것이 숙종 때에는 남인과 서인 사이에서 벌어졌고 경종, 영조 때에는 노론과 소론 사이에서 일어났다. 그리하여 대대로 다른 당파끼리 원수가 되어 서로 인사도 나누지 않았고 예식이나 의복 따위도 그 제도를 달리했다.

이렇게 당파 싸움이 치열해지자 왕의 권위는 땅에 떨어졌고 신하들의 권세는 높아졌다. 왕은 왕대로 어떻게 해서든지 당파를 조절하여 왕권을 강화하려 노력했으나 그 뿌리가 너무나 깊어 쉽사리 뜻을 이룰 수 없었다. 이렇게 물고 물리는 동안 1728년에는 무신 봉기가 일어났다. 남인 출신인 이인좌는 소론 세력의 지원에 힘입어 청주를 중심으로 난을 일으켰다(이 난은 소론의 강경파 준소峻少가 이끈 것이다). 이때 경상도, 전라도, 경기도의 여러 세력이 가담했다. 그들은 한때 세력을 떨쳐 한양으로 진격하다가 관군에게 토벌되었다. 이 난으로 말미암아 많은 사람이 죽었다.

그후에도 이래저래 당파에 연루된 사람들이 많이 죽었는데, 이런 소용돌이 속에서 노론과 온건파 소론이 득세했다. 영조의 아들 사도세자는 노론을 제거한다고 큰소리치는 등 절제 없는 말과 행동을 하다가 마침내는 영조의 미움을 사 뒤주 속에 갇혀 죽임을 당했다.

이에 영조는 왕권을 강화하고 관료사회의 기강을 잡기 위해 각 당파 사람들을 고루 등용하여 파당을 없앤다는 '탕평책蕩平策'을 썼다. 영조는 50여 년 동안 왕위에 있으면서 당파의 깊은 뿌리를 보았고 그 자신도 세제世弟(왕의 동생으로 왕위를 이을 지위)로 지내면서 당파에 휘둘려 운신조차 제대로 하지 못했으며 목숨이 위태로운 적도 있었다. 영조는 형인 경종이 아들이 없어 그 뒤를 잇게 되었다.

영조의 정책은 크게 세 가지로 나뉜다. 첫째는 당파를 없애는 탕평, 둘째는 사치를 금하는 것, 셋째는 토목공사를 일으키는 것이다. 그 가운데에서도 영조는 '탕평'을 첫째로 꼽아 당쟁을 다스리려 했지만 그 뿌리를 제대로 뽑지는 못했다. 하지만 죄인을 법규에 따라 다루게 하는 등 개혁정치와 인권 신장에 많은 성과를 거두었다.

사도세자의 아들로 1776년 영조의 뒤를 이은 정조는 할아버지의 세 가지 정책에 충실을 기했다. 또 그의 아버지가 당쟁에 희생되었고 그가 세손世孫(왕의 손자로 왕이 될 지위)으로 있을 때에도 복수를 염려하는 세력으로부터 신상이 위태로운 일을 겪기도 했다. 그리하여 그가 왕위에 오르고 맨 먼저 시작한 것이 왕의 근위 세력을 키우는 일이었다. 이 가운데 가장 중요하게 벌인 일이 규장각 설치였다. 규장각은 겉으로는 신하들의 학문을 키우고 장서들을 보관하고 『일성록日省錄』 같은 기록을 쓰는 것처럼 보였지만 그 본의는 왕의 심복들을 배치하여 왕을 보호하고 왕의 정책을 뒷받침하게 하는 일에 중점을 두었다. 그리하여 정약용, 박제가, 유득공 같은 소장학자들을 규장각에 배치했다.

규장각의 주요 기능을 다시 한번 살펴보면 중국, 조선과 관련되는 많은 전적과 유물을 관리하고 보관하게 한 것이요, 초계문신抄啓文臣제도를 두어 벼슬아치를 뽑아 정기로 시험을 보게 하는 등 자질을 높이는 것은 물론이고 각신閣臣과 검서檢書를 두어 문풍 진흥을 도모하게 한 것이요, 척족 세력의 등장을 막는 기능을 한 것이다.

사도세자의 아들로 어렵게 왕위에 오른 정조는 24년의 재위 기간 동안 많은 업적을 이룩했다. 그는 기득권을 지키면서 치열한 정치투쟁을 벌이고 있는 노론과 소론을 견제하기 위해 남인인 채제공과 이가환, 정약용 등을 중용했다. 그들을 내세워 자신의 뜻을 펴기 위함이었다. 그의 개혁정치를 몇 가지로 나누어 살펴보면 다음과 같다.

먼저 무엇보다 인재를 고루 등용하는 정책을 폈다. 당파에 치우치지 않고 적재적소에 유능한 벼슬아치를 배치하면서 차별받은 서북지방 출신들도 배려했다. 이와 더불어 서얼의 차별을 철폐하는 조치를 내렸다. 조선 건국 이후 양반 출신의 서얼들이 관계 진출과 사회활동에 차별을 받아온 잘못을 바로잡았다. 둘째, 부정부패를 뿌리 뽑으려는 정책을 강하게 펼쳤다. 종전의 허울뿐인 암행어사를 이중, 삼중으로 현지에 배치하여 부정한 수령들을 찾아내 처벌하면서 수령들에게는 민은民隱을 적어 올리게 했다. 셋째, 노비들의 처지를 개선하려는 노력도 기울여 도망 노비를 찾아내는 노비추쇄법奴婢推刷法을 폐지했다. 넷째, 영세 상인이나 가내수공업을 보호하기 위해 통공通共정책을 폈다(뒤에서 다시 설명할 것이다). 다섯째, 죄인들의 인권에 대한 개선책을 많이 마련했다. 규정을 어겨 죄인을 다루는 악습을 방지하고 새로운 규정을 만들어 죄인 인권의 획기적 개선을 이룩했다. 여섯째, 군사력을 키우려 새롭게 장용영을 설치하여 도성 방위와 국방력 강화를 이룩했다. 수원에 새로운 성을 쌓고 행궁을 두어 군사기지로 삼았다. 부국강병의 본보기를 만들어낸 것이다. 이런 정책은 기득권 세력을 견제하는 장치이기도 했다. 일곱째, 궁녀의 수를 대폭 줄였다. 이는 국가 재정의 지출을 줄이자는 것이요, 궁녀의 곤궁한 처지를 풀어주기 위함이었다. 당시 궁녀 수는 600여 명이었는데, 가장 낮은 무수리의 경우 한 달에 쌀 네 말 등 일정한 보수를 주었고 때로 옷감도 주었다. 정순대비의 반대로 전면 철폐를 이루지는 못했지만 자신이 정무를 보는 대전의 궁녀 100여 명만 없애고 환관 등 하급 벼슬아치를 두어 일을 대신하게 했다. 이 대목에서 한 가지 밝혀둘 것은 정조는 후궁을 가까이하지 않아서인지 자식을 많이 두지 못해 조선 말기의 왕위 계승에 극심한 혼란을 가져왔다.

그 밖에도 그는 흉년이 들거나 역질이 돌면 밥을 먹지 않고 눈물을 흘렸으며 옷을 기워 입었고 수라상에는 다섯 가지의 반찬만 올리게 하는 등 늘 검소하게 생활했다. 또 수령들이 올린 수많은 응지소應旨疏를 밤새워 읽고 대책을 세웠다. 그는 자신의 호를 만천명월주인옹萬川明月主人翁이라 했다. 곧 '모든 냇물에 고루 비치는 밝은 달과 같은 주인 늙은이'라는 뜻이다. 자신은 하나뿐인 달이지만 모든 냇물을 비추어 백성에게 혜택을 고루 준다는 의미였으니 그가 백성을 사랑하는 마음이 고스란히 담긴 표현이다.

그러나 여러 학문과 문화를 포용했는데도 주자학에 토대를 두어 한계를 보이기도 했다. 이를테면 다양한 사상과 문학이 청나라에서 들어오고 이와 함께 선비들 사이에서 소설과 같은 패관문학이 유행하자 이를 막으려는 조치를 내렸다. 곧 그 우두머리로 지목한 박지원을 질책하고 이런 작품을 본받거나 읽지 못하게 하는 문체반정文體反正의 시책을 편 것이다.

하지만 그가 불의에 종기로 죽자 모든 개혁정책은 물거품이 되어 예전으로 돌아갔다. 규장각을 두고 근위의 신하만을 키웠다는 비난이 쏟아졌으며 탕평이라는 이름으로 노론을 견제하여 남인을 등장시켰다는 비난도 따랐다. 그러나 실학자들이 이 시기에 왕성하게 활동한 것은 정조의 현실개혁 의지를 반영한 것이며 그의 장려에 영향을 받은 바가 컸다. 이렇게 정치적 안정을 다진 정조는 학문문화에도 많은 관심을 기울여 새로운 기풍을 배양하는 데 힘을 썼다. 그리하여 조선 후기에 정조는 무너지는 왕조의 버팀목이 되어 조선 초기의 세종과 함께 문화군주로 꼽히게 되었다.

가혹한 수탈과 민중생활

전란을 치르고 난 뒤 국가재정은 파탄 지경에 이르렀고 백성들의 생활은 매우 궁핍해졌다. 국가재정 수입은 토지에서 거두어들이는 전세, 군대의 경비를 장정에게 물린 군포, 각 지방의 특산물을 바치게 한 공물이 중심을 이루었다. 하지만 조일전쟁 전에 토지대장에 올라 있던 전결田結의 수는 170만 결이었는데, 17세기 후반에 들어와서는 54만 결에 불과했다. 이는 토지대장의 분실과 토지의 황폐에서 비롯된 것이었고 국가의 수입도 그만큼 줄어들었다. 이에 국가에서는 묵힌 토지를 일구거나 대장에 누락된 토지를 조사하는 사업을 대대적으로 벌였다. 특히 숙종 연간에는 양전量田(토지 조사)을 맡을 전담기구를 두면서까지 실시하여 140만 결을 확보했다. 그러나 각 궁과 종친, 공주, 옹주에게 준 토지이거나 관아에 딸린 토지가 너무 많았다. 이 토지들에는 조세를 물리지 않았으므로 공적인 국가 수입은 크게 늘어나지 않았다.

한편, 지주들은 자기들이 내게 되어 있는 전세를 소작할 땅을 얻지 못한 소작농들의 약점을 이용하여 그들에게 전가하는 경우가 많았고 소작농들은 국가에 내는 전세 이외에 잡비까지 내는 경우도 많았다. 그리하여 정조는 농민들이 소출의 반을 문다고 한탄했으나 실제로는 7, 8할을 치르는 수가 허다했다. 이런 까닭으로 국가에서는 세종 때 정해진 복잡한 전세 징수방법을 바꾸어 풍년이나 흉년을 가리지 않고 1결마다 쌀 네 말을 받아 영정법으로 통일했다. 새로운 시대 사정에 따라 바꾼 것이다.

다음은 군포의 징수다. 군포는 군대에 나갈 장정이 군대의 경비를 내는 베로, 장정을 둔 집에서는 장정 한 명마다 1년에 두 필을 바쳤다. 예를 들어 아들 다섯을 둔 집에서는 1년에 열 필을 내야 했다. 이를 견디지 못해 딴 곳으로 도망가면 이웃집이나 일가 사람에게 대신 물렸고 장정이 죽어도 군적에 올려놓거나 어린아이를 장정으로 만들어 거두어서 중간 관리들이 착복하는 일이 허다했다. 이런 부정을 인징隣徵, 족징族徵, 황구첨정黃口簽丁, 백골징포白骨徵布라 불렀다.

그리하여 일률적으로 한 필의 군포를 바치게 하고 줄어든 부분은 토지에 따라 배분하여 소금세, 배세 등을 새로이 매겨 보충했다. 이것을 균역법均役法이라 하는데, 영조 때 맨 처음 실시했다. 그런데 양반 벼슬아치들과 양반에 매인 노비들은 군역을 질 의무가 없었으므로 그들은 여기에서도 빠져 농민이나 상민들에게만 의무가 더해졌다.

공물도 풀어야 할 커다란 현실 문제였다. 지방의 토산물을 농민이나 어민들이 관아에 바칠 때 여러 가지 비리가 따랐다. 가령 제주도 사람에게 김을 바치라고 하면 완도에 가서 사와야 했고, 공주 사람에게 모시를 바치라고 하면 한산이나 부여에 가서 사와야 했으며, 함흥 사람에게 수달피 가죽을 바치라고 하면 경원에서 사와야 했다. 또 토산품을 각 궁이나 관아에 일일이 바치는 것도 여간 불편한 일이 아니었다. 그리하여 중간상인이 대신 물품을 바치고 그 대가를 받았는데, 이때 실제의 값보다 배를 물리기도 하고 경비를 지나치게 받아내기도 했다. 이것이 방납의 폐단이었다.

이런 비리를 막고자 쌀로 환산하여 바치게 하는 대동법을 확대 실시했다. 1608년 처음 경기도를 시작으로 차츰 단계별로 강원도, 충청도에 실시했고 1677년에는 전국적으로 확대 실시했다. 징수방법도 호구에 따르지 않고 토지의 많고 적음에 따라 양을 정했다. 이 제도는 공물을 바칠 백성들에게 많은 편리를 가져다주었다. 그러나 이 제도 역시 벼슬아치나 양반에게는 물리지 않아 대부분 농민이나 어민들의 부담이었다.

이런 제도는 농민과 상인의 불편이나 고통, 부담을 줄이려 한 정책이어서 성과를 거두기는 했으나 근본적으로는 눈 가리고 아웅하는 격에 지나지 않았다. 어민, 상인에게 새로운 부담을 지우고 벼슬아치나 양반은 여기에서 빠졌기 때문이다. 게다가 벼슬아치나 구실아치의 토색질은 계속되었고 양반, 토호의 패악은 고을마다 넘쳐났다. 이런 상황에서 농민과 상인, 장인을 주축으로 한 하층민들은 그들 나름대로 생활의 지혜를 짜냈고 좀더 편리한 생활을 위해 노력했다.

새로운 생활문화

이런 가운데 농민들과 농촌 지식인들은 새로운 기술 개발 또는 개선방법을 끊임없이 찾았다. 그 가운데에서도 농업 개량을 획기적으로 이룩했다. 논밭에 따라 각기 특성을 살린 것이다.

첫째, 씨 뿌리는 방법을 바꾸었다. 종래 곧바로 무논에 씨를 뿌렸던 벼농사는 묘판을 만들어 모를 적당히 키운 뒤에 모내기를 했다. 일정한 간격을 두고 모를 심어 수확량은 배로 늘어나고 김매기나 벼 베기 등 일손도 수월해졌다. 경주의 토호인 경주 최씨 조상들은 여느 농민들이 꺼리는 이앙법을 이용하여 막대한 부를 축적한 사례도 있다. 고추와 배추 등 채소는 그대로 심지 않고 모종을 냈다. 모종을 내면 모종의 낭비도 적거니와 수확량도 훨씬 늘어났다. 무논에는 벼를 베고 난 뒤에 보리를 심거나 밭에는 옥수수를 거두고 난 뒤에 밀을 심는 등 1년 동안 2모작, 3모작을 했다. 이는 우리나라 농경법의 혁명으로 기록되어야 할 농업 개량이었다.

둘째, 수리시설을 이용하고 퇴비 주는 법을 고치고 농기구를 개량했다. 저수지는 벽골제 등 삼국시대에도 이용한 흔적이 있으나 18세기 이후 곳곳에 많은 보를 만들어 가뭄에 대비했다. 거름을 주는 방법으로는 농민이 퇴비를 만드는 것뿐 아니라 논에 자운영 등 거름이 될 만한 식물을 심어 지력을 키우기도 했다. 그리고 물레방아, 자새 등을 개량하여 노동 인력을 줄여나갔다.

이런 개량이나 개혁은 개혁 군주였던 정조나 실학파들의 노력이 컸고 농민들의 강렬한 의욕을 바탕으로 이룩되었다.

이런 시대 환경에서 일어난 이 무렵의 생활문화도 살펴보자. 우리나라는 사시사철이 분명한 기후조건을 갖고 있다. 따라서 겨울과 여름은 서로 전혀 다른 기후를 보인다. 이런 조건에서 백성들은 그들 나름의 생활의 지혜를 터득했다. 집 구조는 온돌방과 마루를 기본 골격으로 했다. 온돌은 조선 후기에 널리 보급되었는데, 땔감이 많이 소모된다 하여 금지해야 한다는 논의도 일어났지만 막을 수 없었다. 온돌방에서는 주로 겨울에, 마루에서는 주로 여름에 지냈다. 이는 더울 때에는 시원한 곳, 추울 때에는 따뜻한 곳을 골라 쓰게 한 것이다. 방문에는 창호지를 발라 바깥의 더운 공기나 찬 공기를 차단하고 습기를 빨아들이며 직사광선을 막았다. 또 이앙법이 보급됨에 따라 짚이 많이 늘어나 지붕은 거의 짚으로 덮었다. 짚으로 이은 지붕에는 굼벵이가 살면서 모기 같은 해충을 잡아먹었다. 또한 더울 때에는 시원하고 추울 때에는 따뜻함을 유지하는 효과도 있었다.

흙에 짚을 잘라 이겨 수수깡이나 대나무를 얽어 만든 흙벽도 습기를 빨아들여 보온 역할과 방한 역할을 하는 데 돌이나 벽돌보다 우수했다. 여기에 횟가루를 겉에 발라놓으면 뱀이나 지네 같은 해충이 접근하지 못했다. 온돌을 덥히면서 밥을 함께 짓고 마루의 앞뒷문을 열어놓아 통풍을 원활하게 했다.

음식을 알아보자. 주로 여름철에 재배한 쌀은 겨울에 먹고 겨울에 기른 보리는 여름에 먹었다. 쌀은 열량을 공급하고 보리는 열을 차단하는 역할을 하여 곡물생산에 계절을 이용한 것이다. 농경사회에서 쌀과 보리를 주식으로 하면서 콩을 이용하여 식물성 단백질을 보충했다. 콩은 된장, 간장, 두부 등을 만들어 부식의 기본으로 했다. 여기에 감자(후기에 재배)와 옥수수로 전분을 공급했다. 고추는 조일전쟁 후 전래되어 널리 재배되었으며 이 고추를 이용하여 김치를 만들었다. 그리하여 김치는 배추와 무를 중심으로 모든 채소를 이용하여 만드는 식품문화를 이루어냈다. 김치는 젓갈과 같은 발효식품뿐 아니라 과일, 파, 마늘 등의 양념을 곁들인다. 이런 양념은 간장, 된장과 함께 해독제 또는 식욕을 돋우는 역할을 하며 나물은 내장을 씻거나 원기를 돋우는 역할을 한다. 이 무렵 널리 보급된 김치는 우리 음식의 대표 식품이 되었다. 또 봄철에는 쓴 것, 여름철에는 채소, 가을에는 감, 대추 같은 과일, 겨울에는 곶감 같은 단것 등 기호식품을 즐기기도 했다.

음식을 담는 그릇으로 옻칠을 한 목기는 음식이 쉽게 쉬지 않게 하고 냄새를 제거해준다. 자기나 질그릇도 음식이 쉽게 식지 않게 하며 은수저는 독성을 제거해준다. 신라시대부터 만들어진 토기는 이 시기에 이르러 장독문화를 만들어냈다.

옷은 여름에는 통풍이 잘되는 삼베나 모시로 짠 옷을, 겨울에는 따뜻한 목면이나 명주로 짠 옷을 입었다. 여름에는 대나무 살로 짠 기구를 옷 속에 넣어 통풍을 돕기도 했고 겨울에는 솜을 넣은 옷으로 방풍을 도모했다. 그리하여 옷감을 생산하는 작업은 농가 부업의 기본이 되었다.

이런 것은 삼국시대부터 유래되어 이어졌지만 주로 조선 후기에 들어와 변화와 개량을 거듭하여 의식주 생활을 윤택하게 했다. 또 우리의 기후와 풍토에 알맞게 적용시킨 생활의 지혜였다. 조선 후기의 의식주를 중심으로 한 생활문화는 근대 시기에 들어설 때까지 그대로 유지되었다.

일상 생활용품은 장터나 등짐장수(보부상)를 통해 교환했다. 장시는 관가의 통제를 이겨내고 각 지역의 중심지에서 5일마다 섰다. 농민들은 이 장날에 남는 물건을 내다 팔고 필요한 물건을 구입했다. 또 보부상은 물건을 지거나 이고 다니며 물건을 공급했다. 장터에는 난전의 금지가 풀린 영향을 받아 소상인이나 영세상인의 활동이 활발했다. 따라서 가내수공업이 발달하게 되었고 상품의 유통이 이루어졌다. 수공업은 일반 농가의 부업으로 이루어지기도 했으나 좀더 정교하고 기술이 요구되는 물건은 전문성을 띤 장이들이 만들었다. 놋장이, 대장장이는 그릇을 만들거나 연장을 만드는 사람들이었다. 이 장인들에는 관가에 매인 공장公匠과 사사로이 물건을 만드는 사장私匠이 있었다.

또한 만든 물건을 팔아야 했기에 직업적 상인이 생기게 되었다. 보부상들은 물건을 각 지방에 골고루 공급했는데 관가에서도 어쩔 수 없이 그들을 도와주었고 그들은 조직체를 만들어 서로 규율을 지키거나 서로 도와주었다. 그 가운데 산골과 바닷가를 드나드는 소금 장수가 가장 유명했다.

각 장터에서 점포를 벌이고 있는 상인들 가운데에는 좌고와 도고 상인이 있었다. 그들은 상업망을 전국에 걸쳐 형성해 상품 유통을 원활하게 했다. 도고 상인은 양곡, 어물, 소금을 주로 거래하는 한강 주변의 경 강상인과 일본의 은이나 비단을 무역하는 동래의 내상, 인삼·중국 비단 등을 무역하는 개성의 송상, 인삼·가죽 등을 무역하는 의주의 만상 등 이 특히 유명했다. 그리하여 이런 유통 상황과 민중의 강한 요구로 조선 왕조 초에 시행했던 상商과 공工의 분리정책을 수정할 수밖에 없었다. 정 조는 상과 공을 분리하지 않고 서로 만들고 팔 수 있는 통공정책을 실 시하여 우리나라 상공업 발전에 하나의 전환점을 마련했다. 곧 장사꾼 도 물건을 만들 수 있고 장인도 물건을 팔 수 있는 권리를 보장한 것이 다. 그리하여 우리의 상공업은 민중의 힘으로 근대적 생산방식을 쟁취 했다. 통공정책은 상인의 특권인 난전을 금지할 수 있는 권한을 박탈하 고 누구나 물건을 만들어 팔 수 있는 상행위의 자유를 보장한 조치다. 정조는 상공업의 진흥을 위해 이 정책을 실시하여 서민경제 발전에 기 여했다.

한편, 관아의 물건을 독점으로 공급하는 육주비전 등 시전 상인은 종로, 광통교를 중심으로 널리 퍼져 있었고 육주비전에 맞서 생긴 난전 은 초기에는 정부의 금지로 남대문 밖 7패, 8패 등지로 쫓겨나 상행위의 허락을 받았다. 난전 상인들은 정부의 비호를 받는 어용 상인에 맞서 줄 기찬 상행위를 벌인 끝에 부분적이지만 상행위의 자유를 얻었다.

이런 생활환경에서 17, 8세기에는 인구가 급속도로 늘어났다. 인구 증 가 요인으로는 식량 생산이요, 감소 요인으로는 홍역과 같은 역질의 유 행이었다. 어림잡아 700만 명에서 조금씩 늘거나 줄어들기도 했는데, 정확한 인구조사는 이루어지지 못했다. 또 섬, 벽지 등의 분산된 인구를 감안하면 더 많았을 터인데, 어림잡아 1,000만 명으로 추정할 수 있을 것이다. 이 인구가 바로 경제활동을 촉진시켰던 것이요, 사회변동의 한 원인이었던 것이다.

불안한 사회 현실과 저항운동

토지 소유가 균형을 잃게 되자 고려 말기처럼 빈부의 격차가 더욱 벌어 졌다. 양반이나 토호 등은 자신들의 특권을 이용하여 여러 혜택을 누리 면서 토지 소유를 넓혀나갔다. 그들은 많은 토지를 소유하고 노비들을 부려 농사를 지었으며 그 잉여 재산으로 다시 토지를 사들였다. 소유 한 토지에 비해 노동력이 모자라자 농민에게 소작을 주어 지대地代를 받았다.

지대는 1년 농사를 지어 수확한 뒤에 토지를 이용한 대가로 내야 했 는데, 소작인(전호라고 부른다)은 나라에 바치는 전세를 포함하여 거의 5할에서 8할의 지대를 바쳤다. 사정이 이러다보니 정작 농사를 짓는 농 민들은 농토를 소유할 여력이 없을 뿐 아니라 생계조차 이을 수 없어서 기아에 허덕였다. 이에 소작농들은 자구책으로 이른바 항조抗租운동을 벌여 부당한 지대를 질질 끌며 늦게 내거나 지주 몰래 수확하여 양을 속이거나 좋은 곡식을 감추고 나쁜 곡식을 내거나 도망을 가서 아예 내지 않는 방법을 썼다. 그러나 조금 인정 있는 지주 외에는 관권을 이용하여 이런 항조운동을 억눌렀다. 게다가 지대를 내리라는 그들의 요구를 조금도 들어주지 않고 오히려 소작할 땅을 빼앗아 다른 소작인에게 주었다.

이런 현실에서 지주는 잉여 재산으로 더 많은 토지를 사들였으므로 소작인의 생활은 점점 더 궁핍해졌고 소수의 자작농도 겨우 생계만 이어갈 수 있었다. 흉년이 들거나 역질이 돌면 농민들은 떠돌아다니며 빌어먹거나 산속 및 섬으로 들어가 화전민이 되었다.

한편, 하층민들 사이에서는 벼슬아치나 상전의 압박과 수탈, 노역에 견디다 못해 저항운동이 잇따라 일어났다. 승려들은 나라에 전란이 있을 때는 의병으로 나서기도 하고 나라의 성 쌓는 일에도 동원되었지만 도성 출입조차 허락받지 못한 채 유교의 선비들로부터 압제를 받았다. 노비들은 주인집에 사는 솔거노비의 경우 온갖 노역에 종사하면서 새경(품삯) 한푼 받지 못했고 아들딸까지도 상전의 소유가 되어 상전이 사고팔아도 항변 한마디 할 수 없었다. 상전과 따로 사는 외거노비의 경우에는 집을 마련하여 살 수 있었으나 신공身貢이란 이름의 과중한 몸값을 내느라 늘 시달렸다.

백정들은 광대가 되어 떠돌거나 광주리 따위를 만들어 팔거나 소, 돼지 잡는 일에 종사했는데, 인간 대접은 털끝만큼도 받지 못했다. 백정들은 양반의 부림은 물론 상민들에게까지 천대를 받았다. 그들은 양반이나 양인들에게 길을 비켜주고 질척한 마당에 엎드려 절을 해야 했으며 아무 죄 없이 볼기를 맞아도 대꾸 한마디 못했다.

아전과 포졸들은 양반이 될 수 없는 신분에 불만을 품었고 중인들도 특수한 직업은 얻고 있었으나 구실아치로 불리며 차별을 받아 양반의 대열에 끼기를 바랐다. 그들은 벼슬아치들의 부림을 받으면서 늘 불만에 차 있었다. 결국 그들은 물리적인 힘으로 저항했다. 그리하여 그들이 주축이 된 세력들은 곳곳에서 봉기를 일으켰다. 그들은 명화적이나 민란 떼가 되었다. 명화적과 민란떼의 역사는 조선 초기부터 이어져온 뿌리 깊은 것이었다. 예전 일을 잠시 돌아보자.

조선 전기 연산군 때 홍길동은 충청도 일대에서 횡행한 의적이었다. 이익의 『성호사설星湖僿說』에는 조선왕조의 3대 도둑으로 홍길동과 함께 임꺽정, 장길산을 꼽았다. 그는 많은 부하를 거느리고 세력을 넓히고 있었는데, 그들 근거지 주변의 수령들도 그를 함부로 다루지 못했다. 홍길동은 때로는 버젓이 관복을 입고 관아에 나타나기도 했고 스스로 첨지僉知라고 부르며 행세했다.

의적 패들의 세력이 어찌나 강했던지 이들이 점거한 지방에서는 조정의 정책을 제대로 펼 수 없었다 한다. 심지어 그 지방에서는 나라에서 전세를 걷기 위해 토지대장을 20년마다 다시 만드는 '양전'을 할 수 없을 정도였다. 그러다보니 농민들은 관가보다 홍길동이 이끄는 의적 패들을 더 신뢰했다. 이에 조정에서는 중앙의 군대를 보내 어렵게 홍길동 일당을 잡아들였다. 당시 여염집에서 욕을 할 때 보통 "홍길동, 이연수 같은 놈"이라 했다 하니 그들이 얼마나 유명했는지 알 수 있을 것이다. 이

연수는 누구인가? 그는 지리산 일대에서 의적질을 한 인물이다. 홍길동이 잡힌 지 70여 년 뒤에 태어난 허균은 홍길동을 주인공으로 한 국문소설을 써서 민중에게 알렸고 그후 홍길동은 의적의 표상이 되었다. 의적들은 홍길동처럼 스스로 "가난한 사람을 살려준다"는 뜻에서 '활빈당'이라 불렀다.

이보다 50여 년 뒤에는 임꺽정이라는 의적이 출현했다. 그는 양주 땅 백정의 피를 받은 인물로 양반들의 핍박을 받다가 과감히 집을 뛰쳐나와 의적이 되었다. 그는 뛰어난 지략과 용맹으로 많은 부하를 거느렸다. 그는 부하들이 늘어나자 황해도 구월산에 본거지를 정하고 관가와 토호의 재물을 닥치는 대로 빼앗았다. 임꺽정 일당은 관가에 끄나풀을 두고 정보를 빼냈으며 한양까지 진출하여 도둑질을 했다. 밀고로 그를 잡아들이고 보면 번번이 가짜였다. 농민들은 임꺽정 패를 잘 숨겨주었고 만일 관가에 고자질을 하면 어김없이 그 패들에게 보복을 당했다. 조정에서는 온 힘을 들여 잡아들이려 했지만 매번 실패했다. 임꺽정 패들은 빼앗은 물건을 상인들에게 팔아 그 자금으로 중앙의 벼슬아치를 매수하는 데 썼고 또 조정을 뒤집어엎으려는 계획까지도 세웠다 한다. 끝내 임꺽정은 잡혔지만 그는 죽은 후에도 영웅으로 민중의 가슴에 깊이 남았다.

조선 후기에는 광대 출신 장길산의 의적활동이 주목을 끌었다. 장길산은 무리를 이끌고 구월산에 근거지를 두고 승려들과도 손을 잡고 관가와 토호의 재물을 털었다. 그는 신출귀몰하는 수법으로 포졸이나 관군을 농락했다. 일대 수색령이 내려지자 함경도 서수라로 도망을 쳐서 끝내 잡히지 않고 종적을 감추었다. 장길산은 의적의 우상으로 여겨졌다.

이어 이인좌의 난이 일어났을 때에는 지리산의 의적떼가 가담하려 했다. 지리산의 승려 대유는 태백산, 덕유산, 변산 일대의 명화적과 손을 잡고 이인좌의 거사에 가담할 계획이었다. 대유는 지리산의 쌍계사와 연곡사를 거점으로 지리산의 도둑 수천 명을 모았다. 그들은 그의 지휘에 따라 전라도 일대를 차지하려는 기세를 보였다. 이인좌의 난이 평정되자 대유는 종적을 감추었다.

앞의 사례는 대표적인 몇 가지를 든 정도에 지나지 않는다. 실제는 한양 근방에까지도 다섯 명, 십여 명의 명화적떼가 출몰했고 때때로 조정과 양반을 비난하는 글귀를 적어 관가에 보내기도 하고 관가의 문이나 거리에 붙이기도 했다. 또 『정감록鄭鑑錄』에 나오는 진인眞人 출현설을 빌려 진인이 나와 잘살게 해준다는 말을 퍼뜨리면서 난리가 곧 난다고 선동하기도 했다.

의적과는 달리 하층민들은 주로 양반 출신의 인사들이 벌이는 변란 음모에 가담했다. 1589년 정여립이 전라도 일대에서 거사를 할 때에도 농민은 물론 무사와 노비들이 많이 가담했고, 1618년 허균이 거사하려 할 때에도 무사와 승려들이 봉기 세력의 주축을 이루었다. 한편, 양반의 혈통이면서 양반 대우를 못 받던 서자들은 자신들의 신분 차별을 없애기 위해 거사를 꿈꾸었다. 광해군 때 서양갑 등의 모의를 기점으로 그후 서자들은 기회만 있으면 봉기 세력과 손을 잡으려 했다.

아전이나 중인들은 양반의 들러리가 되는 처지에 불만을 품고 봉기 세력에 자금을 대거나 참모가 되었으며 문관에게 밀려난 무관 출신들도 푸대접을 받지 않기 위해 모의에 가담했다. 그리하여 18세기 이후에는 상전을 죽이고 양반의 씨를 없애기 위해 부정한 토호를 징계하자는 비밀결사가 우후죽순처럼 생겨났다. 그 비밀결사는 살주계殺主契, 검계劍契, 주도酒徒 등의 이름으로 불렸다.

그들의 활동이 일반 백성들에게 큰 지지를 받은 이유는 그들이 빼앗은 재물을 민중에게 나누어주고 억울한 일을 해결해주었기 때문이다. 이런 봉기 세력은 토지제도의 잘못과 부정으로 빚어진 빈부의 격차, 신분제도의 차별로 인한 권리와 의무의 불평등에서 비롯되었다. 그들의 행동에는 이를 철폐하려는 의지가 강하게 깔려 있었다. 이른바 19세기 민란의 시대를 예고하는 사회 현실이었다.

현실 개혁의 이론과 새로운 민중의식

이런 잘못되어가는 여러 현실과 흩어지는 민심을 날카롭게 살펴본 한 무리의 학자가 있었는데, 이들을 실학파라 한다.

조선 중기 유교적 성리학은 많은 학자를 배출했으나 조일전쟁 후 그들은 선현先賢의 이론만을 답습하고 있었다. 지나치게 스승의 이론에만 치우쳐 학문이 현실과 분리되는 모습을 보였다. 게다가 이태백李太白 같은 중국의 시인을 흉내내서 달과 바람을 읊조리고 글귀나 다루는 잡다한 일로 입놀림을 하고 있었다.

그러나 반성의 시기가 왔다. 현실을 뜯어고치지 않고서는 나라와 사회의 위기를 이겨내거나 민심을 수습할 수 없다고 여긴 실학자들이 이를 주도했다. 맨 먼저 본격적 현실개혁의 이론을 낸 사람은 유형원이었다. 그는 몰락한 양반 가정에서 태어나 도읍과 농촌에서 농민의 참상을 몸소 살펴보았다. 그는 책을 통해 얻은 지식과 각지를 돌아다니며 수집한 현실의 문제들을 낱낱이 분석했고, 그 결과 20년 만에 엮어낸 책이 바로 『반계수록磻溪隨錄』이었다. 그가 주장한 개혁안은 기존의 잘못된 제도 개선에 초점을 두고 있었다. 그 내용을 살펴보면 다음과 같다.

첫째, 그는 토지를 전부 공전으로 하여 농가에 골고루 나누어주어야 한다고 생각했고 나눈 토지를 기준으로 세금을 거두어들이고 웬만한 잡세는 없애야 한다고 주장했다. 사회주의적 발상인 것이다. 둘째, 노비의 수를 줄이고 노비가 되는 조건을 완화해야 한다고 주장했다. 당시에는 양반에 매인 노비의 숫자가 많아서 놀고먹는 양반들이 많았는데, 양친 가운데 어느 한쪽이 종이라 하여 그들을 종으로 삼는 것은 부당하다고 여겼던 것이다. 그래서 그들에게도 양인의 신분을 주어야 노비의 숫자도 줄어든다는 주장이었다.

그 밖에도 그는 많은 의견을 제시했지만 초점은 앞에서 말한 두 가지였다. 그러나 이것은 전면적 개혁이 못 되는 미지근한 개혁 내용이었다. 다만 점진적 방법을 택했을 뿐이다.

어쨌든 『반계수록』이 세상에 널리 퍼지자 많은 학자가 이 책이 제시한 개혁안에 관심을 기울였다. 그리고 이 책에 담긴 내용을 검토하고 자기 나름대로의 개혁 이론들을 내놓기 시작했다. 이에 영조는 이 책을 직접 읽어보고 벼슬아치들에게도 권했다. 그러나 기득권을 누리는 특권층은 이 책의 내용을 외면했다. 영조가 관심을 기울였지만 묵은 벼슬아치들의 반대를 쉽게 물리칠 수 없었다.

그다음에는 이익이 등장했다. 그는 벼슬길에는 나오지 않고 평생 학자로서의 생을 일관했다. 그는 양반들이 생업에 종사하지 않고 벼슬을 생계수단으로 삼는 현실이 잘못되었음을 지적하며 양반도 생업을 갖게 하고 관직을 정비해야 한다고 했다. 또 토지는 누구든 일정 한도 이상은 소유하지 못하게 하는 한전법限田法을 시행하여 빈부의 격차를 줄이라고 주장했다. 그는 생활에서도 철저히 절약해야 한다고 말하고 몸소 하루 한 끼의 밥을 먹으며 검소하고 절약하는 시범을 보여주기도 했다. 그러나 그는 농업생산 위주의 이론을 앞세워 상공업은 눈앞의 보잘것없는 이익으로 보았을 뿐 아니라 신분제도의 전면적 개선에 대해서도 미온적인 자세를 취해 유교적 현실관에서는 크게 벗어나지 못한 한계를 보여주었다.

그러나 이런 이론들이 세상에 나오자 연이어 많은 신진 지식인이 큰 관심을 기울이면서 현실 개혁의 새로운 이론을 내놓기 시작했다. 영조의 뒤를 이은 정조는 선대 왕들과는 달리 현실을 냉철히 살펴보고 여러 가지 조처를 하는 데 주력했다. 농민의 고통을 덜어주려고 삼남지방의 수령들에게 각기 맡은 지방의 실정과 개선 방안을 내놓으라고 명했고 수령들이 올린 개선 방안을 놓고 내용을 분석하면서 실학자들의 이론에 귀를 기울였다.

이때 실학자들의 이론을 방안과 내용에 따라 살펴보면 다음과 같다.

첫째, 민족 이념의 제시다. 종래의 화이관華夷觀 또는 사대질서에서 벗어나야 한다고 했다. 이는 중국을 문명인으로 보고 그 주변 국가를 오랑캐라고 하는 중국 우월주의를 버려야 한다는 것이다. 어느 민족이나 나라도 문화 수준이 높으면 오랑캐가 아니었다. 다시 말해 오랑캐는 본래부터 그리된 것이 아니라고 본 것이다. 또 중국은 천자의 나라요, 그 주변 국가는 중국을 섬기는 제후로 보는 전통적 사대의식을 버려야 한다고도 했다. 국가와 국가는 대등해서 그 대등한 관계로 사대질서에서 탈피해야 한다는 것이다.

이에 대한 구체적인 방법으로 실학자들은 역사적 배경과 현실적 문제에 초점을 두었다. 역사책을 쓰면서 우리나라의 시작을 단군으로 잡고 중국 민족이 들어와 세운 기자조선, 위만조선을 배격했다. 중국과 맞선 고구려의 기상을 기술하면서 만주 일대에 웅거하던 발해를 신라와 더불어 한민족의 나라로 보는 등 우리의 강토를 만주 일대로까지 확대하여 해석하는 방법도 시도했다. 이런 기술방법은 안정복의 『동사강목東史綱目』, 유득공의 『발해고』, 정약용의 『강역고疆域考』 등에서 두드러지게 나타났다.

그리고 명나라를 존중하고 청나라를 배척한다는 사상을 해소하려

했다. 조선왕조가 건국된 뒤 이룩된 명나라에 대한 사대정책과 조일전쟁 때 도와준 은의의 문제도 결국 국가 이해에서 비롯된 것이라고 보았다. 그러므로 조일전쟁 때 명나라가 보낸 원병은 자국의 이익을 위해서였으므로 지나치게 옛 은혜만을 생각해서는 안 된다는 것이다. 그러니 다른 나라의 문화도 폭넓게 받아들여야 하고 서로의 관계를 돈독히 해야 한다고 주장했다.

이는 근대 민족주의와는 다소 거리가 있기는 하나 우리나라 민족주의 또는 근대 이념에 접근하는 맹아라고 볼 수 있을 것이다.

둘째, 경제정책의 개편이다. 토지 소유가 한쪽으로만 치우치면 빈부의 격차는 물론 지주와 소작농의 대립이 심화되어 국력이 줄어드는 원인이 되므로 이에 대한 개혁을 급선무로 보았다. 농토를 전부 공동 소유로 하고 경작도 공동으로 한 뒤 수확도 공동으로 분배해야 한다고 주장하는 한편, 지대와 소작 등을 없애기 위해 전 농민을 자영농으로 전환해야 한다고 했는데, 이것은 주로 정약용파의 주장이었다.

한편, 종래 농업만을 위주로 하고 상공업이나 기술을 천시 또는 말리末利라고 보는 산업관을 고쳐 상공업의 장려를 기해 농업생산 위주에서 벗어나야 한다고 했다. 이를 위해 유통구조를 개선하고 시장을 확대하고 무역을 원활히 해야 한다고 주장했다. 이렇게 해야 기술 개발이 이룩되고 궁극적으로 나라와 사회가 부강해진다고 했다. 이것은 주로 박지원과 박제가 파의 주장이었다. 이런 경제정책에 대한 주장들은 제도를 고치고 기득권을 박탈하고 배분의 균형을 도모하는 것으로 귀착되는 것이었다.

셋째, 사회 신분의 개편이다. 양반들은 놀고먹기만 하고 생산활동에 참여하지 않으면서 벼슬자리만을 탐내는 현실을 타개해야 하며 벼슬아치들이 주어진 특권을 이용하여 온갖 부정과 비리를 저지르는 폐단을 없애야 한다고 한 것이다. 이런 양반과 벼슬아치의 태도를 바로잡는 것은 그 특권을 박탈함으로써 이루어진다고 했다. 구체적인 사항으로 양반에게도 군역 등의 의무를 주고 종사하게 해야 하며 수령들에게는 고과考課를 철저히 하여 부정을 없애야 한다고 했다. 그뿐 아니라 서얼에 대한 제약을 없애고 노비제도를 완화 또는 철폐해야 한다고도 했다. 따라서 이런 사회 신분과 하나의 고리로 연결되어 있는 직업의 평등을 실현해야 한다고도 했다. 곧 사농공상에 종사하는 사람은 직업이 다를 뿐 직업에 따른 귀천의식이 작용해서는 안 된다는 것이다. 이런 개혁을 위해서는 오랑캐라고 배격하던 청나라의 제도도 받아들여야 하며 서양의 문물도 수입하고 본받아야 한다고 했다.

한편, 지방에 있던 위백규 같은 지식인들은 문화 수준과 민중의 교화를 위해 학교를 설치하여 귀천을 막론하고 교육을 해야 한다고 주장했다. 이 이론을 주장한 실학자는 19세기까지 연결되었다.

이런 현실 개혁 이론은 봉건질서를 근본적으로 개편해야 한다는 데는 의견을 같이했지만 봉건체제의 전면적 개편을 모두 주장한 것은 아니었다. 왕조체제에서 전면적 개편을 주장할 경우 역적으로 몰릴 위험이 있기도 했고 그들의 의식이 아직 거기까지 이르지 못한 원인도 있었다. 그러나 이런 사상들은 분명히 근대적 의식에서 나온 것이었다. 이보다 앞서 일어난 서구의 문예부흥운동은 중세기적 질서에서 탈피하려는 인문정신의 강조에 중점을 두었지만 실학자들은 인문정신은 물론 사회·경제적 여러 문제를 포괄했다는 점에서 더욱 폭넓은 개혁 이론이었다 할 수 있다. 그런데도 권력을 잡고 있던 기득권 세력 또는 보수 반동 세력은 이에 귀를 기울이지 않았고 오히려 그들에게 압제를 가했다. 정조도 많은 관심을 기울였지만 보수 지배 세력의 주장에 밀려 제대로 수용할 수 없었다.

한편, 문학과 예술에서도 종래와 다른 양상이 벌어졌다. 국문소설은 이름 없는 사람들이 써서 민중에게 읽을거리를 제공했는데, 효를 강조한 『심청전』과 기생의 신분 상승과 관리의 탐학을 그린 『춘향전』, 선과 악 그리고 인색과 무능을 대비한 『흥부전』, 세상을 한번 휘젓고 이상향 율도국을 건설한 『홍길동전』 같은 소설들이 쏟아져나왔다. 게다가 중국 소설인 『삼국지연의三國志演義』와 『서유기西遊記』 같은 소설도 인기 있었다. 한양에서 찍어낸 경판본과 전주에서 찍어낸 완판본이 전국에서 팔려나갔으며 『천자문千字文』이나 『동몽선습童蒙先習』과 유교 경서經書 같은 스테디셀러를 밀어내고 베스트셀러가 되었다. 후기에는 이 줄거리가 판소리로 엮여 널리 퍼졌다. 정조가 그렇게 우려하던 패관소설이 유행했던 것이다.

한문문학에서는 박지원이 양반을 풍자하거나 직업의 귀중함을 나타내거나 인간의 위선을 그리거나 나라의 현실을 비꼰 『양반전兩班傳』과

『허생전許生傳』 등을 발표했다. 종래 점잔을 빼고 심정을 읊는 한시 대신 서민의 생활과 풍습을 담은 풍요風謠 같은 노래가 채집되었고 민중의 생각이나 생활을 그대로 표현하거나 담은 위항문학이 대두했다. 이는 종래의 문학양식과는 내용이나 형식에서 매우 다른 분위기를 보여주었다.

그림에서도 종래 중국 그림을 모사하거나 상상해 그리는 기법에서 벗어났다. 그동안에는 꿈에 가본 도원이나 글로 읽은 적벽을 그리는 수법이 유행했다면 이 시기에는 우리나라의 산수를 직접 보고 거기에 겉으로 나타난 실제 경치와 내면에 흐르는 정신을 담은 진경산수화眞景山水畫가 대두했다. 이는 새로운 자주적 화풍이었다. 정선의 「금강산도」가 대표적이다. 그는 인왕산의 바위, 임진강의 풍경을 그렸다. 또한 풍속화도 많이 그렸다. 김홍도, 신윤복 등은 서민들의 풍속이나 선비들의 놀이를 담은 그림을 많이 그렸다. 씨름과 같은 서민의 놀이와 애환을 담거나 양반의 타락상을 보여주기도 했다. 글씨에서도 중국의 서체를 모방하는 기법에서 탈피하여 새로운 시도가 이루어졌는데, 특히 김정희는 '추사체'라는 독창적인 서체를 만들어냈다.

이름 없는 상민과 천민들은 그들 나름대로 현실을 날카롭게 풍자하고 위선을 파헤치며 양반이나 지배층을 농락하는 예술활동을 펼쳤다. 판소리에서는 『심청전』, 『춘향전』 같은 국문소설을 빌려 줄거리를 엮어나가면서 '아니리白', '발림科' 등을 슬쩍슬쩍 섞어 신랄한 풍자와 해학을 늘어놓았다. 봉산탈춤과 하회탈춤에서는 위선과 허세를 소재로 삼아 양반을 놀림감으로 만들었다. 사당패는 이곳저곳을 떠돌며 춤과 노래

또는 꼭두각시놀음을 통해 자신들의 처지를 노래하고 민중의 애환을 나타내면서 지배자들의 횡포를 은유적으로 표현했다.

이런 문학, 예술 활동은 모두 당시의 시대상을 보여주고 민중의 자기 표현의 방식에서 나온 것이다. 따라서 조선 후기의 정치·사회적 모순은 사회 갈등으로 이어졌고, 그 갈등은 민중의 물리적 저항을 유발했다. 그 민중적 저항이 지식인들에게는 현실 개혁 사상으로, 서민들에게는 은유적 예술활동으로 나타난 것이다. 이는 봉건체제에 도전하는 조선 후기의 사회의식 또는 민중의식의 표현일 뿐 아니라 19세기의 전면적 민중 봉기의 전초 단계를 맞이하면서 의식화하는 과정이었다고 볼 수 있다.

근대 여명기의 정치 상황
–

1800년에 정조가 죽고 왕위에 오른 어린 순조를 대신하여 수렴청정垂簾聽政을 하던 정순대비는 자기의 친정 세력인 경주 김씨를 등장시키려 반대파를 몰아냈다. 이는 보수 반동의 계기를 만들어주었다. 역사는 앞으로 진전되는 것이라는 상식은 이 사례에서는 접어야 할 것이다. 하지만 음모에 한 수 앞서는 안동 김씨의 김조순은 교묘한 술수를 부려 왕비와 세자빈에 자기네 딸을 들이고 권력을 잡았다. 김조순은 모든 권력을 손아귀에 틀어쥐고 멋대로 독선적 행위를 일삼았다. 안동 김씨의 세도 아래에서 어린 왕들은 허수아비에 지나지 않았다. 또다른 외척 세력이었던 풍양 조씨가 안동 김씨의 세력을 잠시 누른 적은 있었으나 한때였다.

노론 계열이었던 척족 세력은 다른 당파를 몰아내고 중요한 관직을 모두 차지했다. 위로는 영의정과 판서에서부터 아래로는 각 고을의 원까지 안동 김씨가 모조리 차지하면서 재정권과 인사권을 전부 움켜쥐었다.

순조의 아들 헌종이 아들이 없이 죽자 강화도에서 나무나 하던 철종을 맞아 왕위에 오르게 했다. 철종은 사도세자의 후손으로 헌종과는 7촌 아저씨 사이였는데, 뒤를 잇는 왕은 선왕의 아래 항렬이어야 하는 법도까지 무시했던 것이다. 후대 왕은 종묘에서 선왕에게 제사를 드리게 되는데, 이때 선왕이 아래 항렬일 때에는 조카에게 절을 하는 셈이 된다. 이는 유가의 법도에 어긋나는 일이다.

철종은 병으로 골골하면서 안동 김씨에게 시달리다가 왕위에 오른 지 10년 만에 죽었다. 그뒤를 이어 이하응의 아들 '개똥이'가 왕위에 오르니 그가 고종이다. 이하응은 재빨리 안동 김씨의 입김을 막고 자기 아들이 왕이 되게 했는데, 이하응은 철종과는 6촌 사이였다.

고종이 어렸기 때문에 이하응은 섭정攝政(임금이 어릴 때 정사를 대신 총괄하는 직책)이 되어 흥선대원군으로 추대되었다. 흥선대원군 이하응은 안동 김씨의 세력을 꺾고 당파를 두루 등용했으며 전주 이씨 종친을 대거 조정에 들였다. 그는 혁신정치로 부국강병을 이룩하여 땅에 떨어진 왕권을 강화하고 백성의 고통을 덜어주려 했다. 그리하여 부정을 없애고 인사의 공정을 기하고 썩은 세력도 도려냈다. 그 일환으로 불타 없어진 경복궁을 다시 짓고 부정과 불의를 저지르는 대부분의 서원을 헐어

버리고 지방의 수령들을 청렴한 사람으로 뽑았다. 그러나 이런 과정에서 악화인 당백전을 발행하여 물가가 폭등하고 일부 세력의 원성을 샀다.

흥선대원군은 10여 년 동안 많은 일을 해서 쓰러져가는 왕조를 다시 세웠다. 그는 보수적 개혁주의자로서 왕실의 마지막 권위를 찾으려 했던 것이다. 그러나 국제 정세에 어두워 쇄국을 표방했고 청나라에만 기대는 전통적 외교로 말미암아 서구 제국주의 침략 시기에 적절히 대처하지 못했다.

고종이 스무 살이 되자 왕비 민씨는 재빠르게 움직이면서 꾀를 냈다. 민비는 고종에게 "이제 어른이 되었으니 스스로 임금 노릇을 하라"고 꼬드겼다. 이에 고종은 아버지의 전용 궁중 출입문인 금호문(경복궁의 오른쪽 문)을 닫아걸었다. 흥선대원군은 하루아침에 출입이 금지되었다. 이제 고종은 아버지의 섭정에서 벗어나 민비의 꾀에 놀아나게 되었다. 이때부터 민비는 온갖 농간을 부리며 친정 식구들을 요직에 앉혔다. 권력은 또다시 척족들의 손으로 넘어갔다. 그리하여 안동 김씨가 물러간 지 10여 년 만에 민씨 척족 세력이 등장하게 되었고 민씨의 문벌정치가 시작되었다.

이 대목에서 한 가지 밝혀둘 것은 민비의 호칭 문제다. 정식 명칭은 명성황후지만 대한제국이 성립되어 황제의 나라를 표방하기 이전에 죽었기에 명분에 어긋난다. 고종의 억지에서 나온 것이다. 전통적 호칭인 민씨 왕비라는 뜻을 지닌 민비는 폄하하는 칭호가 아니다. 정순왕후인 김씨도 김대비라 부르고 익종의 왕비인 신정왕후도 조대비라 부른다. 또

하나 중국에서는 측천무후則天武后를 성을 따서 무후武后라 부른다. 그러므로 민비는 보통명사에 해당할 것이다.

지배 세력의 대립과 부정
—

이렇게 문벌 중심의 세도정치로 나라가 흔들릴 때에도 국내의 여러 세력은 날카롭게 대립했다. 정치에 소외되어 있던 세력, 곧 노론 일부와 소론 남인들은 불평 세력으로 도사리고 있다가 변란 음모를 주도하거나 변란 계획에 가담했다. 그러나 이들의 움직임은 조직적이지 못했고 규모도 작았다.

기득권을 누리던 유생들이 집단적 행동을 한 것은 서원 철폐 때였다. 그 이전에는 나라의 잘못이 있다고 생각하거나 건의할 일이 있으면 연명으로 상소하거나 대궐문 앞에서 여럿이 도끼를 머리맡에 놓은 채 거적을 깔고 시위를 하는 정도였다. 1864년 흥선대원군은 서원의 부정과 증설을 막기 위해 일대 비상조치를 내렸는데, 그 내용에 다음과 같은 구절이 있었다.

> 서원에서는 쥐죽은듯이 글 읽는 소리가 들리지 않고, 술이나 먹고 다투면서 상대를 억누르려는 일이나 벌이며, 군역을 피하는 자들이 정수에 반이나 넘게 원노院奴(서원에 딸린 종)에 끼어들게 하고, 평민

을 학대하는 자들이 공공연히 사람들을 잡아들이면서 눈이 벌겋
게 이익만을 찾아 설친다.

—『고종실록』

 그리하여 전국의 서원 1,000여 개소를 40여 개소만 남기고 헐어버렸
다. 유생들은 자신들의 특권이 없어지자 심하게 반발했다. 그들은 꾸역
꾸역 봇짐을 싸들고 한양으로 올라와 집단으로 상소하거나 광화문 앞
에서 시위를 벌였다. 흥선대원군은 이들을 강제로 해산시키면서 썩은 선
비들을 억눌렀다.

 그뒤 1870년 전후에 프랑스와 미국 함대가 강화도에 들어와 싸움을
벌일 때 유생들은 강경한 조치를 취할 것을 조정에 요구했다. 그 가운데
에서도 경기도 양평에 똬리를 틀고 있는 이항로와 경상도, 강원도에서
토호로 군림하고 있는 유생들은 단독 상소 또는 만인소萬人疏(1만여 명
의 선비가 연명하여 자신들의 요구를 조정에 건의하는 일)운동을 벌였다. 그
들은 적과 절대 타협하지 말 것, 끝까지 싸워 나라를 지킬 것, 외국의 물
건을 쓰지 말고 통상을 끊을 것 등을 요구했다. 이 요구가 관철되지 않
자 그들은 의병활동으로 맞서려 했다.

 의병은 나라가 외침을 받았거나 나라 안에 변란이 있을 때 유생들이
곧잘 '정의의 군사'를 표방하고 군사활동을 벌인 전통이 있었다. 그리하
여 그들은 병인양요, 신미양요 등 두 서양 세력의 침입이 있을 때 양곡
과 무기, 군사를 모집하여 의병활동을 하려 했다가 외국 군대가 물러가

자 흩어지기도 했다. 일본과 강화도조약을 맺을 때에도 그들은 의병을 일으키려 했고 일부는 실제 소규모로 의병활동을 벌이기도 했다.

하지만 의병활동이 뜻대로 전개되지 않자 척사운동斥邪運動에 힘을 기울였다. 곧 서양 세력이 오랑캐이기에 오랑캐와 통하면 우리도 금수의 지경으로 빠지거나 기계로 만든 서양 물건을 토지에서 나온 우리의 생산품과 바꾸면 결국 우리의 것은 바닥이 난다는 등의 이론으로 지배층을 설득하고 유생들을 교화했다. 그리하여 많은 전통적 유림은 이런 주장에 동조했다. 이는 정조 재위 시기에 처음 태동한 척사위정론斥邪衛正論 또는 척사위정운동의 2단계라 볼 수 있다.

새로운 사조와 불만 세력의 결집

조선 후기부터 『정감록』을 대표로 한 도참사상이 팽배했으나 19세기에 접어들면서는 사회에 더욱 널리 퍼졌다. 백성들은 연이은 소란 속에서 조선왕조가 망할 것이라는 생각을 갖게 되었고 이는 곧잘 『정감록』에 나오는 정씨 왕조설을 믿는 것으로 나타났다. 압제와 수탈이 없는 새로운 왕조를 민중이 갈망하고 있는 분위기에서 태동한 것이다.

또 난리가 날 때에는 살아남을 수 있는 곳을 『정감록』에서는 "궁궁을을弓弓乙乙" 또는 "이재송송利在松松"이라 했는데, 이를 두고 해석을 서로 달리했다. "궁궁을을"'약弱' 자를 파자破字한 것이므로 권력을 잡지 않고 재산을 모으지 않는 약자만이 살아남는다는 뜻으로 해석했다. 또 "이 재송송"은 '소나무가 많은 산골'로 해석하여 산속을 피난지로 내다보았다. 또 피난을 가서 살 만한 곳으로 '10승지勝地'를 들었는데, 이런 곳으로 알려진 상주의 우복동 또는 마곡사 아래 유구 등지에 사람들이 터를 잡기도 했다. 또 지리산 청학동 등 산속으로 들어가 화전민이 되기도 했다. 많은 사람이 『정감록』의 설에 심취해 있었다.

또 백성들 사이에서는 후천개벽설이 널리 퍼지기 시작했다. 곧 이 시대는 『주역』에서 말한 악이 가득한 선천이 끝나고 선이 충만한 후천이 올 운수라는 것이다. 후천이 오면 압제도 없고 병도 없고 잘살게 된다는 생각이었다. 또 백성들은 미륵의 출현을 열망했다. 미래의 구세주인 미륵이 나타나 그들의 고통을 덜어주고 그들의 삶을 행복하게 이끈다고 여겼다. 도성 출입이 금지되고 천대를 받던 승려들도 현실 변혁을 바라고 있었다. 특히 '땡추'로 알려진 천민 출신의 승려들은 때로 관권과 양반, 토호를 농락하면서 도시 근방과 향촌을 떠돌았다. 그들은 자기들이 만든 엄한 규율 속에서 변란 세력과 손을 잡고 봉기를 도모했다. 특히 금강산, 구월산, 지리산 승려들이 주로 이런 일에 가담하여 활동했다.

또다른 변수도 등장했다. 천주교는 조일전쟁 시기에 들어온 것으로 알려졌으나 제대로 전파되지 않았다. 18세기 말에 중국 사신을 통해 들어온 천주교 서적과 과학에 관한 책들이 소개되어 일부 지식층의 관심을 끌었다. 그러다가 1783년 이승훈이 베이징에 가 세례를 받고 천주교 서적을 가져오자 차츰 학문적 관심에서 신앙의 대상으로 바뀌었다.

뒤이어 프랑스 신부들이 몰려와 은밀히 천주교를 전파했다. 선교사들은 "하느님 아래 누구나 같은 인간이다", "제사는 우상 숭배이므로 지내지 말라"라고 가르쳤다. 또한 신분을 떠나 모두에게 똑같이 대우를 해주고 양반과 상놈이 한자리에서 예배를 보는 등 종래의 차별을 철폐했다. 이에 많은 사람이 몰려들었다. 마침내 선비 출신의 천주교도인 윤지충이 제사를 지내지 않고 아버지의 신주를 불사르는 사건이 일어나자 조정은 천주교 금지의 조치를 내렸다. 그러나 정조 때에는 이런 조치가 미온적이었던 편이어서 큰 살육은 일어나지 않았다. 그러다가 19세기 초 정조 아래에서 소외받던 벽파들은 정조의 옹호를 받던 시파들을 몰아내기 위해 천주교를 크게 탄압했다. 시파 가운데 천주교도들이 많았고 그 가운데에서도 남인들이 유난히 많았기 때문이다.

벽파들은 "인간은 누구나 같다"거나 "제사를 지내지 않아야 한다"는 것은 왕을 부정하고無君 아버지를 없이하는無父 것이라고 하여 천주교를 사교로 몰았다. 그리하여 천주교에 대한 일대 탄압이 가해졌다. 1801년에 처음으로 천주교도에 대한 체포령이 내려져 1만여 명의 천주교도는 몸을 숨기기에 바빴다.

조정에서는 천주교 서적을 찾아 불태웠고 한양의 이승훈 등과 청나라 신부 주문모周文謨 등이 잡혀왔다. 포도청의 포졸들과 감영, 병영의 군사들, 수령 아래에 있는 이졸吏卒들이 고을을 돌아다니며 천주교도들을 찾아냈다. 한편, 잡혀와 피를 흘리고 다리가 꺾인 교도들은 속속 같은 천주교도들을 고해바쳤다. 또 어떤 교도들은 아무 말도 없이 순교를 감수했다. 그리하여 이승훈, 정약종, 주문모 등이 감옥에서 죽고 정약용, 이학규 등은 긴 유배의 길을 떠났다. 이때 죽은 교도가 무려 300여 명이라 한다.

한편, 정약용의 조카사위인 천주교도 황사영은 몰래 베이징에 있는 프랑스 주교에게 프랑스의 무력을 동원하여 인명 살상을 막고 조선의 천주교도를 보호해달라고 부탁하는 편지를 보내려다가 발각되었다. 그러자 조정에서는 천주교도를 더욱 박해했다.

이후에도 천주교는 지하로 들어가 몰래 전파되었다. 이에 조정에서는 『척사윤음斥邪綸音』을 내리며 박해했다. 척사론자들은 천주교도를 서양 세력의 앞잡이로 보고 인수론人獸論의 이론을 들고 나왔다. 곧 서양 사람과 천주교도들은 '임금과 아버지를 섬기지 않는 인간 짐승'이라는 것이다. 그러므로 종래에는 같은 사람이라도 '문명인과 오랑캐'로 나뉘었지만 이제는 '사람이 되느냐, 짐승이 되느냐'의 갈림길이라고 주장했다.

흥선대원군은 집권 초기에는 천주교도를 방임했다. 그러나 외국 세력이 계속 침투하자 강력하게 척화정책을 펴면서 천주교를 함께 배척했다. 그리하여 1866년 전면적으로 천주교도를 색출하기 시작했다. 조금의 혐의만 있어도 천주교도의 일가친척이나 친지들까지 줄줄이 끌려왔다. 이때의 천주교도는 2만여 명으로 추정되는데, 포도청과 의금부의 감옥은 연일 이들로 북적거렸다. 포졸이 "나는 천주를 배반한다"라고만 말하면 풀어주겠다 했는데도 그들은 결국 순교를 고집했다. 그들은 새남터에서 처형되었다. 이것을 병인박해 또는 병인사옥이라 부른다. 이 일로 병인양요가 일어났다.

또한 독일 상인이 아산만에 상륙하여 흥선대원군의 아버지 남연군의 묘를 도굴하는 일이 벌어지자 조상 숭배에 철저했던 유림은 물론 흥선대원군도 크게 분노했다.

천주교가 탄압을 받고 있는 동안 경주의 서자 출신인 최제우가 등장했다. 그는 집을 나와 떠돌이생활을 하며 농민의 참상을 목격하고 천주교도들이 잡혀 죽는 모습을 보았다. 그는 3년쯤 이런 사정을 둘러보고 경주로 돌아와 수도에 정진한 끝에 스스로 "하늘의 가르침을 받았다"라고 했다. 그리하여 주변 사람들을 모아 하늘의 도를 전하기 시작했다. 매우 열성적으로 전도하여 많은 교도가 모여들자 그는 "도는 천도, 학은 동학"이라 표방했다. 그리하여 동학이 서학에 맞서 창도創道되었다. 또한 최제우는 자신이 데리고 있던 두 여종을 하나는 며느리로 삼고 하나는 양딸로 삼았다. 이는 신분 해방의 의지를 나타낸 것이다. 그는 '인시천人是天(사람이 곧 하늘이라는 뜻)'을 주장했다. 사람을 하늘처럼 받든다는 인간 평등의 선언이었다. 뒤에 3대 교주 손병희가 이를 인내천이라 했는데 같은 뜻이다.

동학교도가 늘어나자 그는 국문 가사를 지어 부르게 하면서 사람들의 감정을 움직였고 병을 고치고 영부靈符를 나누어주고 주문을 외게 했다. 이는 종교가 흔히 갖고 있는 '현실행복의 구현'을 표현한 것이다. 이어 그는 유불선의 합일을 제창하고 이론화하여 제시했다. 의식은 대개 불교를 본뜨고 유교에서는 충과 효, 선교에서는 미래의 행복관을 따왔다. 유불선의 합일사상은 신라 때부터 민간에 전승되어오던 사상이었는데, 최제우는 이를 체계화하여 민중에게 제시한 것이었다. 더욱이 유행한 후천개벽설을 제창하여 민중에게 희망을 주면서 무식한 민중과 몰락한 지식층의 지지를 받았다.

최제우 아래 모인 교도의 숫자는 천주교의 탄압을 틈타 더욱 늘어났다. 동학은 경상도에서 시작되어 단계를 거쳐 충청도, 전라도 일대로 번져갔다. 안동 김씨의 문벌정치가들은 마침내 이를 주목하게 되었고 최제우를 체포하여 한양으로 압송했다. 그러나 도중에 철종이 죽고 관례에 따라 최제우를 대구 감영으로 보냈다. 그는 1863년 대구 감영에서 '혹세무민惑世誣民'했다는 죄목으로 죽임을 당했다.

이런 상황에서 개항 이후 신교가 미국 선교사들에 의해 전파되었다. 신교의 선교사들은 자신들의 의술이나 생활기구를 빌려 궁중과 연줄을 맺어 처음에는 주로 지배층에 파고들었다. 신교는 1880년대 초 조정으로부터 공인을 받았고 이어 천주교도 공인을 받았다. 그리하여 서양의 선교사들은 기독교 전파의 자유를 얻게 되었다. 그런데도 동학에 대해서는 여전히 공인을 허락하지 않았고 최제우에 대한 사면도 내리지 않았다. 그리하여 마침내 그들은 농민 봉기 세력과 연결하여 일대 혁명운동에 참여했다.

권력의 독점과 지배 세력의 문란

조선 후기의 사회 사정을 다시 정리해보자. 19세기 문벌의 권력 독점은 사회적·경제적 독점 현상으로 연결되었고 결국 파탄으로 이어졌다.

먼저 양반들에게만 개방되어 있던 관리 등용의 실상을 알아보자. 조선왕조의 관리 등용은 대개 과거제도를 통해 이루어졌다. 가난한 경상도 시골 선비는 괴나리봇짐을 지고 문경새재를 넘고, 충청도의 좀 넉넉한 선비는 당나귀에 종을 거느리고 천안삼거리를 지나온다. 청운의 뜻을 품고 재주를 한번 뽐내 출세를 해보려는 것이다. 직접 실력을 겨루어 경쟁에 뽑히는 과거가 공정하다면 거기에 걸맞은 재주꾼이나 능력자가 뽑힐 것이다. 그러나 부정이 저질러지기 일쑤였다. 그리하여 과거 부정의 논란이 자주 일어났는데, 19세기에 들어와서는 정도가 더욱 심했다.

문과의 경우 과거장에는 과거를 볼 사람 외에는 아무도 들어가지 못하게 되어 있었고 붓과 먹, 종이 외의 물건은 지니지 못하게 되어 있었다. 그런데 한양의 문벌가나 지방의 부호들은 담당자를 매수하여 종을 데리고 들어갔다. 시제試題가 나오면 종은 재빨리 바깥으로 연락하여 그 제목에 따라 다른 사람이 글을 지어주었다. 그러면 종은 이 답안지를 들고 들어가 슬쩍 바꾸어 냈다. 또 경우에 따라서는 미리 시제를 알아내어 남이 지어준 글을 외워 과거장에서 써냈다. 또다른 경우는 글을 잘하는 선비를 매수하여 함께 과장에 들어가 그 선비가 쓴 글을 베껴서 냈다.

어찌어찌해서 줄 없고 돈도 없는 시골내기가 과거에 합격하더라도 결코 실직實職은 받지 못하고 생원이나 진사라는 직함만을 가졌다. 이 직함이라도 있으면 「맹진사댁 경사」에서 볼 수 있듯이 자기 고을에서 행세할 수 있었다.

홍경래도 과거를 보다가 이런 부정을 보았고 그가 남에게 써준 글을 낸 자가 합격하기도 했다. 황현도 뛰어난 글재주에도 불구하고 세도가의 아들에게 장원을 빼앗기기도 했다. 그리하여 과거에는 몇몇 문벌가와 부호의 자제만이 합격했고 합격하고서도 뇌물을 바치지 않으면 실직을 받지 못했다.

무과의 경우에는 더욱 문란했다. 향시鄕試(자기 고장에서 보는 1차 시험)에서는 뇌물이 판을 쳐 실제 수십, 수백 명만이 합격할 수 있는데 수천, 수만 명의 합격자를 냈다. 합격자들은 제대로 무관이 될 수 있는 무과에 응시하지도 못했다. 오로지 출신이니 선달이니 하는 이름만을 얻어 행세하려 했다. 무과에 합격하더라도 무직의 높은 자리는 대개 문과 출신 벼슬아치들이 차지했고 그 나머지 자리만 겨우 얻어걸릴 정도였다.

둘째, 음직蔭職제도가 있었다. 아버지나 할아버지가 높은 벼슬을 했거나 나라에 큰 공을 세웠을 때 과거를 치르지 않고도 그 자손에게 벼슬을 내리는 제도였는데, 이것은 앞에서 살펴본 대로 대대로 벼슬을 누린 문벌에게만 해당되었다. 그리하여 그들은 가장 손쉬운 방법으로 연달아 벼슬을 얻을 수 있었다.

셋째, 천거薦擧제도가 있었다. 곧 시골에 묻혀 뜻을 높이고 학문에 매진하는 선비에게 특별히 권장하여 벼슬을 주는 인재 등용정책이다. 많은 훌륭한 사람을 배출하기도 했지만 때로는 조작되거나 정실로 이루어지기 일쑤였다.

이런 부정 사례 외에 지역에 따라 등용을 억제하는 경우도 많았다. 원래는 법 제도로 정해진 것이 아니었는데, 중앙정부에 맞서 반란을 일으키거나 고려를 사모하는 곳이라 하여 함경도, 평안도, 황해도, 개성 지방의 인사들은 조선왕조 초기부터 아무리 과거에 합격해도 조정에서 돈이 생기는 좋은 벼슬을 주지 않았다. 또 전라도 인사들에게도 정여립 사건 등으로 인해 반역향의 지목을 받아 조선왕조 중기부터는 이런 제한을 적용했다. 19세기에 들어서는 노론 정권에 반대되는 남인이 많이 사는 곳이라 하여 경상도에도 상당한 제한을 가했다.

법으로 정하지 않은 이런 관례는 반역향이니 유교의 교화가 떨어진다느니 하는 구실로 이루어졌으나 실제로는 일부 세력만이 권력을 차지하려는 독점체제에서 비롯된 것이다. 그리하여 서북지방 사람은 거의 고을 원 자리 하나 얻은 것이 없었고 호남지방 사람은 어쩌다가 고을 원 자리 하나 얻을 수 있었던 것이다. 따라서 과거제도는 부정으로 이루어져 허울만 남았을 뿐이었다. 이로 인해 안동 김씨와 여흥 민씨, 일부 문벌가 및 척족 세력이 벼슬자리를 거의 차지했던 것이다. 중앙의 요직은 물론 지방의 감사, 수령 자리는 그들이 거의 차지했다. 그들은 자기 패거리들만 벼슬을 차지한 것이 아니라 팔아먹기도 했다. 매관매직은 자리에 따라 값이 달랐고 그 자리를 산 사람은 바친 재물을 뽑기 위해 백성들을 갈취했다. 그들이 어찌나 벼슬을 멋대로 팔아먹었던지 어느 고을 수령이 부임한 지 한 달도 채 못 되어 또다른 수령이 부임해오는 일도 있었다. 또 그중에 매매가 이루어져 한 자리를 두 사람이 사게 되어 서로 그 자리를 놓고 다투기도 했다.

벼슬을 팔 때 가장 비싼 자리는 감사와 수령이었고 그 가운데에서도 전라도 지방의 수령 자리가 으뜸이었다. 빼앗을 것이 가장 많은 곳이었기 때문이다. 그리하여 한양 사람들 사이에서는 "아들 낳아 호남의 수령이 되고 지고"라는 노래가 유행했다고 하며 흥선대원군은 평양의 기생과 호남의 구실아치를 나라 안의 가장 큰 폐단으로 여겼다 한다.

넷째, 삼정三政을 통한 수탈이었다. 삼정은 전정田政, 군정軍政, 환곡還穀을 말한다. 전정은 토지에 대한 조세를 말하는 것이요, 군정은 군대 비용을 위해 장정 1인에 대해 군포 한 필을 걷는 것이요, 환곡은 보릿고개 때 곡식을 빌려주었다가 가을에 10분의 1의 이자를 붙여 다시 받는 것이다.

원래 토지에 대한 조세는 수확의 10분의 1에 못 미치게 제도로 정해 놓았다. 그런데 온갖 잡세의 명목을 핑계로 거두어들이는 것은 물론, 갈아먹지 않는 땅에도 조세를 매기고 농사를 그르치는 일이 있어도 조세를 감해주지 않았다. 또 나라의 큰일, 곧 왕이 죽거나 공주가 시집을 가거나 수령이 이임을 할 때에도 명목을 달아 거두어들였다. 그리하여 자작농은 수확의 5할 이상을 냈고 소작농은 수확의 7, 8할을 빼앗겼다. 과중한 조세를 낼 수 없어서 논밭을 묵혀도 어김없이 조세를 바치게 하여 농민들은 견디다 못해 도망가는 경우가 많았다.

군포는 죽은 사람에게도 거두거나 어린아이에게도 거두었을 뿐 아니라 도망간 장정의 일가 또는 이웃집에 대해서도 거두었다. 이것은 이전 시대에도 그랬지만 이 시대에는 더욱 심했다. 그뿐 아니라 여자를 남자로 만들어 군적軍籍에 올리기도 했고 분가하여 나가면 이중으로 거두기도 했다. 또 바치는 베를 잴 적에 터무니없이 긴 자로 재기도 하고 손 잡는 곳을 늘려 부정을 저지르기도 했다. 그리하여 군포를 내는 관아는 아수라장이 되었다. 이런 모습을 본 정약용은 군포를 못 낸 남정네는 "아들을 낳은 죄"라고 양물陽物을 자른다고 슬퍼했다.

환곡은 대부분 가난한 농민들이 빌려갔으나 이를 갚을 때 온갖 부정이 저질러졌다. 나쁜 쌀을 주고 좋은 쌀 받기, 말을 깎아주고 고봉으로 받기, 줄 적에는 질질 흘리며 주고 받을 적에는 미리 질질 흘리기 따위였다. 또 부자들은 많은 환곡을 빌려가 그 쌀로 장리長利를 하여 그나마 가난한 사람은 빌릴 수도 없었다. 환곡을 갚았는데도 서류에는 갚지 않은 것으로 하여 이중으로 받는 경우도 있었고 빌려주고 받는 과정에서 소모되었다고 더 거두는 경우도 있었다.

이런 삼정을 통한 부정행위와 착취방법으로 거두어들인 재산은 모두 나라의 재정이 되는 것이 아니었다. 대부분 고을 원과 구실아치들이 중간에서 가로채기 일쑤였다. 벼슬아치들은 다양하게 부정을 저질러 화려한 생활을 했지만 농민들은 거지가 되거나 화전민 또는 산적이 되었다. 안동 김씨와 여흥 민씨가 전국의 10만 석을 거두는 10대 부호 가운데

대여섯 명이 되었다 하니 그 축재와 부정이 얼마나 대단했는지 능히 짐작하고도 남음이 있다. 그러나 이에 반해 나라의 재정은 거의 바닥이 나 있는 상태였다.

조정에서도 이런 부정을 모르는 것이 아니었으므로 암행어사제도 같은 것을 실행하여 이를 적발, 처벌하려 노력했다. 한번 왕명을 받아 암행어사가 되면 가족에게도 알리지 않고 초라한 차림으로 지방을 돌며 수령들의 부정을 찾아내어 백성의 원통한 일을 풀어주었다.

암행어사는 왕을 대신하여 부정한 원에게 봉고파직封庫罷職(창고의 물건을 점검한 뒤 이를 봉해 증거로 삼고 벼슬을 떼는 것)할 권한과 잘못된 재판을 공정하게 처리할 사법 재판권을 주었다. 그리하여 박문수, 박규수 같은 유명한 암행어사가 나올 수 있었다. 그러나 문벌정치 아래에서의 암행어사는 정실로 임명되었고 또 같은 패거리들이어서 부정을 눈감아 주기 일쑤였다. 그들 스스로 부정을 저질러 뇌물을 바치지 않는 깨끗한 원을 오히려 부정한 원이라고 보고하는 경우도 있었다.

또 조정에서는 진주를 중심으로 삼남농민 봉기가 일어났을 때 삼정에 대한 부정을 바로잡아보려고 모든 벼슬아치와 유생들에게 개선 방안을 내도록 했다. 그리하여 많은 개선책이 쏟아져나왔고 이를 토대로 '삼정이정청三政釐整廳'이라는 기구를 두기도 했다. 그러나 이 기구도 몇 년 동안 형식적으로만 존재하다가 흐지부지 사라지고 말았다. 문벌정치의 반동적 행태를 보여주는 사례가 될 것이다.

양반사회의 몰락

19세기에 들어와 벼슬이 문벌가 쪽으로만 쏠리다보니 예전에 벼슬깨나 하며 떵떵거리던 양반들도 벼슬을 얻을 수 없었다. 물려받은 재산이 있을 경우에는 그런대로 향촌에서 상민, 노비를 부리며 행세할 수 있었지만 그렇지 않은 경우에는 앉아서 글만 읽을 뿐이라서 생활이 몹시 어려웠는데, 이들을 몰락 양반이라 불렀다. 이런 몰락 양반들은 보통 훈장 노릇을 하며 겨우 먹고살았다. 일을 하지 않아도 글을 가르치면서 양반 체면을 유지할 수 있었기 때문이다. 신식학교가 없던 시절이라 서원과 향교가 교육기관이 되었고 민간인 교육기관으로 마을마다 서당이 있었다. 서당은 대개 아동에게 유교의 글을 가르치고 축문, 편지 쓰는 법 등을 익히게 했다. 서당에서 훈장은 주로 유교의 교양을 가르쳤으나 부정이 판을 치는 현실에 대해 불만을 지닌 이들이 더러 있어 학동들에게 그런 현실 인식을 심어주는 이도 있었다.

훈장들은 겨우 입에 풀칠하는 정도의 보수를 받는 것이 보통이었다. 그리하여 다른 직업을 찾아야 했는데, 그 가운데에서도 문자를 알아야 하는 한의원 또는 한약국에 종사하는 일이 제격이었다. 적어도 『동의보감』 같은 의학책의 내용을 알고 처방이나 진맥을 해야 했기에 의원 노릇은 상당한 지식이 필요했다. 그리하여 종래 중인들이 주로 하는 의업에 몰락 양반들이 많이 뛰어들었다. 의원 노릇은 목을 잘 잡거나 용하다는 소문이 나면 영업이 번창해서 제법 재산을 모을 수 있었고, 또 사람을 살리는 인술仁術로 일컬어지는 일에 종사하는 터라 양반 신분의 체면을 크게 떨어뜨리지 않아도 되었다.

어쨌든 가난한 양반은 목구멍에 풀칠이라도 해야 했으므로 일정한 생업을 찾아볼 수밖에 없었다. 양반붙이라고 해서 모두 한문 지식을 갖춘 것도 아니었다. 장사꾼들이나 대장장이들이 재산을 모으며 살자 몰락 양반들 가운데 더러는 상업에 종사하거나 대장일에 나서기도 했다. 그리하여 몰락 양반들은 약종상은 물론 쌀장수, 인삼 장수, 유기 장수가 되었다. 그러다보니 몰락 양반들은 재산을 많이 모은 중인이나 상민에게 홀대를 받는 경우도 많았다. 어차피 생계가 어려워 쌀을 꾸어먹거나 돈을 빌리는 경우도 있었으므로 양반의 위세가 떨어지는 것은 당연했다. 그러나 몰락 양반이라도 같은 일가가 한 마을 전체를 이루어 위세를 부리면 상민 또는 천민을 곧잘 못살게 굴었다. 이를테면 향약에 들어 있는 '불효불목不孝不睦'(부모에게 효도하지 않고 이웃이나 친척과 화목하게 지내지 않는 것)의 죄를 다스린다는 항목을 꼬투리 삼아 재산깨나 있는 종의 아들이 양반의 아들과 싸움을 벌이면 양반에게 대들게 자식을 가르쳤다고 트집을 잡거나 이웃에 사는 사촌과 논물 물꼬를 두고 말다툼이라도 벌이면 '불목'했다고 잡아가서 곤장을 때렸다. 이럴 경우 상민이나 노비는 꽤 많은 재물을 바쳐야만 풀려날 수 있었다.

양반의 혈통인 서자들은 온갖 제약을 받았는데, 이런 시대 상황을 틈타 이전보다 조직적으로 움직였다. 서자들은 사회와 가정에서의 차별을 없애기 위해 벼슬길에 제한을 두지 말라고 자주 조정에 요구했으나 대개 거절되거나 미봉하는 데 그쳤다. 이에 서류庶流들은 광해군 때 일어난 칠서의 옥 이후 비합법적인 방법을 통해 저항했다. 그들은 끼리끼리 모여 계모임을 가지면서 불손한 기색을 보였고 실제 봉기 세력의 중추적 역할을 하기도 했다.

1823년에 들어와서는 경상도를 중심으로 6개 도의 유생 1만여 명이 '서얼허통庶孼許通'을 시행해달라는 연명의 상소를 올렸다. 그들은 서자가 아니었는데도 배후에 있는 서자들의 조직적인 움직임과 서자들에게 벼슬길을 열어줄 수밖에 없는 현실적인 사정에서 상소를 올린 것이었다. 조정에서는 대책을 세우지 않을 수 없었기에 서자들에 대한 제한을 완화해주려 하자 일부에서 반대의 목소리를 높였다. 특히 성균관 유생들은 정통성의 이론을 내세우며 반대했다.

그리하여 그들은 서자들이 "아버지를 아버지라 부르지 못하고, 한 가족의 계통을 이을 수 없고, 사족士族과 함께 벼슬길에 나설 수 없다"라고 말하는 것은 가족의 정통을 위해 당연히 제한한 것이라 주장하고 권당捲堂(수업을 거부하고 동맹 휴학하는 것)을 벌였다. 이 문제는 조정의 큰 논란거리가 되었으며 조정에서는 어쩔 수 없이 그에 대한 절목節目(조목에 따라 규정한 것)을 내렸다. 곧 서자들에게도 특정한 벼슬자리에 한해 등용하게 한 것이다. 그러나 이런 조처에도 불구하고 실제로는 시행되지 않았고 차별의 유습은 가정에서도 고쳐지지 않았다.

이에 1848년과 1850년에 경기도, 충청도, 경상도 등의 유생들은 더욱 강하게 절목대로 시행해줄 것을 요구했다. 그리하여 약간의 완화 조치를 내렸으나 형식적이어서 서자들은 결국 물리적 항거를 통해서만 자신들의 굴레를 벗을 수 있다는 생각을 갖게 되었다.

19세기에 들어와 중인들은 많은 성장을 보였다. 그들은 역관으로 중국에 다녀오면서 신문물에 눈을 떴고 그들 대대로 익혀온 직업이나 기술을 바탕으로 많은 재산을 모은 경우도 있었다. 그들도 궁극적으로는 양반 신분의 특권을 누리려는 의지가 있었다. 그들은 많은 사회적 힘을 가진 채 양반과 같은 벼슬을 하고 지위를 누릴 수 있게 해달라고 조정에 강경하게 건의했고 자신들만 특수한 직업에 한정해 종사하는 일은 부당하다고 주장했다.

노비들은 18세기 이후 많은 사회 문제를 일으켰는데, 19세기에 들어와서는 더욱 강하게 상전에 저항했다. 그들은 종래와는 달리 상전에 무상으로 노역에 봉사하는 것을 거부했고 때로는 상전에 맞서 노동의 대가를 요구했다. 또 몰락한 양반 아래에 있던 노비들은 도망가기 일쑤였다. 한편, 나라의 기관에 매인 노비들은 부역에 동원되는 의무를 거부하고 그들이 몸값으로 내야 하는 공포도 잘 내지 않았다. 그들은 관노비든 사노비든 자신들에게 씐 굴레에서 벗어나기 위해 깊은 산속이나 섬으로 도망갔고 관과 상전들은 노비추쇄법에 따라 그들을 잡아들이려 분주히 돌아다녔다. 관이나 상전들은 다른 일을 돌볼 겨를이 없을 정도로 도망간 노비가 많았다. 노비들은 상전에 항거하면서 자신들의 자유를 위해 상전의 목숨을 빼앗기도 했다.

그리하여 정조는 노비추쇄법을 폐지했고 1801년에는 노비 문서를 관리하는 내수사內需司와 각 궁방宮房에 소속된 노비의 장부를 태워버렸다. 곧 궁가에 소속된 노비들을 해방한 것이다. 노비들이 도망쳐서 노비 명부가 허울뿐인 탓도 있었지만 사회의 큰 골칫덩어리인 노비들의 움직임을 누그러뜨릴 필요가 있었던 것이다. 그후 노비에 대한 몇 가지 조처가 내려졌고 이어 1886년에는 사노비의 아들딸들이 그대로 세습 노비가 되는 제도를 폐지했고 노비들을 함부로 사고팔지 못하게 했다. 그리하여 그들은 이곳저곳 옮겨 살면서 신분을 숨기고 각자의 노력으로 재산을 지니고 생업에 종사했다. 그러나 많은 수의 노비는 여전히 굴레에서 벗어나지 못하고 상전에 매여 있는 처지였다.

이처럼 신분에 대한 전통적 질서의 동요와 해체의 조짐들로 인해 19세기는 사회가 더욱 혼란스러웠다. 이것은 아래 신분층이나 권력에서 소외된 몰락 양반들이 자기네들의 처지를 자각하고 제 권리를 찾거나 신분 상승의 욕구가 강렬했음을 뜻한다. 따라서 이런 분위기는 바로 민중 봉기와 연결되었고 왕조체제와 봉건제도의 해체를 촉진하는 역할을 했다.

민중 봉기의 불길

1800년 정순대비가 수렴청정을 시작한 지 1개월쯤 되어서 경상도 안동에서 장시경이 장정과 노비를 중심으로 한 60여 명을 이끌고 안동부의 관아로 쳐들어갔다. 그들의 계획은 안동부를 점령한 뒤에 이웃 고을을 차례로 차지하여 일대 변란을 도모하는 것이었다. 그러나 훈련이 안 된 봉기군들은 나졸에 쫓겨 달아났고 주모자 장시경은 산속으로 달아났다가 자살했다. 정조 때 영의정을 지낸 채제공의 아들 채홍원이 이 일과 관련하여 구금되어 경상도 유생 500여 명이 상소를 올리는 사태로 번졌다. 이 사건은 노론 세력과 남인 세력의 대결이라는 정치적 의미를 띠었다. 어쨌든 이 일을 신호로 민중 봉기의 불길이 댕겨졌다.

이 봉기의 전초 단계로 괘서掛書(정치와 지배층을 비난하는 글을 써서 거리나 관아의 문에 붙이는 것)와 흉서凶書(불온한 뜻의 글을 써서 돌리거나 관아에 보내는 것)가 곳곳에 나돌았다. 이 괘서와 흉서가 발각되면 포도청의 포졸들은 물론이고 각 고을의 나졸들은 범인을 잡기 위해 한바탕 소란을 피웠다.

이 가운데 1801년 8월 하동 장터에 나돈 사건을 주목할 만한 것으로 꼽을 수 있다. "운수가 다해서 조선왕조가 망한다"는 내용이었다. 범인들은 결국에 잡혔는데, 변란을 꾸미려고 오랫동안 준비를 해온 진주 사람들 여럿이 걸려들었다.

1804년에는 황해도 장연 땅에서 이달우라는 사람이 황해도 일대를 중심으로 부호, 포수, 농민 등을 끌어들여 일대 봉기를 준비했다. 그는 노래를 지어 아이들에게 가르치며 민심을 충동하고 군량미와 무기를 확보하여 한양으로 진격하려고 준비를 서두르다가 탄로가 나고 말았다. 이 일로 그곳 사람들이 무수히 걸려들었다.

1811년 3월에는 황해도 곡산에서 농민 수백 명이 곡산 관아로 쳐들어가 부사를 멍석말이하여 지경 바깥으로 내동댕이친 뒤 창고를 털어 곡식을 빈민들에게 나누어주고 감옥을 열어 죄인들을 풀어주는 사건이 일어났다. 이 사건의 연루자로 130여 명이 잡혀갔으며 100여 명이 맞아 죽기도 했는데 부정의 원흉인 부사는 아무 벌도 받지 않았다. 이런 크고 작은 변란은 곳곳에서 일어났으나 어디까지나 산발적이었고 조직적이지 못했다.

이런 전초 단계를 거쳐 실제로 변란이 잇따라 일어났고 그 사례를 살펴보면 다음과 같다.

1811년 12월 관서지방에서 큰 난이 일어났다. 홍경래는 부조리한 나라를 바꿀 결심을 하고 10여 년에 걸쳐 난을 준비했다. 마침내 박천 땅 다복동에서 양성한 군대 수천 명을 동원하여 가산, 박천, 정주, 선천 등 평안도 일대를 공격하여 차지했다. 그는 격문을 돌려 모든 사람이 자기의 거사에 응하라고 외쳤다.

그 격문은 주로 세 가지 내용을 담고 있었다. 첫째, 가렴주구로 민생이 도탄에 빠졌다는 것이다. 당시 흉년이 들었는데도 종래와 같이 무거운 세금을 매기며 농민의 부담을 탕감해주지 않았기 때문이다. 둘째, 조선왕조가 건국된 후 수백 년 동안 서북지방 사람들에게 차별의 굴레를 씌웠으니 이를 벗기자는 것이다. 다시 말해 아무리 능력이 있는 사람이라도 평안도, 함경도, 황해도 출신에게는 벼슬을 주지 않는 차별에 항거해야 한다는 것이다. 셋째, 안동 김씨나 일부 노론들만 벼슬자리를 차지하고 나라를 좀먹는다는 것이다. 그러므로 다른 세력들은 이를 타파하기 위해 손을 잡고 봉기하자고 했다. 또 노비들도 다 같이 고통을 받는 자이니 함께 일어나자고 외쳤다.

홍경래가 이렇게 외치고 일어나자 곳곳의 농민들은 이에 응하여 일어났고 각 관아의 구실아치들은 홍경래와 내통하고 먼저 관아를 차지하여 홍경래의 군사를 맞이했다. 그리하여 홍경래의 군사가 일어난 지 1개월도 못 되어 평안도 일대가 거의 그들의 수중에 들어갔다. 그뿐 아니라 홍경래가 일어나자 해주 등지에서는 홍경래의 군대가 오지 않았는데도 먼저 봉기했고 남쪽에서는 피난을 가느라 법석을 떨었다. 한편, 홍경래는 한양에도 첩자를 보내 한양의 민심을 부추기는 괘서를 붙이는 등 갖가지 방법으로 선동했으며 박문수의 손자인 박종일과도 서로 짜고 행동을 같이하기로 약속했다.

거의 성공한 것처럼 보였던 홍경래 군사는 관군에 쫓겨 정주성에 들어가 1개월 동안 구원군이 오기만을 기다리며 지켰으나 다른 부대와 연락이 끊겨 끝내 실패하고 말았다. 그러나 이 관서의 봉기로 민심이 얼마나 조정에서 멀어져 있는가를 확인하게 되었다. 또 그들이 "이조의 운수는 400년"이라는 말을 퍼뜨렸는데, 백성들은 이를 굳게 믿는 분위기였다. 봉기를 꿈꾸는 세력들은 더욱 늘어났고 그들은 홍경래 봉기를 보고 용기를 얻기도 했다. 그후 곳곳에서 크고 작은 봉기가 일어날 때에는 어김없이 "홍경래가 살아서 도와준다"는 말이 퍼졌다.

또한 봉기의 규모가 큰 것으로는 1826년 5월에 일어난 청주 사건이 있다. 청주에 나붙은 괘서에는 변란을 꾸미는 주동자들의 이름이 적혀 있었는데, 그들은 모두 실제 인물이었다. 주동자들은 "우리가 봉기하면 홍경래가 살아 있으면서 도와주러 온다"고도 말하고 "제주도에 모여서 일을 벌인다"고도 하면서 모의를 벌이고 선동을 일삼았다.

1833년 3월에는 한양 사람 수천 명이 밤을 틈타 골목을 누비며 난동을 벌였다. 그들은 종로의 싸전에 불을 지르고 양반집을 부수고 마포로 몰려가서 나라 쌀창고를 무너뜨렸다. 흉년이 든 뒤 봄이 되자 싸전 상인들은 쌀값을 올리기 위해 마포의 창고에 쌀을 저장해두고 내놓지 않았으며 종로의 싸전에서는 쌀을 한두 되씩 팔면서 때때로 물을 섞거나 되를 속여 팔았다. 그리하여 일꾼들이나 머슴들은 쌀을 구할 수 없어서 굶을 판이었는데, 양반이나 벼슬아치들은 광에 쌀을 쌓아놓고 있었다. 싸전 상인들은 벼슬아치와 결탁했고 벼슬아치들은 뒷전에서 뇌물을 받고 싸전 상인들의 이런 횡포를 눈감아주었다. 이에 분을 참지 못한 하층민들은 일대 난동을 벌였다. 이틀 동안 일으킨 난동 뒤에 포졸들은 골목을 누비며 주모자들을 잡아 목을 자르는 형벌에 처하면서 마포의 경주인京主人(지방에서 실려오는 쌀의 공급권을 쥐고 있는 도매상인)이나 종로의 싸전 상인들은 한 명도 벌하지 않았다. 이에 도성민들이 다시 불온한 기색을 띠자 마포의 경주인 두세 명을 형식적으로 처벌했다.

1851년 2월에는 뚝섬 사람 수백 명이 칼과 몽둥이를 들고 포도청의 포졸 초소를 습격하여 포교 한 명을 죽이고 포졸 네 명에게 중상을 입힌 뒤 종로까지 진출하여 포졸을 묶어 앞세우고 돌아다녔다. 그들은 포교의 오랏줄을 빼앗아 들고 포도청의 초소에 잡혀 있는 범인들을 풀어주기도 했다. 이 일로 뚝섬의 짐꾼, 나무꾼, 하인 등이 잡혀가 죽임을 당했다. 그들은 뚝섬에 살면서 포졸들에게 뇌물을 바치거나 두들겨맞다가 끝내 참지 못하고 분을 풀었던 것이다. 이런 일이 있는데도 포도청의 포졸들은 하나도 처벌받지 않았다.

1851년 9월에는 황해도 구월산을 중심으로 일대 모반을 꾀한 사건이 탄로가 났다. 곧 문화현의 유흥렴, 채희재 등은 황해도 일대를 중심으로 자금을 모으고 군대를 양성하는 등 봉기를 준비했다. 특히 그들은 구월산을 지키는 산성장山城將을 끌어들이고 경상도, 전라도의 인사들까지 동조자로 만들어 홍경래의 봉기가 실패로 돌아간 것을 거울삼아 면밀한 계획을 세웠다. 그러나 겁쟁이 동지의 고발로 수십 명이 잡혀갔다. 주모자 유흥렴은 도망쳤고 경상도 출신 김수정은 잠적했다.

1853년 10월에는 한양에서 봉기하려는 세력들을 잡아들였다. 구월산 거사에 실패하고 잠적했던 김수정과 최봉주 등은 한양에서 훈련원의 군인 노릇을 하는 서북 출신 사람 1,000여 명을 주축으로 종로 등지에 불을 지르는 것을 신호로 삼아 궁궐을 들이칠 계획을 꾸몄던 것이다. 또 이 봉기가 시작되면 두만강 입구 서수라에 도망가 있는 유흥렴이 호응해오기로 되어 있었다. 하지만 결국 김수정은 참형을 당했고 최봉주는 전라도 추자도로 귀양을 갔다.

1862년 2월 진주 병사 백낙신이 갖가지 명목으로 백성들을 갈취하자 그곳 백성들이 들고일어났다. 싸릿골의 유계춘은 양반인 이계열의 지원을 받아 지리산 밑 덕산 장터로 들어와 지리산의 나무꾼들과 주변 봉기군들에게 흰 수건을 쓰게 하고 격문을 돌리며 진주 성내로 들어갔다. 그들은 몽둥이를 휘두르며 관가를 습격하고 부정의 하수인인 아전의 집에 불을 질렀다. 그리고 백낙신을 장거리에서 포위하여 그 죄를 추궁하고 이어 아전 두 명을 불태워 죽인 뒤 창고에 쌓인 환곡도 불태웠다.

그들은 5일 동안 마음대로 분을 풀며 진주성을 거의 장악하다시피 했다. 이 사실이 조정에 알려져 병사 백낙신을 귀양 보내고 그 조사관으로 박규수가 파견되었다. 그러나 이런 미지근한 수습책으로는 들끓는 민심을 막을 수 없었다. 이 소식이 각지로 전해지자 맨 먼저 경상도, 전라도 지방에서 봉기가 일어났고 충청도로도 이어졌다. 이를 삼남농민 봉기라 부른다.

이런 농민 봉기는 걷잡을 수 없이 번져갔다. 적은 수의 관군이나 감영군監營軍(각 도의 감사가 있는 곳에 둔 군대)으로 이들을 막기에는 어림도 없었다. 그러나 각기 산발적으로 일어난 탓에 관서농민 봉기에서 보인 것처럼 관아를 차지하지는 못했다. 조정에서는 이에 크게 놀라 그 원인이 '삼정'의 문란에 있다고 보고 '삼정'을 바로잡아보려는 노력을 기울였다.

그 무렵 또다시 이필제라는 전문적 봉기 주동자가 이곳저곳을 누비며 변란을 꾸미고 있었다. 그는 충청도 홍성 출신으로 처음에는 공주에서 여러 사람을 모아 봉기를 계획하다가 발각이 되자 진천, 목천 등지로 옮겨다니며 계속 일을 꾸몄다. 1863년 10월경에는 문경새재에서 한양으로 잡혀가는 최제우를 만나 동학에 입도했다. 그는 당시 전국적으로 퍼지는 동학교인들을 변혁 세력으로 끌어들이려 한 것으로 보인다.

이필제의 행동이 알려지자 관가에서 그를 잡아들이려 했다. 이에 그는 거창, 고령 등지로 몸을 피했고 지리산 덕산 장터로 진출하여 그곳을 중심으로 세력을 규합했다. 그가 고령, 덕산 등지에 출몰할 때 광양, 통영 등지에서 민중 봉기가 일어나 관아를 차지하고 곡식 창고를 털어 백성들에게 나누어주는 일이 일어났다. 이에 그는 거사를 서둘렀다. 그는 그곳 선비들을 끌어들여 산청 지리산 속 대원사에 근거지를 정하고 무기를 구입하며 진주 관아의 영장을 끌어들이려 하다 들통나고 말았다.

이필제는 재빨리 문경새재로 도망쳤다. 그의 동지들은 잡혀 죽임을 당하거나 귀양을 갔다. 1871년 그는 최시형을 비롯한 동학교도들과 농민들을 이끌고 영해의 관아를 습격하여 부사를 죽이고 곡식 창고를 헐어 농민들에게 나누어주었다. 관군이 쳐들어오자 그는 봉기군을 이끌고 영양 일월산으로 퇴각했다가 곧 몸을 숨겼다. 그는 다시 문경새재에서 일대 봉기를 꾀하다가 끝내 붙잡히고 말았다. 그는 여러 이름을 바꾸어 쓰고 다녔는데, 어린아이들조차 그의 이름을 모두 알고 있을 정도로 유명했다 한다.

1872년 경상도 봉화 출신의 장혁진은 안동 땅에서 난민 수백 명을 모아 관아를 들이칠 계획을 진행하고 있었다. 그러나 사전에 탄로나서 전라도 완도 옆 신지도로 귀양을 가는 신세가 되었다. 그는 한양에서 일을 꾸미다 추자도로 귀양을 온 최봉주를 귀양지에서 만났다. 그들은 귀양에서 풀리자 서로 만나 뜻을 통하여 전라도 일대를 중심으로 새로운 봉기 계획을 세웠다. 그들은 보성, 순천 등지로 옮겨 다니며 강진, 영암을 봉기 장소로 정하고 출몰하다 끝내 잡히고 말았다. 그리하여 지난 죄도 가중되어 죽임을 당했다.

이필제, 최봉주, 장혁진 같은 전문 봉기 주동자는 산과 절로 숨어 다니며 거사를 꾸미는 일이 흔했다. 그리하여 19세기를 '민란의 시대'라고 부른다. 반동적 문벌정치가 만들어낸 결말이었다.

토지 소유를 제한하시오

(…)

신은 견마犬馬(임금에게 충성하는 것)의 해에 일찍이 두어 세대의 인물을 보았습니다마는 할아버지, 아버지의 논밭을 잘 지켜서 남에게 팔아넘기지 않는 농민은 열에 다섯이었고 해마다 땅을 줄이는 농부는 열에 일고여덟이었습니다. 그러니 그 나머지를 축적하여 더욱 차지하는 자의 숫자를 알 수 있습니다. 진실로 토지 소유의 한계를 세워 "아무 해, 아무 달 이후부터 이 한계보다 많은 것은 더 보태지 못하며 이 법령을 선포하기 전에 소유한 것은 비록 밭둑길이 연이어 걸쳐 있더라도 묻지 않겠다. 그리고 여러 자손이 땅을 상속한 것을 혹시라도 숨겨서 실제로 짓지 않는 것도 허가한다. 그러나 법령을 선포한 뒤에 더 점유한 것은 민간이 찾아낸 것은 민간에게 주고 관에서 적발한 것은 관에서 몰수한다"라고 해야 합니다. 이같이 하면 수십 년이 못 되어서 나라 안의 토지 소유가 고르게 될 것입니다. (…)

　토지를 겸병兼併하는 폐해는 꼭 큰 것에 있는 것이 아닙니다. 평범한 남녀가 두 주발의 밥을 한꺼번에 먹어도 하루 동안의 먹을거리가 절반이 없어지는데, 하물며 농지를 열 배, 백 배 차지한 것에 비교가 되겠습니까? 중국의 진나라, 한나라 이래로 여러 세대 동안 잘 다스린 자가 없음이 어찌 딴 까닭이 있었겠습니까? 큰 근본이 이미 무너져 백성들의 삶이 안정되지 못해 요행이나 바라는 길로 나왔기 때문입니다. 위에는 다스리는 자가 날마다 겨를이 없었으나 마침내 옛것에 따라 이럭저럭 땜질하는 데 그쳤고 아래에서 정령을 만드는 자도 아침에 저녁 일을 생각지 못해 또한 구차하게 때워 넘기고 마는 것입니다. 이것이 진실로 천하의 공통된 걱정이고 역대의 잘잘못도 알 수 있습니다. 그러니 귀척의 나쁜 습성을 깊이 탄식할 것이 아니며 부호가 겸병한 것을 몹시 미워할 것도 아닙니다. 오직 다스림을 구하는 뜻과 다스림을 마련하는 근본이 섰는지 여하에 달려 있습니다.

아하, 우리나라는 강토가 수천 리나 처음부터 토지를 구획하는 방안을 찾지 않았고, 또한 밭둑과 밭둑길을 무너뜨리거나 개간하는 폐해도 당한 적이 없었습니다. 다행스럽게 큰 사업을 하는 임금을 만나서 한 시대 왕자의 제도를 시행하시니 그 한결같고 잘 짜인 법과 경계를 정리하고 민산民産을 고르게 하는 방법이 예전 거룩한 임금과 처음부터 다르지 않습니다. 그런 까닭에 농지 소유를 제한한 다음에야 겸병이 그치고, 겸병이 그친 뒤에야 민산이 고르게 되고, 민산이 고르게 된 뒤에야 백성이 모두 정착하여 모두 그 땅을 부쳐서 부지런한 사람과 게으른 사람이 드러나고, 부지런하고 게으른 사람이 드러난 뒤에야 농사를 권장할 수 있고 백성도 이끌 수 있습니다.

신이 농사일을 아뢰는 시험 문제에 다시 군말을 하는 것이 당치 않으나 그림 그리는 자가 단청 같은 채색을 갖추었고 모사해서 그리는 재주도 비록 공교로우나 종이와 비단 같은 바탕에 근본하지 않으면 붓의 먹도 쓸 데가 없는 것에 비유할 수 있습니다. 그런 까닭에 참람됨을 피하지 않고 감히 말씀 올렸습니다.

—박지원, 「한민명전의限民名田議」,* 『연암집燕巖集』

---

* 왕에게 건의하는 형식의 대책對策 글이다. 토지 문제 개선책을 제시한 글은 정약용의 '여전론閭田論' 등 다수가 전해진다. 이 대책은 온건하지만 실정을 잘 지적했다는 평가를 받았다. 박지원은 북학파로 상업 진흥을 주장한 것으로 유명하다.

굶주리는 백성

(…)

마른 목은 길쭉하여 따오기 모양이요

병든 살갗 주름져 닭살 같구나

우물은 있다마는 새벽 물 긷지 않고

땔감은 있다마는 저녁밥 짓지 못해

사지는 아직도 움직일 때이련만

걸음걸이 혼자서 옮길 수 없게 됐네

해 저문 넓은 들에 부는 바람 서글픈데

애처로운 저 기러기 어디메로 날아가나

고을 원님 어진 정사 베푼다면서

사재 털어 없는 백성 구한다기에

걷고 또 걸어서 고을 문에 닿고 보니

옹기종기 입만 들고 죽 솥으로 모여든다

개, 돼지도 버리고 돌아보지 않을 음식

굶주린 사람 입에는 엿처럼 달구나

어진 정사 베푸는 것 원하지 않고

사재 털어 구휼함도 달갑지 않네

관가의 돈 궤짝 남이 볼까 쉬쉬하니

우리들 굶게 한 건 이 때문이 아니더냐

관가 마구간에 살찐 저 말은

진실로 우리들의 피와 살이네

슬피 울며 고을 문 나서고 보니

어지럽고 캄캄하여 앞길이 안 보이네

누런 풀 언덕 위에 잠시 발 멈추어서

무릎을 펴고 앉아 우는 것 달래면서

고개 숙여 어린 것 서캐를 잡노라니

두 줄기 눈물이 비 오듯 쏟아지네

아득한 천지간의 그 큰 이치를

고금에 그 누가 알 수 있으랴

많고 많은 백성들 태어나서는

여위고 말라서 도탄에 빠졌으니

갈대처럼 마른 몸을 가누지 못해

거리마다 만나느니 유랑민뿐이로세

이고 지고 나섰으나 향할 곳 바이없어

어디로 가야 할지 아득하기만

부모 자식 부양도 제대로 못해

곤궁한 나머지 천륜마저 끊기겠네

상농가도 이제는 거지가 되어

집집마다 문 두드려 서툰 말로 구걸하네

가난한 집 구걸 갔단 오히려 슬프고

부잣집 구걸 가기는 내키지 않네

나는 새가 아니어서 벌레 쪼지 못하고

물고기가 아니어서 헤엄도 칠 수 없네

얼굴빛 처참하여 누렇게 떴고

흰머리는 흩어져 실낱같이 휘날리네

예전 성현 어진 정사 베풀던 때는

말마다 홀아비 과부 살피라 했지만

이제는 그들이 오히려 부러워라

자기 한몸 굶으면 그만이니까

매인 가족 돌볼 걱정 없이 지내면

어찌하여 일백 근심 생기겠는가

따스한 봄바람이 단비를 몰고 오면

꽃 피고 잎 피어 온갖 초목 자라나

생의 뜻 충만하여 온 천지에 가득하니

가난한 자 구휼함은 바로 이때라

엄숙하고 점잖은 조정의 어진 분네

나라의 안위가 경제에 달려 있네

이 나라 백성들이 도탄에 빠졌는데

이들을 구원할 자 그대뿐이로세

누렇게 뜬 얼굴들 생기라곤 볼 수 없어

가을도 되기 전에 시든 버들가지요

구부러진 허리에 걸음 옮길 힘이 없어

담벼락 부여잡고 간신히 몸 가누네

부모 자식 서로 간도 도우지 못하는데

길 가는 나그네야 어찌 다 동정하리

어려운 살림에 착한 본성 잃어버려

굶주려 병든 자를 웃고만 보고 있네

이리저리 떠돌면서 사방을 헤매나

마을 풍속 본래부터 이러하던가

부러워라, 저 들판의 참새떼들은

가지 끝에 앉아서 벌레라도 쪼아먹지

고관대작 집안엔 술과 고기 풍성하고

거문고 피리 소리 예쁜 계집 맞이하네

희희낙락 즐거운 태평세월 모습이여

---

* 정약용이 지방관으로 있을 때 보고 들은 현실을 바탕으로 지은 시다. 중심 주제를 다룬
부분을 발췌했다. 현실 문제를 담은 서사시로 평가를 받았지만 내용이 과장되어 있다는
지적이 따르기도 했다. 하지만 날카로운 현실감이 드러나 있다. 정약용은 이 밖에도 많은
농민 관련 시를 남겼다.

나리 정치 한답시고 근엄한 체하는 꼴

(…)

　　　　　　—정약용(송재소 옮김), 「기민시饑民詩」*, 『여유당전서與猶堂全書』

6장

외세의 침투와
저항운동

강요된 개항과 불평등 조약

문벌정치 시기에 국제관계도 복잡하게 전개되었다. 19세기에 들어와 외국의 군함들이 황해와 남해 곳곳에 나타났다. 철물로 만들어진 시커먼 이양선異樣船은 뭍에 올라와 백성들과 물품을 교환하거나 백성들을 배에 초대해 선물을 주기도 했고 때로는 위압과 약탈도 일삼았다. 또 19세기 중기에 접어들어 영국, 독일, 프랑스, 미국 등은 청나라를 통해 통상을 요구해오기도 했다. 러시아와 일본도 조선에 문호를 개방하라고 압력을 넣었다. 그러나 청나라와 일본을 오랑캐로 보던 조선의 전통적 사대주의자들은 그들의 요구를 완강히 거절했다. 그뿐 아니라 서양 세력과 내통한다고 생각한 프랑스 신부와 천주교도들을 잡아 죽였다.

이런 상황에서 1866년 7월 평양 대동강에서 셔먼호 사건이 일어났다. 미국의 상선 셔먼호는 대동강 물이 불었을 때 황해에서 거슬러올라와 평양까지 접근하여 통상을 요구했다. 물이 빠져 돌아가지 못한 선원들은 평양민에게 식량과 식수를 공급해달라고 요구했지만 이에 응하지 않자 뭍으로 올라와 약탈을 자행했다. 이에 평양민들과 평양 감영의 군대는 배에 불을 지르고 선원들을 모조리 죽였다. 이 소식이 전해지자 미국은 청나라를 통해 조선 조정에 강경히 항의해왔다. 그러나 조선 조정은 꼼짝도 하지 않았다. 흥선대원군은 한바탕 싸움을 각오하고 군대를 모집하며 무기를 점검했다.

1866년에는 또 프랑스 함대 세 척이 한강의 양화진과 서강까지 올라왔다. 이들은 프랑스 신부를 죽인 사건을 문책하러 왔던 것인데 위협만 하고 일단 물러갔다. 10월에 이들은 강화부를 점령하고 양식과 서적을 약탈(강화도에는 많은 책이 보관되어 있었는데 이때 약탈당한 책들이 지금도 프랑스 국립도서관에 보관되어 있다)했으며 잇따라 정족산성을 공격하면서 전투를 벌였다. 이에 조선의 군사들이 완강히 맞서자 배를 돌려 중국으로 돌아갔다. 이를 병인양요라 한다.

1871년에는 미국 군함 다섯 척이 강화도에 쳐들어와 또다시 통상을 요구했다. 이를 거절하자 미국 군함이 허락 없이 광성보에 들어와서 조선의 군사들과 전투를 벌였다. 이어 미국 군함은 초지진, 광성보 일대에서 조선의 군사들과 맞서 싸웠다. 조선 군사의 완강한 저항에 그들은 맥

없이 물러났다. 이를 신미양요라 부른다. 두 사건이 일어난 뒤 흥선대원 군은 곳곳에 '척화비斥和碑'를 세우고 외세를 물리치려는 의지를 보였다.

이렇게 외압이 계속되는 동안 일본도 어김없이 끼어들었다. 일본은 1875년 9월 운요호 등 군함 세 척을 보내 강화도를 침범하여 영종진에 포격을 가했다. 조선 수비대는 많은 희생자를 내면서 맞서 싸웠고 마침 내 운요호는 물러갔다.

다음해 1월에 일본은 군함 여덟 척을 끌고 강화도 앞바다로 처들어 와 운요호 공격 사건을 문책한다고 위협을 가했고 전면적인 전쟁을 하 겠다고 알려왔다. 이에 조선 조정에서는 겁을 먹고 교섭을 벌였다. 그리 하여 맺은 것이 강화도조약(종래에는 '병자수호조약'이라 불렸다)이었다. 이 조약은 국제법상에 따라 맺은 우리나라 최초의 국제조약이지만 어 처구니없는 불평등조약이었다. 쉽게 말해 이를 '개항開港'이라 하는데, 이 조약으로 일본 상인이 세 개의 항구에 살면서 상행위를 벌이는 것은 물 론, 일본의 군인이 조선에 마음대로 드나들면서 측량할 수도 있고, 일본 외교관이 우리나라에 머물며 마음대로 행동할 수 있고, 관세 없이 서로 무역을 할 수 있게 되었다.

이때는 흥선대원군이 물러나고 민씨 세력이 기세를 부리고 있었다. 민씨 세력은 청나라의 계속되는 권고를 외면할 수 없었고 강력한 군대 를 동원하여 정한론征韓論을 벌이는 일본에도 맞설 힘이 없었다. 하지만 오로지 흥선대원군의 정책을 반대하고 흥선대원군의 세력을 꺾기 위해 개항 조약에 동의한 면도 있었다.

그후 이 조약은 하나의 기준이 되어 일본은 물론 미국, 러시아 등과 맺은 온갖 조약에서도 국제 권리를 제대로 못 찾는 내용으로 이루어졌다. 예를 들면 조선의 광산을 그들이 개발하고, 그들의 상품을 들여오면서 관세도 제대로 물지 않고, 치외법권을 보장받아 아무런 제약도 받지 않고 상행위를 할 수 있었다.

이는 민씨 정권 아래에서 기생하는 무식한 관리들의 소치였고 정권을 유지하기 위한 잔꾀에서 나온 것이었다. 조선 후기에 온갖 부정을 저지르며 나라의 힘을 약하게 하면서 외국 침략에 제대로 대비하지 못한 가장 큰 원인은 여기에 있었다. 하지만 문호를 개방했다는 의미가 있었고 마냥 쇄국정책을 펼 수만은 없었다.

이렇게 외세와 외압이 밀려들자 그들의 경제적 침투가 이루어졌다. 개항 이전에도 궁중과 벼슬아치들은 청나라의 물건은 물론 일본과 서양의 물건을 많이 썼다. 비단이나 양복지 같은 옷감을 비롯하여 시계, 화장품, 양주, 과자 등이 마구 나돌았다. 이들 물건은 물론 공식 무역품이 아니었다. 대부분 밀수품이었다. 이 밀수품을 금지해야 할 왕이나 궁녀, 왕족도 썼고 벼슬아치들과 부호들도 다투어 샀다.

이제 이른바 개항으로 이들 물건이 공식으로 들어와 버젓이 유통되었다. 특히 청나라와 일본 상인들은 영국에서 기계로 대량 생산하는 면직물을 수입하여 조선에 곱절의 이익을 받고 팔았다. 힘들여 만드는 무명보다 질도 좋은 영국제 포목을 농민들이 다투어 사들이다보니 종래 경상도, 전라도를 비롯하여 각지에서 생산되던 목화 재배가 마비되었다.

또 박래품舶來品으로 불리는 화장품 등이 농촌에 넘쳐났다. 화장품은 일본인 손을 통해 보부상들이 공급했다. 보부상들은 곳곳을 돌아다니며 때로는 현금, 때로는 양곡 등을 받고 팔았다. 양곡은 개항장 등 한곳에 모여 일본으로 빠져나갔다. 일본은 무엇보다 곡식이 필요했다. 부족한 양식을 확보하기 위해서도 그랬지만 무엇보다 침략을 위해 비축할 필요가 있었기 때문이다. 일본은 여러 방법으로 양식을 확보하여 빼내갔다. 그리하여 농민들은 양식이 모자라는 상황에 처하게 되었다.

이런 심각성을 알아차린 조선 조정에서는 1889년 뒤늦게야 방곡령防穀令을 시행했다. 이를 진두지휘한 인사는 함경도 관찰사 조병식이었다. 맨 처음 함경도에서 원산항을 통해 빠져나가는 콩의 유출을 금했고 다음해 황해도에서도 쌀의 유출을 금했다. 하지만 일본은 '조일통상장정'에 위배된다고 주장하며 오히려 방곡령 때문에 일본 상인이 본 손해를 배상하라고 요구하여 결국 힘이 없는 조선 조정은 방곡령을 철폐하고 도리어 11만 원의 손해 배상까지 해주었다.

조선 땅에 들어온 외국인들은 산림채벌권과 금광채굴권을 확보하고 마음대로 나무를 베어가고 금을 캤다. 특히 러시아와 일본 사람들이 더욱 날뛰었다. 그리하여 두만강과 압록강 기슭에서 벌채된 원시림 원목은 러시아로, 강원도에서 벌채된 삼림 원목은 한강을 통해 뚝섬에 모였다가 일본으로 실려갔으며 서해와 남해 섬의 나무들은 인천, 목포, 부산을 통해 일본으로 빠져나갔다.

금과 은은 국가의 재원이었다. 예전에는 일본의 은이 동래를 통해 조선으로 들어왔는데 이때는 조선의 금이 모두 일본으로 빠져나갔다. 조선의 금을 밑천으로 일본의 재정제도는 금본위제로 전환되었으며 자본주의 국가의 토대를 마련했다. 이렇듯 일본과 러시아는 조선의 경제를 좀먹고 조선의 물건을 실어가 힘을 키웠으며 그 힘으로 또 조선을 침략했던 것이다. 또 미국 등은 전기와 전신의 이권을 차지했고 청나라와 일본의 노동자들이 한양과 평양, 인천에 밀려와 조선 노동자들의 일자리를 빼앗았다.

개항 이후 여러 세력의 동향

이 무렵 한 무리의 신진 지식인이 나타났다. 이들은 외국과의 통상은 물론이고 서로 외교관계를 맺어야 하며 서양의 문물을 도입하여 부국강병을 이룩해야 한다고 주장했다. 또한 묵은 제도를 타파하고 새로운 제도를 수용해야 하며 그 구체적 방법으로 헌법을 제정하여 왕의 권한도 헌법에 따라 제한해야 한다고 주장했다. 이를 입헌군주제라 하는데 김옥균 등은 뚜렷이 이를 내세우지는 않았으나 독립협회에서는 이를 분명하게 주장했다. 이들 신진 지식인은 청나라와 일본의 사정을 돌아보고 그들 나라가 서양의 제도와 과학기술을 받아들여 나라와 사회를 발전시키고 있는 모습을 국내에 소개했다.

　신진 지식인들은 미온적인 방법으로는 유림 주도의 척사 세력과 관료 중심의 보수 세력의 기세를 꺾을 수 없다고 보고 일대 쿠데타 계획을 꾸몄다. 그리하여 1884년 안국동에서 우정국 개설을 축하하는 잔치를 틈타 변란을 꾸몄다. 그들은 일부 군대와 일본 군대의 지원을 약속받고 왕의 거처를 창덕궁으로 옮기고 정권을 잡았다. 이를 '갑신정변'이라 부르며 그들을 개화파라 한다.

그러나 일본 군대가 약속대로 지원을 제대로 하지 않고 있다가 뒤늦게 창덕궁의 경비를 맡자 민씨 세력은 재빨리 임오군란 이후 한양에 주둔해 있는 청나라 군대에 지원을 요청했다. 이에 청나라는 일본보다 조선 조정에 대한 발언권을 높이려고 군대를 창덕궁에 보냈다. 숫자가 적은 일본 군대가 어쩔 수 없이 철수하자 김옥균, 박영효 등은 일본으로 망명했다. 그리하여 이 정변은 3일천하로 끝났으며 개화파의 꿈은 꺾이고 말았다. 이렇게 개화파가 일대 개혁을 위해 몸부림치자 척사파는 그들을 서양이나 일본과 같은 무리로 취급하여 적으로 삼았다.

척사파는 통상, 외교를 반대하는 모습에서 알 수 있듯이 개화파와 의견을 달리했는데, 이때에 이르러서 개화파를 더욱 원수로 대하게 되었다. 더욱이 척사파는 묵은 제도를 그대로 고수하자고 주장했기 때문에 토지제도나 신분제도를 고치려고 하지 않았다. 곧 척사파는 양반과 상놈의 관계, 상전과 종의 관계는 하늘이 준 것이므로 바꿀 수 없다고 한 반면에, 개화파는 이런 기득권 또는 특권을 없애고 백성은 누구나 같은 권리와 의무를 가져야 한다고 했다. 그리하여 두 파는 서로 적으로 대하게 되었다.

갑신정변이 실패로 끝났으나 조정의 권력을 쥐고 있는 세력은 어쩔수 없이 외국과의 불평등조약을 맺었다. 미국을 비롯하여 서양의 여러나라와 국제조약을 맺었고 서양 사람들이 마음대로 조선에 살기도 하고 사업을 할 수 있는 권리를 주었다.

그들의 동향을 잠시 되돌아보자. 민씨 세력은 힘에 부쳐서 청나라에손을 내밀기도 하고 일본의 손아귀에 놀아나기도 했다. 이런 가운데 민비와 흥선대원군은 권력을 놓고 암투를 벌였다. 흥선대원군은 어린 며느리에게 밀려나자 어떻게든 다시 정권을 잡으려 했다.

이런 상황에서 1882년 임오군란이 일어났다. 그 무렵에는 일본 교관이 훈련을 시키고 일본 군대의 방식으로 신식 군대를 조직한 뒤 구식군대를 푸대접하게 되었다. 더욱이 그해 6월 군인들은 녹봉으로 주는쌀을 13개월 만에 받게 되었다. 그런데 쌀에 모래가 섞여 있는데다 정해진 양보다도 적었다. 이에 구식 군인들은 녹봉을 지급하는 관리를 두들겨 팼고 녹미祿米를 관리하는 선혜청 당상(대동미를 관리하던 최고 책임자)인 민겸호의 집으로 몰려가 집을 부수었다. 이어 운현궁으로 가 흥선대원군의 지원을 청했다. 이에 흥선대원군은 난의 주동자인 유춘만 등에게 밀계를 주고 그의 심복을 시켜 군란을 주도하게 했다.

그리하여 구식 군인들은 무기고를 습격하여 무기를 빼앗고, 포도청과 의금부를 습격하여 죄수들을 풀어주고, 민씨 세력의 집을 부수고, 일본 교관을 죽이고, 일본 공사관을 습격하여 불을 질렀다. 이때 일본 공사는 인천으로 도망갔으며 일본 사람 13명이 죽었다.

이튿날에는 일반 백성들이 구식 군인들에 합세하여 더욱 기세를 올리며 임금이 있는 창덕궁의 돈화문으로 몰려가서 민겸호 등을 죽이고 민비까지 살해하려 했다. 민비는 변복을 하고 장호원으로 도망쳤다.

고종은 어쩔 수 없이 흥선대원군을 맞아들여 정권을 맡겼으나 민씨 세력은 재빨리 청나라에 원조를 요청했다. 그리하여 청나라에서는 군대를 보내 한양에 머물면서 흥선대원군을 군란의 책임자로 물어 텐진天津으로 데려갔다. 한편, 일본에서도 군대를 보내 책임을 묻고 많은 배상금을 요구해왔다. 이때 일본과 맺은 조약이 제물포조약이다.

이렇게 해서 민씨가 다시 세력을 잡았다. 이 군인 폭동은 흥선대원군과 민씨의 세력 다툼에 지나지 않은 사건이었고 여기에 불만에 찬 군졸들이 가담했던 것이다. 이런 가운데 나라는 점점 기울어갔다. 임오군란과 갑신정변으로 정치 세력은 요동을 치고 개편되는 계기가 되었다.

동학농민전쟁이 일어나다

최시형은 1864년에 교주 최제우가 처형을 당한 뒤 북접 대도주라는 이름으로 포덕활동을 줄기차게 벌였다. 최시형은 잠행하면서 보은 장내리로 거처를 옮겼다. 이후 장내리는 도접소의 역할을 했고 많은 교도가 이곳을 찾았다. 그뒤 최시형은 공주와 호남으로 진출하여 포덕했다.

이때 강경파는 최시형에게 최제우의 신원伸寃을 위해 광화문에 모여 호소하자고 건의했다. 최시형은 이를 수락했고 1893년에 구체적으로 추진되어 2월 11일에 광화문 앞에서 복합 상소를 단행했다. 이들 대표 수십 명이 광화문에 엎드려 소문을 올렸는데, 그 요지는 최제우의 원통한 죽음을 풀어달라는 것이었다. 이에 고종의 전교는 "정학을 높이고 이단을 배척하는 것은 열성조에서 전해오는 법"이라 전제하고 "이단을 내세워 야료를 부리는 자들은 선비로 대우할 수 없으며 국법에 따라 죽음을 내릴 것이다"라고 했다. 그리하여 교도들은 아무런 성과도 얻지 못하고 물러났다.

이 상소운동이 끝난 뒤 전주 주변과 한양에서는 소요 사건이 잇따라 일어났다. 1893년 「동경일일신문」에 따르면 일본 공사가 외무대신에게 보낸 보고서에서 전라감사 전보에 따라 동학당 수만 명이 한양을 향해 올라갔다고 했고, 외국의 선교사와 상인은 모두 나라에 해를 끼치니 속히 물리치라는 등 요구조건을 내걸었다고 했다.

맨 먼저 프랑스 공사관에 "너희는 우리나라에서 금하는 법을 어겨가면서 교당을 짓고 선교하고 있다. 만약 행장을 꾸려 속히 돌아가지 않으면 3월 7일 우리 당이 너희 공사관으로 들어가서 깡그리 쓸어버릴 것이다"라는 방문을 붙였고, 일본 공사관에도 "급히 너희 땅으로 돌아가라"는 경고문을 붙였다. 이와 비슷한 내용의 방문이 미국 공사관, 교회당, 학당, 한양 거리 곳곳에 나붙었다.

그들은 3월 7일(양력 4월 21일)을 거사일로 삼고 있었다. 한양의 민심이 요동을 쳤다. 프랑스 공사관에서는 이에 대비하기 위해 본국에 군함

세 척을 인천에 보내달라고 요청했고 일본 공사관에서는 연일 본국에 정세를 보고하고 대책 강구에 힘썼다. 한양에 거주하는 외국인들은 불안한 마음에 몸을 숨기면서 나들이를 삼갔고 도성민들은 난리가 난다고 보따리를 싸서 낙향하는 사람들이 줄을 이었다. 하지만 이 정도 소동으로 그쳤다.

1893년 봄, 동학 지도자들은 다음 단계로 대대적인 집회를 서둘렀다. 다시 전국 교도들에게 보은 장내리로 모이라는 통유문을 띄웠다. 3월 10일 보은 장내리에는 충청도, 경상도, 전라도, 강원도, 경기도 지역의 교도들이 합류하여 수만 명이 몰려 있었다. 장내리 언저리에서 보국안민輔國安民, 광제창생廣濟蒼生, 제폭구민除暴救民, 척양척왜斥洋斥倭의 기치를 내걸고 기세를 올렸다. 이에 대해 조정에서 선무사로 파견된 어윤중은 다음과 같이 분석했다.

처음에는 부적이나 주문을 끼고 사람들을 현혹시키고 참위를 전해 세상을 속이려 했다가 끝내 지략과 포부, 재기를 안타깝게 펴지 못하는 자가 여기에 들어왔고, 탐관오리가 횡행하는 것을 분히 여겨 백성을 위해 그 목숨을 바치려는 자가 여기에 들어왔고, 외국 오랑캐가 우리 이권을 빼앗는 것을 통분히 여겨 망령되이 그들을 내쫓는다고 큰소리치는 자가 여기에 들어왔고, 탐욕스러운 장수나 부정한 관리의 학대를 받아도 호소할 곳 없는 자가 여기에 들어왔고, 경향에서 무단에게 위협을 받아 스스로 목숨을 부지할 수 없는 자가 여기에 들어왔고……

—『취어聚語』 선무사 재차 장계

어윤중은 조정에 보고를 올리면서 이들의 성분에 대해 소외되어온 모든 계층으로 불평불만에 찬 세력이 모여들었다고 분석했다. 관변측에서 최초로 동학교도의 성향을 정확하게 분석한 사례가 될 것이다.

조정에서는 이 첩보를 미리 입수하고 그들을 무마할 양호선무사로 어윤중을 임명하고 충청병사인 홍재희에게 군사 300명을 이끌고 가도록 했다. 어윤중은 용기 있게 장내리로 가서 왕이 내린 칙유문을 반포하고 관리의 횡포를 막겠다는 등의 온갖 감언이설로 교도들을 회유했다. 어윤중은 군사를 시켜 대포를 설치했고 한편으로는 교도들의 뜻을 왕에게 전해 풀겠다는 등의 강온작전을 폈다. 순진한 교도들은 눈물을 흘리며 감격하여 울었고 일부 교도들은 믿어보아야 한다는 뜻을 보이며 흔들렸다. 이에 지도부에서는 해산하기로 약속하고 추후의 조치를 기다리기로 했다.

보은집회의 역사적 의미는 특별하다고 할 수 있다. 무엇보다 2, 3만 명이 최시형의 통유문에 따라 일시에 한 장소에 모였다는 것은 그만큼 교도들의 결집력이 견고했다는 증거가 될 것이다. 아래로부터의 변혁 의지를 이 집회를 통해 충분히 읽을 수 있었다. 이 집회에서 처음으로 농민군의 강령과 같은 슬로건이 드러났는데, 단순히 교조 신원에 초점이 맞추어져 있었던 것이 아니었다. 반봉건과 함께 반외세의 지향이 분명하게 드러났다. 게다가 이 집회에서는 양목洋木의 불매 등 외국 수입 상품을 배격하고 면포 등 국산 상품을 보호해야 한다는 농민적 이해를 내걸어 외국 상품 배격운동을 벌이기도 했다. 그리하여 보은집회는 동학농민전쟁사에서 하나의 기폭제가 되었다고 볼 수 있을 것이다.

어윤중은 양호선무사의 자격으로 호남으로 향했다. 그는 처음부터 호서, 호남의 소요 사태의 선무 임무를 맡아 내려왔다. 조정에서도 호남의 집회를 미리 알고 취한 조처였다. 하지만 어윤중은 호남으로 내려오다가 원평집회가 해산되었다는 전갈을 듣고 발길을 돌렸다.

전봉준 계열은 보은집회와 때를 같이하여 금구 원평에서 집회를 열었다. 이 집회에는 수만 명이 참석했다고 한다. 또 "전봉준이 사사로이 교도들을 빼앗아 전라도 금구군 원평에 주재했다"고 했고 최시형이 보은집회에서 남접이 교도들의 난동을 도모하려 한다 해서 단속했다고도 했다. 이 원평집회를 이끈 세력을 두고 전봉준이 지목되었는데, 이들을 남접이라 불렀다. 남접의 행동대장인 전봉준을 비롯하여 김개남, 손화중 등은 보은집회가 해산되는 것을 보고 원평집회를 해산시키고 나서 계속 잠적하면서 준비를 했다. 그런 끝에 고부에서 조병갑의 폭정에 맞서 전봉준 주도로 군민이 봉기를 했으나 지지가 적어 실패했고 안핵사 이용태가 와서 폭압을 저질러 민심을 더욱 부추겼다.

마침내 1894년 3월 20일에 전봉준 등 지도부는 고부 봉기에 이어 무장에서 농민군을 모으고 정식으로 선전포고했다. 부정한 세력을 몰아내고 나라를 바로잡겠다는 의지를 담은 그 포고문은 주변 고을에 배포되었다. 먼저 전라도 각지에서 모여든 농민군들은 부안의 백산에서 총집결하여 부서를 결정하고 항전을 다짐했다. 여기에서 농민군들은 4대 강령을 발표했다.

매양 대적할 때 우리는 칼날에 피를 묻히지 않고서 이기는 것을 전공으로 삼으며 비록 부득이 싸우더라도 결코 목숨을 상하지 않는 것을 위주로 해야 한다. 매번 행진하여 지날 적에는 결코 사람이나 가축을 해쳐서는 안 되며 효제가 깊고 충신스러운 사람이 사는 마을에는 십 리 안에는 머무르지 말라.

—『동비토록東匪討錄』

오합지졸로 보인 동학농민군들은 규율을 엄격히 하고 민심을 끌어들이려 했는데, 실제로 민폐를 끼치지 않았다. 그리하여 농민군이 온다는 소문을 들으면 고을 사람들은 밥을 지어오거나 양곡을 바쳤다. 전라감영에서는 감영군 700명과 향군 600명을 동원하여 농민군 토벌작전에 나섰다. 그들은 양곡을 준비하지 않아 고을마다 들이닥쳐 곡식을 빼앗고 재물을 약탈했으며 부녀자를 겁탈했다. 그리하여 감영군이 온다는 소문을 들으면 모두 도망쳐 마을은 텅텅 비었다.

농민군들은 처음에는 고부 관아를 다시 점령하고 황토현에서 전라감영군과 보부상 패를 물리쳤다. 그러자 조정에서는 홍계훈이 이끄는 장위영군 800명을 파견했는데, 군사들은 한양에서 남쪽으로 내려오면서 고을을 휩쓸었다. 농민군들은 중앙군을 유인하여 장성에서 선발대를 격파했다. 이어 4월 27일 전라 감영을 점령했다. 이 소식은 즉각 다른 지역에 퍼졌다. 요원의 불길은 4월 초순부터 먼저 남쪽 지방으로 번졌다. 김해에서 수천 명이 관아로 몰려가 부사 조준구를 멍석말이하여 지경 밖으로 내몰았다. 경상도 일대에서는 여기저기에서 산발적으로 봉기가 일어났다. 충청도 지방에서는 농민들이 떼를 지어 양반들을 욕보이거나 곳곳에서 지역 단위의 집회를 벌였다. 회덕과 노성에서는 관아를 습격했다. 농민들은 진잠의 신일영 집에 들이닥쳐 신일영(재상 신응조의 손자)의 아랫도리를 벗기면서 "도둑의 종자는 씨를 말려야 한다"고 외쳤다.

전라 감영을 차지한 농민군들은 홍계훈과 협약을 했다. 홍계훈은 신분제도 타파와 부정부패 등 폐정을 조정에 보고하여 시정하겠다고 약속했다. 이를 전주화약이라 부른다. 농민군은 일단 후퇴하여 각지에 집강소를 설치하고 스스로의 힘으로 폐정을 개혁하는 데 나섰다. 그 개혁안을 살펴보면 첫째 탐관오리와 횡포한 부호, 불량한 유림과 양반을 징벌한다는 것, 둘째 노비와 칠반천인, 백정의 신분 차별을 없애거나 개선하는 것, 셋째 고른 인재 등용, 넷째 청상과부의 개가, 다섯째 무명 잡세와 공사 채무의 해소, 여섯째 토지를 고루 나누어 경작하는 것 등이다(오지영의 『동학사』 폐정 개혁 12조 참조). 이 과정을 1차 봉기라 한다.

새로 부임한 전라 감사 김학진은 관민이 서로 화합하여 추진하는 집강소 활동을 보장했다. 전봉준이 이끈 이 시기의 집강소는 수령들을 협조자로 끌어들인 농민통치기구였고 집강소 활동은 반봉건운동이었다.

황현은 『오하기문梧下記聞』에서 다음과 같이 쓰고 있다.

적당히 모두 천인 노예여서 양반과 사족을 가장 미워했다…… 무릇 남의 노비로 적을 따르는 자는 말할 것도 없거니와 비록 적을 따르지 않는 자도 모두 적에 묶여 상전을 겁주었다. 그래서 노비 문서를 불태워 강제로 해방하여 양인으로 만들게 했다. 또는 그 주인을 결박하여 주리를 틀고 매질을 했다. 노비를 둔 자들은 지레 겁을 먹고 노비 문서를 태워 그 화를 풀었다. 순박한 노비들이 더러 태우지 말기를 원했지만 기세가 원체 거세어 노비 상전들이 더욱 두려워했다. 혹 사족이나 노비 상전들이 노비와 함께 적을 따르는 자들은 서로 집강이라 불러 그 법을 따랐다. 백정들이 평민 사족과 맞절을 하자 사람들은 더욱 이를 갈았다.

이 대목은 노비들의 처지를 중심으로 기술하고 있으나 순수한 농민들도 그 고통에서 벗어나려고 여러 활동을 벌였던 것이다. 특히 국가의 수탈에 시달린 중간 지주들도 적극적으로 참여했다. 중간 지주들은 수령들과 구실아치들의 횡포에 시달려 빈농들과 뜻을 같이했던 것이다. 아무튼 이들은 상전이든 종이든 누구나 서로 접장接長이라 부르고 남녀를 가리지 않고 서로 맞절을 하여 신분 평등을 구현하려 했다.

집강소 활동은 전라도 농민군들이 주도했고 충청도와 경상도의 농민군들이 측면에서 산발적으로 지지했다.

겁을 먹은 민씨 세력은 농민군을 막으려 청나라에 구원병을 요청했으며 이에 따라 청나라 군사가 조선에 들이닥쳤다. 일본군도 예전에 맺은 텐진조약에 따라 군대를 파견했다. 일본군은 6월 21일 불법으로 경복궁을 점령하여 개화정권을 출범시키며 주권을 유린한 뒤에 군사 지휘권을 거머쥐었다. 그래서 나라는 반식민지 상태로 접어들었다.

전봉준은 집강소 활동을 벌이던 그해 9월에 전라도 농민군에게 일대 동원령를 내려 삼례로 모이게 했다. 그는 일본과 정면 승부를 하려고 모든 농민군을 집결시켰으며 삼례에 전라도 창의대중소倡義大衆所를 두었다.

충청도와 전라도의 접경인 삼례에 많은 농민군이 모여들었다. 그리고 늦가을 추위에 대비하여 짚신을 만들고 옷을 짓게 했으며, 양곡을 비축하고 대나무로 죽창을 만들었으며, 위봉산의 무기를 거두어들였다. 한편, 충청도에 전령을 보내 양곡과 짚신, 연초 등을 준비해두라 했고 북접의 지지를 요구하는 밀사를 보내기도 했다. 전봉준은 마침내 북접의 지지를 얻었다.

그동안 귀추를 지켜보던 북접에서는 관군들이 계속 동학교도들을 탄압했고, 일본군의 침략행위는 더욱 정도를 더해갔으며, 봉기 명령을 내려달라는 전국 교도의 재촉이 빗발쳤다. 최시형은 마침내 "앉아서 죽겠는가?"라고 분연히 외치고 전국에 대동원령을 내렸다. 이 대동원령은 강원도, 경상도, 황해도 등지의 농민군들에게 큰 호응을 얻었다. 그리고 농민전쟁을 전국적 규모로 확산시키는 효과를 가져왔다.

이 시기 충청도 일대에 모인 농민군은 10만 명이라고 한다. 이들은 손병희 지휘 아래 논산으로 집결했다. 하지만 일본군은 다른 지역의 농민군이 논산, 공주로 합류하는 길을 완전 통제했다. 이로 인해 경상도, 강원도, 황해도, 경기도, 충청도 해안지대의 농민군은 오던 길로 되돌아갔다. 전봉준은 북접의 연합전선 동의에 고무되어 직속 부대를 이끌고 여산, 강경을 거쳐 논산 은진으로 북상했다. 충청북도와 전라도의 농민군이 주축이 된 두 세력은 논산에서 만나 굳게 손을 잡고 이유상 등 현지 농민군과 함께 노성, 공주로 진격했다.

온 나라가 들끓었다. 완전히 농민군 세상이 된 것으로 착각이 들 정도였다. 한양 사람들도 술렁거리면서 보따리를 이고 지고 피난을 떠나느라 소란을 피웠다. 그 무렵 목천 세성산에서는 관군과 농민군이 맞붙어 처절한 전투를 벌인 끝에 농민군 수백 명이 몰살되는 일도 벌어졌다. 공주 전투의 전초전이었다. 아무튼 산으로 둘러싸인 공주에서 농민군 연합부대와 관군 일본군 연합부대는 처절한 전투를 전개했다. 20일쯤 대치하거나 전투를 벌였는데 농민군은 폭설이 내리고 추운 날씨인데도 솜옷을 입지 못하고 맨발로 이리저리 뛰어다녔다. 관군 쪽에서는 그 상황을 다음과 같이 적었다.

이 무슨 변괴인가? 아아, 저 몇만 명의 비류가 4, 50리에 뻗쳐 포위해왔다. 길이 있으면 빼앗고 높은 봉우리를 다투어 차지했다. 동쪽에서 소리치면 서쪽에서 달려가고 왼쪽에서 번쩍이다가 오른쪽에서 튀어나와 깃발을 휘두르고 북을 울리면서 죽음을 무릅쓰고 먼저 올라왔다. 저네들은 무슨 의리이며 저네들은 무슨 담력인가? 그들의 행동을 말하고 생각하니 뼈가 떨리고 마음이 서늘해진다.

―『공산초비기公山剿匪記』

농민군은 이렇게 용감하게 싸웠으나 11월 9일 우금재전투에서 일본군의 성능이 뛰어난 기관총과 연발식 화승총 등의 신무기 앞에 패배하고 말았다. 전봉준은 노성으로 후퇴하여 조선 군사와 구실아치 백성(장사꾼)에게 "나라를 위해 힘을 합하자"는 글을 피를 토하듯이 띄웠다. 잔여 농민군은 뿔뿔이 흩어져갔다.

전봉준은 농민군을 이끌고 전주를 거쳐 원평과 태인에서 마지막 전투를 벌이고 나서 군사를 해산하고 순창 피노리에서 잡혀 한양에서 처형되었고 손병희는 태인전투 이후 무주, 영동을 거쳐 보은에서 마지막 전투를 벌인 뒤 지하에서 활동했다. 한편, 잔여 농민군은 장흥, 강진 일대와 영동, 보은 일대에서 마지막 전투를 벌였다.

이들 주력 부대 외에 평안도를 제외하고 곳곳에서 관군과 일본군에 맞서 치열한 전투를 벌였다. 특히 경상도의 진주 등 남쪽 해안지대, 충청도의 홍주 등 해안지대에서 치열하게 전개되었다. 또 황해도에는 감영이 점령되는 지경에 이르렀으며 대관령을 중심에 두고 농민군의 활동이 전개되었다. 단군 이래 농민군이 전국에 거쳐 봉기하고 전투를 벌인 것은 이때의 농민전쟁이 최초였다. 앞에서 살펴본 대로 조선 말기의 민중 역량과 동력이 결집된 결과였다.

아무튼 1차 봉기를 반봉건운동, 2차 봉기를 반침략운동이라고 부른다. 두 차례 봉기에 참여한 농민군의 성격에 대해 전봉준은 동학과 원민이 결합했는데 원민이 다수를 차지한다고 했으며, 황현은 동학과 난민이 결합해 일어났다 했고, 일본측은 진동학당과 위동학당이 섞여 있다고 분석했다. 이는 종교운동이 아니었다는 뜻을 담고 있다. 또 박은식은 30만여 명이 죽었다 했고, 장도빈은 10만여 명이 살상되었다고 기록했다. 한국사에서 최초로 민중의 역량이 결집하여 전국으로 확대된 사례이지만 일본군의 대량학살이 조선에서 최초로 전개되었던 것이다.

일본군은 동학농민군 토벌을 구실 삼아 조선 땅에 상륙하여 농민군의 섬멸작전에 나섰으며 청일전쟁을 벌여 한반도뿐 아니라 동아시아 정세를 바꾸어놓았다. 조선이 식민지가 되는 첫 단계였다.

일본의 한반도 정세 인식과 출병

일본이 조선을 식민지로 만드는 첫 단계부터 다시 살펴보자. 일본은 대륙 진출과 정한론을 기본으로 조선의 정치적 동향과 백성들의 동태 등을 기초로 하여 정세를 분석했으며 이권 확보와 상인을 포함한 거류민의 안전을 당면의 문제로 내세웠다. 일본은 실체가 없다는 이유로 조선을 독립국으로 인정하지 않으려 했으며 겉으로는 동양 평화를 내세우면서 조선 내부의 사정을 엿보고 있었다. 동학교도들을 불한당이라 매도

하면서 조선 내정의 위기 상황은 곧 일본의 역할을 증대시킨다고 주장했다. 이는 조선에 내란이 일어나면 일본이 목적한 대로 하나의 임무가 주어짐을 시사했다.

그 밖에 또다른 명분도 만들었다. 갑신정변 때 청나라 군이 일본군과 군사 대결을 벌이면서 일본 군인이 살상되거나 일본 공사관이 피해를 입었다. 이를 계기로 일본은 조선에서 한 발 물러난 뒤 그에 대한 배상 문제를 들고 나왔다. 일본은 청나라에 대해 전면 전쟁을 불사한다고 압박했다. 하지만 청나라는 복잡한 내정뿐 아니라 열강과 대치하면서 전면전을 수행할 수 없는 처지였다. 그리하여 북양대신 이홍장李鴻章은 일본 총리대신 이토 히로부미伊藤博文에게 굴복해 보상금 합의를 보았다.

1885년에 체결한 톈진조약은 겉으로는 청일조약이지만 한마디로 말해 조선에 대한 패권 싸움을 위한 장치였다. 그 조약 3조에는 "조선에 변란이 일어나 출병할 때에는 어느 한 나라가 상대국에 문서로써 서로 알려야 한다知照出兵"는 내용이 포함되어 있었다. 이는 이토 히로부미가 주장하여 삽입했는데, 조선 정책에 대해 청나라의 일방적 간섭을 배제하려는 공작이었다. 하지만 일본은 이 조약에도 불구하고 조선에 대한 패권 경쟁에서 밀려났고 군사력을 증강하여 호시탐탐 반전의 기회를 노렸다. 때마침 동학교도들이 광화문에서 교조 신원을 호소하고 잇따라 척양척왜를 주장하면서 한양의 외국 공사관에 괘서를 붙여 돌아가라고 외치기도 하고 보은에서 대대적으로 집회를 갖기도 한 정세를 이용하여 조선 출병의 직접적 계기를 마련했다. 이 시기 일본 내각과 외무성에서는 일본 공사관과 거류민 보호를 명분으로 내세워 출병을 논의하고 육군과 해군은 행동으로 옮기려는 일을 꾸몄다.

일본은 무능한 조선군이 동학당을 진압할 수 없는 상태임을 알고 미리 대비하지 않으면 갑신정변 당시의 실패가 재연될 것을 우려하고 있었다. 이때의 출병은 겉으로 보면 단순하게 공사관 또는 거류민 보호만을 내세우고 있었는데, 양두구육羊頭狗肉이었다.

동아시아 질서를 개편한 청일전쟁
—

다음으로 청일전쟁의 과정과 결과를 살펴보자.

거듭 말하면 동학 농민군이 봉기한 뒤 전주성을 점령하자 고종과 민씨 세력은 청나라에 군대를 보내 토벌해달라고 요청했고 청나라는 톈진조약에 따라 일본에 알리고 군대를 파견하면서 종속국을 보호하는 옛 관례에 따라 군대를 파견한다고 했다. 두 나라의 군대가 한양과 인천 앞바다에 멋대로 출몰했다.

용산에 주둔하고 있던 일본군은 1894년 6월 말경 용산을 출발하여 청나라 군 주둔지인 아산으로 진격했다. 이와 동시에 일본 군함은 풍도에서 청나라의 군함에 선제공격을 했다. 멍청하게도 바다를 구경하고 있던 청나라 해군은 대포 몇 방에 여지없이 깨졌다. 6월 27일에 마침내 성환에서 육전이 개시되었다. 청나라 군은 전투를 개시하자마자 밀리기 시작했고 평택 언저리 전투에서 완전히 격파되면서 주력 부대는 뿔뿔이 흩어졌다. 죽은 청나라 장군들이나 병사들의 주머니에 멕시코 금화나 금비녀 등이 가득 들어 있었던 것과 달리 일본군은 훈련이 잘되어 있었고 규율도 잘 잡혀 있었다.

일본군은 그해 8월 1일에야 정식으로 선전포고를 하고 청나라 군을 격파한 여세를 몰아 청나라 군을 추격했다. 8월 17일 평양의 대회전에서 청나라 군이 다시 패전하여 북으로 도망쳐 압록강을 넘어갔다. 일본군은 중국 영토로 들어가 요동과 산동 반도 일대에서 청나라 군을 계속 공격하여 승리를 거두었다. 일본군은 황해의 중간, 베이양北洋 함대 사령부가 있는 웨이하이威海에 진격하여 청나라 군의 항복을 받아냈다. 7, 8개월 정도 전쟁을 벌인 뒤 일본군의 대승으로 마무리되었다.

이홍장은 부패한 군대로 맞서 전쟁을 벌였고 여지없이 깨졌다. 그는 항복하고 청나라의 전권대신 자격으로 1895년 3월 일본의 시모노세키下關로 건너갔다. 톈진에서 조약을 맺은 뒤 꼭 10년 만에 두 나라의 대표 이홍장과 이토 히로부미가 마주앉은 것이다. 톈진조약 때 이홍장이 거드름을 피웠다면 이번에는 이토 히로부미가 고향땅에서 거만을 부렸다.

아무튼 이토 히로부미의 의지대로 조약이 체결되었다. 이를 요약하면 1항에 조선은 자주국으로 일본과 평등한 권리를 가진다는 조항을 넣어 조선의 독립을 보장하고 조선이 청나라에 바치는 조공은 길이 폐지하며 타이완, 요동반도, 평후 제도澎湖諸島를 일본에 영원히 할양하고 충칭重慶, 쑤저우蘇州, 항저우杭州 등을 일본에 개방한다는 내용으로 채워져 있다.

이렇게 해서 일본은 북쪽으로는 요동반도, 남쪽으로는 타이완을 영토로 차지할 수 있었다.

하지만 모든 것이 일본의 뜻대로 이루어지지는 않았다. 이 조약 소식을 들은 러시아와 독일, 프랑스는 일본의 요동반도 점령을 막았다. 세 나라는 자신들의 진출을 위해 요동반도를 청나라 영토로 두라고 간섭했다. 그래서 일본은 타이완만을 식민지로 차지했으며 이때 타이완과 류큐 사이에 있는 무인도 댜오위다오釣魚島를 센카쿠 열도尖閣列島로 개칭하여 일본 영토로 만들었다. 일본은 이렇게 중국 남쪽에서 동남아시아로 진출하는 교두보를 확보했다.

이 조약에 조선의 국가적 운명이 걸려 있었지만 조선 대표는 참석할 수 없었다. 이 조약에 따르면 조선에서 일본과 청나라의 대등한 역학관계가 이루어졌다고 볼 수 있었다. 곧 조선은 두 나라 사이에서 자주라는 미명 아래 중립국이 될 수 있었다. 하지만 청나라의 종주권은 일단 배제되었으나 일본은 중립국 조선을 멋대로 보호국 또는 식민지로 만들 수 있는 조건을 만들었다. 이 조약은 일본 제국주의의 한 표상이었고 동학농민전쟁을 빌미로 한 침략의 상징이었다.

중국의 근대 사상가 량치차오梁啓超는 조선의 지배 세력과 양반의 부패와 폭압으로 동학농민전쟁이 유발되었고, 일본이 이를 이용하여 청일전쟁을 일으켰으며, 그 결과 청나라가 조선의 지배권을 상실하고 일본이 조선을 병탄한 사실을 기술하면서 통탄했다. 이는 현실관의 차이로 어디까지나 중국적 이해관계의 관점에서 바라본 것이었다.

일본은 동학농민전쟁을 대조선 침략정책을 수행하는 결정적 계기로 삼았다. 그래서 청일전쟁 전선의 후방에 일본군을 투입하여 동학농민군 토벌에 나섰던 것이다.

이 대목의 마무리를 지어보자.

일본은 개항 이후 많은 정보원을 동원하여 조선의 여러 사정을 수집해서 정리했다. 정보원들은 외교관과 기자를 비롯하여 상인, 유학생을 활용했다. 그리하여 집권 세력인 민씨의 동향과 수령들의 부정, 비리의 정도를 파악했고 이어 민중의 동향과 저항의식을 낱낱이 살폈다. 일본은 이를 근거로 대조선 정책을 입안했고 영국, 미국 등 열강을 이용하여 러시아와 청나라의 대조선 정책을 견제하면서 조선에 대해 우월적 발언권을 갖고 정책을 폈다.

1890년대부터 호남의 동학 세력이 확대되자 일본측은 진동학당과 위동학당, 곧 현실 타협파와 변혁 지향파가 갈라져 현실 인식을 달리했다고 보았다. 일본은 동학농민전쟁을 이용하여 단계적으로 대조선 침략 정책을 진행하는 결정적 계기로 삼았다. 그래서 일본군을 투입해서 경복궁을 강점하여 친일 개화파를 출범시켰던 것이요, 이어 동학농민군 토벌에 나섰던 것이다. 그러고는 청일전쟁을 도발하여 승리한 뒤 청나라를 보기 좋게 굴복시켰다. 그러는 동안 고종과 민비는 불안에 떨면서 무기력하게 바라만 보고 있었고 개화파는 군사 지휘권을 일본군에게 내주고 하수인 노릇만 했다.

갑오개혁과 의병활동

농민군이 집강소를 통해 단계적으로 개혁할 때 개화파는 갑오개혁을 단행했다. 갑오개혁은 어떤 내용으로 이루어졌는가? 일본은 경복궁 강점을 강행한 뒤 친일 내각을 구성하고 민씨 정권을 제거했다. 영원히 영화를 누릴 것 같던 민씨 세력은 조정에서 쫓겨나 유배를 가거나 낙향하여 숨어 살았으며 더러는 홍콩 등지로 망명을 가기도 했다. 이렇게 안동 김씨에 이어 여흥 민씨의 문벌정치도 막을 내렸다.

김홍집 등이 이끄는 개화파는 일본의 강요에 의해 군국기무처軍國機務處를 만들고 오토리 게이스케大鳥圭介 공사를 고문으로 내세웠다. 개화파와 일본 공사는 군국기무처를 통해 제일 먼저 관제를 개혁했다. 곧 의정부와 궁내부를 만들어 종래의 의정부 아래 6조를 폐지했다. 또 명칭도 바꾸어 종래의 영의정 또는 판서를 총리대신 또는 대신으로 불렀다. 이어 군국기무처에서는 내정 개혁이라는 이름으로 여러 조목의 방안을 실시했는데, 그 주요한 내용은 다음과 같다.

첫째, 청나라와의 모든 조약을 폐기하고 자주독립을 확정한다.

둘째, 종래의 중국 기년紀年(연표를 쓰는 것)을 버리고 개국 기년을 사용한다.

셋째, 양반 및 평민은 법률로는 동등하며 귀천과 문벌을 가리지 않고 인재를 등용한다.

넷째, 종래의 문관을 높이고 무관을 낮추던 차별을 폐지한다.

다섯째, 공사公私의 노비 문서를 없애고 인신매매를 금한다.

여섯째, 조혼을 금하여 남자 20세, 여자 16세 이상으로 결혼을 허락한다.

일곱째, 죄인 가족의 연좌법連坐法을 없앤다.

여덟째, 과부의 재혼을 허락한다.

아홉째, 사법관 또는 경찰관이 아니면 함부로 사람을 잡아들이지 못한다.

열째, 과거제도를 없애고 새로이 관리 등용법을 제정한다.

열한째, 은 본위의 화폐를 사용하고 백동白銅 등의 보조 화폐를 만든다.

열두째, 세금을 화폐로 바친다.

열셋째, 도량형을 개정, 통일한다.

열넷째, 각 관아에 외국 고문관을 초빙한다.

첫째와 둘째는 종래 조선왕조의 전통적 사대주의를 지양하는 것으로 청나라 연호를 버리고 개국 기년을 사용하게 했다. 셋째에서 다섯째까지의 내용은 종래의 신분 차별을 없애는 것으로 민중이 줄기차게 타파하려던 것들이다. 아홉째는 양반이나 벼슬아치 또는 서원 같은 곳에서 함부로 사람을 잡아들이는 횡포를 막은 것이다. 열째는 문벌 위주 또는 부정으로 일부 특권층이 관직을 독점하던 폐단을 시정한 것이다. 열한째에서 열셋째까지는 경제적인 문제로 일본의 은화를 사용하게 하고 농민들의 편의를 도모한 것이다.

이런 개혁이 시행되면 낡은 왕조의 봉건체제는 껍데기만 남게 되고 민중의 요구는 수렴되는 것이다. 그러나 이것은 자주독립을 구실로 청나라의 간섭을 없애 일본이 개입할 수 있게 길을 터놓은 것이 되고 말았다. 이는 개화파와 일본 제국주의가 민심을 얻으려는 꾀에서 비롯된 것이다. 그들은 일본인 고문관을 이용하여 자신들의 경제적 침투를 쉽게 했다.

1895년 1월에는 이른바 홍범 14조가 반포되었는데, 그 가운데에는 "문벌과 관계없이 인재를 등용한다"거나 "부정의 세금을 징수하지 못한다"는 내용이 담겨 있었다. 하지만 앞에서 말한 개혁을 조금 수정한 것에 지나지 않았다.

이 일련의 개혁안에 대해서는 두 가지 문제의식이 제시되었다. 하나는 자율론自律論이다. 곧 18세기 이후 끊임없는 민중의 투쟁과 실학파 또는 개화파의 주장이 반영되었다는 것이다. 이것은 바로 우리 역사가 정체되지 않고 사회 변화를 끊임없이 추구한 끝에 쟁취했다는 뜻이다. 그리고 다른 하나는 타율론他律論이다. 곧 친일 개화파와 일제가 야합하여 일제의 침략 발판을 마련해주는 과정에서 파생되었다는 것이다. 일제는 조선의 전통적 사회구조 또는 농촌구조를 개편하여 이른바 근대화라는 이름으로 일본 식민지화의 계기와 기반을 만들었다는 뜻이다.

아무튼 이 두 논의는 모두 일리 있다고 볼 수 있으나 농민이나 민중의 의사를 대변하는 세력들의 참여 없이 이루어졌으므로 이 개혁은 허울뿐인 개혁이었다. 가장 중요한 토지의 재분배가 이루어지지 않았고 노비 문제는 보수 세력의 항의로 굴레를 벗지 못하고 일부만 수정하는 정도에 그쳤다. 조세구조도 근본적으로 고쳐지지 않았기에 왕실에서는 일본 세력을 누르기 위해 청나라와 계속 내통했다. 특히 민비는 은밀하게 이런 정치적 접촉을 시도했다.

이에 일본 세력은 민비를 제거하려는 음모를 꾸몄다. 그리하여 1895년 8월 일본의 낭인 패들이 주축이 되어 경복궁에 난입하여 궁중을 샅샅이 뒤졌다. 민비는 궁녀로 변장하고 궁녀들 속에 숨어 있다가 끝내 죽임을 당했다. 일본 세력은 흥선대원군을 섭정으로 받들고 내각을 개편하게 했다. 이런 가운데 김홍집 내각은 단발령을 내렸고, 음력을 폐지하여 태양력을 쓰게 했으며, 국문 사용을 권장하고 복제服制 개정을 독려했다. 고종은 먼저 단발을 하고 양복을 입어 시범을 보였다.

전통 유림은 국모國母가 섬나라 오랑캐에게 난도질을 당하고 "신체발부身體髮膚 수지부모受之父母"라 하여 중시하던 상투를 자르게 하고 종묘의 제사 등 의식의 기준이 되던 음력을 폐지하는 따위를 참을 수 없었다. 상인들과 농민들은 백동화가 남발되어 전황錢荒이 일어나고 중상주의적 경향이 일어나 전통적 농업구조가 흔들리는 데 불만을 터뜨렸다. 그 가운데 단발령의 시행은 큰 혼란을 가져왔다. 이에 박은식은 다음과 같이 썼다.

순검들이 마을마다 돌아다니면서 강제로 머리를 깎게 하여 울음소리와 통곡소리가 곳곳에서 들렸다. 지방의 각 관리들도 내각의 뜻에 따라 머리를 깎느라고 다른 일은 돌보지 못했다.

—『한국통사韓國痛史』

모처럼 한양 나들이를 나왔다가 잘린 상투를 싸들고 통곡하며 내려가는 자, 순검의 칼날 앞에서 눈물을 흘리며 머리를 깎는 자, 문을 닫아걸고 안방 벽장에 숨어 있는 자 등 가지각색이었다. 민심이 동요하고 온갖 유언비어가 나도는 가운데 유림은 "내 목은 자를지언정 내 상투는 자를 수 없다"고 외치면서 그 부당함을 상소했다. 그래도 아무런 성과가 없자 유림은 창의소倡義所를 차리고 격문을 돌리며 의병을 모집했다. 가장 먼저 의병을 일으킨 의병장 유인석의 격문 한 대목은 다음과 같다.

국모의 원수 일본에 대해 이미 이를 갈았는데, 참혹하기가 더욱 심한 것은 임금이 된 지존의 몸으로 옛 의복을 버리고 양복을 입은 뒤에 또 이와 같은 머리까지 깎이는 망측한 흉화를 입게 되었다. 천지가 뒤집히는 이런 판국에 우리가 조상 대대로 받은 훌륭한 제도를 보전할 수 없다. 우리 부모가 준 몸을 금수로 만들었으니 이 무슨 일이며, 우리 부모에게서 받은 머리털을 깎였으니 이 무슨 변고인가?"

—『소의신편昭義新編』

유인석이 제천에서 분연히 의병을 일으키자 이어 경상도에서는 김도현, 경기도에서는 이강년, 강원도에서는 민용호, 충청도에서는 김복환, 전라도에서는 기우만 등이 일어났다. 이들 부대는 때로는 작은 규모로, 때로는 큰 규모로 이루어졌으나 무기를 제대로 갖추지 못했다. 또 군대를 훈련하고 지휘할 능력이 없어 의기에 비해 성과는 그리 크지 못했다. 또 유인석 등은 의병에 동학 농민군이 끼어들면 왕조에 저항했던 역적이라고 골라내 죽였고 평민 의병장은 양반 의병장의 지휘를 받게 하면서 양반과 상놈, 상전과 종은 하늘이 낸 것이라는 따위의 노래를 부르게 하여 하층민들의 지지를 적극적으로 받지 못했다. 그러나 이 의병들은 한양으로 진격하려는 계획을 세우고 각지의 관아를 습격했고 개화파의 벼슬아치들을 잡아 죽이면서 일본군과 관군에 맞섰다. 이것이 제1차 의병이었다.

러시아 공사관으로 피신하다

이즈음 친러파 이범진 등은 고종을 러시아 공사관으로 옮긴 뒤 일본 세력과의 관계를 끊게 하고 정권을 잡았다. 친일정권 대신에 친러정권이 들어선 것이다. 이를 아관파천이라 부른다. 일제는 뒤통수를 얻어맞은 꼴이 되었다. 이때 한양 거리에는 많은 사람이 몰려나와 시위를 벌였는데, 김홍집은 이를 무마하기 위해 광화문 거리에 나왔다가 군중에게 맞아 죽었다. 이렇게 친일정권은 무너졌다. 대신 들어선 친러정권은 친일 내각의 대신들에게 체포령을 내렸다. 단발령을 철폐하고 "각자 편리한 대로 하라"는 고종의 명이 떨어지자 의병활동은 주춤해졌다. 그러나 그 기세가 완전히 꺾인 것은 아니었다.

한편, 고종은 러시아 공사관에서 1년 동안 지내면서 러시아와 손을 잡고 친일 세력을 견제했다. 그러나 다 받아놓은 밥상을 그냥 빼앗길 일 본이 아니었다. 그들은 거류민을 보호한다는 구실로 군대를 계속 주둔 시키면서 이권을 차지하기에 혈안이 되었고, 이어 미국, 프랑스도 한몫 끼었다. 러시아가 광산채굴권, 삼림채벌권 등 이권을 차지하는 것을 시 작으로 다른 열강들도 철도부설권 등 여러 이권들을 거머쥐었다.

이렇게 열강들이 단계를 거쳐 야금야금 조선의 경제를 차지하자 이 제는 의병활동에서 한 걸음 나아가 독립협회를 통한 민권운동이 도시 중심으로 대두했다.

허울뿐인 대한제국의 성립

1896년 2월 고종이 러시아 공사관에 머물기 시작하면서부터 러시아 세 력이 조선의 주도권을 잡게 되었다. 한 나라의 왕이 남의 나라 공사관에 서 지내는 체면이 말이 아니었고 친러파의 횡포는 친일파나 다름없었다. 더욱이 무더운 여름이 닥쳐오자 고종은 넓은 궁궐 생각이 나서 방이 좁

◎ 외국이 차지한 주요 이권

나 라	연 대	이 권
러시아	1896	경원, 경성의 광산채굴권
러시아	1896	압록강과 두만강 유역 및 울릉도의 삼림채벌권
미국	1896	경인철도부설권(뒤에는 일본)
미국	1896	운산 금광채굴권
미국	1896	한양 시내 전화부설권(뒤에는 일본)
일본	1898	경부철도부설권
일본	1898	경인철도부설권(미국으로부터 사들임)
일본	1900	충청도 직산 금광채굴권
프랑스	1896	경의철도부설권(뒤에 일본으로 넘어감)
독일	1897	강원도 당현 금광채굴권
영국	1900	평안도 은산 금광채굴권

* 편의상 뒤 시기의 것도 포함했다.

다고 불평하기 일쑤였다. 그즈음 갑신정변 때 미국으로 망명했던 서재필이 돌아와 윤치호 등과 손을 잡고 「독립신문」을 간행하고 이어 이완용 등 친러파의 지원을 받아 독립협회를 조직한 뒤 조정의 잘못을 지적했다. 또 러시아가 많은 이권을 차지하자 미국 등 구미 열강도 광산채굴권, 철도부설권 등의 이권을 얻으려고 더욱 날뛰었다. 마음이 굳세지 못한 고종은 갈피를 잡지 못하고 우왕좌왕했다.

이런 정세 속에서 독립협회는 자주독립과 자강혁신, 자유민권을 내걸고 열심히 사회운동을 벌였다. 곧 외국과는 국가와 민족의 자주적인 주권을 행사하자는 것이요, 나라 안으로는 모든 문물제도를 혁신하여 나라의 부강을 도모하자는 것이요, 민중에게는 자유와 평등의 권리를 주자는 것이다. 그들은 맨 먼저 자신들의 의지를 독립문 건립에 쏟았다. 중국 사신을 맞이하던 영은문을 헐고 그 자리에 민족독립을 상징하는 독립문을 세우고자 했다. 그리하여 일대 모금운동을 벌여 정부 고관과 왕실도 기금을 내고 시민, 농민, 학생 등이 한 푼씩 두 푼씩 모았다.

1896년 11월 21일에 있었던 정초식에는 5,000여 명의 군중이 집합하여 식을 거행했다. 독립협회는 독립문 옆의 중국 사신이 머물던 모화관 부지에 독립공원을 만들어 시민의 운동장, 휴식처, 토론 장소로 사용하기로 했다. 또한 모화관 자리에는 독립관을 세워 강연, 집회 장소로 쓰게 했다. 독립관은 1년 만에 완성되었다.

독립협회는 토론회와 연설회를 벌이면서 민중의 독립의식을 고취했고 지방으로 확산시키기 위한 노력을 기울였다. 그러나 미국과 러시아가 일본의 독점적 지배권을 반대하자 독립협회는 친러정권의 후원을 받고 미국, 러시아의 이권 침탈을 옹호하는 입장을 취하기도 했다. 일반 백성들의 환궁 요구는 물론, 일본과 청나라 등의 압력으로 러시아는 더이상 고종을 공사관에 머물게 할 수 없었다. 마침내 1897년 2월 20일 고종은 정국이 조금 안정되었다 판단하고 덕수궁으로 돌아왔다.

그즈음 외세가 팽팽한 대립을 보이는 틈을 타서 조선 조정은 조금씩 자주권을 행사할 수 있었다. 이때 독립협회는 물론이고 집권 수구파와 재야의 전통 유림까지 종래의 청나라와 일본, 러시아의 주권 침해를 배제하기 위해 자주 국가의 전통과 명분을 찾아야 한다는 요구를 강력히 주장했다. 그해 8월에 조선 조정은 연호를 광무光武, 국호를 대한大韓이라 정했고 10월에는 새로 원구단을 짓고 그곳에서 황제 즉위식을 갖고 정식으로 '대한제국'을 선포했다. 이 국호에 나타난 한韓은 고대 국가인 삼한三韓에서 가져온 것이다. 자주성이 거의 없는 허울뿐인 제국이 한의 이름을 빌려온 것은 나름대로 의미를 부여할 수 있을 것이요, 대大라는 글자를 붙인 것은 허장성세虛張聲勢일 것이다. 그러나 후에 대한민국으로 이어졌으니 그 역사성은 가볍게 볼 수 없을 것이다.

어쨌든 대한제국은 왕실로서는 왕권을 강화하고, 집권 수구파로서는 기성의 지배체제를 계속 누리고, 신흥 세력인 독립협회로서는 자주권 수호를 관철하고, 민중으로서는 생존의 숨통을 트는 여러 목적과 요구가 결합되어 태어난 사생아였다. 왕을 황제, 전하를 폐하라 하는 따위의 용어만은 자주성을 살렸다고 할 수 있다. 그런데 이 사생아는 곧바로 약한 모습과 함께 그 반동성을 여실히 드러냈다. 대한제국을 유지하기 위한 재원을 염출하기 위해 갑오개혁 때 국가 재정과 왕실 재산을 분리한 제도를 통합하여 궁내부로 귀속시키는 조치를 취했다. 그 일환으로 종래 농민들이 경작권을 갖고 있던 관유지官有地를 황실 소속으로 편입시키고 그 토지의 경영을 정부의 비호 아래 지주에게 맡겼다. 정치적 기

반이 취약했던 대한제국이 또다시 러시아의 입김에 놀아나자 독립협회
는 다음과 같은 내용으로 맞섰다.

첫째, 독립협회는 정치체제를 전제군주제에서 입헌군주제로 바꾸려
했다. 곧 왕이 정치권력을 마음대로 휘두르는 제도를 왕의 권력도 헌법
에 따라 제한을 받게 하려 한 것이다. 둘째, 독립협회는 대의제도를 주
장했다. 의회를 민선과 관선으로 갈라 주권 재민의 근대 국민국가의 의
회제도를 구성하자는 것이다. 독립협회는 이런 요구를 종로 보신각 일대
에서 만민공동회라는 이름으로 집회를 열어 많은 시민의 동의를 얻어냈
다. 이때 고종은 그들의 요구를 들어주겠다는 언질을 보냈다.

1898년 10월에 열린 만민공동회에서는 정부에 건의할 헌의 6조
(1. 일본에 붙지 말 것, 2. 외국과의 이권 계약은 대신 단독으로 하지 말 것, 3.
재정을 공정히 하고 예산을 공표할 것, 4. 중대 범인의 공판을 공개하고 언론
집회의 자유를 보장할 것, 5. 칙임관의 임명은 중의에 따를 것, 6. 그 밖의 별항
으로 낸 규칙을 실행할 것)를 채택하고 고종으로부터 그 실행을 약속받기
도 했다. 그러나 수구파는 이에 놀라지 않을 수 없었다. 독립협회의 요구
대로 들어주면 황제는 실권을 잃게 되고, 이어 자신들도 지배권을 내놓
아야 할 것이라고 생각한 것이다. 그리하여 수구파는 고종 황제에게 독
립협회의 속셈은 황제를 밀어내고 대통령제를 실시하는 것이라면서 꼬
드겼다. 이에 놀란 고종 황제는 수구파의 요구에 따라 독립협회에 탄압
을 가했다.

종로는 아크로폴리스

그동안 잠행으로 동학 세력을 넓히던 최시형은 끝내 동학의 공인을 얻지 못한 채 잡혀 교수형을 당했다. 이종일 등은 정부가 폐간시킨 「독립신문」을 대신하여 「제국신문」을 간행했고 장지연 등은 「황성신문」을 새로이 발행하여 애국심과 독립심의 고취를 피를 토하듯이 부르짖었다.

고종 황제는 이상재 등 독립협회 회원 17명을 체포하고 독립협회의 해산을 명령했다. 이에 독립협회는 회원과 시민을 총동원하여 연일 집회를 열고 구속자의 석방, 협회의 부활, 헌의 6조의 시행 등을 요구했다. 집회 장소인 종각 앞 종로 일대는 민권투쟁의 광장이 되어 열기를 더해갔다. 집회에는 수천 명에서 1만여 명이 모였다. 종로 일대는 한국의 '아크로폴리스'라 할 수 있었다.

이때 수구파는 보부상을 주축으로 황국협회를 만들었다. 보부상은 등짐장수와 봇짐장수인 하층민들이었으나 동학농민전쟁 때부터 관권의 입김을 받고 정부의 하수인인 테러집단으로 바뀌어 있었다. 황국협회의 회장 이기동 등은 거짓 익명서를 광화문과 독립문에 내걸고 그 내용을 황제에게 알리면서 "독립협회가 왕정을 폐하고 공화정을 세울 목적으로 민심을 선동하는 벽보를 붙였다"고 고자질했다. 이 일로 이상재 등이 구금되고 독립협회의 해산 명령이 나왔던 것이다. 이에 독립협회측에서 무고임을 줄기차게 상소하자 다시 구금자를 석방하고 독립협회의 부활을 명령했으며, 이어 황국협회의 간부들을 가두었다. 이때 이기동 등은 전국의 보부상을 과천에 불러 모아 몽둥이와 갈고리로 무장시키고 행동할 날만 기다리고 있었다.

1898년 11월 21일 종로 인화문 앞에서 열린 만민공동회에서는 1만여 명이 모여 열띤 토론을 벌이고 있었다. 이때 홍종우(김옥균을 암살한 범인)가 지휘하는 날쌘 보부상 패가 만민공동회를 습격하여 닥치는 대로 몽둥이와 갈고리로 패고 갈기며 짓밟았다. 집회에 참여했던 시민들은 서대문 쪽으로 쫓겨났다. 그러면서도 그들은 돌멩이를 쌓아 서대문 일대에서 대항했고 날랜 보부상들은 다수의 군중에게 밀려 마포까지 후퇴했다. 그리하여 만민공동회는 종로에서, 황국협회는 마포에서 각기 진을 치고 지구전을 펼쳤다.

이듬해 1월 줏대 없는 고종 황제는 또다시 수구파의 말에 귀를 기울여 만민공동회의 지도자들을 체포했다. 이어 최정식을 처형하고 이승만에게는 종신형을 내렸다. 이승만은 대통령제를 해야 한다고 주장하여 특히 미움을 받았다. 결국 독립협회는 공식적으로 해산을 당했고 황국협회도 흐지부지 활동이 중지되었다.

독립협회의 활동은 '국권수호운동' 또는 '애국계몽운동'이라 불리지만 초기에는 러시아와 미국을 옹호했고, 지주제도를 유지하려 했으며, 외국으로의 미곡 수출을 막는 것은 조약 위반이라는 논지를 펴서 상인들과 농민들의 문제에는 일정한 한계를 지니고 있었다.

대한제국은 장애 세력을 없앤 뒤 두 가지 일을 추진했다. 하나는 대한국제大韓國制라는 이름으로 국가의 새로운 통치제도를 천명했는데, 입법과 행정, 사법 및 모든 외교권, 군사권은 황제가 전제한다는 것이었다. 이는 갑신정변 이후 독립협회에 이르기까지 근대국가의 이념인 입헌군주제 또는 공화정제의 주장을 전면으로 되돌려놓은 조치였다. 다시 말해 절대왕권을 강화하여 왕조의 통치체제를 그대로 존속 또는 강화하려는 것이었다. 이는 황실과 결탁한 수구파의 반동성에서 비롯되었다.

또다른 하나는 일련의 개혁을 추진한 것이었다. 이는 자주 국가로서의 군대 개편, 경제정책으로서의 토지제도 정비, 근대국가로서의 신교육 실시 등에 초점을 두었다. 군대는 신식 편제를 도입하여 수도 경비와 황제 호위를 맡는 시위대와 호위대를 설치했고 지방의 방위를 맡는 진위대를 증설, 강화했다. 일본인 교관을 초빙하거나 총포 등 신식 무기를 수입하기도 했다. 이 군대는 지금의 을지로 6가와 과거 서울운동장 언저리에서 훈련을 받았다.

토지제도의 경우에는 양전量田(토지 측량)을 실시했다. 이는 토지를 정확하게 측량하여 국가 재정의 수입을 늘리고 개인 소유에 대해서는 지계地契라는 토지 문서를 발급하여 사유재산을 보호하기 위한 것이었다. 갑오개혁 때 여러 가지 사정으로 다른 요구는 부분적으로 받아들이면서도 이 부분만은 제외했다.

이때에도 토지의 재분배는 염두에 두지 않고 토지의 정확한 측량을 통해 토지 소유자에게 더 많은 조세를 거두려 한 조치를 취했을 뿐이다. 궁방전宮房田(왕실에 딸린 토지)을 줄이거나 대지주의 토지를 제한하려 한 것이 그 목적이 아니었다. 이에 농민들은 오히려 경작권을 갖고 있었던 궁방전과 역둔토驛屯土 등에 대한 권리가 줄어들었다. 따라서 농민들은 이 개혁을 달가워하지 않았으며 그들의 항쟁은 계속되었다.

신교육은 실업과 기술을 장려하기 위해 상공학교, 공업전습소 등은 물론이고 영어, 중국어, 일본어 등의 외국어 학교를 세웠다. 또 신식교육과 신문물의 습득을 위해 중국과 일본에 사신단 또는 유학생을 보냈다. 이것은 개화파가 그동안 꾸준히 주장하거나 추진한 신문물의 수입에 대한 결실이었다.

5, 6여 년에 걸친 이 개혁은 주변 열강이 조선에 손길을 멈칫거리는 시기에 자주적으로 단행되었다는 점에서 조선왕조의 마지막 부실한 개혁이었다 할 수 있다. 그러나 한편으로 전제군주권이 흔들리고 조선왕조가 막을 내리기 전에 단행된 것으로 절대군주권과 조선의 종묘를 지키는 대가로 시행된 한계를 지니고 있었다. 곧 수구파의 반대를 물리치고 부분적으로 개화파와 농민 세력의 요구를 수렴한 것이기도 했다.

혼란 속에 외교권을 빼앗기다

대한제국이 휘청거리는 나라를 지탱하기 위해 안간힘을 쓰고 있을 때 백성들이 놀랄 일이 계속 벌어졌다. 신문명이 만들어낸 기구들이 사람들의 눈을 현혹한 것이다.

1899년 9월 노량진과 인천 제물포 구간에 기차가 개통되었다. 일본인들에 의해 공사가 시작된 지 5개월여 만에 완성된 이 철도는 사람들의 눈을 경이롭게 했다. 이듬해 7월에는 웅장한 한강 철교가 완성되었다. 나룻배가 다니거나 왕이 행차할 때 배다리(수백 척의 배를 연결하여 그 위에 판자를 깐 다리)를 놓던 곳에 기차가 지나고 사람이 그 위를 걸어 다닐 수 있게 되었다. 그해 4월에는 종로에 전등불이 여기저기 켜졌다. 사람들은 대낮같이 환하게 밤을 밝혀주는 전등불을 보면서 도깨비불보다 밝다고 생각했다. 이런 과학문명을 접한 백성들은 "개화가 좋기는 좋구나" 하고 감탄했다. 그러나 뜻있는 사람들은 나라가 망할 조짐이라고 여겼다.

이때 청나라에서는 의화단 사건이 일어나서 전국을 휩쓸었다. 기회를 엿보고 있던 열강들은 자기네들을 적대하는 의화단을 토벌한다는 구실로 출병했고 청나라에서는 열강과 싸움을 벌였다. 결국 열강들은 베이징까지 점령했고 청나라는 많은 배상금과 땅덩이를 내주고 이를 수습했다. 그러나 러시아만은 군대를 철수시키지 않고 만주 일대에 주둔하여 검은 야심을 노골적으로 드러냈다. 이에 가장 몸이 단 것은 일본이었다. 한반도를 놓고 일본의 대륙 진출과 러시아의 남하정책이 늘 충돌해오지 않았던가. 일본은 영국과 영일동맹을 맺었다. 일본이 청나라의 이권을 영국에 넘기는 대신 대한제국에서의 이권은 영국이 묵인한다는 내용이었다. 이에 맞서 러시아는 프랑스와 동맹을 맺고 국경지방에 있는 용암포를 점령했고 그곳에 군대를 주둔시켰다. 일본과 러시아는 여러 차례 대한제국의 진출을 놓고 타협하려 했으나 서로 양보하지 않았다. 이렇듯 싸움이 벌어질 조짐이 팽배해 있을 때 대한제국은 중립을 선언했다.

1904년 2월 6일 일본은 러시아에 최후통첩을 했다. 이틀 후에 일본 해군은 인천 앞바다에 떠 있는 러시아 군함을 공격하고 동시에 여순항도 기습 공격했다. 국제법으로 규정된 선전포고는 그 이틀 후에 했다. 이렇게 하여 두 나라는 대한제국과 만주에서 싸움을 벌여 엎치락뒤치락했지만 일본의 우세 속에서 8월에 강화를 맺었다. 마침내 일본은 대한제국에서 러시아 세력을 몰아내고 독식할 모양새를 갖추었다.

전쟁을 벌이는 동안 일본은 이른바 한일의정서를 체결했다(1904. 2). 의정서에는 일본은 군대를 한양과 각 군사 요지에 파견하고 "대한제국 황제의 안녕을 보장하고 영토 보전이 위험할 때 필요한 조처를 취한다"는 내용이 담겨 있었다. 이 일은 음흉한 이토 히로부미가 온갖 공갈 협박으로 황제와 대신들을 얼러 강제로 체결한 것이었다. 이때 대한제국과 러시아가 맺은 모든 조약은 폐기되었다. 일본은 마음대로 이 나라를 농락했고 친일 세력을 키우기에 온 힘을 기울였다.

송병준은 함경도 출신의 떠돌이로 세도가 민영환에 빌붙어 수문장 등을 지내다가 일본에 망명해 있었다. 러일전쟁이 일어나자 일본어 통역으로 건너와 일본의 자금과 지휘를 받아 유신회維新會를 조직했다. 또 이용구는 동학농민전쟁 때 북접의 접주로 활약했는데, 이때 일본의 자금을 받고 동학 세력을 중심으로 진보회라는 단체를 만들었다. 1904년 9월 이 두 단체는 합하여 일진회를 조직했다. 이 단체는 겉으로 "국민의 생명, 재산을 보호한다"는 등의 강령을 내걸었다. 그리고 단체의 명의로 일본을 지지하는 벽보를 붙이고 경부선, 경의선 철도를 부설할 때 노동자들을 동원했다.

이들 노동자는 임금(일본 노동자보다 훨씬 낮은 임금)을 받으며 일본의 보호 아래 위세를 부렸다. 노동자들은 왕조시대에는 부역으로 동원되어도 보수를 받지 못하는 처지였으나 비록 쥐꼬리이기는 하지만 당당히 임금을 받는 데 일본에 고마워했다. 그들은 양반의 위세 앞에 맥을 못추다가 양반에 맞서 대거리해도 보호를 받게 되자 일본에 감사하는 마음을 가졌다. 일본의 교묘한 술수에 놀아난 것이지만 그들은 몰랐다. 송병준, 이용구는 멋대로 날뛰며 일진회원 또는 노동자들을 농락했다. 본격적인 친일파의 등장이었다.

대한제국은 고문정치, 곧 일본인이나 외국인을 각 기관에 고문이라는 이름으로 앉혀 실제 행정이나 사무를 담당하게 한 제도가 시작되면서 껍데기만 남게 되었다. 이런 가운데 1905년 7월 미국과 일본은 '가쓰라-태프트 조약'을 맺었다. 미국이 필리핀을 통치하는 대신 일본이 대한제국을 통치하는데 이에 서로 간섭하지 않는다는 조약이었다. 또 일본은 영국과도 두번째 조약을 맺어 일본이 하는 일에 영국이 간섭하지 않는다는 약속을 받았다. 일본은 걸릴 것이 없었다.

1905년 11월 10일 이토 히로부미는 또다시 배를 타고 부산을 거쳐 한양에 모습을 드러냈다. 허울좋게도 일본 천황이 대한제국의 황제를 위문하기 위해 보낸 특파대사라는 직함을 달고 있었다. 이토 히로부미는 겉보기로는 수염을 위엄 있게 기르고 옷을 깔끔하게 입은 신사였으나 그의 행동은 양두구육이었다.

이토 히로부미는 고종 황제를 세 번 만나고 새 조약안을 내밀었다. 전문 5조로 되어 있었는데, 대한제국의 외교권을 접수하고 그 직무를 수행하기 위해 통감과 이사관을 두고 황실을 보호한다는 내용이었다. 아무리 둔한 황제라도 이를 받아들일 수 없었다. 그러자 이토 히로부미는 헌병을 온 시내와 궁궐에 배치하고 이른바 어전회의를 열게 했다. 황제는 병을 핑계로 내전에 틀어박혀 있었는데, 이토 히로부미는 대신 한 사람 한 사람에게 위협적인 말로 가부를 물었다.

아홉 대신 가운데 참정대신 한규설과 탁지부대신 민영기만 반대했고 나머지는 모두 이토 히로부미의 강압에 찬성을 표하며 순순히 따랐다. 그 가운데 외부대신 박제순, 내부대신 이지용, 군부대신 이근택, 학부대신 이완용, 농상공부대신 권중현 등이 적극 찬성을 하고 나서 나라를 팔아먹은 오적五賊이 되었다.

1905년 11월 17일 분을 못 이긴 황제는 황실을 보호해준다는 조항에 일말의 위안을 느꼈지만 나라는 이제 진짜 허울만 남게 되었다(을사조약). 이 소식이 전해지자 「황성신문」 주필 장지연은 "이날이여, 목 놓아 통곡하노라"는 사설을 눈물을 뿌리며 피를 토하듯 썼다. 또 민영환, 홍만식, 전봉학 등 열사와 지사들이 이에 항의하여 자결했다. 그러나 이런 항의는 달걀로 바위 치기였다. 일본의 침략 세력은 러일전쟁 후 구체적인 계획 아래에서 마지막 마무리 작업으로 조약을 추진했던 것이다.

이어 을사조약에 따라 대한제국의 외교권은 완전히 일본으로 넘어갔다. 그 무렵 새로 설치된 한국통감부는 잇따라 모든 내정도 단계적으로 접수했다. 그리고 이토 히로부미는 통감이 되어 모든 일을 지휘했다. 한국통감부 건물은 남산 밑에 자리를 잡고 경복궁을 내려다보았다. 이와 함께 정동에 있던 미국 공사관을 비롯한 외교사절은 모두 철수했고 미국, 러시아, 프랑스에 있던 대한제국 공사관은 모조리 문을 닫았다.

땅도 빼앗기고 빚도 지다

청일전쟁 후 일본의 자본가들, 곧 미쓰이三井나 미쓰비시三菱 재벌은 철도 부설권과 광산채굴권을 움켜쥐고 경제 침략을 감행했다. 그들은 이른바 보호조약이 맺어지자 금과 쌀을 마음 놓고 약탈해갔다. 일제 침략 세력은 대한제국을 원조한다거나 시정을 개선해준다는 등의 명목으로 차관을 강요했다. 그들도 청일전쟁으로 영국과 미국에 많은 빚을 지고 있으면서 미국에서 빚을 더 얻어 고리로 다시 차관을 준 것이다. 그리하여 그 액수는 1905년 6월부터 1906년 3월까지 1,350만 원에 달했는데, 그때 대한제국 정부의 연간 세입은 1,400만 원 정도였다. 1910년 7월까지 일본에 진 총외채는 4,496만 원이었다. 이를 국채國債라 불렀다.

그런데 그 돈은 다 어디에 썼던가. 대구와 경주, 또는 진남포와 평양 간의 도로 확장이나 일본인들이 거류하고 있는 인천, 평양, 용산 등지의 상수도 시설, 각 지방에 있는 이사청 세무서 직원과 일본인 관리들의 보수에 쓰였다. 결국 일본 침략을 돕는 자금으로 쓰였던 것이다.

그들은 러일전쟁 당시 대한제국을 위해 싸워준 대가라 하여 함경도에 지세地稅를 강제 징수하여 자기네들 경비에 썼는데, 을사조약 후 지방세를 정리한다는 구실로 포구세, 여각세, 인력거세, 가마세, 달구지세, 자전거세, 기생세까지 거두어들였다. 왕조시대에는 상상도 못하던 세목이었고, 또 자기네들 나라에서 묻어온, 이른바 새 문물로 생겨난 직업을 포함시킨 것이었다.

이렇게 가장 밑바닥에 사는 사람들의 세금을 호되게 거두면서 지주나 자본가들에게는 후하게 대했다. 그들의 이용물로 써먹기 위한 수작이었다. 이런 달콤한 회유에 넘어간 고관들은 담배, 소금 등의 주요 이권을 일본에 팔아넘겼고 궁중 소유의 토지를 헐값으로 넘겼다. 농민의 착취도구인 수리조합을 일제가 시키는 대로 만들고 '황무지 개간'에 동의하여 일본인에게 개간권을 넘겨주었다. 또 산림법을 만들어 임야를 일본인의 소유로 만들어주었다. 그 결과 농민들은 농사를 지으면서 물을 끌어 썼다가 수세를 물어야 했고, 임자 없는 땅을 경작했을 때에는 경작권을 뺏겨야 했고, 자기 나라 소유의 산에서 땔나무와 묘 터를 잡았다가 모두 빼앗겼다. 이런 일에 협조한 벼슬아치, 친일 자본가 또는 지주들은 이권을 얻고 일제의 비호를 받으며 떵떵거리고 살았다.

일본 침략 세력은 대한제국의 토지를 수탈하기에 여념이 없었다. 그들은 철도를 부설하고 신작로를 내면서 그 부지를 대량 확보해 일본인이 살 터전을 함께 마련해주었는데, 용산역 부지는 45만 평, 신의주역 부지는 105만 평이었다. 일본의 큰 역은 3만 평을 넘지 않았다. 또 이들 부지 안과 주변에 있는 묘와 집터를 마구 파헤치고 헐었다. 그러고는 묘에 들어 있는 도자기를 비롯한 유물들을 마구 빼내어갔다. 일반 묘뿐 아니라 개성에 있는 공민왕 묘를 포함해 고구려, 신라, 백제, 고려 시대의 고분들도 마구 파냈다. 그들은 일반 백성들을 꾀어 푼돈으로 책과 그림, 글씨를 사들여서 일본으로 가져갔다. 이런 약탈은 일제 식민통치 전 기간에 걸쳐 이루어졌지만 이 시기에 가장 극성을 부렸다.

이런 가운데 백성들은 살길이 막막하여 섬으로 숨거나 산속으로 들어가거나 함경도 또는 만주 등지로 유랑의 길을 떠났다. 농토를 잃고 가중되는 세금에 시달린 농민들은 도시로 몰려와 도시 빈민이 되었다. 그들은 인력거를 끌거나 지게 품팔이를 하거나 일제가 벌이는 공사에서 인부 노릇을 했다.

열화 같은 애국운동

이 시기에 이르러서 척사파와 개화파, 농민군 세력은 새로운 시대 상황에 따라 개편되었다. 무엇보다 그들이 중심이 되어 애국계몽운동이라 불리는 민족운동이 활발히 전개되었다. 그 범위는 여러 분야에 걸쳐서 매우 복잡하고 다양하지만 몇 가지로 나누어 요약해보자.

무엇보다 한글의 연구와 정리, 보급운동이 일어났다. 처음 정부에서 공용문서에 국한문 혼용체를 썼고 1907년에는 국문연구소를 설립하여 주시경, 지석영 등에게 국문을 가르치게 했다. 주시경은 배재학당 교사로 지내면서 김두봉, 최현배 같은 제자를 기르고 국문을 정리하며 새 문법을 만들고 두음법칙의 이론을 제시했다. 그렇게 국문 어법을 지었고 종래 언문이라 부르던 용어를 한글이라 명명하여 부르게 했다. 이를 학교에서 가르치기도 했으나 신문 잡지에 두루 쓰게 하기도 했다. 「독립신문」은 순한글로 발행되었는데, 주시경이 이 일을 맡아 큰 공로를 세웠다.

다음은 민족의 역사를 정립하는 역사학자들이 있었다. 그들은 민족의식을 고취하고 독립정신을 강조하는 전기의 글을 써서 발표했는데, 그 가운데 신채호의 『을지문덕전』, 『이순신전』, 『최도통전』과 박은식의 『연개소문전』 등은 중국이나 일본 같은 외세에 맞서 싸운 이야기를 전하고 있다. 특히 신채호가 번역한 『이태리건국삼걸전伊太利建國三傑傳』은 베스트셀러가 되어 큰 호응을 얻었으며 박은식이 쓴 『몽견금태조夢見金太祖』는 여진족과 한민족이 동족임을 강조하여 힘을 합해 독립운동을 벌여야 한다는 줄거리를 엮었다. 또 학교를 통해 우리나라 역사교육에도 열중했다. 『동국역사東國歷史』, 『유년필독幼年必讀』과 같은 어린이나 청소년 역사책을 펴내 학교에 보급했다.

한편, 신문학운동도 있었다. 이해조가 쓴 『자유종自由鐘』, 안국선이 쓴 『금수회의록禽獸會議錄』, 이인직이 쓴 『혈의 누』 등 신소설이 등장하여 일정한 수준에서 민족의식 또는 민족운동에 공헌했다. 이 소설들을 개화기 문학이라고도 하는데, 모두 무능한 정부를 비판하고 개혁해야 한다는 이야기를 바탕으로 했다. 또 가사로는 「애국가」, 「학도가」를 통해 애국심을 고취했고 이완용 등 친일파를 조롱하는 노래도 유행했다.

그다음은 정치, 사회 운동이 전개되었다. 이준, 양한묵이 이끌던 헌정연구회는 한국통감부 정책을 신랄하게 비판했다 하여 해산되었고 장지연, 윤효정 등이 이끈 대한자강회는 민족산업을 일으켜야 한다는 논조를 펴고 학생교육의 필요성을 역설했으며 권동진, 오세창 등이 이끈 대한협회에서는 입헌정치를 주장했다. 무엇보다 1907년 신민회 결성이 주목을 끌었다. 이 단체에는 안창호, 이승훈, 이갑, 이회영, 이상재 등 명망가들이 망라되어 있었는데, 낡은 사상과 습관을 혁신하여 국민을 유신시켜야 한다고 주장하고 자주독립 노선을 외치면서 활발한 활동을 벌였다. 한국통감부에서는 105인 사건을 조작하여 회원들을 체포했다(1911). 지방 인사 중심의 서북학회, 기호학회, 교남학회, 호남학회 등도 활발히 활동했다.

다음에는 민족교육운동이 전개되었다. 특히 평양에 세운 대성학교, 정주에 세운 오산학교 등이 민족교육의 요람이 되었으며 이승훈이 교장으로 있던 오산학교는 민족교육에 열정을 기울였다. 한편, 미션 스쿨인 배재학당과 이화학당에서도 선교사들의 지도를 받으면서 민족교육에 힘을 쏟았고 황실에서 최초로 세운 육영공원을 비롯하여 중동학교, 휘문학교, 숙명여학교, 진명여학교 등이 세워졌다. 1908년까지 야학과 간이학교를 포함하여 서울과 지방에 수많은 교육시설이 설립되었다.

다음에는 언론운동이 활발히 전개되었다. 최초의 신문은 1883년에 발행된 「한성순보」였다. 뒤이어 1896년에는 「독립신문」이, 1898년에는 「제국신문」이 간행되었는데, 국한문 혼용 또는 한글 전용으로 발행되었다. 「독립신문」은 한글 전용의 신문으로 명성을 떨쳤다. 무엇보다 1904년에 발간된 「대한매일신보」가 주목을 끌었다. 이 신문은 영국인 어니스트 토머스 베델Ernest Thomas Bethell이 자금을 지원하여 한영 합작으로 발행되었는데, 국한문 혼용체였다. 의병활동과 일본의 비리 등을 보도하여 한국통감부의 많은 간섭과 탄압을 받았다. 한편, 잡지도 출판되었다. 1906년에 간행된 『소년한반도少年韓半島』를 비롯하여 가정잡지 『소년』 등이 발행되어 보급되었다. 특히 여성과 청소년을 대상으로 한 잡지가 주목을 끌었다. 또 여러 학회에서는 잡지 형식의 회보를 펴내 보급했다.

이런 민족운동 또는 계몽운동은 한국통감부의 탄압에 맞서다가 해산되거나 폐간되기도 했으며 탄압을 피하려 타협을 하거나 온건 노선을 걸으면서 이어나갔다. 하지만 반식민지 상태에서 불가항력의 환경에 처해 있었음을 이해할 필요도 있다.

마지막 국채보상운동을 빼놓을 수 없다. 앞에서 말한 국채, 곧 나랏빚을 갚지 못하면 나라의 재정이 통째로 넘어가거나 나라를 팔아먹어야 할 처지에 놓였다. 나랏빚 갚기 운동은 먼저 대구에 사는 서상돈, 김광채 등이 시작했다. 그들은 처음에 담배를 끊어 빚을 갚자고 주장했는데, 그 불길이 전국으로 번져 단연회가 조직되었고 금비녀, 은비녀 따위의 보물을 앞다퉈 내놓았다. 이에 「대한매일신보」 등 언론기관이 발 빠르게 보도하면서 애국심을 고취했다. 천도교 등 종교단체에서도 지지하여 많은 의연금을 모을 수 있었다.

「대한매일신보」에 설치한 국채보상지원 총합소에는 6개월 만에 19만 원이 모였다. 그러자 한국통감부에서는 터무니없게도 어니스트 토머스 베델이 의연금을 횡령했다고 고발했고 회계 책임자인 양기탁을 구속했다. 일본이 가만히 두고 볼 리 없었던 것이다. 이런 탄압으로 뜻을 이루지는 못했으나 민립대학 건립 기금으로 돌리려는 운동도 펼쳤다. 비록 나랏빚 갚기는 실패했으나 전국적인 지지를 얻은 애국운동이었다.

의병항쟁, 들불처럼 번지다

을사조약 이후 많은 사람은 온건한 애국운동으로는 일제의 침략에 맞설 수 없다 생각하고 무력 항쟁으로 노선을 바꾸었다. 원래 애국운동에 참여했던 시민들과 농민들은 영학당 또는 활빈당이라는 이름으로 주로 농촌을 중심으로 관아를 습격하거나 부자의 재산을 빼앗아 빈민들에게 나누어주거나 일본의 앞잡이인 왜군수倭郡守(일본이 임명한 수령)를 잡아 징계했고, 나아가 토지 개혁을 요구하기도 했다.

이때에 이르러 이들 세력은 양반 출신의 유생들과 힘을 합쳐 의병 대열에 끼었다. 원주에서 원용팔, 홍성에서 민종식, 태인에서 최익현, 영해에서 신돌석 등이 적게는 수백 명, 많게는 수천 명의 부대를 이끌고 관군 또는 일본군과 각지에서 접전을 벌였다. 이들은 때로는 대포와 신식 총을 갖기도 했으나 농민군처럼 대부분 화승총 또는 창, 칼과 같은 구식 무기를 들고 싸웠다. 그 가운데에서도 평민 출신인 신돌석은 뛰어난 유격 전술로 영양 일월산 등지를 근거지로 삼고 관군과 일본군에 많은 타격을 주었다. 이때는 제1차 의병과는 달리 구식 군인을 비롯하여 양반과 평민, 벼슬아치와 농민 할 것 없이 한마음으로 뭉쳐 항쟁을 벌였다.

1907년에 이르러 고종은 이준, 이상설, 이위종 등을 헤이그에서 열리는 만국평화회의에 파견하여 대한제국의 독립을 호소했다. 이 사실이 뒤늦게 발각되어 통감 이토 히로부미는 고종을 강제로 퇴위시켰다. 그러고는 '한일신협약'을 맺어 일본인 차관을 각 부서에 두게 하여 실제로 행정을 완전히 접수했다. 이어 껍데기만 남은 군대를 해산시켰다. 군대 해산식이 있기 직전 서소문에 있는 시위 1연대의 대대장 박성환은 권총 자살로 이에 항의했다. 이 소식이 전해지자 군인들은 총을 들고 뛰쳐나와 대한문 앞까지 진출하여 출동한 일본군과 시가전을 벌였다. 그러나 화력이 월등한 일본군의 출동으로 대한문 앞 전투에서 대한제국 군인들은 많은 사상자를 내고 흩어졌다. 각지로 흩어진 군인들은 의병대에 합류했다. 또 각 지방에 있는 진위대의 군인들도 무기를 갖고 의병대에 들어왔다. 그리하여 의병대는 많은 무기를 갖고 항쟁을 벌일 수 있게 되었다.

1908년 가을 의병대는 연합전선을 형성하고 13도 의병연합부대를 결성했다. 이들의 목표는 한양으로의 진격이었다. 군대를 24진으로 나누어 총대장에는 이인영을 추대했고 군사장은 허위가 맡았다. 양주(오늘날 구리)에서 1만여 명이 집결했는데 3,000여 명이 군인 출신이었다. 이들은 한양의 각 영사관에 연합의병부대를 '교전단체'로 인정해줄 것을 요구했다. 교전단체로 인정되면 내란죄에 해당되지 않아 잡힐 경우 '포로'의 대우를 받는 등 국제법상의 규정에 따르게 되었기 때문이다. 선발대 300여 명이 동대문 밖(지금의 왕산로 일대)까지 진출했으나 지원을 약속한 후속 부대가 한양으로 오는 도중 남한산성 등지에서 패전하여 합류하지 못해 실패했다.

이들은 다시 각 지방의 의병대에 합류했다. 그리하여 작은 규모의 유격전으로 전술을 바꿀 수밖에 없었다. 일본은 이때 또하나의 일을 추진했다. 당시 의병대에서 활동한 포수들의 활약이 컸으므로 포수들에게 '총포, 화약'을 갖지 못하게 하는 법을 시행했다. 이때 포수 출신 홍범도는 포수를 중심으로 의병대를 조직하고 함경도, 평안도 일대의 각 관아를 습격하여 일본군에 타격을 주는 눈부신 활약을 보였다. 그곳의 오지와 밀림지대를 근거지로 하여 후치령에서 일본의 중대 병력을 섬멸하는 전과를 올리기도 했다. 이어 그는 만주로 건너가 포수단을 조직하고 간도에서 크게 활약했다.

전라도에서는 장성에 사는 기삼연과 담양에 사는 고광순이 의병을 일으켜 고창 문수사에서 일본군을 크게 무찌르고 영광, 정읍 등지를 휩쓸었는데 담양 추월산에서 패배하여 기삼연이 잡혀 처형을 당했다. 고광순은 몸을 피해 잔여 세력을 규합하여 지리산 피아골의 연곡사를 근거지로 하동의 일본군에게 큰 타격을 입히다가 전사했다.

그 밖에 지리산을 중심으로 태백산, 덕유산, 대둔산 등은 의병들의 근거지이자 은신처이기도 했다. 일본군은 이에 '남조선 대토벌작전'을 짜고 많은 군대를 투입했다. 곳곳에서 수색을 펼쳤고 의병대를 만나면 잔인하게 죽였다. 일본군은 많은 밀정을 파견하여 상금을 내걸고 정보를 얻어냈다. 그들은 의병의 은신처를 찾아내면 몸을 숨겨준 사람조차 총살했고 지리산 등의 화전민촌은 의병들이 숨어들 것을 의심해 불을 질러 태워버렸다. 의병들은 "노예로 사는 것보다 차라리 싸우다가 죽는 것이 낫다"고 외쳤지만 무식한 주막집 노파는 살기 위해 의병들이 숨어 있는 곳을 알려주었고 더러는 상금에 눈이 멀어 고해바쳤다.

이런 섬멸작전으로 의병들은 많은 희생을 치렀다. 그들은 새로운 항쟁 근거지 또는 살길을 찾아 만주로 옮겨갔다. 유생 출신 의병장들의 활약이 눈부셨으나 총대장 이인영처럼 전투중에 아버지의 부음을 듣고 "불효를 저지를 수 없다"라고 하며 상을 치르기 위해 돌아가는 경우도 있었다. 또 광주의 최상진처럼 의병에 많은 양곡을 대주는 부호 지주도 있었지만 대부분의 부잣집들이나 지주들은 재산을 지키기 위해 일본의 앞잡이 노릇을 했다. 한편, 의병들은 개인 원한을 풀려고 부잣집을 털거나 토호들을 살해했다. 이런 가운데 의병들은 만주로 근거지를 옮겨 그곳이 새 독립투쟁 기지가 되었고 그곳에서 줄기찬 민족항쟁을 전개했다.

한편, 한양에서는 친일 반역자에 대한 응징이 끊이지 않았다. 친일 부역배의 집에 불을 지르는 일에서부터 암살하려는 계획까지 다양한

◎ 후기 의병활동

기간	접전 횟수	참가 의병 수
1907. 8~12	323회	44,116명
1908. 1~12	1,447회	69,832명
1909. 1~12	898회	24,783명
1910. 1~12	147회	1,891명

* 이 통계표는 일제의 기록만으로 엮어진 것이어서 정확하지 않다.
1907년에서 1909년 사이 의병 사상자는 5만여 명으로 추정된다.

방법이 전개되었다. 그 가운데에서도 나인영을 중심으로 한 비밀결사대는 을사오적을 암살하기 위해 폭탄을 선물로 가장하여 보내거나 권총으로도 저격했다.

이때 이토 히로부미는 통감 자리를 소네 아라스케曾禰荒助에게 넘겨주고 북쪽의 러시아와 대한제국 문제를 놓고 협상하기 위해 만주 나들이에 나섰다. 독립투사들은 이 기회를 놓치지 않았다. 안중근, 우덕순 등은 이토 히로부미가 내릴 역마다 각기 권총을 휴대하고 기다렸다. 하얼빈역에서 이토 히로부미를 만난 것은 안중근이었다. 안중근은 재빨리 권총을 꺼내 이토 히로부미의 가슴을 향해 쏘았다. 근엄한 표정으로 사열대를 돌던 이토 히로부미는 앞으로 고꾸라지며 "기어코 당했구나"라는 최후의 말을 남기고 쓰러졌다.

오천 년 왕조가 무너지다

일본은 안중근 의거로 국제 여론이 들끓자 한일 두 나라를 완전히 합치는 이른바 한일병합을 늦출 수밖에 없었다. 통감 소네 아라스케는 일진회로 하여금 '한일병합'을 대한제국 정부와 일본 천황에게 건의하게 했으나 이에 맞서 흥사단, 대한협회 등의 애국단체는 열띤 항거운동을 벌였다. 꾀가 없고 우유부단한 소네 아라스케가 어쩔 줄 몰라 하자 일본은 음흉한 데라우치 마사타케寺內正毅를 새 통감으로 임명했다.

데라우치 마사다케는 헌병과 경찰을 더욱 늘려 배치하고 사회 각 단체를 해산시키고 언론기관을 폐쇄했다. 일본은 총리대신 이완용을 마음대로 부리며 모든 계획을 세웠다. 병합 조인의 날로 정해진 1910년 8월 22일에는 수천 명의 애국지사를 구금하고 한양 거리에는 각 구간마다 헌병과 경찰을 배치했다.

모든 것은 5년 전 을사조약 때의 수법 그대로 조치했다. 이날 오후 5시, 순종 황제는 말을 더듬거리며 모든 일을 대신들에게 맡기고 내전으로 물러갔다. 상왕인 고종과 순종이 옥새를 부여잡고 통곡하는 가운데 일제의 꼭두각시 윤덕영은 순종에게 조약문에 옥새를 찍도록 강요했다.

한일병합조약 내용은 "두 나라의 행복과 동양 평화를 위해 영구히 병합한다"는 것으로 되어 있었다. 전문 7조로 구성된 조약은 통치권을 일본에 넘겨주는 대신 일본은 대한제국의 황실을 보호한다는 것이었다.

◎ **일제의 침략과정**

조약	연도	양국 대표	결과
한일의정서	1904. 2	대한제국 - 이지용 일본 - 하야시 곤스케	내정 간섭 시작, 군사기지 제공
제1차 한일협약	1904. 8	대한제국 - 윤치호 일본 - 하야시 곤스케	일본의 고문정치
제2차 한일협약 (을사조약)	1905.11	대한제국 - 을사오적 일본 - 하야시 곤스케	일본의 보호정치, 통감 부 설치
한일신협약	1907. 7	대한제국 - 이완용 일본 - 이토 히로부미	일본의 차관정치, 실제 행정 접수
한일병합조약	1910. 8	대한제국 - 이완용 일본 - 데라우치 마사타케	한일병합, 식민통치

대한제국은 이제 껍데기조차 남지 않게 된 것이다.

이 소식이 뒤늦게 전해지자 광화문과 대한문 앞은 사람들로 들끓었으며 몰려온 군중은 서로 부여잡고 통곡했다. 그들은 가슴을 치고 이를 갈았다. 이미 하늘은 무너졌고 받칠 기둥은 아무것도 없었다. 울부짖다가 독약을 마시거나 칼로 목을 찔러 자결하여 마지막으로 항거했다. 그런데도 고종과 순종은 자결은 고사하고 구중궁궐에 갇혀 있으면서 "황실을 보호하고 세비를 내준다"는 조약의 한 조문을 믿고 한 가닥 위안을 삼고 있었다.

근세조선이 건국된 지 519년 만에 27대 왕을 마지막으로 조정의 문을 닫아 나라는 완전히 망했으며 단군이 옛조선을 처음 연 뒤 5,000여 년 만에 섬나라 오랑캐에게 강토와 역사를 넘겨주었다.

일급 하수인 이완용은 수구파에서 개화파로, 친러파에서 친일파로 변절을 거듭하면서 그 주역이 되었다. 나라를 팔아먹거나 이용 가치가 있는 이들 45명에게는 조약에 규정된 대로 영광스러운 작위를 주고 해마다 은사금을 주었다. 한규설과 이용구는 각각 수치스럽고 할 일을 했을 뿐이라면서 작위를 사양했으나 이완용, 박제순 등은 감지덕지하며 작위와 은사금을 받았다. 헌병, 순검 등 친일파도 날뛰었다. 이른바 친일파 세상이 되었다. 이것이 나라의 마지막 모습이었다.

썩은 나라를 바로잡자

사람을 세상에서 가장 귀하게 여김은 인륜이 있기 때문이며 군신과 부자를 가장 큰 인륜으로 꼽는다. 임금이 어질고 신하가 충직하며 아비가 자애롭고 아들이 효도를 한 뒤에야 국가를 이루어 끝없는 복록을 불러오게 된다. 지금 우리 임금은 어질고 효성스럽고 자애로우며 지혜롭고 총명하다. 어질고 정직한 신하가 있어서 잘 보좌하여 다스린다면 예전 훌륭한 임금들의 치적을 해를 가리키며 바랄 수 있다. 지금 신하가 된 자들은 나라에 갚으려는 생각을 아니하고 한갓 작록과 지위를 도둑질하여 임금의 총명을 가리고 아부를 일삼아 충성스러운 선비의 간언을 요사스러운 말이라 하고 정직한 사람을 비도라 한다. 그리하여 안으로는 나라를 돕는 인재가 없고 바깥으로는 백성을 갈취하는 벼슬아치만이 득실거린다. 백성의 마음은 날로 더욱 비틀어져서 들어와서는 생업을 즐길 수 없고 나와서는 몸을 보존할 대책이 없도다. 학정은 날로 더해지고 원성은 줄을 이었다. 군신의 의리와 부자의 윤기, 상하의 구분이 드디어 남김없이 무너져 내렸다. 『관자管子』에 이르길 "사유四維(예의염치)가 베풀어지지 않으면 나라가 곧 멸망한다"고 했다. 방금의 형세는 예전보다 더욱 심하다. 위로는 공경대부, 아래로는 방백, 수령에 이르기까지 나라의 위태로움은 생각하지 아니하고 자기 몸을 살찌우고 집을 윤택하게 하는 계책만을 깊이 생각하여 벼슬아치 뽑는 문을 재물을 모으는 길로 만들고 과거 보는 장소를 교역의 장터로 만들고 있다. 그래서 수많은 재물이나 뇌물이 국고에 들어가지 않고 도리어 사사로운 창고를 채운다. 나라에는 쌓인 부채가 있는데도 갚으려는 생각은 아니하고 교만, 사치, 음탕, 안일로 나날을 지새워 두려움과 거리낌이 없어서 온 나라는 어육이 되고 만백성은 도탄에 빠졌다. 진실로 수령들의 탐학 때문이다. 어찌 백성이 곤궁하지 않으랴. 백성은 나라의 근본이다. 근본이 깎이면 나라가 잔약해짐은 뻔한 일이다. 그런데도 보국안민의 계책은 염두에 두지 않고 바깥으로는 고향집을 화려하게 지어 저 혼자 사는 방법에만 몰두하면서 녹위만을 도둑질하니 어찌 옳게 되겠는가? 비록 우리 무리는 초야의 유민이나 임금의 토지를 갈아먹고 임금이 주는 옷을 입으면서 망해가는 꼴을 좌시할 수 없어서 온 나라 사람이 마음을 함께하고 억조창생億兆蒼生이 의논을 모아 지금 의로운 깃발을 들어 보국안민을 생사의 맹세로 삼노라. 오늘의 광경은 놀랄 일이겠으나 결코 두려워하지 말고 각기 생업에 편안히 종사하면서 함께 태평세월을 축수하고 모두 임금의 교화를 누리면 천만다행이겠노라.

—황현, 「포고문」*, 『오하기문』

---

* 황현의 『오하기문』에 실려 있으나 관변 자료에도 나온다. 농민군이 최초로 선전포고한 글이다. 작자는 확실하게 알려져 있지 않으나 전봉준의 뜻이 담겨 있다. 전봉준이 총대장으로 추대된 뒤 발표되었다.

경군과 영병과 이교와 시민에게
보내는 고시*

다름이 아니라 일본과 조선이 개국한 이래로 비록 이웃나라이나 여러 대에 걸쳐 적국이 되었더니 성상(임금)의 어질고 후덕함에 힘입어 세 개의 항구를 열어주었다. 그리하여 통상을 벌인 이후 갑신년(1884, 갑신정변) 10월에 네 흉물이 적에 협력하여 군부君父의 위태로움이 아침저녁에 달려 있더니 종사의 큰 복으로 간사한 무리를 소멸했도다.

금년 10월에 이르러 개화파의 간사스러운 무리가 왜국과 손을 잡고 결탁하여 밤을 타서 한양으로 들어와 군부를 핍박하고 국권을 멋대로 휘두른다. 또 하물며 방백과 수령이 다 개화의 무리로 백성을 어루만져 구제하지 아니하고 살육을 좋아하며 백성을 도탄에 빠뜨리매 이제 우리 동학교도가 의병을 이루어 왜적을 소멸하고 개화를 제어하여 조정을 청평하고 사직을 안보할세, 매양 의병 이르는 곳에서 병정과 군교軍校가 의리를 생각지 아니하고 나와서 접전하매 비록 승패는 없으나 인명이 피차에 상하니 어찌 불쌍하지 않으리오.

사실은 조선끼리 서로 싸우자 하는 바 아니거늘 이와 같이 골육이 서로 싸우니 어찌 애달프지 아니하리오. 또한 공주, 대전의 일로 따져보더라도 비록 봄 사이의 일을 원수 갚은 것이라 하나 일이 참혹하며 후회가 막급하도다. 방금 대군이 한양을 압박하고 있어 팔방이 흉흉한데 편벽되어 서로 싸우기만 하면 가히 골육이 서로 싸우는 것이라. 일변 생각건대 조선 사람끼리라도 도는 다르나 척왜와 척화의 뜻은 같은지라. 두어 글자로 의혹을 풀어 알게 하노니 각기 들어보고 충군, 우국의 마음이 있거든, 곧 의리로 돌아오면 상의하여 같이 척왜척화하여 조선이 왜국이 되지 않게 하고 같은 마음으로 힘을 합해 대사를 이루게 하올세라.

—전봉준,「고시경군여영병이교시민告示京軍與營兵吏校市民」**

* 원본은 고려대학교 도서관에, 복사본은 국사편찬위원회에 소장되어 있다. 동학농민전쟁 사료 총서 수록. 공주 전투를 끝낸 뒤 모든 국민의 애국심을 호소하는 글이다.
** 경군은 한성 주둔의 군사, 영병은 지방 군대, 이교는 하급 벼슬아치, 시민은 장사하는 상인을 가리킨다.

나라를 팔아먹지 말라

일진회 합방설의 뒤를 이어 한국을 합병하여 이 삼천리 토지와 이천
만 인민을 곧바로 일본 천황의 통치 아래 두기로 주장하는 자가 일본의
정계에도 보이며 사회 논객에게도 보여 그 불꽃이 날로 높으니 오호라,
4,000년 동양의 일각에 우뚝 서 있던 한국이 저네들의 한 속현이 되며
2,000년 동안 일본과 병치하던 한인이 저네들의 한 순한 종이 되고 그
칠까? 말이 여기에 이르매 기가 가슴에 막히고 눈물이 눈에 가득하여
분을 참지 못하도다마는, 그러나 우리는 일인에게 한번 묻노니 한국의
합병이 이와 같이 용이할까? 지난날 한국의 독립이 비록 실력 위의 독
립은 아니나 독립의 이름이 있었던 바라. 독립의 나라로 이름했으니 하
루아침에 유린을 받아서 5조약을 체결하여 외교권을 거두며 7조약을
체결하여 내정을 간섭함에 하등 장애가 없이 순풍에 돛단 기세로 진행
했고 그다음 군부 법부를 폐지해도 한인이 머리만 수그릴 뿐이며 식민
정책을 시행해도 한인이 손바닥만 어루만질 뿐이며 경제를 이처럼 공황
하게 하여 생활상 큰 곤란을 주어도 한인이 묵묵할 뿐이라. 일인이 이들
만 보고 드디어 천하에 얻기 쉬운 자는 한인이라 하여 어시호, 한번 욕

심을 채우고 나서 만족하면 되었을 터인데 끝없이 욕심을 채우려는 생각이 더욱 치솟는 중 또 몇몇 간노배好奴輩의 합방설이 저네들 선봉이 된 까닭으로 저네가 이와 같이 시끄럽게 합병론을 제창함이로다.

그러나 그동안 한인이 열패하고 일인이 우승한 까닭은 일인이 서쪽에서 온 문명을 도습하고 한인이 깊은 잠에서 깨어나지 못한 기회를 타서 그 계책을 뽐냄에 지나지 않거니와 지금 한국의 인민의 지혜가 점점 열리고 인민의 기개가 점점 장대해지는 오늘날에 합병의 실효를 이루기 이와 같이 용이할까? 이는 일인도 또한 한번 생각할 바라. 일인의 안중에, 한국이 지난날 원나라의 압제를 받으며 명나라의 압제를 받으며 청나라의 압제를 받으며 고려 이후 6, 700년을 독립을 잃은 까닭으로 한인을 멸시하나 이는 오늘날의 사세와 크게 다르나니,

하나, 이 시대는 종교시대라, 인류의 종교 관념이 국가 관념보다 중한 시대인데 한인이 유교를 지나支那(중국을 일컫는 말)에서 받은 까닭으로 이를 유교의 종주국이라 하여 구주 인민이 로마 교황에게 예속하며 구주 제왕이 로마 교황에게 관을 씌워줌과 같이 지나를 대우함이요, 실로 병력을 두려워함이 아니라. 그러나 오늘날은 국가사상이 발달한 날이니 일본의 구주적 문화가 한국에 수입될지라도 이로 말미암아 한인이 일본을 숭배하지 아니할지며,

둘, 원나라는 고려의 귀족 및 군주의 쟁권을 틈타며, 명나라는 본조가 고려를 개혁하는 즈음에 민심의 결렬을 틈타며, 청나라는 사색당의 분열을 틈타서 그 세력을 한국에 베풀고 갑신정변 이후 일본의 승리는

신구당이 서로 시기하고 척족정치의 부패를 틈타서 그 수완을 한국 안에 발휘했거니와 지금부터 한인은 일치 통일의 생각이 점점 치성하여 국가의 전도를 도모하니 오늘날의 형세가 결코 지난 시대와 같으며,

셋, 저 명나라, 청나라 등은 불과 이 정부를 압박하여 금폐金幣 천 냥이나 징수하고 인삼 몇백 근이나 구하여 명의상으로 공물을 바치는 나라로 짓는 동시에 또 한국 정부에 보내주는 물품이 징수하는 물품보다 지나치게 많고 또 인민의 권리는 감히 빼앗지 못했으며 인민의 산업은 감히 흔들지 못했으니 그렇다면 저네가 한때 한국에 구속을 주었음은 헛된 이름뿐이라. 그러므로 한인이 그 고통을 잘 몰라 깨닫지 못했거니와 지금에는 나라가 망하면 인민도 망하나니 한인이 일본의 거동을 명나라, 청나라와 같이 보지 아니하며,

넷, 지난날 일본은 한국의 개화開化를 입은 나라라. 신교神敎는 신라의 선사仙史에서 습취하며 유교와 불교는 백제에서 수입하며 그 나머지 공예와 미술도 모두 한국에서 빌려 간 까닭으로 곧 오늘날 일본의 무력이 아무리 혁혁해도 한인의 심목心目 속에는 일본을 깔보며 대항할 마음은 있으되 굴종할 생각은 없나니 갑자기 합병을 참고 보지 아니할지며,

다섯, 지난날에는 일본이 한국을 침범하면 한국도 일본을 공격하여 서로 버티다가 조선 태종, 세종 양조兩朝가 쓰시마 섬을 정벌한 이래로 한국의 일본 정벌 군사가 길이 끊어졌으나 2,000년 역사적 감정이 한인의 두뇌를 지배한 까닭으로 어린아이의 입에도 왜놈 두 글자가 버릇이 되며 부녀의 눈에도 임진왜란 사실을 익히 알며 하늘이 무너지고 땅이 갈라

져도 일본에 대한 감정은 무디어지지 않으리니 아, 저 한일합병자여,

　대저 한국이 오늘날 이 지경에 이름은 몇백 년 동해 일각에 자리잡고 대치한 열국이 없으므로 경쟁의 사상이 일어나지 않아 무력의 강성함이 삼국시대에 미치지 못하고 잠기고 잠겨 날로 물러나서 이 지경에 이르렀거니와 근래 세계 풍조의 타격을 받아서 완고한 예전의 사상이 변하지 않으매 혈성과 공분을 안고 이 나라 이 인민과 생사를 같이하는 자 날로 많아져서 산림의 선비는 송나라의 가르침을 사랑하는 마음을 옮겨서 국가를 사랑하며 유학하는 사나이는 가족을 사랑하는 마음을 옮겨서 동포를 사랑하고 사당 경쟁의 예봉을 옮겨서 공적에게 향하여 구습에 얽매이는 꿈을 깨서 신세계에 나타날 새 내부의 교육 목탁을 떨치는 자 더욱 많아지며 외부의 자유 공기를 수입하는 자 더욱 번성하고 초야 암혈의 사이에 불평의 피를 안고 바람 앞에 부르짖는 자 허다하나니,

　그렇다면 오늘날 일본이 무엇을 믿고 한국을 병탄하고자 하나뇨? 가로되 긴 창과 대포를 갖고 있을 뿐이요, 해군과 육군을 갖고 있을 뿐이로다. 오호라, 일본이여, 이 창과 포와 군병의 세력으로 드디어 삼천리 지도의 낯빛을 고치며 2,000만 백성의 생명을 뺏을까? 저 모질고 인류을 깨는 병력으로 뭇 사람의 원망을 사다가 끝내 실패로 마칠 것이니 오호라, 일본이여, 이 2,000만 동포를 작게 보지 말지니라.

　지난날에는 일본이 한국의 독립을 보전한다고 열국에 성명하며 한인의 환심을 사서 여러 해 정책이 순조롭게 이루어졌거니와 지금에 또 동양의 평화, 한인의 복리 따위 말로 합병이 순조롭게 이루어지기를 도모

하고자 하는가?

그리스는 한국보다 작은 반도로되 터키의 구속을 벗어났으며 폴란드는 멸망한 지 200년이로되 러시아 군신이 아직도 허무당의 칼날에 꿈을 꾸면서 자주 놀라고 있노라니 일본이여, 제국주의의 허영을 탐내 척지는 일을 스스로 끼치지 말지어다.

일본에서 벌어지는 요즈음의 논의를 듣건대 여론의 추세를 거울에 비추어보아 통감이 돌아간 뒤에 장차 한일에 관한 문제를 해결한다 하니

슬프다, 여론이라 함은 한국의 여론인가, 일본의 여론인가? 저네 일본의 완고하고 어두운 하류下流는 목전의 이익만 탐내어 이와 같이 주장하는 자 다수 되리니 만일 이에 따라 합병의 실천을 들으면 한국 2,000만 불평의 예봉을 저네가 장차 무엇으로써 대코자 하나뇨? 또 혹여 한국 안의 몇백 명 간당을 이용하여 이를 여론이라고 핑계 대고 이 문제를 해결하면 이 또한 자기의 허물을 듣지 않으려고 귀를 막으나 아무 소용이 없는 계책이라. 많은 한국 인민이 어찌 덤덤히 좌시하리오.

오호라, 일본이여, 한국이 비록 약하나 일본의 겨드랑이 아래에 들어가서 종처럼 흉터를 늘 빨지 않을 터이니 삼가 백년대계를 그르치지 말지어다.

—"한일합병론자에게 고함"*, 「대한매일신보」

* 1910년 한일병합을 앞두고 「대한매일신보」에 실린 사설 전문全文이다. 문장은 현대말로 고치면서도 원어의 뜻을 살리려 했고 문장의 큰 단락은 원문에 따라 행을 바꾸었다. 그래서 한 문장이 길게 서술되어 있다. 글쓴이는 밝혀져 있지 않으나 신채호의 글이라는 설도 있다. 이 신문은 그뒤 폐간되었다.

7장

식민통치와
민족운동의 전개

무시무시한 무단통치

조선총독부는 식민통치의 총본산이었다. 조선총독부는 식민지 조선의 최고 통치기구로 규정되었고 총지휘자인 총독은 천황이 임명하되 의회의 간섭을 받지 않으면서 천황의 권력을 대신하는 최고 수반으로 군림했다. 초대 총독은 데라우치 마사타케寺內正毅가 임명되었다. 한국통감부의 연장선에 있었지만 그 성격은 완전히 달랐다. 또 일본 본토를 내지內地로, 조선과 타이완을 외지外地로 불렀으며 자연스레 일본인은 1등 국민, 조선인은 2등 국민의 대우를 받게 되었다.

조선에는 식민통치에 필요한 법령을 별도로 만들고 조선인은 이 법령에 따랐다. 조선인은 혈통주의에 따라 일본 국적을 취득하되 "조선인이 일본 국적을 취득한다 해도 일본인과 동일해지는 것은 아니기에 외국에 대해서만 일본 국적을 취득한 사실을 인정하는 것"이라는 유권해석을 내렸다. 하지만 참정권을 주지 않아 일본 의회에 대표를 보낼 수 없었으니 허울뿐 아닌가. 한편, 외국에 거주하는 조선인은 이중국적을 인정했다. 이는 조선인은 일본 국적을 취득했으되 일본인에게 주어지는 권리는 배제하는 것이요, 이중국적은 독립운동을 하다가 체포되면 일본인으로 다룰 수 있게 한 것이다.

국내의 치안은 헌병경찰에게 주고 일반경찰과 구분했다. 이를 시행하기 위해 곳곳에 헌병주재소, 헌병분견소 등을 설치하여 주민을 감시, 적발, 체포, 처벌할 수 있는 권한을 주었다. 이는 일반 민간인에게 비상시를 적용하여 군법을 시행하는 것이다. 일본 제국주의자들은 이 땅을 명실상부하게 강점하고는 무자비한 무단정치를 편 것이다. 이에 따라 전국 곳곳에 헌병경찰을 배치하여 항일 세력을 색출, 처단하고 민중을 억압, 감시했다. 정식 헌병경찰은 일본군이 맡았고 헌병의 끄나풀인 보조원이나 밀정은 조선인을 채용했다.

이어 일제 당국은 무엇보다 경제 수탈에 열을 올렸다. 맨 먼저 그들은 토지조사 사업이라는 명목을 내걸고 토지 정리에 나섰다. 1908년 동양척식주식회사를 설립하여 토지를 강제로 매수했는데, 이것으로는 토지를 소유하는 데 한계를 느꼈다. 1912년 토지조사령 등을 발표하고 전국적으로 토지 실태를 조사했다. 그 결과 종래 왕실 소유의 토지와 관유지를 조선총독부 소유로 만들었다. 이에 오랫동안 경작권을 갖고 있던 농민들은 하루아침에 땅을 빼앗긴 꼴이 되었다.

한편, 이 조사로 인해 종래 일본 자본의 토지 점유를 확실히 증명하고, 조선총독부가 지세 수입을 올리게 하고, 이전까지의 일본인 토지 소유를 합법적으로 보장해주고, 일본 이민의 토지 불하의 분양을 확보하는 등의 성과를 올렸다. 그 결과 동양척식주식회사는 1914년경에 황해도, 전라도의 비옥한 땅 60만 정보를 사들여 회사 소유로 확보했다.

농민들은 이에 맞서 항거했으나 조선총독부는 경찰을 동원하여 농민들의 권리 주장을 탄압하고 짓밟았다. 대신 농민들에게 소출의 50퍼센트를 소작료로 내게 하고 소작을 주었다. 1914년에는 소작농이 전 농가의 65.3퍼센트를 차지하게 된 데 비해, 일부 지주들은 자신들의 권리를 보장받는 대신 조선총독부의 토지조사 사업에 적극 협조했다. 이에 토지를 잃은 농민들은 도시로 몰려와 떠돌아다니며 빌어먹거나 품팔이를 하며 겨우 목숨을 부지하거나 온 가족을 이끌고 농토를 찾아 북간도로 이주했다.

조선총독부는 조선의 광산 실태를 조사하고 조선광산령을 공포했다. 조선인들은 광산을 거의 경영할 수 없었고 갑산광산 등 큰 광산은 모두 일본인들이 차지했다. 그 결과 모든 광산의 80퍼센트 이상이 일본인의 손에 넘어갔고 그곳에서 생산되는 금은은 일본으로 가져갔다. 또한 조선총독부는 어업 이권도 차지하기 위해 조선어업령을 공포하고 고기잡이를 허가제로 바꾸었다. 대량으로 잡을 수 있는 근대 어업은 모두 일본인에게만 허가해주고 이를 철저히 시행하기 위해 일본인이 주로 운영하는 어업조합을 어장이 있는 곳에 설립했다.

또한 회사와 공장의 허가제를 규정한 조선회사령을 만들어 마음대로 회사와 공장을 운영하지 못하게 한 것은 물론, 삼림령을 만들어 마을이나 종중宗中 소유의 공유 산을 조선총독부가 소유할 수 있게 했다. 이들 산에서 수많은 원시림을 베어 일본으로 실어날랐다.

그리하여 모든 경제는 일본인의 손아귀에 들어가 우리 겨레는 그들의 노동자나 하수인으로 전락했다. 조선인의 상업자본은 아주 영세하게 되었고 민족자본은 형성되지 못했다. 이런 식민지 수탈정책은 후기로 갈수록 더욱 심해졌다. 10여 년 동안 그들은 우리 민족의 고혈을 짰는데, 이는 헌병경찰을 통한 무단통치의 수법을 써서 수행할 수 있었다.

3·1운동의 횃불

무단통치 기간 동안 독립투사들은 만주의 서간도와 북간도 일대, 중국 본토의 상하이와 베이징, 연해주(시베리아의 동남쪽 끝, 흑룡강, 우수리 강이 있는 곳) 일대에서 활동했다. 그들은 때로는 무장독립군으로 국내로 들어와 일본 관청을 습격했고 때로는 중국이나 러시아에 조선 독립의 협조를 구했다.

그러나 독립투쟁의 일대 전환이 필요했다. 많은 애국지사는 조선 백성의 독립의식에 불을 붙이고 독립투쟁의 새로운 전기가 있어야 한다고 여겼다. 그리하여 꾸준히 조선의 독립선언을 준비한 끝에 1918년 겨울부터 새로운 움직임이 국내외에서 일어나기 시작했다. 한편으로는 일제 당국에 조선의 독립 의지를 보이고, 다른 한편으로는 세계만방에 피압박민족의 실상을 전할 전기를 마련하고자 한 것이다.

국내외 인사들이 서로 긴밀히 연락을 취하면서 이를 꾸준히 준비하고 있을 때 결정적 기회가 찾아왔다. 1919년 1월 말 고종 황제가 갑자기 죽었는데, 일제가 독살했다는 소문이 파다하게 퍼졌다. 많은 사람이 상복과 패랭이를 입고 쓰고 경성으로 올라왔다. 경성 거리는 발 디딜 틈이 없을 정도로 북적거렸다. 모든 조선 민중의 지지를 얻을 참으로 좋은 기회였다.

마침 제1차 세계대전이 끝난 뒤 전후 문제, 특히 약소민족 문제를 해결하려는 파리강화회의가 열릴 예정이었다. 이에 천도교의 손병희를 중심으로 기독교의 이승훈, 불교의 한용운 등이 민족 대표로 참가하여 독립선언을 선포하기로 결정했다. 천도교에서는 필요한 자금을 대고 독립선언서를 비밀리에 찍어 각지에 돌렸고 학생들을 주축으로 한 행동대로 하여 세부 계획을 세웠다. 선언서를 공포하기로 한 날짜는 3월 1일이요, 선언문 낭독 장소는 탑골공원이었다.

민족대표 33인은 인사동 명월관 지점에 모여 있었는데, 오후 2시 탑골공원에서 시위가 먼저 일어나자 독립선언문을 낭독하고 만세 삼창을 부른 뒤 잡아가라고 일본 경찰에 연락했다. 투항이나 다름없었다. 이에 일본 경찰은 민족 대표들을 연행했다.

탑골공원에 모여 있던 학생과 시민들은 민족 대표를 표방한 인사들이 약속한 시간에 나타나지 않자 낮 12시를 알리는 오정포 소리를 신호 삼아 학생 대표 정재용이 팔각정에 올라가 독립선언서를 낭독했다. 그러고는 종로로 나와 독립 만세를 부르며 행진했다. 학생들은 태극기를 꺼내 흔들고 독립선언문을 뿌리고 모자를 공중에 던지면서 목이 터져라 "대한독립 만세"를 외쳤다. 이에 수만 명의 군중이 종로를 메웠는데, 상인들은 상점 문을 닫고 나왔고 종업원들은 일을 팽개치고 합류했다. 고종의 국장에 참여한 유림들도 곳곳에서 흰옷을 입고 패랭이를 쓰고 합류했다.

시위대는 대한문 앞 고종 황제의 빈전殯殿(왕의 관을 모시던 곳)을 향해 세 번 절하고 계획한 대로 1대는 정동의 미국 영사관, 2대는 남대문을 지나 남산의 조선총독부, 3대는 종로를 거쳐 동대문 쪽으로 나아갔다. 일제의 기마경찰은 즉각 출동하여 채찍을 내리치고 긴 칼을 마구 휘둘렀다.

경성의 시위 주력 부대는 오후 6시경 일단 흩어졌으나 이 소식을 들은 시민들은 마포와 남대문역에서 대규모 시위를 벌였다. 또 이날 개성, 평양, 황주에서도 시위가 크게 일어났다. 다음날에는 전국으로 퍼져 시위가 계속되었고 학생은 휴교, 상인은 철시, 공원은 파업에 돌입하고 만세 시위에 나섰다. 3월 3일은 고종 황제의 인산因山(국장) 날이었기에 수많은 사람이 종로를 메웠으나 경건한 인산을 위해 시위는 벌이지 않았다. 그러나 이달 4일부터 다시 만세 시위가 전국으로 퍼져 5월까지 계속되었고 그뒤에도 산발적으로 이어졌다.

여기에 참여한 애국 시민들 가운데 학생과 종교인은 말할 것도 없고 일반 시민의 참여가 두드러졌다. 상인들은 3월 9일 철시를 단행하고 시위에 참여했다. 맨 먼저 종로 상인들이 상점 문을 닫아걸고 시위에 뛰어들었다. 이들 대표는 조직적으로 움직여 일제 당국이 상점 문을 열라고 강요했지만 이를 거절하고 문을 여는 상점에 대해서는 제재를 가했다. 또 시골에서는 주로 장터를 이용하여 장날에 모여든 농민들이 만세를 불렀는데, 여기에도 상인들의 협력이 있었다.

3월 2일 0시에 야간 당번을 바꾼 노동자 400여 명은 시위를 벌이며 종로경찰서로 향했고, 3월 8일 밤일을 하던 용산의 인쇄공 200여 명은 야간 시위를 벌였다. 경성과 부산의 전차 운전수와 차장들은 운행을 중단하고 파업을 했고, 직산의 광부들은 시위를 벌이며 헌병주재소를 습격하고 헌병의 총을 빼앗았다. 진주의 기생 30여 명은 "우리도 떳떳한 조선의 여성"이라고 외치며 "조선 독립"이라고 쓴 수건을 두르고 태극기를 들고 촉석루로 행진했다.

일제 헌병은 평화적인 시위 대열에 칼을 휘두르고 총을 쏘고 발로 짓밟았다. 이리(오늘날의 익산)의 한 애국자는 태극기를 든 오른손을 칼로 내리치면 왼손으로 집어들었고, 왼손을 베면 입으로 물었다. 그러자 헌병은 그의 목을 내리쳤고, 그는 고꾸라지는 순간까지 태극기를 놓지 않았다. 일제는 경기도 화성 제암리의 경우처럼 사람들을 집단으로 학살하기도 했다. 그리하여 3월에서 5월에 걸쳐 7,500여 명이 죽고 8만 6,000여 명이 부상당했으며 4만 7,000여 명이 체포되었다. 동학농민전쟁 이후 가장 격렬한 시위였고 투쟁이었다.

이는 19세기 이후 일제의 경제 침탈과 식민통치, 수탈에 대한 민족적 항거였고 애국계몽운동과 민족학교에서 애국심과 독립심을 고취한 결과였다. 특히 농민들에게는 토지조사 사업 또는 소작 문제 등 토지 침탈과 가중되는 생활고에 대한 심한 불만이 응결되어 나타난 것이었다. 이것은 자발적 참여였지 민족 대표가 주도해서 빚어진 것만은 아니었다.

한편, 민족 대표들은 다음과 같은 몇 가지 실수를 저질렀다.

첫째, 일부 종교 세력만을 참여하게 했다. 유교, 대종교, 증산교의 세력을 제대로 흡수하지 못했다. 그리고 각 지방의 유지들을 포섭하지 못했고 노동자, 농민, 상인의 대표자들과 연계를 맺지 못했다. 민족 대표들은 구한말 이래 친일 행각을 벌인 고관 출신을 포섭하려 하면서도 좀더 조직력을 동원할 수 있는 위의 종교 또는 직업단체에는 별로 관심을 기울이지 않았다.

둘째, 민족 대표들은 탑골공원에 나타날 약속을 어기고 일제 경찰에 스스로 연락하고 투항했다. 그들이 적어도 각 지역으로 분산하여 직접 만세 시위를 주도했더라면 규모는 물론이고 영향력도 배가되었을 것이다. 그들은 감옥에서 일단 목숨을 편안히 지키고 있다가 심문을 받았다.

셋째, 강압적인 일제 침략 세력과 싸우면서 너무 유연하게 대처했다. 비폭력을 내세운 것은 희생을 줄이기 위해서라지만 독립선언서는 너무

소극적이고 타협적인 내용으로 엮여 있었고 일제 당국의 이성에만 호소했다. 그리고 어렵고 딱딱한 한문 투의 문장으로만 되어 있어 일반 민중에게 감동을 주지 못했고 호소력도 약했다.

어쨌든 이 소식이 국외로 전해지자 만주, 하와이, 상하이, 연해주 등지의 독립지사들도 지지했고 여러 나라의 이목도 조선에 쏠렸다. 또 구한말의 개화파로 친일 행각을 벌이던 김윤식, 이용직 등은 조선총독부에 독립을 요구하는 글을 보냈고 유림인 곽종석, 김창숙 등은 파리강화회의에 조선 독립을 지원하라는 글을 보냈다. 전 민족적 역량이 결집된 것이다.

일제 당국은 불의의 타격을 받아 몹시 당황했고 조선 민족의 끈질긴 기개를 똑똑히 보았다. 그리하여 그 대책으로 새로운 식민정책을 펴기 시작했다.

문화통치와 임시정부 수립

3·1운동 뒤 새로 부임한 총독 사이토 마코토齋藤實는 강압만으로는 조선 민족을 다스릴 수 없다고 판단하고 집회 결사와 언론, 출판 따위의 자유를 어느 정도 허용하는, 이른바 문화정치를 폈다. 사이토 마코토는 "조선의 문화와 관습을 존중하고 문화제도의 혁신으로써 조선 사람을 유도하여 그들의 행복과 이익의 증진을 도모한다"고 표방했다.

그리하여 헌병경찰 대신에 일반경찰로 바꾸고, 관리들이나 교사들의 제복과 그들이 차고 다니던 칼을 없애고 학교 설립의 제한을 풀어 학교를 세우고 「동아일보」, 「조선일보」와 같은 조선어 신문의 발행을 허가해 주었다. 그러나 이런 식민정책은 방법을 달리했을 뿐 식민통치에 근본적인 변화가 있는 것은 아니었다. 무장 항쟁의 방법을 누그러뜨리고 지하세력을 밖으로 나오게 해서 이에 대한 대책을 세우고 친일파를 육성하여 민족 세력의 분열을 꾀하려는 간교한 술책이었다.

이때 독립지사들은 3·1운동에 고무되어 새로이 독립 항쟁의 활로를 찾고 있었다. 침체된 독립 항쟁의 불길을 다시 살리는 계기로 만들어내려는 것이었다. 무엇보다 임시정부의 성립이 이루어졌다. 3·1운동 이전에 만주에서 맨 먼저 독립선언을 했고 3·1운동 직전에는 동경 유학생들이 독립선언을 했다. 그리고 3·1운동 직후에는 경성과 만주에서도 임시정부를 선포했다.

1919년 4월 11일 국내외에서 모여든 애국지사들이 중심이 되어 상하이에서 대한민국 임시정부를 발족했다. 임시 헌법에는 국호를 대한민국으로 정하여 대한제국을 승계한다고 표방했고, 민주공화제를 채택하여 왕정을 중지한다고 했으며, 삼권 분립을 명확히 했다. 봉건왕조체제를 전면으로 철폐하여 주권재민의 국민국가를 지향했다. 무엇보다 전문에 3·1정신을 계승한다고 내세웠다. 임시정부 청사는 독립운동에 우호적이었던 프랑스 조계에 두었다.

임시정부에서는 임시 헌법의 규정에 따라 의정원에서 국무총리에 이승만을 추대했으며 같은 해 9월에는 국무 총리제에 대한 반대가 일어나 정부를 대통령제로 바꾸고 대통령에 이승만, 국무총리에 이동휘를 추대했다. 그리하여 정부의 체제를 갖추고 국내외에서 보내오는 자금을 기본으로 하여 활동을 벌였다.

임시정부는 연통제라 하여 국내의 각 지역에 조직을 확대했고, 「독립신문」을 발간하여 독립심을 고취했으며, 중국과의 유대와 지원을 강화했고, 각종 국제회의에 대표를 파견했다. 그러나 임시정부에는 몇 가지 문제가 있었다. 이승만이 자주독립을 부정하고 국제연맹 위임통치를 주장했다고 하여 반대파가 일어나서 내분이 일어났고, 임시정부가 공화제를 표방한 탓에 조선왕조를 재건하려는 세력인 복벽파, 곧 왕정복고를 주장하는 쪽은 여기에 참여하지 않았을뿐더러 자금도 제대로 내지 않았다. 또 정체성을 놓고 의견이 대립되었고 활동방법에 대해서도 민족주의 세력과 사회주의 세력이 나뉘었다. 또 권력을 쥐기 위해 각 세력끼리 대립하여 반목을 일삼기도 했다. 극심한 분열과 혼란이 일어났던 것이다.

상황이 이러다보니 임시정부의 영향력은 처음보다 훨씬 약해졌다. 게다가 일제의 간교한 방해로 온갖 탄압을 받으며 국제적으로 쑨원孫文 정부 외에는 망명정부의 승인을 얻지 못했다. 1927년 김구가 국무령으로 취임했으나 후기에 이르러서는 사무실만 지키는 빈껍데기 정부가 되었다. 1931년 일본군이 만주사변을 도발한 데 이어 상하이에 상륙하고 윤봉길 의거가 일어난 뒤 임시정부 요인들은 중국 여러 곳을 쫓겨 다니며 고난의 길을 걸었다. 충칭重慶에서 제2차 세계대전 마지막 단계에서 중국 국민정부의 지원을 받아 활동을 벌이다가 해방을 맞았으나 교전 당사국의 정부로 인정을 받지 못했다.

항일단체 결성과 독립전쟁

많은 항일무장단체도 성립되었다. 1919년 11월 10일 만주 길림성 성밖의 한 중국인 집에서 의열단義烈團을 결성했다. 단장은 김원봉, 단원은 이종암 등 13명이었는데, 이들 단원의 행동 목표는 암살과 파괴였다. 암살 대상으로는 조선 총독과 고관들, 군부의 수뇌, 타이완 총독, 매국적賣國賊, 친일파 거두, 일제의 밀정, 반민족 지주와 지식인 등이요, 파괴 대상은 조선총독부, 동양척식주식회사, 매일신문사와 각 경찰서, 일제의 중요 기관이었다. 이들의 목표는 일제를 물리쳐 조국의 해방을 찾는 것이었고 계급을 타파하고 토지의 고른 분배를 이룩하는 것이었다.

단원들은 선언문과 무기를 휴대하고 국내로 잠입하여 동조자를 얻고 계획을 실천에 옮겼다. 밀양경찰서와 조선총독부에 폭탄을 던져 일제 당국의 간담을 서늘하게 만들었다. 일본의 육군대장 다나카 기이치田中義一가 상하이로 올 때 권총으로 저격했으나 그 앞을 가로막고 있던 서양 여자만을 죽인 일도 있었다. 대대적인 암살 계획을 추진하기도 했으나 뜻대로 이루어지지 않았다. 폭탄기술 등의 빈약으로 큰 성과를 거두지 못하자 김원봉은 일대 혁신을 세우려 상하이로 와 신채호를 만났다.

그리고 그들의 취지와 이념을 밝히고 동지들을 격려할 선언문을 부탁했다. 이에 신채호는 '조선혁명선언'을 1923년 1월에 썼는데, 그 내용에는 "강도 일본이 우리의 국호를 없이하며 우리의 정권을 빼앗으며 우리의 생존적 필요 노선을 다 박탈했다. ……조선 민족의 생존을 유지하자면 강도 일본을 몰아낼지며 강도 일본을 몰아내자면 오직 혁명으로써 할 뿐이니 혁명이 아니고는 강도 일본을 몰아낼 방법이 없는 바이다"라는 구절이 있다. 곧 무력 항쟁이 아니고는 일본을 몰아낼 수 없다는 것이다. 이는 일제통치 기간 중 가장 선명성이 담겨 있는 선언이었다.

그리하여 단원들은 그뒤 일본 궁성의 다리에 폭탄을 던지고 베이징의 일본 밀정을 암살하고 조선식산은행과 동양척식주식회사에 폭탄을 던졌다. 이런 활약으로 일제 당국은 늘 전전긍긍했으며 이에 연루된 수십 명의 단원과 동조한 민간인들이 잡혀가기도 했다.

김구는 임시정부가 성립된 후기에 활동이 침체되자 청년 중심의 애국단을 조직했다. 단원 이봉창에게는 일본 천황을 저격하게 했고 단원 윤봉길에게는 상하이 훙커우虹口 공원에서 열린 일본의 천장절 행사에 폭탄을 던지라고 지시했다. 1932년 윤봉길이 던진 폭탄에 일본군 중국 주재 총사령관이자 육군대장 시라카와 요시노리白川義則를 비롯하여 요인 일곱 명이 죽었다. 이 훙커우 공원 사건은 일본과 중국을 놀라게 한 일대 큰 사건이었다. 그 배후 인물이 김구로 밝혀지면서 김구의 목에는 많은 현상금이 걸렸다. 이로 인해 임시정부와 김구는 중국 서쪽으로 도피하는 신세가 되었다. 이들 단체의 활약은 무기가 부족하고 정보가 새어나가기도 했으나 비밀 항일단체로서 큰 활동을 보였다.

만주 일대에서도 독립전쟁이 줄기차게 전개되었다. 3·1운동이 일어난 직후 서일을 주축으로 한 대종교 세력이 중심이 되어 정의단을 조직했다. 단원들을 모아 정신교육을 강화하고 있던 중에 김좌진이 입단했다. 이에 정의단은 기구를 개편하여 북로군정서라 이름을 바꾸고 총재에는 서일, 총사령관에는 김좌진을 추대했다. 자금을 모아 사관연성소를 세워 군사교육을 시키고, 학교를 설립하여 교포 자제들에게 민족정신을 불어넣고, 체코슬로바키아의 무기를 입수하여 대일 무력 항쟁을 벌일 태세를 갖추었다.

이때 북간도 산속에 잠시 피해 있던 홍범도는 그곳 주위의 우리 자제들과 포수들을 모아 대한독립군을 창건했다. 이들은 해산진의 일본 수비대를 쳐부수었는데, 국내의 진격으로는 맨 처음의 일이었다. 그뒤 계속 두만강 일대에서 유격전을 전개하여 많은 타격을 주었다. 홍범도 부대는 안무가 지휘하는 국민회군과 통합했고 이어 이 지방 총연합체인 대한북로독군부로 편입하여 총 1,000여 명의 독립군을 지휘했다. 이들 부대는 화룡현 봉오동에 근거를 두고 있었는데, 일본군이 이곳까지 침투해오자 홍범도의 독립군은 일본군 157명을 사살하는 등 큰 전과를 올렸다.

이에 화가 난 일본군은 중국에 압력을 넣어 대한독립군을 산악의 밀림지대로 몰았다. 김좌진 부대는 삼도구 청산리 부근으로 이동했고 홍범도 부대는 이도구 어랑촌으로 옮겨갔다. 장백산으로 들어가 군사 실력을 더욱 기를 계획이었다. 의군부, 신민단 등 다른 작은 규모의 부대들도 어랑촌으로 모여들었다.

이에 일본군은 중국측의 허가도 없이 불법적으로 시베리아에 출전했던 부대와 나남에 주둔해 있던 부대가 연합하여 항공기까지 갖춘 총 2만 5,000명의 병력을 만주 일대에 침투시켰다. 김좌진 부대의 병력은 600명, 홍범도 부대의 병력은 1,400명이었다. 독립군 두 부대는 일본군이 이도구와 삼도구를 포위했기 때문에 전투를 피하자는 합의를 보았다. 그런데 일본군은 이곳의 동포들을 무수히 학살했고 마을에 불을 질렀다. 무차별 사격을 가하며 동포들의 생명을 빼앗고 재산을 파괴하고 나선 것이다. 이에 독립군들은 더이상 동포들의 참상을 그대로 볼 수 없어서 일본군과의 일대 결전을 결정했다.

1920년 10월 21일 오전 9시, 김좌진 부대가 백운평 산골짜기에 매복해 있었는데, 제1중대는 김좌진, 제2중대는 이범석이 지휘하면서 일본군이 백운평 골짜기로 들어오는 것을 바라보고 있었다. 일본군이 골짜기로 들어오자 독립군들은 일제히 총을 쏘아 일본군 200여 명을 사살하고 대승리를 거두었다. 독립군은 일본의 주력 부대의 포위망을 뚫고 160리(63킬로미터)를 달려 갑산촌에 머물렀다.

같은 날 오후에는 일본군이 이도구의 완루구에 있는 홍범도 부대를 포위해 들어왔다. 이에 독립군은 이튿날 새벽까지 완강한 항전을 벌였다. 일본군은 앞뒤조차 분간할 수 없는 어둠 속에서 자기들끼리 총을 쏘아대면서 허둥댔다. 홍범도 부대는 일본군 400여 명을 사살하고 또 한 차례 승리를 거두었다.

김좌진 부대는 갑산촌에서 천수평으로 나와 일본 기병대의 병력 120명을 섬멸한 뒤 어랑촌으로 들어왔고 홍범도 부대도 어랑촌으로 들어왔다. 이들 연합독립군 1,400여 명은 어랑촌의 마록구 고지를 먼저 점령했다. 일본군 1만 병력이 포위해 진격해왔다. 이에 연합독립군은 22일 아침부터 날이 저물 때까지 피나는 항전을 벌였다. 일본군은 일단 후퇴 명령을 내릴 수밖에 없었다.

그뒤에도 전투는 6일 동안 계속되었다. 이들 전투에서 일본군 전사자는 1,200여 명, 독립군 전사자는 130여 명이었다. 빛나는 전과였다. 하지만 일본군은 조선인 마을을 습격하여 불을 지르고 마구잡이로 죽이는 만행을 저질렀다. 이때 참변을 당한 조선인 수는 몇만 명, 불에 탄 마을은 수백 개에 이르렀다 한다. 이를 경신대참변이라 한다.

한편, 두 부대는 통합군을 편성했다. 뒤이어 일본군이 만주 전역에 걸쳐 독립군을 찾아 토벌작전을 벌이고 동포들을 학살하는 만행을 저지르자 1921년 6월 독립군은 소련의 자유시인 '이만(이르쿠츠크)' 일대에 주둔했다. 그리고 그곳에서 레닌 정부와 협정을 맺고 새로운 독립 기지에서 실력 배양에 힘썼다.

이때 일본은 소련에 압력을 넣어 대한독립군단의 무장을 해제하게 했다. 이 통고를 받은 대한독립군단은 강력하게 항의했으나 도리어 소련군의 공격을 받았다. 소련은 일본군을 자극하지 않으려 했고 치안 등의 이유를 들어 대한독립군단의 무장을 달가워하지 않았다. 그리하여 전사자 272명을 비롯하여 많은 희생자를 내고 뿔뿔이 흩어져 다시 만주로 돌아왔다. 이것을 헤이허 사변黑河事變이라 부른다.

이런 방법을 통한 독립투쟁은 해외에서 끈질기게 이어졌다. 비록 일제의 온갖 억압과 방해, 파괴 공작이 계속되었지만 멈출 줄 몰랐던 것이다. 하지만 1931년의 만주사변과 1937년의 중일전쟁으로 인해 차츰 그 기세가 꺾였다.

신간회 창립과 광주학생항일운동

조선총독부는 문화정치라는 기만정책을 썼다. 회유책으로 주로 두 가지 방법을 썼다. 하나는 강연이나 글을 통해 합법적 테두리 안에서 독립운동을 하게 했다. 일부 농민과 노동단체에는 쟁의를 허용했고, 경성제국대학에 맞서 조선인의 대학을 세워야 한다는 민립대학운동을 묵인했으며, 우리의 물건을 써야 한다는 물산장려운동을 제압하지 않았고, 농촌계몽운동이나 노동야학운동 같은 일도 적극적으로 금지하지 않았다. 이는 일제 당국으로서는 무장 항쟁의 기세를 누르고 민족 감정의 분출구를 열어주려는 속셈에서 비롯된 것이요, 민족진영에서 보면 민족의 실력을 배양하며 민족의식을 고취하여 독립을 쟁취하려는 장구한 계획에서 나온 것이었다.

또다른 하나는 조선총독부가 온갖 매수와 회유로 일제의 협력자들을 만들어냈다. 종래 한일병합 당시 친일파들은 민중의 신망을 잃었으므로 젊고 지식 있는 명사들을 친일파로 만들어 이용했다. 천도교 세력을 업은 최린을 매수했고, 문필가로 이름을 날리던 이광수를 회유했으며, 사학자로 명망이 높은 최남선을 끌어들였다. 일제 당국은 이들을 시켜 우리 민족이 열등하다는 민족개량론이나 민족개조론을 펴게 했고 조선의 자치권을 달라는 요구를 조선총독부에 청원하게 하기도 했다. 그 밖에도 유력 인사들에게 학교를 설립하게 하고 회사를 만들게 하며 단체를 결성하여 간접적 친일파를 만들어갔다. 언론 출판의 자유를 허락한다는 미명 아래 「동아일보」, 「조선일보」, 「조선중앙일보」 등 우리말로 발행되는 신문을 허용했고 『개벽』 등 잡지 출판도 인가해주었다. 이를 민족운동이라 포장하기도 한다. 이런 방법은 만주사변이 일어날 때까지 12년 동안 계속되었다.

그러나 조선의 민중은 이런 기만정책에 쉽게 넘어가지 않았다. 대한제국의 마지막 황제인 순종이 1926년에 죽었다. 6월 10일, 순종의 인산에 참례하러 또다시 전국에서 많은 사람이 모여들었다. 이에 천도교측과 학생들, 사회주의 세력이 주축이 되어 황제의 상여가 종로를 통과할 무렵 학생들이 일제히 전단을 뿌리며 만세를 불렀다. 이때 인산에 모여들었던 민중이 함께하여 을지로, 동대문의 관왕묘 앞, 청량리 등지에서 만세 시위가 이어졌다. 이를 6·10만세운동이라 부른다.

이 만세운동은 전국으로 번지지는 못했으나 관련자 1,000여 명이 체포되었다. 일제 당국은 3·1운동과 같은 확산을 막기 위해 가담자를 철저히 색출하고 검거했다. 학생 이병립, 천도교 인사 권동진, 사회주의 계열의 김단야 등을 취조한 끝에 그 조직이 드러났다. 특히 강달영, 권오설 등이 조선공산당을 은밀히 조직하여 민족 항쟁을 지하에서 벌이고 있는 일이 탄로 나서 공산당 조직이 드러나게 되었다.

그뒤 사회주의 세력은 다시 조직을 정비하여 청년운동과 노동운동에 적극 가담했다. 이들은 곳곳에서 노동쟁의를 조종하고 야학운동과 청년활동을 도왔다. 그리하여 독립투쟁 노선이 두 갈래로 나뉘어 진행되었다. 곧 민족주의 진영과 사회주의 진영으로 나뉘었던 것이다. 이에 많은 독립지사는 두 계열의 통합을 이룩하여 민족독립투쟁 노선을 일원화할 필요성을 느꼈다. 두 계열은 연합을 모색한 끝에 민족단일전선을 결성하여 신간회를 발족했다. 신간회 회장에는 이상재, 간부로는 안재홍, 홍명희, 한용운, 허헌 등이었다.

신간회는 전국 각지에 지회와 분회 200여 곳을 조직하고 3만여 명의 회원을 모았다. 「조선일보」를 비롯하여 각 사회단체가 적극적으로 동조하고 지원했다. 광주학생운동이 일어났을 때 진상 조사와 무료 변론을 맡아 저항했고 광주학생운동 탄압에 항의하는 민중대회를 열었다가 44명이 체포되는 일도 벌어졌다. 활동이 합법적 범위를 벗어났다고 판단할 수도 있었다. 그러나 여기에는 일제의 간교한 술책이 숨겨져 있었다. 처음에는 지하활동을 막고 조직이 표면으로 드러나기를 노리고 합법적 활동을 유도했던 것이다. 이에 투쟁방법을 놓고 좌파와 우파의 견해가 나뉘었고 일제의 교활한 분열 책동과 내부의 노선 갈등으로 4년 뒤에는 간부들이 자진 해산을 단행하고 새로운 투쟁방법을 모색했다.

국내에서 민족투쟁 조직이 연합하고 있을 때 만주에서는 국내와 소련에 거주하는 동포가 연합하여 고려혁명당을 조직하고 위원장에 양기탁을 추대했다. 뒤이어 중국에서는 임시정부의 이시영, 김구 등이 독립투쟁 노선 방향과 이념을 위해 한국독립당을 조직했다. 이 두 단체는 지역을 달리하여 독립투쟁을 벌였다.

1929년에 이르러 일제의 식민교육은 점점 더 심화되었다. 학교교육을 통해 민족의식을 말살하고 일제의 군국주의 교육을 주입하기에 열을 올렸다. 일제 당국은 단계적으로 조선어를 가르치지 못하게 했고 조선 역사 수업시간을 폐지했으며 조선의 전통 풍습도 비루하고 미신적이라 하여 막았다. 이에 학생들은 비밀단체를 통해 민족의식을 고취하고 사회주의 사상을 받아들였다.

그해 11월 광주에서 학생운동이 일어났다. 광주와 나주 사이의 통학 열차에서 조선 학생과 일본 학생들이 패싸움을 벌였다. 평소에 쌓여 있던 감정이 이때 마침 폭발한 것이었다. 일본 경찰이 일방적으로 일본 학생을 두둔하자 광주고보, 광주여고, 광주농고 학생들이 항일 시위를 벌였다. 이 시위는 비밀단체인 독서회원 등이 주동이 되었고 지하활동을 벌이는 청년들이 배후에서 조종한 결과였다.

학생들은 광주 역전에서 장작이나 몽둥이로 일본 학생을 패고 시가로 진출하여 일대 시위를 벌였다. 이 소식은 삽시간에 전국으로 퍼져 경성, 부산 등지의 학생들이 항일 시위를 벌였다. 전국의 학생들은 학교별 또는 지역별로 시위를 벌였는데, 일본 경찰은 크게 당황하여 학생들을 체포, 구금했다. 이때 시위에 참가한 학교 수는 194개교, 학생 수는 5만 4,000여 명에 이르렀다. 이 시위는 1930년 봄까지 계속되었다.

만주사변과 위만국 조작

국내에서 학생운동이 치열해졌다가 잠시 주춤할 무렵 만주에서는 새로운 사건이 일어났다. 우리 동포는 만주 길림성 만보산 지역에 중국의 허가를 받아 미개간지를 개간하기 시작했는데, 중국 농민들이 자기네 땅을 빼앗긴다는 생각으로 우리 동포를 습격하여 공사를 중단시켰다. 현지에 있는 일본의 영사경찰은 우리 동포를 두둔하는 척하면서 중국의 농민들을 해산시켰다. 이 지역 두 민족의 농민들은 일제의 교묘한 이간책동으로 감정의 골이 깊어졌다.

일제의 영사경찰은 이를 악용하려는 음모를 꾸몄다. 만보산의 조선 농민들이 중국 농민들의 습격을 받아 많은 사상자가 났다는 소문을 과장하여 퍼뜨렸다. 이 사실이 「조선일보」와 「동아일보」에 보도되자 조선 민중은 흥분했다. 맨 먼저 이리에서는 시민들이 중국인 음식점과 상점을 습격하여 파괴했다. 곧이어 각 도시에서는 중국인들을 습격하여 집에 불을 지르기도 하고 몽둥이로 때려죽이기도 했다.

이 소문이 만주에 퍼지자 중국 농민들이 우리 동포를 습격하고 방화와 약탈을 일삼아 일대 분쟁이 일어났다. 이에 두 신문사에서는 특파원을 파견하여 그 진상을 조사하여 일본이 두 민족의 감정을 자극했다고 보도했다. 그러나 두 민족의 감정은 쉽사리 수그러들지 않아 그뒤에도 많은 충돌을 빚었다.

일제는 이를 기하여 새로운 침략정책을 계획했다. 이런저런 꼬투리를 만들어 만주를 점령하려 한 것이다. 그들은 만주에 남만주 철도부설권을 얻어 만주 일대의 자원을 잠식하고 있었다. 그리고 영사경찰을 두어 그들의 거류민과 조선 동포를 보호한다는 구실 아래 정보 수집을 일삼고 조선의 독립기지의 파괴 공작을 벌였다. 이런 가운데 아예 점령할 계획을 세우고 만주 철도의 폭발 사건을 조작했다. 당시 중국인들은 만주 철도를 소규모로 파괴하고 있었는데, 일본인 스스로가 폭발물을 철도에 장치하여 터뜨리고 중국인들의 짓이라고 항의했다.

이에 장쭤린張作霖 군벌정부와 분쟁이 일어나자 1931년 일본은 조선 땅에 미리 대기하고 있던 군대를 보내 만주를 점령했다. 그리하여 한때 군벌이 지배하던 만주 땅은 일본의 손아귀에 들어가고 말았다. 이 만주사변을 통해 일본은 자원이 풍부한 만주를 차지하여 군비 확장에 더욱 박차를 가했다. 그들은 만주에 괴뢰정부를 수립하고 청나라 왕조의 마지막 황제 푸이溥儀를 황제로 만들고 멋대로 조종하고 지휘했다. 이때의 만주제국을 중국인들은 거짓 만주 나라라는 뜻으로 '위만국僞滿國'이라 한다.

국제연맹에서 일본의 이 침략 점령을 반대하고 조사단을 파견하자 일제는 국제연맹을 탈퇴하고 국제사회에 대해 적대감을 보였다. 그리하여 만주사변은 새로운 국제 문제로 번졌고 일제의 운명을 재촉하는 계기가 되었다. 하지만 일제는 우리 동포를 만주제국의 관리나 회사원이나 개척 농민으로 이주시켰다. 그 결과 만주에는 더욱 많은 농민이 이주하여 황무지를 개간했다. 일제는 만주의 우리 동포를 특수부락으로 만들어 독립군의 근거지를 없애고 무장독립 전진기지를 파괴했다. 특히 일제는 만주에 간도특설대와 관동군을 주둔시켜 무장독립군을 철저히 통제하여 남은 독립군은 연해주로 기지를 옮겨야 했다.

줄기차게 일어나는 쟁의와 운동

1920년대부터 10년쯤 소작쟁의, 노동쟁의, 야학운동, 형평운동이 전개되었다. 이 쟁의와 운동은 대중운동의 성격을 띤 것으로 생존권과 연결되었다. 이를 성격에 따라 나누어 살펴보자.

식민지 농민들은 절대다수가 소작농이었다. 1924년의 경우 논농사를 짓는 소작농은 전체 농가의 64.7퍼센트였다. 소작농들은 전과는 달리 논뿐 아니라 밭, 과수원 등도 소작을 하여 소작료를 냈다. 소작농은 조선총독부 당국이 비호하여 지주들이 마련한 '소작 규정'에 따라 지주나 마름의 지휘에 절대복종해야 하며, 만일 반항하면 소작지를 박탈하고 소작료를 내지 않으면 소작농의 재산을 마음대로 처분하도록 했다.

그들은 소작료로 현물이든 돈으로 환산하여 내든 적게는 6할, 많게는 7, 8할을 뜯겨야 했다. 그리하여 소작농들은 보릿고개가 닥치면 칡뿌리나 송진가루로 연명하다가 부황이 들었다. 그들은 살길을 찾아 일본의 노동자로 가서 죽임을 당하기도 하고, 만주로 가서 농토를 개간하기도 하고, 도시로 나와 날품팔이가 되기도 했다.

국내에 남아 있던 소작농들은 곳곳에서 소작쟁의를 벌였다. 그들이 쟁의의 대상으로 삼는 지주는 조선인도 있었지만 일본인이 경영하는 대농장주가 다수였다. 소작농들은 소작료를 내리기 위해 투쟁을 벌였다.

처음 황해도에서 소작쟁의가 시작되었고 이어 경기도, 충청도, 전라도, 경상도 등 농토가 많은 곳을 중심으로 차츰 번져갔다. 1920년대에

◎ 연도별 소작쟁의 발생 건수

연도	쟁의 건수	참가 인원 수
1921	27건	2,967명
1922	24건	3,539명
1923	176건	9,060명
1924	164건	6,929명
1925	11건	2,646명
1926	17건	2,118명
1930	726건	13,012명
1931	667건	10,282명

* 조선총독부 통계 자료 참고.

소작쟁의를 벌인 결과 소작료를 5할대로 내리는 데 성공했다. 일제 당국은 더이상의 소작료 인하를 막기 위해 소작쟁의를 벌일 경우 '치안유지법'의 소요죄를 적용했다.

1930년대에 들어 5할대의 소작료가 지켜지지 않고 지주의 횡포가 나날이 심해지자 소작농들은 다시 들고일어났다. 그들은 처음에는 벼를 탈곡하지 않거나 논에 그대로 두었고, 추수를 하고 나서 곡식을 쌓아놓고 소작료를 내지 않고 버텼으며, 주동자들이 잡혀가면 모두 경찰서로 따라가 농성을 벌였고, 재판을 받게 되면 아내들도 재판정에 나와 소란을 떨거나 아이를 울리는 등 재판을 방해했다.

이들 쟁의에 각 사회단체와 언론기관 및 변호사들이 발 벗고 나서서 실상을 밝히고 지주의 횡포와 소작농의 비참한 생활 모습을 전해 여론을 불러일으켰다. 허헌, 김병로, 이인 등 조선인 변호사들과 함께 일본인 변호사가 많이 참여하여 변론을 맡았다. 조선총독부는 어쩔 수 없이 '조선농지령朝鮮農地令'을 공포하여 소작의 임대 기간을 3년으로 정하는 따위의 미봉책을 내놓았다. 그리하여 소작쟁의는 한때 주춤했다. 이어 1940년대에는 다시 공출이라는 이름의 식량수탈정책을 써서 쟁의의 여지를 남기지 않았다.

노동쟁의도 일어났다. 농토를 빼앗긴 농민들은 도시로 몰려와 잡역부 또는 일급日給 노동자가 되었다. 일제 당국은 일본인 자본을 들여와 공장을 지었고 값싼 노동력이 필요해지자 일본의 실업자들을 대량으로 이주시켜 공장에 취업시켰다. 그러나 조선인 노동자들의 숫자가 많아 노동력

◎ 조선인 노동자와 일본인 노동자의 임금 차별

직 종	민족별 노동자	임금
목 수	일본인	3.64원
	조선인	2.18원
석 공	일본인	3.19원
	조선인	2.25원
인 부	일본인	1.72원
	조선인	0.91원

* 1929년의 경우 조선총독부 통계 연표 참고.

이 과잉 공급되자 일본인 자본가들은 언제든지 값싼 노동력을 흡수하여 마음대로 부려먹었다.

표에서 보는 바와 같이 조선인 노동자 임금이 일본인 노동자 임금의 절반이 넘어 임금 차별은 별반 심하지 않은 것처럼 여겨진다. 하지만 실제로 조선인 노동자는 전국 노동자 수의 25.2퍼센트가 최저임금을 받는 막벌이꾼이었던 데 반해, 일본인 노동자는 일반 노동자가 총노동자의 2.6퍼센트에 불과했다 한다. 따라서 조선인 노동자는 통계로 어림잡을 수 없을 정도로 비참한 조건에 처해 있었다. 그뿐 아니라 1930년대 말부터 중국과 침략전쟁을 벌일 때나 태평양전쟁을 일으켜 미국과 전쟁을 벌일 때에는 '임금통제령', '노동조정령' 등의 법령으로 임금을 여지없이 착취했다. 노동시간도 대부분 12시간 이상을 웃돌았다. 이런 조건에서 노동자들은 곳곳에서 태업과 파업, 노동쟁의를 벌였다. 쟁의의 내용은 임금 인상, 노동시간 단축, 부당한 대우 철폐 등이었다.

노동자가 가장 많은 곳은 부산이었다. 부산에는 일본에서 군수물자를 실어 만주로 나르고 만주에서 실어오는 물자를 배에 싣는 작업이 많았다. 부산 부두에서는 3만 명의 노동자가 일했다. 노동자들은 한 달에 10일, 또는 15일 정도 일하는 일급의 임금을 받고 있었다. 하루 1원꼴의 임금으로는 아침에 밥, 저녁에 죽도 못 먹을 판이었다.

1921년 9월 일본인 회사가 그들의 요구조건을 들어주지 않자 마침내 1차로 5,000여 명이 동맹파업에 들어갔다. 모든 부두노동자가 참여했다. 일본 경찰은 주모자를 검거했다. 이에 노동자들은 더욱 거세게 파업을 벌였다. 일본인 회사들은 부산으로 채소나 땔나무를 팔러 오는 농부를 2, 30명씩 동원하여 2원에서 3원의 임금을 주고 노역을 시켰으나 숙련되지 못하여 일이 서툴렀고 인원도 모자랐다. 일본인 회사는 어쩔 수 없이 1할 또는 1할 5부의 임금을 인상해주었다. 이 소식이 전국에 전해지자 영도의 직공, 대구의 방직공장 종업원 등을 비롯하여 전국으로 노동쟁의의 불길이 번졌다.

그뒤 크고 작은 쟁의가 계속되던 중 1925년에는 경성전기회사의 전차 차장과 운전수들의 파업이 일어났다. 경성전기회사 소속의 차장과 운전수 500여 명은 전차 운행을 멈추고 15시간의 노동과 500명이 해야 할 일을 450명으로 해야 하는 조건을 고쳐달라고 요구했다. 그런데 오히려 주모자를 감금 또는 검색하자 승무원들은 일제히 파업을 벌였다. 이에 회사측은 전직 운전수, 소제부를 동원하여 전차를 운행하면서 운전수들을 분열시키고 주동자들은 계속 구금하고 해직과 면직을 일삼았다. 그리하여 3개월을 끈 끝에 별다른 성과 없이 흐지부지되고 말았다. 그러나 경성전기회사의 파업은 전국적으로 파문을 일으켜 목포의 제유공, 평양의 인쇄공 등 전국의 노동자가 산발적으로 파업을 일으키는 사태로 번졌다. 그리하여 부산 부두노동자의 파업 이후 2차의 파업 시기를 이루었다.

원산에는 일제의 석유회사와 통운회사가 많은 노동자를 거느리고 있었다. 1929년 1월 그들은 임금 인상과 노동조건의 개선을 들고 나와 노동쟁의를 벌였다. 이들 2,000여 명이 단결된 모습으로 파업을 단행하자 일본인 사주들은 국수회의 폭력배들을 동원하여 폭력으로 짓누르려 했다. 이에 노동자들은 장기전의 태세를 갖추고 2개월 치의 식량을 확보한 다음 만주에 1만 명 몫의 5개월 치 식량을 주문할 준비도 갖추었다. 그리고 외부에서 노동자를 모집해오면 그들을 돌려보내기도 하고 강제로 작업을 막기도 했다.

이에 경찰은 십여 명의 노동자에게 일을 시키는 척하면서 파업노동자들이 폭력을 사용하면 간부들을 모조리 검거한다는 음모를 꾸몄다. 이 계획이 들어맞아 간부들이 모조리 구금되었다. 일본인 회사는 중국인 노동자를 모집하여 임금을 선불로 주고 데려오기도 했다. 이런 노동쟁의가 1930년 말기와 1940년대에 들어와서 조금 누그러진 것은 '국민총동원령' 등의 전시체제로 바뀐 탓이었다.

다음은 야학운동이다. 학교에 다닐 수 없는 가난한 아동들이 무식쟁이로 전락하는 현실을 지켜보던 지방 유지와 청년들은 야학을 세웠다. 3·1운동 직후 야학은 일제 당국의 허가를 받아 설립되었는데, 허름한 건물이나 동네의 공회당, 예배당 등을 빌려 교사로 사용했다. 뜻있는 지방 유지와 청년들은 자금을 내고 직접 가르치면서 문맹을 퇴치했고 민족의식을 불어넣었다. 특히 학교에서는 일본어만을 사용할 때 야학에서는 한글 교육을 시켰고 민족의 노래를 가르쳤다.

가난하면 슬프다고 누가 합니까
우리집이 가난해도 나는야 재밌어요
가갸거겨 좋은 책을
옆에다 끼고 학교에 가요

—야학생 출신 고순남의 증언

이런 노래로 민족의식을 고취하자 일본 경찰은 단속에 나섰다. 교사를 잡아가기도 하고 일본어 교육을 강요하기도 했다. 그러나 청년 교사들은 무보수로 가르치면서 밤낮을 가리지 않고 봉사하며 민족의식을 불어넣었다. 학생들은 방학을 이용하여 가르치거나 때로는 학교를 중단하고 야학운동에 나서기도 했다. 노동 야학은 농촌계몽운동, 상록수운동과 함께 민족 자각을 위한 의식화 운동이었다.

일제 당국은 야학 이름에 '노동'이라는 두 글자를 떼게 하여 허가를 해주었고 툭하면 교사들을 검거했다. 이에 노동 야학은 강습소와 같은 형편이 되었다. 1933년에 조선총독부는 야학 대신 간이학교를 농촌 진흥이라는 이름으로 설치했는데, 1936년에는 간이학교가 전국에 880개나 되었다. 간이학교가 겉으로는 '근로정신'과 '기술교육'을 내걸었지만 민족의식교육을 방해하려 했음은 말할 나위가 없다.

형평운동도 전개되었다. 백정은 왕조시대에 천민 대우를 받았고 식민 통치 기간에도 이런 통념에서 벗어나지 못했다. 강상호, 장지필 등은 처음에는 신분 해방을 내걸고 1923년 진주에서 형평사衡平社를 결성하고 형평운동에 나섰다. 곧 인간은 동등하므로 직업의 차이로 차별 대우를 받을 수 없다고 주장한 것이다.

묵은 양반들은 백정들의 자녀가 학교에 입학하면 퇴학을 시키거나 동맹 휴학을 벌였으며, 백정 노인들이 젊은 양반에게 하대받는 것을 거부하면 보복을 했고, 백정들이 음식점이나 술집에서 한자리에 앉으면 두들겨 패거나 내쫓았다. 이런 것을 타파하기 위해 백정 출신인 축산업자들은 줄기차게 형평운동을 벌였다. 형평사 본부를 진주에서 경성으로 옮기고 50만 백정의 교육과 문화 수준을 높이는 운동을 더욱 열성으로 벌이는 한편, 사회운동과 민족운동도 병행했다.

한편, 만주에서 결성된 독립단체인 고려혁명당에 형평사 간부들이 많이 참여하고 자금을 댄 사실이 발각되자 그들 모두 검거되었다. 일제 당국이 형평사에 대해서도 탄압을 가하자 그들은 순수한 인권운동만을 벌일 것을 주장하는 파와 민족해방운동을 병행해야 한다고 주장하는 파로 나뉘었다.

일제 당국은 1930년대 말에 많은 사회 또는 민족 단체를 해산시키면서 형평사의 해산도 명령했다. 그리하여 형평사는 대전에 대동사大同社라는 간판을 걸고 일제와 타협하면서 명맥을 유지했다. 그러나 50만 명의 단결된 회원을 가졌던 형평사는 많은 민족활동을 벌이며 사회의 큰 주목을 받았다.

이런 민족운동은 봉건의식 타파, 생존권 확보, 문화 수준 향상과 함께 민족의식 고양에 그 중심 내용이 있었고, 일제 당국의 탄압과 회유, 파괴와 분열 공작에도 쉼 없이 진행되었다.

일제의 마지막 몸부림, 전시체제

일제는 만주를 점령한 뒤 이런저런 구실로 중국 본토를 넘보다가 1937년 7월 베이징 외곽에서 루거우차오蘆溝橋 사건을 일으켰다. 이어 일본군은 같은 달 상하이에 상륙했고 잇따라 난징南京을 점령했다. 이것이 중일전쟁이다. 그리하여 중국의 국민정부는 수도를 충칭으로 옮겼는데, 상하이에 있던 대한민국 임시정부도 따라 난징, 충칭으로 연달아 옮기고 나서 광복운동단체를 모두 연합하여 단일전선을 형성했다. 이를 계기로 국제관계는 물론 국내에서도 커다란 변화가 일어났다. 정치, 경제, 사회, 문화의 모든 영역이 전시체제로 돌입했다. 따라서 일제의 운명에도 검은 그림자가 드리워졌다.

일제는 국민정신을 고양한다는 명목으로 신사 참배를 강요했다. 학교를 비롯하여 모든 종교와 사회단체에 매일 아침, 또는 정기적으로 일본의 수호신과 일본 황실의 조상을 받드는 신사는 물론, 일본 천황이 있는 동쪽을 향해 절을 하게 했다. 이를 거부한 학교와 교회, 단체 등은 폐쇄했다. 이어 모든 사람에게 황국신민의 서사誓詞를 제정하여 외치게 했다. 곧 천황의 신민으로 목숨을 바쳐 충성해야 한다는 것이다. 이에 신사 참배, 황국신민 서사 등을 철저하게 이행하고 독려하기 위해 별도의 단체인 국민정신총동원연맹을 지방마다 두어 황국신민화 운동을 강제로 시행했다. 또 전시체제의 일환으로 각 도에 근로보국대勤勞報國隊를 조직하여 후방에서 전쟁을 돕는 일을 맡겼다.

이와 함께 실시한 것이 일본어 사용이다. 전국에 1,000여 곳의 일본어 강습소를 만들어 전 국민에게 일본어 사용을 강요했다. 조선총독부는 각급 학교에 조선어 시간을 폐지하는 대신 일본어 시간을 더 늘리도록 조치했다.

그 밖에도 전시체제 아래에서 경제 수탈을 일삼았다. 일제는 구리, 아연 등 무기를 만드는 데 필요한 광물 사용을 제한했다. 이것으로도 부족하여 나중에는 철 사용도 철저히 제한했다. 군사 목적 외에 국민생활에 필요한 철도구를 만들지 못하게 했다. 전쟁 무기를 만들면서 광물질 자원의 절대량이 모자라자 생활도구에 필요한 광물질 사용마저 금지한 것이다. 이것으로도 충분하지 않자 전국 곳곳에 걸쳐 광물질 수집에 나섰다. 놋쇠로 만든 그릇, 대야, 요강까지 샅샅이 뒤져 공출이라는 이름으로 거두어들였다. 집집마다 조상 대대로 물려온 제기 등을 감추었지만 경찰들은 여염집의 골방마다 쑤시고 다녔다.

폐품수집 운동도 대대적으로 벌였다. 전쟁 수행에 모자라는 물자를 폐품수집이라는 이름 아래 실제로는 국민의 생활도구를 가져간 것이다. 관리를 동원하여 강제적으로 사찰과 성당, 교회의 종 등을 수탈하여 녹여서 무기로 만들었다. 쇠로 만든 것이면 문화재마저 거두어갔다.

또한 전쟁 수행에 절대 필요한 양곡생산을 장려하고 미곡의 통제를 단행했다. 군 단위로 쌀의 공출 분량을 정해 강제로 거두어가고, 상등품 백미의 판매를 금지하고, 판매되는 쌀의 가격을 고시하고, 지대와 소작료를 통제하여 소작쟁의를 봉쇄했다. 일제 당국은 조선에서 양곡 150만 석을 일본으로 들여가기로 하고 조선미곡배급조정령朝鮮米穀配給調整令을 공포하고 전면적으로 양곡을 거두어가는 대신 배급제를 실시했다. 그리하여 조선 민중은 곡식을 모두 빼앗기고 깻묵, 강냉이 등을 배급받아 연명했고 감자를 주식으로 하거나 소나무 껍질을 벗겨먹어야 했다. 더욱이 일제가 동남아시아를 점령하고 나서는 수탈한 안남미를 배급 쌀로 나누어주었다.

일제는 폐품수집 또는 공출 규정에 따라 솔방울, 송진 등을 학생이나 마을 단위로 인력을 강제로 동원하여 일정한 양을 정해 내게 했고, 밀주를 단속하기에 혈안이 되었으며, 부러진 숟가락, 젓가락이라도 쇠붙이라는 쇠붙이는 깡그리 거두어갔다. 이런 강제 공출은 8·15때까지 도를 더해 계속되었다.

강제로 끌려간 조선인들

한편, 1939년 들어 일제 당국은 새로이 두 가지 일을 꾸며냈다. 하나는 이 땅의 청장년들과 부녀자들을 전쟁터로 내모는 강제징용을 실시했다. 청년들은 자원이라는 형식으로 군대에 동원되었고, 장년들은 보국대라는 이름으로 전쟁터의 노무자로 동원되었다. 그리고 여성들은 정신대挺身隊라는 이름으로 일본 군수공장의 공원으로 끌려갔다. 말은 지원이라고 했지만 실제는 모두 강제 동원이었다.

1941년 태평양전쟁을 일으킨 뒤 일본은 지원만으로는 동원의 한계를 느꼈다. 그리하여 조선인을 대상으로 전면적인 징병제를 실시했다. 이에 따라 1943년부터 조선의 청년들은 적령기만 되면 차례차례 '무운장구武運長久'라는 띠를 두르고 전선으로 끌려나갔다. 그들은 가장 격렬한 전쟁터인 태평양 섬들이나 버마 등지에서 목숨을 잃었다.

정신대도 더욱 강화하여 아리따운 소녀들을 일본 홋카이도나 사할린, 만주의 공장으로 끌고 가서 밤낮을 가리지 않고 일을 시켰다. 또한 위안부라는 이름으로 일본군의 성노예로 만드는 만행을 저질렀다. 비록 미쓰비시 등 군수회사의 이름을 빌려 모집 형식으로 어린 여성을 취직시켜준다는 수법으로 유인하거나 숫자를 채워 강제로 끌고 가서 일본,

만주, 중국 본토, 오키나와에 있는 일본군이나 남태평양 군도, 동남아시아의 일본군에게 성의 노리개로 바쳤다.

이들 위안부는 군 위안소에 갇혀 지내면서 일본군의 잡일은 물론, 철저하게 성의 제물이 되어 이국땅에서 기아와 성병에 시달리며 죽어갔다. 그들은 일본 위안부보다 훨씬 나쁜 조건에서 '조센삐朝鮮妣'라는 별명을 얻고 동물 취급을 당했다. 중국의 조사에 따르면 조선 위안부는 20여 만 명, 중국 위안부는 25여 만 명이었다. 통계 자료가 과장된 것으로 보인다. 일본군 위안부 문제는 적어도 제2차 세계대전 당시 미군을 비롯하여 유럽 군대에서는 찾아볼 수 없는 여성 인권 유린의 사례였다.

또 학생들은 지원병을 제외하고는 전면 징집이 보류되었는데, 1943년 10월부터 학병제라는 이름으로 한 명씩 전쟁터로 끌려갔다. 그들은 학업을 중단하고 펜 대신 총을 멨으며 만주의 독립군 토벌에 동원되거나 중국 본토에서 선무 공작에 이용되었다. 소년들도 비행학교 등에 보내 가미카제 특공대에 투입했다.

이 같은 강제 동원을 기피하거나 도망이라도 치면 연좌제를 구실삼아 가족은 물론 친척, 이웃까지 시달림을 받았고 때로는 고문을 당해야 했다. 이렇게 끌려간 숫자는 정확하지 않지만 일본 자료에 따르면 노동자 70여 만 명을 포함하여 110만 명이 넘는 것으로 추산된다.

또다른 하나는 마지막 민족혼의 말살정책을 썼다. 일제는 식민지가 시작된 이래 민족정신을 말살하는 정책을 꾸준히 펴왔지만 이때에 이르러서는 그 어느 때보다 극렬했다. 먼저 그 일환으로 창씨개명創氏改名이라는 기발한 방법을 창안했다. 우리 고유의 성과 이름을 새로이 일본식으로 바꾸라는 것이었다. 1940년 2월부터 성을 바꾼 '창씨계創氏屆'를 접수하기 시작했으나 거의 반응이 없자 이에 대한 인쇄물을 돌리고 친일파를 동원하여 계몽 강연을 벌였다. 이어서 친일파에게 창씨개명을 솔선수범하게 하여 이광수는 '가야마 미쓰로香山光郎'라고 고쳤다.

그래도 별다른 반응이 없자 일제 관리들은 강제로 창씨계를 접수했고, 친일파를 동원하여 억지로 호응하게 했으며, 창씨계를 내게 하려고 경찰로 하여금 사람들을 관청으로 끌어내게 했다. 견디다못해 자살하는 사람도 있었고, 마지못해 창씨를 할 적에 '견자犬子'(개새끼)라는 성을 붙이거나 천왕 폐하라는 뜻의 '덴노헤이카田農炳夏'라 지어 자신이나 일본을 조롱하기도 했다.

또한 일제는 「도라지」, 「아리랑」 같은 우리의 전통 가락이나 민요를 억제하고 군가를 부르도록 강요했으며, 석전놀이나 씨름 등 우리의 고유 민속을 금지하면서 철저한 황국신민이 되도록 일본혼日本魂를 불러일으키려 했다.

이 같은 일은 물론 조선총독부에서 주도했다. 조선총독부 지시에 따라 전국 고을고을에 애국반을 조직하여 조직적으로 진행, 추진하게 했고 보도연맹 또는 문인보국회 등의 친일어용단체를 만들어 신사 참배, 징병 자원, 물자 공출, 창씨개명을 권유하는 연설이나 거리 독려를 하게 했다. 그 무렵 김활란 등의 교육자, 이광수 등의 문인, 최린 등의 종교인, 남인수 등의 가수들을 동원하여 일본을 찬양하는 글을 쓰게 하거나 거리에 나서 성전에 참여하라고 여설하게 했다.

일제는 태평양전쟁을 일으키고도 선전포고 없이 진주만을 기습했는데, 이를 수행하기 위해 우리 겨레를 들들 볶고 목숨을 앗아간 것이다.

암흑에서 벗어나 빛을 되찾다

1941년 11월 충칭의 임시정부는 삼균주의三均主義에 바탕을 둔 건국 강령을 발표하여 구체적인 독립 준비를 했다. 이는 임시정부의 기본 이념과 정책 노선을 밝힌 것이다. 삼균주의는 조소앙이 개인과 개인, 민족과 민족, 국가와 국가 간 대등한 관계를 통해 여러 세력의 통합을 이룩하자는 이념이었다. 그러나 내부의 수많은 파쟁이 있었고 이에 환멸을 느낀 많은 혈기 넘치는 젊은 투사는 임시정부를 떠났다. 그 결과 임시정부는 명색만 정부였을 뿐 늙은 혁명가들이 모여 잡담이나 하는 장소로 전락했다. 이런 위기의식에서 삼균주의는 그 활로를 새로 모색한 것이었다.

이런 사정에서도 임시정부는 민족혁명당과 연합을 이룩하고 광복군을 새로 편성하여 국내에 진격할 계획을 세웠다. 임시정부는 중국 국민당 정부의 장제스蔣介石에게 지원을 받으면서 독립단체의 통일전선을 모색했다. 그 결과 독립무장단체를 통합하여 광복군 본부를 시안西安에 두고 총사령에 이청천, 부사령에 김원봉을 임명하여 통일적인 지휘를 받게 했다. 이어 임시정부와 광복군은 뒤늦게나마 대일 선전포고를 했다.

그 무렵 중국의 오지인 타이항 산太行山 지구에서 활동을 벌이던 조선독립동맹은 대일전선에서 멀리 떨어진 옌안延安에 자리를 잡고 '사상, 신앙, 계급의 구분을 불문한 모든 애국자의 집결체'임을 표방했는데, 그 산하의 군사단체인 조선의용군은 항일전쟁에 직접 참가하기도 했다. 한편, 시안과 옌안, 타이항 산 지구에 머물면서 중국공산당의 지원을 받았던 조선독립동맹과 조선의용군, 군정학교는 일본군 선무 공작을 펴면서 최후까지 활동을 멈추지 않았다. 그들은 자력갱생을 표방하고 스스로 농사를 지어 굶주림을 해소면서도 조국 해방의 희망을 버리지 않았다. 어쨌든 마지막 단계에서 조선의 청년들은 조국에서 게릴라전을 벌이기 위해 중국의 오지에서 맹렬한 훈련을 받았고 소련 땅에서도 독립군이 조국 진격을 위해 피나는 훈련을 쌓았다. 그들은 마지막 해방 시기까지 활동했다. 하지만 그들의 근거지는 조국과는 거리가 너무 멀었다.

그 밖에도 1930년대 이후 만주에서는 중국 공산당 산하 동북항일연군 휘하의 조선인 무장투쟁 세력도 김일성의 지휘를 받으면서 보천보 습격 등 항일전에서 전과를 올려 일제의 간담을 서늘하게 했고, 만주에 거주하는 많은 조선인의 지지와 후원을 받았다. 그러나 이 세력도 일제를 무찌를 정도의 무장력을 갖추지는 못했다.

국내 민족주의 세력은 신간회가 해소될 무렵인 1920년대 말부터 독립운동의 전선에서 대부분 떨어져나갔고 신간회 활동이 실패한 뒤 김병로, 홍명희, 허헌, 여운형, 정인보 등 몇몇은 도봉산 밑 창동이나 시골에 숨어 있으면서 지조를 지켰으나 최남선, 이광수 등 많은 지식인과 문인들은 일제에 협력했다. 따라서 태도가 분명하지 않은 타협주의자나 미지근한 친일파들은 일제 말기의 경력 때문에 해방 후에 건국 세력으로 나설 수 있는 도덕적 명분을 갖지 못했다.

1930년대 이후 노동운동, 농민운동, 반제사상투쟁 등을 통해 일제에 가장 완강히 저항한 세력은 사회주의 조직이었다. 그러나 일제의 극심한 탄압과 운동 세력 내부의 고질적인 파쟁과 대중적 지도력의 결핍 때문에 전국적 범위에서 지도력을 갖는 정치조직의 형성에 실패했고 지하에 잠복해 있다가 해방을 맞이하게 되었다. 몇몇 사회주의자는 변절하면서 생계를 꾸려나갔고 그 무렵 공산주의 운동의 지도자가 된 박헌영은 광주의 벽돌공장에 숨어 있다가 해방을 맞이했다. 해방 직후 이른바 장안파 공산당이 최초로 결성되었으나 일제 말기까지 보다 적극적인 투쟁을 벌인 화요회계와 박헌영 중심의 재건파 공산당으로 흡수, 통합되었다. 1945년 9월 11일에 재건된 조선공산당에서는 화요회계와 이후의 경성 콤그룹(공산당 조직) 조직원들이 주도적인 역할을 담당했다.

또 미국과 중국의 독립지사들이 국제 여론을 환기시켰고, 만주와 소련의 독립투사들이 끈질기게 마지막 항쟁을 벌였으며, 국내에서는 여운형이 중심이 되어 지하단체 건국동맹을 결성했다. 또 평양사단에 있던 조선학병들은 탈출하여 항일 게릴라전을 벌이려다 발각되어 70여 명이 검거, 투옥되었고 중국과 만주에 있던 학병들도 속속 탈출하여 광복군에 가담하거나 중국 팔로군에 들어갔다.

1945년에 이르러 일제 당국은 최후의 몸부림으로 우리 겨레의 고혈을 짜냈다. 그리고 종교인들까지 보국회라는 이름으로 국민총동원령에 이용했고, 친일 주구 박춘금을 시켜 폭력어용단체 대의당을 만들었으며, 자본가들과 지주들에게 비행기 등을 헌납하게 했다. 그러나 이런 몸부림도 세계의 대세 앞에서는 한낱 물방개의 동작에 지나지 않았다. 일본군은 태평양에서 계속 밀려났고, 미국군은 태평양을 거쳐 오키나와에 상륙했으며, 소련군은 독일전선에서 발길을 돌려 만주에 들어오고 두만강을 넘어 진격해왔다.

일본 땅에 원자탄 두 개가 떨어지자 그제야 일제 군국주의자들은 정신이 번쩍 들었다. 누구보다 예민한 반응을 보인 것은 조선총독부 관리들이었다. 조선총독부의 정무총감 엔도 슈사쿠遠藤周作는 미리 준비한 각본에 따라 조선 민중이 가장 존경하는 여운형을 관사로 초대하고 치안 협조를 간절히 요청했다. 혹시라도 혼란한 해방을 틈타 조선인들이 원수를 갚기 위해 일본인을 잡아 짓밟아버릴지 몰라 대비를 하려는 의도였다. 여운형은 이미 이런 사정을 알고 있었다. 그는 준비한 대로 정치범, 경제범을 즉시 석방할 것, 우리가 벌이는 치안 유지와 건설 사업에 간섭하지 말 것 등을 요구했다. 그들은 어쩔 수 없이 이 요구조건을 그대로 받아들였다.

1945년 8월 15일 한낮, 일본 천황 히로히토裕仁는 울먹이면서 연합군에 무조건 항복한다는 라디오 연설을 했다. 찌는 듯한 무더위에 경성의 종로통 거리는 찐득찐득 흘러내리고 있었는데 히로히토의 떨리는 방송 목소리는 도통 무슨 소리인지 알아들을 수 없었다. 그날 저녁 무렵에

아 경성 기리를 중심으로 전국 방방곡곡에서 만세 함성이 울려퍼졌다. 35년이라는 기나긴 질곡에서 이제야 벗어난 것이다.

마무리를 지으면서 식민지 통치방식에 대해 살펴보자. 식민지 통치방식은 다음과 같이 세 가지로 요약할 수 있다.

첫째, 영국형이 있다. 영국은 식민지를 경영하면서 민족사상과 고유 신앙을 억누르지 않고 방임했다. 그리하여 대체로 고유의 언어, 역사, 종교를 맡겨두었다. 따라서 식민지에 총독을 두고 자치권을 허용하면서 경제 수탈에 중점을 두었다. 예를 들면 인도에서 목화를 가져가서 산업혁명으로 이룩한 방적산업을 확대하는 것 따위다. 그리하여 대영제국의 유니온 잭은 인도를 비롯하여 세계 곳곳에서 휘날렸다.

둘째, 프랑스형이 있다. 프랑스는 다른 민족의 언어와 역사, 신앙을 인정하지 않았다. 모든 것을 프랑스의 것으로 바꾸게 하여 식민지민들에게 프랑스 국교인 가톨릭을 믿고 프랑스어를 쓰라고 강요했다. 자치권을 허용하지 않으면서 프랑스어를 구사할 줄 알고 프랑스 문화를 익히고 가톨릭을 믿는 소수만이 프랑스 의회에 참여할 수 있게 했다. 프랑스는 주로 아프리카에 진출했다.

셋째, 미국형, 에스파냐형, 포르투갈형, 독일형 등 다른 유형은 영국형과 프랑스형을 적절히 배합했다고 볼 수 있다. 다만 식민지 경영의 후발주자, 또는 국력이 모자라서 그 영향력이 영국, 프랑스보다 못 미치고 있었을 뿐이다.

그렇다면 일본형은 어떤가? 일본형은 영국형의 경제 수탈과 프랑스형의 민족말살정책을 섞어 폈다. 앞에서 살펴본 대로 한민족의 언어를 사용하지 못하게 했으며 역사를 가르치지 못하게 막아서 뿌리를 잊게 했다. 게다가 민족말살정책의 일환으로 성과 이름을 바꾸는 동화정책을 진행했으며 자연자원의 수탈과 인력자원의 동원을 자행하면서 일본군 위안부라는 반인륜적·반인권적 행태도 벌였다. 그러므로 더욱 정교하고 치밀했다고 볼 수도 있다.

마지막 상징적 의미로 한 가지만 밝혀두면 지금도 영국의 식민지였던 인도 등지에는 영어, 프랑스 식민지였던 아프리카 나라들은 프랑스어, 미국의 식민지였던 필리핀 등은 영어, 에스파냐 식민지였던 남아메리카 나라들은 에스파냐어를 주로 사용한다. 그런데 일본의 식민지였던 한국과 타이완 등의 나라들은 모국어를 사용하고 있다. 이는 상대적으로 민족의식이 높아서인지, 문화적으로 우월해서인지 분석해볼 일이다.

조선혁명 선언*

강도 일본이 우리의 국권을 없이하며 우리의 정권을 빼앗으며 우리의 생존적 필요조건을 모두 박탈했다. 경제의 생명인 산림, 천택川澤, 철도, 광산, 어장에서부터 소공업 원료까지 다 빼앗아 일체의 생산 기능을 칼로 베며 도끼로 끊고 토지세, 가옥세, 인구세, 가축세, 백일세百日稅, 지방세, 연초세, 비료세, 종자세, 영업세, 청결세, 소득세…… 그 밖의 각종 잡세가 날마다 증가하여 혈액은 있는 대로 전부 빨아가고 여느 상업가들은 일본의 제조품을 조선인에게 매개하는 중간인이 되어 차차 자본 집중의 원칙 아래 멸망할 뿐이요, 대다수 인민 곧 일반 농민들은 피땀을 흘려 토지를 갈아 그 한 해 소득으로 자기 자신과 처자의 호구거리도 남기지 못하고 우리를 잡아먹으려는 일본 강도에게 가져다 바쳐 그 살을 찌워주는 영세의 우마牛馬가 될 뿐이요, 끝내는 그 우마의 생활도 못하게 일본 이민의 수입이 해마다 높고 빠른 비율로 증가하여 '딸깍발이' 등쌀에 우리 민족은 발 디딜 땅이 없어 산으로, 물로, 서간도로, 북간도로, 시베리아의 황야로 몰려가 아귀부터 유귀流鬼가 될 뿐이며,

강도 일본이 헌병정치, 경찰정치를 힘써 실시하여 우리 민족이 한 발

짝의 행동도 마음대로 못하고 언론, 출판, 결사, 집회의 자유가 일절 없어 고통과 분한이 있으면 벙어리 가슴만 만질 뿐이요, 행복과 자유의 세계에는 눈뜬 소경이 되고, 자녀가 나면 "일어를 국어라, 일문을 국문이라" 하는 노예 양성소-학교로 보내고 조선 사람으로 혹 조선 역사를 읽게 된다면 "단군을 거짓해 소잔명존素盞鳴尊의 형제"라 하며, "삼국시대 한강 이남을 일본 영지"라 한 일본 놈들이 적은 대로 읽게 되며, 신문이나 잡지를 본다 하면 강도정치를 찬미하는 반일본화한 노예적 문자뿐이며, 똑똑한 자제가 난다 하면 환경의 압박에서 세상을 비관하고 절망하는 타락자가 되거나, 그렇지 않으면 음모 사건의 명칭 아래 감옥에 갇혀 주리, 가쇄枷鎖, 단근질, 채찍질, 전기질, 바늘로 손톱 밑과 발톱 밑을 쑤시는, 손발을 달아매는, 콧구멍에 물 붓는, 생식기에 심지를 박는 모든 악형, 곧 야만 전제국의 형률사전에도 없는 갖은 악형을 다 당하고, 죽거나 다행히 살아서 옥문에 나온대야 평생 불구자가 될 뿐이라. 그렇지 않을지라도 발명 창작의 본능은 생활의 곤란에서 단절되며 진취 활발의 기상은 경우의 압박에서 소멸되어 '찍도 쩍도' 못하게 각 방면의 속박, 채찍질, 구박, 압제를 받아 바다로 둘러싸인 삼천리가 하나의 대감옥이 되어 우리 민족은 아주 인류로서의 자각을 잃을 뿐 아니라, 곧 자동적 본능까지 잃어 노예로부터 기계가 되어 강도 수중의 사용품이 되고 말 뿐이며,

강도 일본이 우리의 생명을 초개草芥로 보아 을사년 이후 13도에 의병이 일어나던 각 지방에서 일본군이 행한 폭행도 이로 다 적을 수 없

거니와, 즉 최근 3·1운동 이후 수원, 선천 등의 국내 각지부터 북간도, 서간도, 노령, 연해주 각처까지 도처에서 주민을 도륙한다, 촌락을 불지른다, 재산을 약탈한다, 부녀를 욕보인다, 목을 끊는다, 산 채로 묻는다, 불에 사른다, 혹 몸을 두 동강, 세 동강으로 내어 죽인다, 아동을 악형한다, 부녀의 생식기를 파괴한다 하여 할 수 있는 데까지 참혹한 수단을 써서 공포와 전율로 우리 민족을 압박하여 인간의 산송장을 만들려 하는도다.

이상의 사실에 근거하여 우리는 일본 강도정치, 곧 이족 통치가 우리 조선 민족 생존의 적임을 선언하는 동시에, 우리는 혁명수단으로 우리 생존의 적인 강도 일본을 죽이는 일이 곧 우리의 정당한 수단임을 선언하노라.

—신채호

---

* 이 글은 1923년에 쓴 「조선혁명선언」의 머리말에 해당하는 부분이다. 『한국근대명논설집韓國近代名論說集』에 실려 있다. 본문 부분에서는 조목을 나누어 격렬한 문장으로 항일의 행동 강령을 제시했다. 문맥은 원전을 살렸으나 용어는 약간 현대어로 바꾸었다. 의열단원들은 이를 인쇄하여 곳곳에 뿌렸다.

님의 침묵*

"군말"

님만 님이 아니라 기른 것은 다 님이다. 중생이 석가의 님이라면 철학은 칸트의 님이다. 장미화의 님이 봄비라면 마시니의 님은 이태리다. 님은 내가 사랑할 뿐 아니라 나를 사랑하나니라.

연애가 자유라면 님도 자유일 것이다. 그러나 너희는 이름 좋은 자유의 알뜰한 구속을 받지 않느냐. 너에게도 님이 있느냐. 있다면 님이 아니라 너의 그림자니라.

나는 해 저문 벌판에서 돌아가는 길을 잃고 헤매는 어린 양이 기루어서 이 시를 쓴다.

님은 갔습니다. 아아, 사랑하는 나의 님은 갔습니다.

푸른 산빛을 깨치고 단풍나무 숲을 향하여 난 작은 길을 걸어서 차마 떨치고 갔습니다.

황금의 꽃같이 굳고 빛나던 옛 맹세는 차디찬 티끌이 되어서 한숨의 미풍에 날아갔습니다.

날카로운 첫 키스의 추억은 나의 운명의 지침을 돌려놓고 뒷걸음쳐서 사라졌습니다.

나는 향기로운 님의 말소리에 귀먹고 꽃다운 님의 얼굴에 눈멀었습니다.

사랑도 사람의 일이라 만날 때에 미리 떠날 것을 염려하고 경계하지 아니한 것은 아니지만 이별은 뜻밖의 일이 되고 놀란 가슴은 새로운 슬픔에 터집니다.

그러나 이별을 쓸데없는 눈물의 원천을 만들고 마는 것은 스스로 사랑을 깨치는 것인 줄 아는 까닭에 걷잡을 수 없는 슬픔의 힘을 옮겨서 새 희망의 정수박이에 들어부었습니다.

우리는 만날 때에 떠날 것을 염려하는 것과 같이 떠날 때에 다시 만날 것을 믿습니다.

아아, 님은 갔지마는 나는 님을 보내지 아니하였습니다.

제 곡조를 못 이기는 사랑의 노래는 님의 침묵을 휩싸고 돕니다.

　　　　　　　　　　　　　　　　　　　　　　　　　　　—한용운

* 1926년에 지어 발표했다. "군말"은 「님의 침묵」 앞에 해설한 글이다. 님은 겨레라고 볼 수도 있고 이웃이라고 볼 수도 있다.

8장

분단체제와
민족민주운동

통일독립국가 수립에 실패하다

1945년 8월 15일 일본이 항복을 선언함으로써 우리 민족은 해방을 맞이했다. 해방 공간은 우리의 역사 전개에 새로운 장이 되었다. 민족 구성원 모두에게 희망과 용기를 주고 새로운 도약의 전기가 될 수 있었다. 하지만 역사는 거꾸로 돌아가고 있었다.

을사조약 이후에는 반식민지 상태를 겪었고 조선총독부 통치 아래에서는 질곡의 식민지 시기를 경험했다. 통틀어 40여 년 동안 인권이 유린되고, 재산을 빼앗기고, 혈육과 헤어지고, 민족적 긍지와 자존심이 짓밟힌 채 살아온 우리 민족에게 일본의 항복은 너무나 커다란 기쁨이 아닐 수 없었다. 모두 손을 마주잡고 거리로 뛰쳐나왔고 가족과 마을 사람들은 술을 빚고 소와 돼지를 잡아 축하 잔치를 벌였다. 모두 이처럼 들떠 있었다.

그러나 해외와 국내에서 독립운동에 신명을 바쳐온 사람들에게는 기쁨과 함께 우려되는 점이 너무나 많았다. 순수한 우리의 힘으로 일본을 물리치지 못했기 때문에 한반도에 대한 연합국의 간섭이 예상되었고 미군과 소련군이 동시에 한반도에 주둔한다는 소식은 불길한 예감을 안겼다. 그리고 다른 한편으로는 오랜 세월 동안 독립운동에 몸 바쳐왔고 그 과정에서 목숨까지 잃은 수많은 독립투사의 공로가 묻혀버리고 친일파가 미군정에 붙어 다시 득세할 가능성도 있었다.

이 같은 우려는 곧 현실로 나타났다. 먼저 남북 분단의 과정을 살펴보자. 1945년 8월 10일 밤, 존 매클로이John McCloy 미 육군차관보 사무실에서는 일본군 항복에 대비할 SWNCC(국무성, 육군성, 해군성 조정위원회) 긴급회의가 열리고 있었는데, 이 자리에서 38선을 경계로 한반도를 분할하려는 구상이 채택되었다. 38선 이북지역의 일본군 무장해제는 소련군이, 그 이남지역은 미군이 책임질 것을 내용으로 하는 일반 명령 제1호(1945. 9. 2)를 검토했다. 이는 미국과 소련에 의한 한반도의 분할 점령을 의미하는 것이었다.

한편, 도쿄東京에 자리잡은 태평양 지구 유엔군 사령부의 전략 고위 장교들은 소련군이 극동전선에 참전하여 주둔하자 38선을 그어 상호 간의 주둔 한계선을 제시했다. 사령관 더글러스 맥아더Douglas MacArthur

는 이를 승인했고 세계 문제를 풀기에 골몰한 미국 국무부와 트루먼 Harry Truman 대통령도 별생각 없이 하찮은 사안이라 여겨 서명했고 뒤따라 소련도 승인했다.

그동안 진행된 과정을 다시 한번 살펴보자. 우리 민족의 독립을 최초로 약속했던 카이로선언(1943. 11)이 있었고 그뒤를 이어 진행된 얄타회담(1945. 2), 포츠담선언(1945. 7)에 따라 한반도의 자주독립이 거듭 확인된 바 있다. 그러나 이 과정에서 우리의 발언권과 의견은 철저히 배제되고 무시되어 있었기 때문에 강대국들 간의 정치 흥정에 아무런 영향력을 행사할 수 없었다. 한반도는 역사적으로 강대국의 이해관계가 교차되어왔다.

미국은 태평양전쟁의 종식을 앞두고 식민지 조선에서 일본이 물러간 다음 어느 한 나라에 의한 한반도의 독점적 지배를 배제하면서 자국의 영향력을 확대할 수 있는 신탁통치 안을 적극 검토하고 있었다. 그러나 한반도 처리에 관한 구체적인 방침이나 강대국들 간의 협정이 마련되지 않은 어중간한 상태에서 일본이 패망했던 것이다.

소련이 먼저 북한 지역에 진주하자 이에 당황한 미국은 한반도의 가능한 부분만이라도 자국의 영향권 아래에 두어야 할 절박함을 느꼈다. 이런 현실조건에서 미국은 잠정적인 군사분계선으로서 38선을 그을 것을 소련에 제안했던 것이요, 결국 소련이 이를 수락함으로써 38선은 한반도의 운명을 오늘날까지 좌우하게 된 것이다. 그리고 민족 분단의 상징 줄이 되어왔다.

그러면 분단의 책임은 누구에게 있는가? 무엇보다 세계열강이 다투어 식민지를 경영하는 시기에 우리나라는 내부 갈등과 분열로 나라를 지킬 힘이 없었다. 이 틈을 노려 일본이 미국의 승인 아래 침략해와서 조선은 식민지로 전락했던 것이다. 이후 미국과 소련이 군사분계선을 그었고 마지막으로 한국전쟁 시기에 중국이 개입하여 38선 대신에 비무장지대DMZ가 확정되어 분단이 고착되었다. 따라서 분단의 역사적 책임은 일본, 미국, 소련, 중국에 있다. 오늘날 이들 나라는 아이러니하게도 북핵 문제를 푸는 당사국이 되었다.

아무튼 8·15해방 그 자체는 민족의 완전한 자주독립도 아니었고, 식민지 질서의 철저한 청산도 아니었다 말한다. 결과적으로 볼 때 8·15해방이 가져다준 것은 일본의 철수뿐이었다. 식민지 지배에 협조했던 매국노들을 벌주고 그들이 일본에 빌붙어 부당하게 취한 재산을 환수하여 민족경제를 부흥시키고 제국주의 세력을 배척함과 동시에 통일된 민주주의적 자주독립국가를 건설하는 일은 우리 민족 모두가 수행해야 할 절체절명의 당면 과제였다. 그리고 이런 과정을 통해서만 8·15해방은 진정 완전한 해방으로 연결될 수 있었다.

많은 사람은 해방을 맞이하여 미국이 우리나라를 점령한 뒤 미국으로부터 커다란 은혜를 입었다고 생각한다. 미국이 우리에게 민주주의 정치제도와 생활방식을 가르쳐주었고 피폐한 경제를 복구하는 데 필요한 물자를 제공해주었다고 생각한다. 그러나 미국이 실제 그런 일을 했다 하더라도 그들의 진정한 목적과 의도는 무엇이었을까? 그리고 우리가 미국의 이런 도움을 받은 결과는 과연 어떠했을까?

새로운 지배자: 미국과 소련
–

일본이 항복한 이후 38선을 경계로 한 분할 점령이 기정사실이 됨에 따라 미군 부대 가운데 한반도에서 가장 가까운 위치에 있던 오키나와의 미 24군단이 38선 이남의 점령군으로 들어왔다. 존 리드 하지John Reed Hodge 중장이 지휘하는 미 점령군은 군정을 실시하는 데 필요한 사전 지식을 갖추지 못한 채 한반도에 맹목적으로 투입되었다. 그들은 이 나라의 역사와 문화, 생활에는 도통 관심이 없었을뿐더러 이를 깡그리 무시하고 우리 겨레를 야만으로 보기까지 했다. 그러나 그들은 과거 일본 식민지였던 지역에서 자국의 이익을 관철시켜야 한다는 사실만은 확실히 인식하고 계산하고 있었다.

미국은 서울의 관문인 인천 부두에 첫발을 내딛는 순간부터 자애로운 후원자가 아닌 엄격한 통치자로서의 모습을 드러내기 시작했다. 미국의 태평양 지구 유엔군 총사령관인 더글러스 맥아더는 포고 제1호 3조에서 "점령군에 대한 반항운동이나 질서를 교란하는 자는 엄벌에 처한다"고 밝힘으로써 우리 민중을 어리둥절하게 만들었다. 미군은 점령 직후 군정청을 설치하여 여운형 주도로 창설된 인민공화국의 존재를 전면적으로 부인하면서 미군정 외의 어떤 권력기관의 창설도 인정하지 않겠다는 태도를 분명하게 나타냈다. 이어 미군정은 인민공화국에 호의적이었던 「매일신보」를 정간시켰다. 또한 8·15해방 이후 전국 각지에서 자연 발생적으로 일어난 인민위원회, 치안대, 각종 자치기구를 일방적으로 해체하고 일제 아래에서 식민지 통치에 부역한 인사들, 곧 친일파들을 다시 기용하기도 했다. 이 해산과정에서 미군이 민중에게 발포하는 사건도 일어났다.

미군정은 "일본에 협력한 사람은 우리에게도 잘 협력할 것이다"라는 계산에서 과거 일제에 빌붙어 민족을 배반했던 사람들을 다시 기용하려는 생각을 굳혔고 일본이 남기고 간 경찰기구 등 식민지 통치기구를 바꾸지 않고 그대로 활용했다. 그리고 식민지시대의 경찰만으로는 자생적 세력들의 공세를 제압할 수 없다는 판단 아래 해방 이후 많이 생겨난 자생적 군사조직을 해체한 뒤 국방군의 창설을 서둘렀다.

미군정은 미국 물질문명의 생활방식을 부러워하거나 서양의 문화가 우수하다는 가치관을 지녔거나 영어를 잘 구사하는 미국 유학파 또는 지주 출신의 보수적 인사들이 자신들의 훌륭한 협력자임을 일찍부터 알아차리고 그들을 통치에 필요한 행정 고문으로 임명했다. 뒤에 대부분 한국민주당에 소속되었던 이들은 미군정을 자신들의 사회경제적 기득권을 보호해주는 후원자로 만들기 위해 미군정에 적극 협력했다.

미군정 당국은 이른바 "한국인화Koreanization"라는 슬로건을 내걸었다. 이 같은 미군정 기구에 대한 한국인의 참여 또는 교체 작업은 사실상 미군정에 적극 협력한 과거의 친일 행정관리, 경찰, 지주 등 반민족적

인사들을 다시 등장시키는 과정에서 나왔다. 따라서 독립운동가 출신인 김구, 김규식을 비롯한 임시정부계 인사들과 여운형 등 중도적 사회주의자들은 미군정의 정책 시행과정에서 배제되었다.

처음에 미군정은 일제 아래에서 조선 인민을 탄압하는 데 사용되었던 치안유지법, 정치범 처벌법, 출판법, 사상범 예방구속법 등을 폐지함으로써 식민지 제도 청산 의욕을 과시했으나 뒤이어 군정 법령 제21호를 통해 신문지법, 보안법 등을 포함한 일제 아래의 악법들을 상당 부분 그대로 두어 점령 통치에 활용했다. 또한 '사유재산 보호' 원칙을 강조함으로써 일본인, 친일 반역자의 재산을 접수, 관리하려는 노동자의 자주관리운동에 협조하거나 이를 합법적으로 유도하지 않고 마치 무뢰한들의 사회혼란 책동으로 여겼다. 그리고 법령 제19호 "국가적 비상 시기의 포고"를 통해 일체의 파업행위를 사실상 금지했다. 한편, 이런 법령 위반자들에 대해서는 해방 이전보다 더 가혹한 처벌을 가함으로써 진정한 해방을 달성하려는 민중의 열망과 날카로운 대립을 보였다.

결국 질서유지와 효율적인 통치라는 명분으로 실시된 미군정의 초기 점령정책은 식민지 잔재의 청산을 요구하던 민족운동 세력을 위협함으로써 사실상 해방이 되면서 부정으로 모은 재산을 빼앗길까 노심초사하던 친일, 매판 세력을 또다시 지배자의 위치에 설 수 있게 만들었다. 이는 당시 이제 우리의 힘으로 나라를 건설해보고자 하는 대부분의 한국 사람의 의사와는 어긋나는 처사였다. 미군정의 현상 유지정책은 식민지 질서를 유지하는 바탕에서 한국의 통치가 보다 잘 이룩된다는 생각에서 나온 것이다. 따라서 미군정은 대다수 한국 민중의 신망을 잃게 되었다.

미군정 당국의 이런 정책은 단순한 실수라고 보아 넘길 수 없었다. 처음에 미군을 해방의 은인이라고 여겨 환호하던 우리 민족은 점차 미국의 의도에 대해 의구심을 갖게 되었고 과거 일본에 협력하던 자들이 이제는 미국의 비위를 맞추는 꼴사나운 모습을 지켜보아야만 했다. 따라서 해방의 기쁨도 점차 식어갔다. 특히 악화일로惡化一路로 치닫기만 하는 생활 형편은 이런 마음을 더욱 강하게 갖게 만들었다.

북한을 점령한 소련도 그곳에서 군정을 실시했다. 하지만 여기에서는 그 과정과 실상을 밝히지 않고 북한사의 영역으로 넘기기로 한다. 다만 남한과 직접 관련되는 수준에서 북한 문제를 다루기로 한다.

빈곤의 악순환에 시달리다

해방 당시 조선 인구의 압도적 다수를 차지하던 농민들은 지주-소작 관계에서 신음하고 있었다. 전 농민의 70퍼센트 정도가 순수한 소작농이거나 그 비슷한 처지에 있었으며 모든 경작지의 63퍼센트가 소수 지주의 손에 있었다. 한편, 1930년대 말기 이후 일제의 중국 침략과 군수 기지로 만들려는 정책에 따라 공업 부문의 비약적인 성장이 있었으나 대부분의 자본과 기술은 일본인의 수중에 있었다.

일제의 직접 지배에 의해 형성된 이와 같은 전형적인 식민지 경제는 종주국 일본이 물러가자 극심한 혼란에 빠졌다. 그리고 38선에 의해 남북 간의 경제 교류가 단절되자 공업경제는 더욱 혼란해졌다. 일본이 패전 말기에 남발한 불환不換 지폐가 물가를 폭등시켰고 남한의 실정에 무지한 미군정이 미곡을 마음대로 사고파는 자유시장정책을 실시하여 악덕 상인들의 매점매석 행위가 활개를 쳐서 민중은 극심한 식량 부족과 물자 부족으로 빈곤에 허덕이게 되었다. 게다가 많은 해외동포의 귀환은 도시민의 실업을 가중시켰다. 전국 각지의 농민들은 낡아빠진 지주-소작 관행에서 벗어나기를 바라는 한편, 피땀 흘려 생산한 농산물을 지주들이 모두 다 가져가버리는 기존 제도를 개선, 철폐할 것을 요구했다. 또한 노동자들은 일본인이 남기고 간 건물과 기업, 공장은 물론 일제에 빌붙었던 매판자본가의 공장을 접수, 관리하는 것이 당연하다고 판단하고 있었다.

미군정 당국은 '사유권 존중'의 원칙을 내세워 일본인, 매판자본가, 친일 지주 등의 재산이 노동자나 농민의 수중에 들어가지 못하게 한 다음 1945년 12월 6일 법령 제33호를 공포하여 모든 일본인 재산을 접수했다. 이런 조치를 통해 미군정은 당시 경제 개편의 시금석이었던 귀속재산, 곧 일본인 재산의 처리 문제를 장악하여 사실상 우리나라 경제를 좌우할 수 있게 되었다.

미군정 당국은 한국인 관리관을 임명하여 귀속재산을 관리하게 했다. 그러나 관리관으로 임명된 사람들 대부분은 미군정에 적극 협력하는 친일 경력을 가진 인사들이었다. 그들은 공장의 정상적인 가동과 이윤 획득을 통해 민족경제를 부흥시키기보다는 원료 자재, 반제품, 기계 등을 팔아치우는 데 치중하여 경제질서를 더욱 어지럽게 만들었다. 귀속재산은 1947년 7월 이들 친미, 친일 관료 및 기업가에게 헐값으로 팔려 매판자본가 육성의 기반이 되었다. 이는 남한 단독정부의 물질적인 기초가 되었다. 따라서 식민지 공업경제를 민족 공업으로 육성하려는 당시 민중의 열망은 좌절되었다.

한편, 미군정은 점령 초기 소작료를 3·1제(생산량이 네 섬일 경우 지주가 한 섬을 가져가는 규정)로 시행하여 농민을 짓누르는 짐을 다소 덜어주려 했다. 그러나 이런 조치는 일본인 및 민족 반역자들의 토지 몰수와 3·7제 소작료 인하를 주장하던 농민들의 요구를 적당히 무마하고 식민지 지주제를 그대로 유지하려는 미봉책에 지나지 않았다. 그렇기 때문에 많은 농민의 반발을 사게 되었다. 미군정 당국은 지방인민위원회 등 자치기구가 토지를 접수하는 것을 저지하기 위해 과거 동양척식주식회사에 소속되었던 토지를 귀속재산과 함께 접수한 다음 새로 설립한 신한공사新韓公社에서 관리하게 했다. 이에 따라 신한공사는 모든 농가의 27퍼센트를 소작인으로 두는 거대 지주로 둔갑했다. 그뒤 미군정 당국은 남조선 과도입법의회를 통해 토지 분배를 실시하려 했으나 대부분이 지주 출신인 입법 의원의 반대로 성사시키지 못했고 입법 의원의 붕괴와 더불어 그 시도는 일단 무효화되었다. 그러나 북쪽의 토지 개혁 소식을 들은 농민들의 토지 개혁 요구가 더욱 거세지자 이들을 무마하고 장차 단독정부의 원만한 수립의 필요성을 느낀 미군정 당국은 지주들의 반대를 무릅쓰고 옛 일본인 소유 토지만이라도 분배하지 않으면 안 되었다. 이에 따라 1948년 8월 15일까지 옛 일본인 소유 농지의 약 85퍼센트가 분배되었다.

그러나 농지 개혁이 실시될 것을 예상한 지주들이 미리 토지를 처분하거나 친척 등 다른 사람의 명의로 교묘히 소유를 위장함에 따라 농지개혁이 본격적으로 실시되기 이전인 1949년 무렵 순소작농은 1945년 말기에 비해 절반 정도로 줄어들었다.

농지 개혁은 단독정부 수립 뒤 우여곡절을 거친 끝에 1950년 3월에 이르러 법안이 공포되었고 한국전쟁이 발발하기 직전에야 실시될 수 있었다. '유상몰수, 유상분배'의 원칙에 입각하여 실시된 농지 개혁은 보상의 부실과 인플레이션으로 인해 지주층을 몰락시킨 반면, 신흥 매판자본가를 양성하여 남한 단독정부의 물질적 기초를 튼튼히 만드는 데 기여했다. 그러나 자작농이 되었다고 해서 빈곤에서 벗어나는 것은 아니었다. 새롭게 자작농이 된 대다수의 사람들도 상환의 부담, 고리대, 조세부담 때문에 소작농과 다름없는 생활을 할 수밖에 없었다.

결국 식민지 경제구조 극복의 시금석이라 할 수 있는 귀속재산, 귀속농지는 미군정과 남한 단독정부의 매개로 신흥 매판자본가, 친일 관료들의 손으로 다시 흘러들어갔고 농민들은 빈곤의 악순환에서 벗어날 길이 없었다. 하지만 왕조시대부터 열망하던 농민의 경자유전耕者有田(직접 생산자인 농민이 토지를 소유하는 것)의 기초가 마련되었다는 점에서는 실패보다 성과를 거두었다고 평가할 수 있다. 이 공로는 미군정이나 이승만이 아니라 농민들의 처지를 개선하려는 의지의 인물로 농림부 장관을 맡았던 조봉암과 진보적 국회의원들에게 돌려야 할 것이다. 또 북한의 사회주의적 토지 분배방식인 무상몰수, 무상분배와는 달리 원칙적으로 유상몰수, 유상분배 방식을 지킨 것은 자본주의 시장경제에 따른 것이었다.

좌절된 민족통일국가: 남북 협상 시기

일제의 가혹한 식민지 지배 아래에서 우리 민족은 실로 고난에 찬 항쟁을 벌였다. 일찍부터 민족운동 세력은 일제의 탄압을 피해 만주, 중국 본토, 연해주, 미국 등 각지로 흩어져서 투쟁해왔다. 해방이 되자 민족운동 세력은 고국으로 돌아와 국내 세력과 손을 잡고 새로운 운동에 나섰다. 그들의 열기는 동토인 조국의 땅을 덥히고도 남았다.

그런데 과거의 소속도, 이념도 알 수 없는 사람들이 나타나 모두가 독립투사임을 자처했다. 일제에 아부했던 사람들도 재빨리 태도를 바꾸어 새로운 상황에 변신하려 하거나 적응하려 했다. 모두가 정치를 한답시고 서울로 몰려들었다. 이런 혼돈 속에서 일찍이 정국을 이끌었던 단체는 여운형을 중심으로 조직된 건국준비위원회였다. 건국준비위원회는 '치안 확보', '건국 사업을 위한 민족 총역량의 일원화', '교통, 통신, 금융,

식량 대책 강구'를 목표로 하는 좌우연합의 일종의 통일전선체였다.

건국준비위원회는 식민지 구조에서 벗어난 완전한 해방과 자주독립 국가의 건설을 열망하는 민중의 열렬한 지지 위에서 8월 말까지 전국적인 조직망을 갖춘, 당시의 유일한 정치 세력이었다. 그러나 온건사회주의자들이 주도하고 민족주의자들이 참여하여 건설된 건국준비위원회는 내부에서 좌파의 영향력이 확대됨에 따라 안재홍을 비롯한 민족주의자들이 탈퇴했다. 그리고 미군의 주둔에 대비하기 위해 급박하게 인민공화국 건설이 추진되었으나 발족한 지 20여 일 만에 해체되는 운명을 맞게 되었다.

한편 송진우, 김성수 등 민족개량주의자들과 친일 경력을 지닌 지주 세력들은 건국준비위원회의 독주에 거부감을 갖고서 자신들의 취약한 도덕적 명분을 보상하기 위해 엉뚱하게도 "대한민국 임시정부를 받들어야 한다"고 주장했다. 그뒤 그들은 한국민주당으로 통합되었다. 따라서 상당수의 친일 인사와 소극적 투쟁 경력을 가진 자들의 집결체적 성격을 지닌 한국민주당은 자신들의 정치적 계획을 통해 민중에 접근하기보다는 맨 처음부터 사회주의자나 인민공화국의 공격에 초점을 두는 우스꽝스러운 모습을 보였다.

이와 같이 이념적으로나 정서적으로 다양한 스펙트럼을 가진 정치 세력이 난립했으나 대부분은 튼튼한 민중적 토대를 갖추지 못한 명망가들 중심의 조직이었다. 모두가 애국자로, 투사로 자처하여 민중은 정말 옥석을 구분하기 힘든 지경이었다. 모두 자주독립국가의 건설을 외쳤으나 실제로는 식민지 체제로부터의 철저한 단절을 지향하는 세력과 현상 유지를 원하는 세력 등 크게 둘로 나뉘어 있었다.

해방 직후 나름대로 구체적인 새 나라 건설의 청사진을 갖고 있었던 민족해방운동 세력은 모두 친일파와 민족 반역자의 숙청과 이들 재산의 환수를 통한 식민지 경제의 청산과 민족의 통일, 자주독립국가의 건설을 외쳤다. 이념적·정서적 이질감이 존재했다고 인정하더라도 이 점에서는 일단 이해를 같이했다. 이들 정치 세력이 이런 목표를 걸었던 이유는 당시 우리 민족이라면 누구라도 이를 요구하는 정서가 깔려 있었기 때문이다.

그러나 해방 이전부터 국제회담에서 거론되었던 한반도의 신탁통치 문제가 국내 정치 세력들의 의견은 참작되지도 않은 채 던져짐으로써 정치 세력 간의 통합 가능성이 어려워졌다. 그 무렵 미국에 있던 독립운동가 이승만이 귀국했다. 이승만은 식민지 초기부터 민중의 힘에 의존하기보다는 제국주의 강대국의 시혜에 의존하는 독립 방안, 이른바 '외교론'을 추구하여 비타협적 민족운동 세력의 비난을 샀던 인물이었다. 하지만 그의 개인적 명성 때문에 해방 정국에 상당한 영향력을 가질, 잠재력을 지닌 인물이었다. 그는 귀국한 뒤 독립촉성중앙협의회를 결성하여 민족의 대동단결을 외쳤으나 점차 민중의 친일파 숙청 요구를 묵살하고 우익의 입장만 노골적으로 표명함으로써 많은 사람은 그의 '대동단결론'의 저의가 무엇인지 의심하게 되었다. 이승만은 자신을 중심으로 하는 정치단체에 모든 세력이 집결할 것을 주장했다. 이런 의중을 파악한 조선공산당은 이승만을 비난했고 이승만도 좌익에 대한 자신의 적대감을 드러냄으로써 맨 처음부터 기대하기 힘들었던 두 세력의 통합은 결렬되었다.

1945년 12월 27일 우리 민족은 놀라운 소식을 접하게 되었다. "미국, 영국, 중국, 소련 4개국에 의한 최소 5년간의 신탁통치를 거쳐 한국의 독립을 준비하고 그 구체적 방안으로 한국 임시정부를 수립하고 이를 위해 미소공동위원회를 설치한다"는 내용을 골자로 하는 모스크바 삼상회의의 결정이 「동아일보」를 통해 보도되었다. 당장 독립국가의 건설이 이루어질 것이라 여겼던 대부분의 민중은 이런 결정에 대해 일단 감정적인 거부 반응을 보이기 시작했다.

한편, 미군정 당국이 임시정부를 부인한 탓에 개인 자격으로 귀국할 수밖에 없었던 이시영, 김구 등 임시정부 계열 인사들은 이 회의 내용이 알려지자 이전부터 그들이 견지해오던 즉각 독립의 주장을 전면에 내걸고 반탁운동의 선두에 나섰다. 임시정부는 반탁운동을 통해 자신들의 불리한 위치를 만회하는 동시에, 국내 정국에서 주도권을 장악하려는 의도를 갖고 있었다. 김구는 성명을 통해 '임시정부를 중심으로 하는 과도정부의 수립'을 천명하면서 인민공화국은 물론 미군정마저 부인하고 임시정부만이 진정한 정부임을 자처했다.

해방 뒤 정세를 관망하던 기회주의적인 친일 분자들은 "지금이야말로 정치 무대에 다시 등장할 수 있는 절호의 기회"라고 판단했다. 이 문제에 대해 적극적인 의사 표명을 미루다가 점차 모스크바 삼상회의 결정을 지지하는 입장으로 돌아선 공산당을 공격할 수 있는 명분을 반탁운동에서 확보할 수 있었기 때문이다. 그들은 "반탁운동은 애국운동이고 찬탁운동은 매국행위"라는 기이한 논법을 만들어 자신들이 진정한 애국자인 양 자처하기 시작했다. 「동아일보」는 소련이 신탁통치를 주도했다고 허위 보도를 해서 반소운동이 벌어지기도 했다.

좌익은 좌익대로 한반도 문제 해결은 국제성을 갖게 되며, 한반도 문제 처리에서 미소 협력의 중요성 등을 논거로 하여 맹목적인 반탁운동은 민족 분열을 가중시킬 것이라고 반박했다. 그러나 격화된 반탁운동의 기세를 꺾기는커녕 우익 세력에 의해 민족 반역자라는 공격을 받게 되었다.

해방 공간에서 일말의 가능성을 갖고 있던 정치 세력들 간의 통합은 점차 희박해지기 시작했다. 좌익측은 한국민주당, 국민당, 조선인민당 대표와 비공식회담을 가져 공동 성명을 발표하고 합작을 기도했으나 신탁통치 문제에서 서로 간의 의견 차이를 좁히지 못했다. 몇몇 단체를 묶은 우익은 1946년 2월 1일 비상국민회의를 개최했는데, 이것을 모태로 미군정은 남조선대표민주의원(1946. 2)을 결성하게 하여 입법기관의 기능을 담당하게 했다. 이와 달리 좌익은 친일파, 민족 반역자를 제외한 모든 애국 세력의 단결 노력이 실패로 돌아가자 1946년 1월 19일 공산당의 외곽단체를 망라하는 29개의 정당과 사회단체의 회합을 갖고 민주주의 민족전선 발기 준비위원회를 개최했고 이어 2월 12일에 결성했다.

신탁통치 실시 여부가 국내의 사회 개혁과 식민지 잔재 청산 작업에 비하면 오히려 부차적이고 불확실한 문제였는데도 그 문제에 온 나라가 휘말려 결국은 좌우의 분열만 노골화되었다. 그 와중에서 가장 큰 이득을 본 세력은 반탁운동을 하면서 애국자로 둔갑해버린 친일 분자들이었다.

민중도 시위운동에 뛰어들다

민중은 양반 지배 아래의 왕조사회와 일제 식민지 지배 아래에서 인간다운 대우를 받지 못했고 경험해보지 못했다. 그들은 언제나 착취와 억압의 굴레에 신음하면서 상전의 눈치를 살피기에 급급했다. 그러나 때때로 그들은 엄청난 잠재력을 발휘하여 위기에 처한 나라를 구하고 썩어빠진 지배자들을 질책하기도 했다. 해방 공간은 억눌려 살아온 민중이 세상의 주인으로 등장할 수 있는 좋은 기회였다.

해방 직후 전국 각지에서는 일본인의 수중에 있던 치안, 행정 기구를 접수하려는 자생적인 운동이 광범위하게 전개되었다. 그리고 곳곳에 다양한 자치조직이 우후죽순처럼 생겨났다. 여기에는 농민, 노동자, 지방의 덕망 있는 유지, 양심적인 지주들까지 참여했고 오로지 민족을 배반한 친일파들만 배제되는 경우가 많았다. 이런 자치조직은 먼저 일제 아래에서 민중의 고혈을 짜낸 악덕 지주들에 대한 소작료 불납, 친일 인사들에 대한 배척운동을 전개했다.

물론 이런 자생적인 운동에는 나라의 장래를 내다보고 여러 가지 가능성을 고려하면서 조직적으로 추진된 면도 있었지만 긴 세월 동안 쌓인 적대감과 한을 풀어보자는 복수심과 동기도 작용했다. 그러나 민중이 자생적으로 추진한 운동이 미숙함을 드러냈다 하더라도 그것은 민중이 사회의 주인으로 성장하기 위한 시행착오의 과정으로 보아야 할 것이다. 따라서 이 시기를 혼란과 무질서로 가득찬 상황으로 묘사하는 것은 따지고 보면 민중의 성장을 두려워하는 자들의 왜곡된 시각에서 비롯되었을 것이다.

어쨌든 우리 역사를 우리의 손으로 만들어보자는 민중의 소박한 요구는 민중의 입장에서는 예상하지 못한 새로운 통치 세력의 등장으로 말미암아 장벽에 부딪히게 되었다. 각 지방에 속속 주둔하여 행정 관서를 장악한 미군은 민중이 존경하고 신뢰하여 추대한 지방의 덕망 있는 인사나 독립운동가, 좌익 활동가들을 쫓아내고 서툰 영어를 나불거리면서 아부하며 접근하는 인사들이나 민중이 도저히 받아들일 수 없는 친일 인사들을 그 자리에 앉혔다. 1946년 중반에 이르러서는 제주도를 제외한 전 남한지역에서 자생의 자치조직이 강제 해산되고 미군정의 비호를 받는 인사들이 그 자리를 차지했다.

미군정 당국은 도시에서 노동자들의 공장접수운동을 전면 부인하고 모든 파업을 금지했다. 1945년 11월 5일 일제시대의 항일적색노동조합의 전통을 계승한 전국노동조합평의회가 건설되고 급속한 조직 확대를 보았으나 미군정 당국은 이들을 노골적으로 탄압했다. 미군정 당국은 전국노동조합평의회에 대항하기 위한 우익계의 대한독립촉성노동총연맹의 결성을 지원했고 단위 사업장에서나 각종 정치집회에서 전국노동 조합평의회의 활동을 봉쇄했다.

미군정 당국은 학병동맹 등 각종 사설 군사, 준군사 조직을 불법화하는 동시에 가중되는 민중의 저항에 효율적으로 대처하기 위해 군정청 내에 국방사령부와 군무국을 두고 조선경비대의 창설을 서둘렀다. 이 조선경비대가 훗날 대한민국 국군이 되었다. 한편, 미군정 당국은 간부 양성을 위해 군사영어학교와 경비사관학교를 설립했는데, 그들 대부분은 일본군 출신자들이 충원되었다. 그들은 이제 일본어 대신 영어를 배우게 되었고 영어에 능통해야만 출세할 수 있다는 진리를 잽싸게 터득하기 시작했다. 이 과정에서 독립군 출신들은 찬밥 신세를 면하지 못했다.

1946년에 들어서 경제 침체와 혼란이 가중되었고 미군정의 양곡수집정책으로 물가등귀, 식량 부족 등 심각한 경제 상황이 민중의 생활을 압박하기 시작했다. 일제 말기 징병, 징용으로 끌려간 사람들이 돌아와 실업자는 거리에 넘쳐났고 농지 개혁에 반대하여 북한에서 남한으로 내려온 사람들은 서울을 비롯한 도시에 정착하여 경제적 압박을 가중시켰다. 민중은 도대체 '해방'이 자신들에게 무엇을 가져다주었는지 심각하게 되묻게 되었고 어떤 사람들은 "일제 때가 차라리 나았다"고까지 말하며 탄식했다.

한편, 미군정 당국은 점령정책에 반대하는 세력, 특히 독립투사와 좌익에 대한 탄압의 고삐를 늦추지 않았다. 미군정 당국은 1946년 5월

15일 정판사精版社 위조지폐 사건을 발표하여 배후로 지목된 공산당 간부들을 체포했고, 5월 18일에는 공산당 기관지인 「해방일보」를 폐간시켰으며, 8월 15일에는 민주주의민족전선 주최의 해방 1주년 기념식에 참석하려는 화순탄광 노동자들을 사살하기도 했다. 9월 7일 미군정 당국은 수도경찰청장 장택상으로 하여금 박헌영을 비롯한 좌익 인사들에 대한 총검거령을 내리도록 했다.

이때까지만 하더라도 좌익은 미군정에 대한 공식적인 반대행위는 자제했다. 그러나 미군정 당국이 좌익은 물론, 임시정부 계열 등 다루기 힘든 애국민족 세력을 무시할뿐더러 일제 아래에서 나름대로의 반일투쟁을 수행해온 좌익 세력을 노골적으로 탄압함으로써 좌익 정치 세력은 미군정에 대한 기존의 유화적인 자세를 더이상 지속할 수 없었다.

그해 9월에 일어난 총파업은 이런 객관적 정세에서 좌익이 새롭게 채택한 전술이었다. 9월 23일 남조선 철도 종업원들은 파업을 단행했는데, 그들은 '노동자, 사무원에게 1일 4홉, 모든 시민에게 1일 3홉 이상의 쌀 배급, 물가등귀에 따른 임금 인상, 공장 폐쇄 및 해고 절대 반대, 노동운동의 절대 자유, 검거·투옥중인 민주 인사 석방' 등의 요구를 내걸었다. 이에 호응하여 9월 25일에는 출판노조, 이후에는 교통, 체신, 식료, 전기, 토건, 조선, 해운 등 전국노동조합평의회 산하 각 산별노조원이 파업에 합류했다. 한편, 서울의 대학 3개교, 중학 9개교도 국립대학 설립안 반대를 주장하며 이 파업에 동조했다. 미군정과 극우청년단체, 대한독립촉성노동총연맹은 탄압과 테러로 이 파업을 분쇄했고 많은 노동자를 체포했다.

한편, 10월 1일 대구지방에서 파업이 일어났다. 대구 10·1항쟁이다. 이에 군과 경찰이 테러 수법으로 폭행을 가했는데, 이에 항의하는 군중 집회에 경찰이 발포를 함으로써 경찰과 시민 사이에 대규모 유혈 충돌이 발생했다. 다음날부터 대구를 비롯한 경북 각 지역과 경상남도, 전라북도 등 전국 각 지역에서 미군정과 경찰에 항의하는 거센 시위가 일어났다. 초기의 총파업은 전국노동조합평의회의 지휘 아래에서 이루어졌으나 10월 이후 전국 각지에서 발생한 민중과 경찰 및 지주의 대립은 무엇보다도 이미 전국노동조합평의회의 손을 떠나 민중의 누적된 불만과 적대감만으로 진행되었다. 한 목격자는 당시의 참담한 상황을 다음과 같이 기록한다.

면사무소로 몰려간 사람들은 거기서 사무소를 때려 부수고 서류를 꺼내 불태워버렸습니다. 경찰관도 도망가고, 면서기도 도망가고…… 흥분한 그들은 면서기의 마을로 몰려가서 가옥과 재산을 마구 때려 부수어 불태워버렸습니다…… 마을 사람들은 그날 저녁부터 밤에 이르기까지 온통 잔치 바람이었습니다…… 그러나 다음날 계엄령이 내린 대구 지구로부터 응원경찰이 미군 병사들과 함께 출동해왔습니다. 마을 사람들은 뒷산으로 도망갔습니다. 이로부터 밤에는 내려오고 낮에는 산으로 올라가는 슬픈 생활이 습성처럼 되어갔습니다. 도망가다 총에 맞아 죽은 청년도 있었습니다. 폭동에 가담한 농부의 집은 불타고 그때 피할 길 없이 타 죽은 늙은이와 어린것들이 있었습니다. 게다가 산에서 내려온 폭도들은 살기 위해 부락민의 양식과 의복을 약탈했습니다. 또한 경찰은 폭도에게 양식을 제공했다는 이유로 그 농민을 체포하고…… 부락민들은 오랫동안이나 이런 환경에서 살아가지 않으면 안 되었습니다. 패가망신한 농가도 많았습니다. 소름끼치는 시대였습니다.

—이목우, "대구 10·1폭동사건", 『세대世代』, 1965.

단독정부 수립과 한국전쟁: 동족상잔의 시대

서울에는 군정 당국의 군인이 아닌 미국 사람들과 소련 사람들이 분주히 모여들었다. 시민들은 그들을 바라보면서 비상한 관심을 보였는데, 나라의 운명이 그들 손에 달려 있었기 때문이다. 1946년 초부터 서울을 중심으로 전국에는 반탁운동의 물결이 거세게 몰아치고 있었다.

그해 3월 미국과 소련 양국은 모스크바 삼상회의의 결정에 따라 서울에서 제1차 미소공동위원회를 개최했다. 그러나 두 나라의 입장 차이는 매우 컸다. 소련은 신탁통치를 반대하는 우익집단의 참가를 반대하고, 미국은 이런 소련의 주장을 반대하여 회담은 결렬되어 무기한 연기되고 휴회되었다. 이로 인해 미군정 당국은 매우 곤란한 처지에 놓이게 되었다. 왜냐하면 우익이 미국과 소련의 합의에 의해 이루어진 모스크바 삼상회의의 결정사항을 완강히 반대하고 있었으며, 좌익과 마찬가지로 몇 가지 군정정책에 반발하고 있었기 때문이다.

이즈음 미군정 당국은 중국에서 조지 C. 마셜George C. Marshall 장군이 국공합작國共合作을 시도한 것에 영향을 받아 대중으로부터 그리 좋은 평판을 받지 못하던 극우 세력을 배제하고 중간파 중심으로 좌우합작위원회를 건립하여 이를 중심으로 미국에 우호적인 정부의 모태로 삼으려는 구상을 했다. 김규식, 여운형 등 중도파 정치지도자들도 이승만의 남한 단독정부수립운동, 김구의 반탁통일운동, 좌익의 삼상회의 무조건 지지 등의 방법을 통해서는 민족의 분열만 가중시킬 뿐 통일독립국가의 건설은 어려울 것이라고 판단했다. 그리하여 이들은 미군정 제의에 응낙했다.

좌우합작운동은 민중과 정치집단의 상당한 관심을 모은 채 진행되었다. 그러나 토지 개혁을 어떻게 할 것인지, 친일파들을 어떻게 처리할 것인지에 대한 문제를 둘러싸고 의견 충돌이 있었지만 천신만고 끝에 1946년 10월 '좌우합작 7원칙'을 발표했다. 이때 좌익의 박헌영은 이 원칙이 '토지 개혁에서 지주의 이익을 옹호한다는 점', '삼상회의 결정을 총체적으로 지지하지 않는다는 점' 등을 들면서 반대 의사를 표명했다. 한국민주당도 '토지의 무상분배'를 반대하면서 좌우합작운동 자체를 외면했다. 이미 극단으로 치달은 좌우의 분열 속에서 중도적인 해결 방안이 설 자리는 너무나 좁았다.

1947년 여름까지 미국과 소련 양국의 회담은 계속되었지만 국제적으로 냉전질서가 자리잡고, 국내에서의 분열이 심화되면서 각 정치 세력의 합의에 의한 임시정부 수립의 가능성은 점차 희박해져갔다. 미군정과 미국은 좌익이 남한을 지배할 가능성을 차단하는 데 어느 정도 성공했다. 그러나 식민지 체제를 그대로 유지하고, 친일파들을 편애함으로써 미군정과 미국은 많은 한국인의 불만의 표적이 되었다. 게다가 국제적으로도 비민주, 반민족 세력을 지원한다는 비난을 받게 되었다. 또 미군부 안에서도 한반도의 전략적 가치에 대해 회의적인 반응이 제기되었다. 미국은 이런 모든 요소를 고려하면서 한반도에서 명예롭게 퇴진하는 방법을 모색하게 되었다.

한편, 이승만은 "소련은 북한을 포기하지 않을 것이며, 그렇다면 미국은 남한에서 단독정부를 세우는 것이 타당하다"는 정읍 발언을 통해 단독정부 수립 구상을 밝혀 '통일이 당연히 이루어져야 한다'는 생각을 버리지 않고 있던 국민들을 경악하게 만들었다. 이승만은 자신의 주장을 관철하기 위해 좌우합작을 기대하던 미군정 당국을 맹렬히 비난하면서 자신에 대한 미국의 지지를 호소했다.

1947년 11월 14일 미국은 한국 문제를 유엔총회에 상정할 것을 가결했고 소련은 모스크바 협정 위반이라고 거부 의사를 밝혔다. 한반도 문제를 유엔에 이관하는 것은 신탁통치를 통해 한반도 문제를 처리하려는 양국의 기본 방침을 철회하는 것을 의미했기 때문이다.

미국이 소련의 반대를 무릅쓰고 한국 문제의 유엔 이관을 강행한 까닭은 당시 미국의 영향력 아래에 있던 유엔을 이용하여 한반도에 대한 미국의 책임을 나누어 갖고 한국 문제를 미국에 유리하게 결정되게 하려는 의도가 있었기 때문이다. 미국은 마침내 유엔한국임시위원단을 설치하자는 안건을 상정하여 통과시켰다. 위원단의 임무는 한국 정부 수립을 위한 선거를 감시하고 선거에 의해 선출된 대표들에게 실무적인 협조를 제공하는 것이었다. 그러나 이 위원단의 활동에는 당사자인 한국인의 참여는 배제되었다. 이 위원단은 통일된 한국 임시정부를 구성할 수 있는 정도의 실행력을 갖추지 못한 단순한 감시, 조사, 권고의 기능을 갖는 기구에 불과했다.

예상했던 대로 소련 군정 당국은 이들의 북한지역 활동을 거절했기 때문에 남한 안에서만 활동이 가능했다. 그러나 그나마도 미군정의 편의와 정보 제공에 절대적으로 의존하는 상태였으므로 남한의 상황을 객관적으로 파악할 수 있는 위치에 있지는 못했다. 위원단 내의 다수는 처음에는 남한에서 선거가 불가능할 뿐 아니라 남한만의 단독선거는 분단을 영구화할 것이라는 우려를 표명하기도 했으나, 미국의 온갖 설득과 회유에 결국 단독선거의 실시를 가결했다.

이승만을 제외한 김구, 김규식, 조소앙 등 우익 민족주의자들과 중도파인 허헌, 홍명희, 김원봉 등은 남한 단독정부 수립에 반대해 북한 지도자들에게 남북정치협상회의를 제의했다. 이에 1948년 4월 19일부터 23일까지 평양에서 남북한의 모든 정당·사회단체 대표자들이 모여 연석회의를 개최했다. 김구는 평양에 도착해 다음과 같이 이야기했다.

위도로서 38선은 영원히 존속할 것이지만, 조국을 양단하는 외국

군대들의 경계선으로서 38선은 일각이라도 존속시킬 수 없는 것이다. 38선 때문에 우리에게는 통일과 독립이 없고 자주와 민주도 없다. 어찌 그뿐이랴. 대중의 기아가 있고, 동족의 상잔까지 있게 되는 것이다.

그는 피를 토하는 심정으로 다가올 민족의 비극을 예고했다. 그러나 단독정부 수립에 혈안이 된 남한의 분단 세력들에게 김구는 '빨갱이' 또는 '빨갱이에 속아 넘어간 존재'로밖에 보이지 않았다. "반쪽이라도 지키자"는 이승만과 한국민주당 세력은 민족의 자주독립, 식민지 잔재의 청산보다는 '반쪽'에서나마 자신의 권력을 확보하겠다는 속셈이 짙게 깔려 있었다. 이들은 국민의 힘을 믿기보다는 미국과 유엔의 권위를 목숨처럼 소중히 여겼다.

아무튼 유엔한국임시위원단이 5·10총선거를 감시했으나, 불과 30명의 인원으로 구성된 위원단이 전국 규모의 선거를 감시하기에는 애초부터 불가능했다. 이 총선거에서 김구 등 단독정부 수립 반대파들은 선거를 거부하고 참여하지 않았다. 다만, 조소앙은 개인 자격으로 서울 성북구에서 무소속으로 출마하여 전국 최고의 득표율을 기록했다. 그런데 위원단은 이 선거로 국회가 구성될 수 있으며, 그것을 통해 정부를 구성할 수 있다는 결정을 내린 적이 없었다. 그러나 선거 뒤 정치 지도자들은 일방적으로 국회를 구성하고 이승만을 의장으로 선출했다. 선거 결과 한국민주당 및 미군정에 의해 다시 기용된 과거 친일 인사 및 보수

인사들이 주류를 이루는 198명의 의원이 선출되었다.

그러나 이승만 일파는 의석의 4분의 1을 확보하는 데 그쳤다. 그리하여 다수파인 한국민주당은 자신들이 유리한 고지를 차지할 수 있는 내각책임제 헌법 초안을 작성했다. 그러나 이승만의 반대로 결국 내각책임제를 가미한 대통령중심제를 만들어 이승만을 초대 대통령으로 선출했다. 이승만은 미군정 사령관 존 리드 하지에게 정부의 조직을 통고하면서 정권 이양을 요청했다. 대한민국 정부 수립 선포식이 거행된 8월 15일 0시를 기해 미군정은 종식되었다. 이렇게 하여 이승만은 추종자로부터 '건국의 아버지', '민족의 태양'이라는 칭송을 받았지만 통일운동가들로부터는 분단의 원흉, 독재자라는 비난을 받았다. 이승만은 이래저래 화제의 인물로 떠올랐다.

이승만 정권에는 좌익은 물론 김구, 김규식 등 남북협상파 민족주의자들이 배제되었다. 또한 이승만 정권은 민족반역자들에 대한 처벌을 시도한 반민특위활동을 공산당을 이롭게 하는 활동이라 매도하고 경찰을 동원하여 그 추진자들에게 협박과 테러를 가하면서 사실상 그들의 활동을 무효화시켰는가 하면, 1948년 11월 20일 국회에서 국가보안법을 통과시킴으로써 한반도를 반공체제의 보루로 만드는 작업을 추진했다.

한편, 북한에서는 소련의 후원 아래 김일성이 정권을 잡아 조선민주주의인민공화국의 수립을 선포했다. 여기에 남한에서 올라간 박헌영, 홍명희 등의 사회주의자와 중국에서 돌아온 김두봉, 무정 등의 조선의용군 출신들이 가담했다.

한국전쟁 발발

통일독립국가 건설의 희망이 장벽에 부딪히고 단독정부 수립이 실현됨에 따라 이에 반대하는 국민들의 저항은 점차 높아지기 시작했다. 이미 북한으로 그 지도부를 옮긴 남로당은 유엔의 결정과 단독정부 수립에 반대하는 총파업, 맹휴, 경찰서 습격 등을 부추겼다. 1948년 2·7투쟁에서 점화된 국민의 저항은 5·10선거를 전후하여 선거 반대와 이를 통한 '조선민주주의임시공화국 수립'이라는 구체적인 목표를 제시하는 정도로까지 발전하기도 했다.

한편, 곳곳에서 무장 항쟁이 일어났다. 제주도에서는 미군정과 초기부터 지속되어온 인민위원회와 극우청년단 사이의 갈등이 2·7투쟁과 유엔한국위원회 반대투쟁을 계기로 1948년 4월 3일 전면적인 무장 봉기로 발전했다. 이 사태는 1947년 삼일절 행사에 모인 군중에게 경찰이 총을 발사하여 여섯 명의 사상자가 나오면서 시작되었다. 이 투쟁은 한라산을 근거지로 하는 유격전으로 발전되어 1949년까지 계속되었으며, 그 과정에서 3만여 명의 많은 인명이 살상, 체포되었다. 이를 제주 4·3사건이라 한다.

단독정부 수립 직후인 1948년 10월 19일에는 여수에서 좌익계 군인들이 제주도 반란을 진압하라는 출동 명령을 거부하고 반란을 일으켰다. 이들은 지방의 좌익 및 학생들과 합류하여 순천, 구례까지 영향력을 확대했지만 경찰의 진압작전에 의해 소탕되었고, 잔류 병력은 지리산으로 들어가 유격활동을 전개했다. 이 사건은 인근지역인 순천, 보성 등지로 확대되어 주민 5만여 명이 학살되거나 체포되었다. 이를 여순사건이라 한다.

1948년 단독정부 수립 이후 남로당은 무장 유격투쟁에 중점을 두어 각지에서 유격대(야산대)를 조직했다. 1949년 6월 남조선민주주의민족전선과 북조선민주주의민족전선이 결합되고 남로당과 북로당이 공식적으로 합당을 한 뒤 내부로는 남로당계의 주도에 의해 인민유격대가 조직되어 남한의 활동을 원격 조정했다. 이미 북쪽의 정국 주도권을 장악한 김일성은 북한을 '미제국주의자들의 식민지 예속화 정책으로부터 우리 조국을 구원하는 민주 세력의 기지'로 삼는다는 입장을 강화하여 '남한을 해방시키자'고 외쳐댔다. 남로당계는 남한 내에서 이승만 반대투쟁의 진행 여부에 따라 북한에서 자신들의 지위가 좌우되었던 관계로, 남한에서 무력투쟁을 지원하는 일과 그것을 통해 통일을 성취해야 한다고 생각하고 있었다.

한편, 이승만은 대다수 국민들과 민족주의자들의 통일 요구를 무시한 채 단독정부를 수립한 뒤 '북진 통일'을 외치며 북에 대한 무력 도발을 공공연히 언명했다. 이로써 불안한 정권의 토대를 강화하고 미국으로부터 더 많은 원조를 받으려고 했다. 한국전쟁이 일어나기 1년 전부터 38선 부근에서는 남북 간의 무력 충돌이 자주 발생하여 호전적인 분위기가 조성되었고, 미군과 소련군이 철수한 뒤의 남과 북, 그리고 남한 내부의 갈등은 화해할 수 없을 정도로 악화일로로 치달았다.

미국은 일본을 군사적·경제적으로 강화시킴으로써 한반도에서의 후퇴를 만회하고자 했고, 한반도를 미국 방위선에서 제외한다는 입장을 공식적으로 발표하기도 했다. 미국 국무장관 딘 G. 애치슨Dean G. Acheson 은 1950년 1월 한반도와 타이완을 제외한 미국의 태평양 방위선, 즉 애치슨 라인을 발표했다. 그는 미국의 태평양 방위선을 알류샨열도-일본 본토-오키나와-필리핀을 연결하는 선으로 정했다. 이 선언은 한국전쟁의 발발 원인이 되었다.

소련은 한반도의 일부 지역에 자국에 우호적인 정권을 수립함으로써 일차적인 만족을 표하면서 북한군의 현대화를 돕는 한편, 중국에 있던 조선의용군을 북한인민군에 편입시키도록 주선하여 북한의 군사력을 강화시켰다. 이로써 한반도 내 무력 통일의 분위기를 현실화하는 토대가 마련되었다. 미군과 소련군이 철수한 뒤에 남과 북 사이에 커다란 무력 충돌이 발생하는 사태는 단지 시간문제였을 뿐이다.

1950년 6월 25일 새벽 4시, 38선 여러 지역에서 북한의 총공세로 전쟁이 시작되었다. 서울 주민이 깊이 잠들어 있던 시각이었고, 이승만 정부의 군대는 무사안일에 빠져 있던 시기였다. 먼저 존 J. 무초John J. Muccio 주한 미국대사는 "북한군이 6시경 옹진, 개성, 춘천에서 38선을 돌파했고, 일부가 동해안의 강릉 남쪽에 상륙했다"고 보고했다. 6월 26일 김일성은 평양방송을 통해 "이승만 군대가 38선 이북으로 진공을 감행하여 그것을 막아내고 결정적인 격전을 개시하여 적의 무장력을 소탕하라"고 명령했다고 발표했다.

한국전쟁이 일어나자 이승만은 재빨리 서울에서 도망쳐 대전으로 내려갔다. 그는 KBS 대전방송국에서 우리 국군이 진격하고 있으니 서울 시민은 안심하라는 방송을 내보냈다. 그런 뒤 노량진에서 용산을 잇는 한강 철교를 폭파했고 나머지 여섯 개의 다리도 차례로 폭파했다. 국방 장관 신성모 등 정부 요인들은 서울에서 탈출했으나 많은 시민은 서울에서 빠져나올 수 없었다.

북한 인민군은 개전 4일 만에 서울을 손쉽게 점령했고, 3개월 만에 동해안 아래와 낙동강 부근까지 진격하여 대구와 부산 권역을 제외한 남한의 거의 모든 지역을 장악했다. 한편, 미국은 북한의 무력 남침을 비난하면서 유엔 이사회를 소집하여 "북한의 무장 공격을 격퇴하고 그 지역에서의 국제 평화와 안전을 부활시키는 데 필요한 원조와 군사 조치를 취할 것"을 결의했다. 또한 미국은 단독으로 지상군을 한국 전선에 투입했으며 유엔 각국도 한국전쟁에 참가했다. 참전국은 미국을 비롯하여 영국, 오스트레일리아, 네덜란드, 캐나다, 뉴질랜드, 프랑스, 필리핀, 터키, 태국, 그리스, 남아프리카공화국, 벨기에, 룩셈부르크, 콜롬비아, 에티오피아 등 16개국이며 그들 군사는 지상군을 중심으로 해군, 공군 등이 섞여 있었다. 그런데 실제로는 미군 30만 명 이상이 포함된 유엔군이 한국전쟁의 주역이었다.

유엔군 최고사령관 더글러스 맥아더는 총공세를 퍼부어 9월 15일 인천상륙작전을 펼쳤고 9월 28일 서울 수복작전으로 서울을 점령했다. 이어 38선을 넘어 압록강 부근까지 점령했다. 그 과정에서 미국의 폭격기는 무자비하게 폭탄을 퍼부었다. 폭탄은 전선뿐 아니라 산속의 절과 들판의 논, 민가와 서울의 중앙청에도 떨어졌는데, 평양에는 건물 세 채만 남겨두고 모두 파괴되었다는 말이 나돌 정도로 초토화되었다.

그해 10월, 본토 방위에 위협을 느낀 중공군이 압록강을 건너오면서 이 전쟁은 국제전으로 더욱 확대되었다. 중공군은 미국에 항거하여 조선(북한)을 원조하고 국가를 보위한다는 "항미원조 보가위국抗美援朝 保家衛國"이라는 슬로건을 내걸고 20만 명이 넘는 숫자가 참전했다. 중공군은 인해전술人海戰術로 1951년 1월 무렵에는 평택-삼척 선까지 내려왔다.

3년 동안 수많은 인명이 살상되고 전국을 초토화시킨 지루한 전쟁이 계속되었다. 여기서 전쟁 기간 동안의 인적 손실에 대해 살펴보자. 먼저 대한민국 정부에서 발표한 통계를 보면 국군 전사 15만여 명, 부상 80만여 명, 실종 13만여 명이다. 남한의 민간인 피해는 피학살자 13만여 명, 사망자 24만 5,000여 명, 그 나머지 부상자와 행방불명자 등을 합해 230여 만 명이었다. 북한의 경우 인민군 사망자 52만 명, 인민군 부상자 40만 6,000여 명, 민간인 피해 200여 만 명이었다(남북한 정부 통계 및 일본의 「통일조선신문」의 통계를 종합하여 추정). 한편, 유엔군은 전사 3만 5,000여 명을 비롯하여 부상과 실종 등을 포함하면 18여 만 명, 중공군은 90여 만 명으로 추정되고 있다. 이런 인적 손실은 제2차 세계대전과 맞먹는 숫자였다.

무엇보다 민간인이 학살당한 부분은 잠시 짚어보아야 할 문제다. 관련 학자들은 남한의 경우 도시와 산촌을 불문하고 1946년부터 1953년까지 순수 민간인 피학살자 수를 대개 70만 명에서 100만 명으로 잡고 있다. 이 기간에는 좌우익 대립 시기의 희생과 대구 10·1사건, 제주 4·3사건, 여순사건도 포함되어 있다. 가해자는 미군 지상군과 미군 폭격기, 한국의 군대와 경찰, 우익 청년단체와 치안대원이었으며, 특수한 경우인 형무소 재소자들은 국군과 경찰이 사살했다. 당시 보도연맹保導聯盟(좌익운동을 하다가 전향한 사람들)에 가입한 자들은 형무소에 갇혀 있거나 사회에 있었는데, 국군과 경찰이 후퇴하면서 그들과 좌익 계열의 가족까지 찾아내 모두 학살했다.

한편, 단독정부를 반대하던 시기부터 여순사건에 이르기까지 지리산, 백운산, 한라산 등지에서 게릴라 활동이 전개되었는데, 이들을 토벌하는 과정에서 민간인 마을을 불태우거나 남녀노소를 가리지 않고 주민들을 집단 학살했다. 한국전쟁 시기에는 거창, 신원면 등지에서 더 많은 주민 학살이 자행되기도 했다. 그 밖에도 게릴라 활동이 전개된 대둔산, 회문산 등지에서도 수많은 주민이 학살되었다.

미군은 후퇴하면서 피난민들을 무차별 공격하여 학살했으며, 전쟁 기간 중 비행기로 들판이나 산악지대 등 가리지 않고 기총소사와 폭탄을 퍼부었다. 특히 게릴라 소탕작전 때에는 섬멸작전의 일환으로 유격대와 주민을 가리지 않고 죽였다. 수복한 뒤에는 치안대 등의 이름으로 활동하던 청년들이 경찰과 함께 좌익 세력과 그 가족을 색출하여 집단으로 처형하기도 했다.

이렇듯 서로 밀고 밀리는 공방전이 계속되면서 전쟁이 교착상태에 빠졌을 때 소련이 휴전협정을 제의함으로써 휴전 교섭이 시작되었는데, 엉뚱하게도 남북한의 좌우 지도자들은 전쟁 지속을 주장하기도 했다. 그러나 미국은 '한미상호방위조약 체결, 경제·군사 원조의 보장 및 미군의 한국 주둔 요구'를 수락하고는 이승만을 무마시켜 1953년 7월 27일 정전협정에 조인했다. 정전협정이 진행되는 동안 양쪽의 군대는 점령지를 늘리려고 치열한 국지전을 벌여 소모전을 펼쳤다. 그 결과 현재의 점령지에 군사분계선을 정해 38선이 사라지고 비무장지대DMZ를 설정했다. 서쪽의 개성 일대는 38선 남쪽에 속해 있었는데 비무장지대 북쪽에 들었고, 동쪽의 고성 일대는 38선 북쪽에 속해 있었는데 비무장지대 남쪽에 들었다. 한편, 해상의 북방한계선NLL이 정해졌는데, 이승만 정부가 단독으로 북진을 외치자 미군이 바다 쪽으로 국군 진출의 한계를 그은 것이다. 이는 정전회담에서 합의된 선이 아니었다.

한국전쟁은 인적 손실은 차치하더라도 우리 민족에게 더 큰 상처를 입힌 동족을 서로 죽이는 역사적 과오를 저질렀다. 게다가 지방에서는 좌익과 우익, 친일파와 민족주의자, 지주와 소작인 간의 피비린내 나는 대립과 갈등이 전개되었다. 이는 양쪽 모두에게 오랫동안 치유할 수 없는 깊은 상처를 남겼다. 빨갱이라는 용어는 이제 삶과 죽음을 가르는 잣대가 되었다.

또 남한과 북한의 지도자들은 서로에 대해 화해할 수 없는 적대감을 갖게 되었다. 남한은 정치적·경제적으로 미국에 더욱 예속되었으며, 극우 반공 이데올로기가 초법적 권위를 지닌 채 모든 사회운동을 침묵시 컸다. 북한은 김일성 유일사상으로 유례없는 세습 독재정권이 전개되었으며 이 전쟁을 계기로 분단체제는 더욱 고착화되었다.

고착된 분단체제에 꽃핀 민족민주운동: 새 시대의 전개

한국전쟁은 민족상잔이라는 역사적 비극 외에도 해방 뒤 미미하게나마 남아 있던 산업시설 대부분을 완전히 파괴하여 생산을 극도로 위축시켰다. 당시로만 따지면 미국은 남한의 군사권과 경제권을 장악하여 남한의 운명을 사실상 좌우하게 되었다. 그러나 이를 식민지 상태라고는 볼 수 없을 것이다.

이승만은 임시 수도 부산에서 피난살이를 하면서도 헌법을 고쳐 대통령 직선제를 실시하는 등 권력을 독차지했다. 이승만 정권은 미국이 한국에 제공하는 원조물자에 의해 지탱되고 있었다. 이들은 미국으로부터 더 많은 원조물자를 요구하여 기업가들에게 특혜를 주어 분배하는 한편, 그들에게 각종 혜택을 제공하여 권력의 지지 기반으로 삼았다. 또한 이들을 주축으로 한 자유당 독재정권은 일제시대의 유습을 고스란히 이어받은 폭압적인 통치기관을 동원하여 권력을 유지했다.

과중한 조세와 미국의 잉여농산물 도입으로 농민들은 '보릿고개' 때마다 굶주린 배를 움켜쥐어야 했고, 도시민들은 극심한 빈곤과 실업, 정권과 결탁한 모리배와 관리들의 부패에 시달렸다. 국민들은 전쟁의 상처를 안은 채 극도의 물질적·정신적 황폐감을 느꼈다. 이들은 해방 이후 8여 년 동안 격렬한 정치적 소용돌이 속에서 너무나 커다란 상처를 받았기 때문에 '정치'에 환멸감마저 갖게 되었다. 일부 젊은이들은 아프레게르après-guerre, 戰後 현상으로 허무주의와 실존주의에 쉽게 빠져들었고, 미래에 대한 희망이나 젊은이다운 생동감을 갖지 못했다. 하지만 도시 빈민과 전쟁고아들은 그나마 원조물자로 밀가루 등의 식량과 생필품을 공급받아 목숨을 연명할 수 있었다.

1950년대 후반에 들어서자 미국은 한국에 대한 원조를 점차 줄이기 시작했다. 이에 따라 원조물자에 국가재정을 의존하던 이승만 정권은 커다란 위기감을 느꼈다. 원조 감축은 국가재정을 위협했고, 원조에 의존하던 이른바 쌀, 밀가루, 설탕 등 삼백三白산업의 가동을 정지시켜 사회경제적 모순을 증폭시켰다. 이승만의 권위주의 통치와 장기 집권으로 지식인들의 불만이 쌓여갔다. 시간이 지나면서 국민들도 점차 한국전쟁의 상처와 피해의식에서 벗어나기 시작했다. 이승만 정권에 대해 불만이 쌓이면서 상대적으로 보수야당인 민주당의 투쟁이 부각되었다. 국민들이 야당에 표를 던진 것은 야당이 마음에 들어서라기보다는 야당밖에는 국민들의 욕구를 충족시킬 수 있는 정치 세력이 없었기 때문이다. 자유당은 점점 이승만의 사조직으로 바뀌어갔고 자유당을 업은 깡패들이 날뛰어 나라를 틀어쥐고 사회를 흔들었다.

이들은 환도한 뒤 권력 유지를 위해 사사오입 개헌(1954), 보안법 파동(1958), 조봉암 사형 집행(1959), 「경향신문」 발행 정지(1959), 3·15 부정선거(1960) 등을 감행했다. 자유당은 1960년 선거에서 이승만이 다시 한번 집권할 확률이 희박하다는 사실을 인지하고 어마어마한 부정선거의 음모를 꾸몄다. 투표지를 바꿔치는 것뿐 아니라 아예 통계를 조작하기까지 했다. 막상 개표가 시작되자 경악할 일이 일어났다. 부통령 후보인 이기붕의 지지표가 95퍼센트를 넘어선 것이다. 이것을 본 이승만은 득표율을 하향 조정하라는 지시를 내리는 해프닝을 벌였다. 그러나 사태를 수습하기에는 너무 늦었다.

학생들이 먼저 떨쳐 일어났다. 권력 연장을 위한 자유당과 이승만의 노골적인 학원 간섭과 부정선거에 대한 항의로 출발한 학생 시위는 학생들에 대한 경찰의 무자비한 유혈 진압 사실이 보도되면서 전국 규모의 학생 봉기로 확대되었다. 특히 마산의 한 바닷가에서 최루탄이 박힌 김주열의 시체가 떠오른 사실이 신문에 대대적으로 보도되고, 부정선거를 반대하는 고려대학교 학생 시위대에 대한 정치 깡패들의 유혈 폭력이 보도되자 국민들의 분노는 걷잡을 수 없이 폭발하고 말았다. 전국적인 시위는 거대한 혁명의 분위기에 휩싸였고 경찰과의 충돌과정에서 수많은 사상자가 발생했다.

국민들은 항쟁이 거듭될수록 이승만 정권의 도덕성을 결정적으로 부인했다. 4·19혁명이 일어날 무렵 언론 및 교수와 지식인들은 선동적인 역할을 수행했고, 군인들은 학생 시위를 적극 저지하지 않았다. 미국은 이승만에게 대통령직에서 물러날 것을 권고했다. 국민들은 많은 피를 흘렸다. 4월 19일 하루 동안 무려 186명의 사망자가 발생했고 6,000명이상의 부상자가 병원으로 실려갔다. "자유는 피를 먹고 자란다"는 명언이 이처럼 또 실감날 수 있겠는가.

부패 권력에 대한 저항에서 출발한 자연발생적인 학생 시위가 이승만의 하야라는 예상 밖의 성과를 거두었다. 학생, 지식인 및 일반 시민들은 그 성과에 크게 고무되어 "제2의 해방을 맞은 것 같다"고 환호했다. 그러나 4·19혁명은 이승만의 퇴진과 자유당의 몰락 이외에는 아무것도 변화된 것이 없었다. 과도내각이 들어선 뒤 4·19혁명 당시 시위 군중에게 무차별 발포를 한 책임자나 선거 부정의 배후 지휘자들은 아무 처벌도 받지 않은 채 거리를 활보했는가 하면, 4·19혁명의 궁극적 배경인 사회·경제적 모순은 전혀 해결되지 않았다.

민주당 등 야당은 자신들에게 권력이 거저 굴러떨어진 것이나 다름없었기 때문에 권력의 분배에만 혈안이 되어 있었다. 과도정부의 수반이 된 허정은 "혁명을 비혁명적인 방법으로 수행하자"는 애매한 자세를 취함으로써 더이상의 변화가 초래되지 않기를 원한다는 태도를 보였다. 다만 최고 권력자만 퇴진하고 국민의 원성을 산 경찰력만 일시적인 기능 정지 상태에 놓였을 뿐이었다.

4·19혁명의 주도 세력인 학생들은 '신생활운동', '국민계몽운동' 등 개량주의적인 운동 방침으로 전환하여 사회의 부정부패 척결과 의식 계몽을 통해 4·19혁명의 주도체로서의 임무를 완수하고자 했다. 또한 7·29총선에 참가하여 혁신 정치인들을 당선시켜 정치체제의 변화를 도모하기도 했다. 그러나 이들 선거에서도 과거의 지주 세력인 민주당이

압승함으로써 학생을 비롯한 진정한 민족 세력은 심각한 좌절감을 맛보았다. 그들은 '비혁명적 방법에 의한 혁명 과업의 완수'라는 과도정부의 기조가 결국 철저한 민주화를 추진할 의사가 없는 보수 세력의 현상 유지 정책에 불과하다는 사실을 점차 자각하게 되었다. 또한 남한 문제의 본질이 궁극적으로 민족의 분단에 있다는 점을 확인하기 시작했다.

한편, 7·29총선으로 국회가 소집되고 제2공화국이 탄생했는데, 대통령으로는 윤보선이 선출되고, 장면이 내각책임제의 수반으로서 권력을 장악했다. 이 시기 집권 민주당은 신파와 구파로 분열되어 초기부터 권력의 불안정성을 드러냈다. 그들은 이승만 잔재 세력을 비호하는가 하면 못할 짓이 없었던 경찰기구 등 국민의 원성을 산 제도들을 거의 그대로 유지하면서 미국과의 관계에서는 더욱 굴욕적인 모습을 보여주기도 했다. 학생 시위가 가열되자 장면 정권은 학원안정법, 반공특별법, 시위규제법 등의 입법을 추진하여 지배력 강화를 꾀했다.

학생들의 민족통일 문제에 대한 관심은 1960년 11월 서울대학교 '민족통일연맹' 결성으로 나타났다. 이런 움직임은 혁신 정치인, 양심적 지식인들에게도 큰 반향을 일으켜 한국전쟁 이후 처음으로 통일 논의가 제기되는 계기를 마련했다. 1961년에 들어서 민족자주통일중앙협의회 등의 혁신계 정치인들은 남북 교류와 미군 철수를 주장했고, 학생들은 민주당이 추진하는 악법 반대운동, 한미 경제 및 기술협정을 반대하는 운동을 추진했다. 이승만 치하에서 침묵해온 노동자들은 활발한 쟁의를 벌였고, 교직원들은 학원 자유, 교육 행정의 부패 제거 등의 요구

를 내걸고 투쟁했다. 그러다가 교원노조를 전국적으로 결성하여 커다란
사회적 반향을 불러일으켰다. 사회 여러 분야에서의 잇단 개혁 요구는
1961년 4·19혁명 1주년 기념식을 계기로 민족통일운동으로 모아졌다.
그해 5월 8일 민족통일전국학생연맹은 북한측에 남북학생회담을 제의
했다. 학생들은 "가자 북으로! 오라 남으로! 만나자 판문점에서!"라는 구
호를 외쳤다. 그러나 이런 요구는 분단 아래에서 기득권을 누려온 세력
들에게는 커다란 위협으로 다가왔다.

그들은 학생들의 통일운동과 혁신 세력의 등장에 극도의 거부감과
의구심을 느끼고 있었다. 이런 보수 세력의 위기감에 편승하여 5월 16일
박정희 일파는 군사정변을 감행했다. 따라서 해방 이후 못다 이룬 철저
한 민주화와 민족통일을 향한 국민들의 열망은 다시 한번 좌절되었다.

자본주의 발전과 군부통치: 군사정권

박정희 일파는 군사를 이끌고 1961년 5월 16일 새벽을 틈타 한강을 넘
어와 서울의 주요 기관을 점령하는 등 군사정변을 일으켰다. 이들은 6개
항의 혁명 공약을 발표했는데, 반공을 국시國是의 제일의第一義로 삼는다
고 천명했으며 "형식과 구호에만 그친 반공정책의 내실을 기한다"는 따
위의 성명도 공포했다. 또한 이들은 장면 정권의 혼란을 바로잡겠다며
집회와 시위를 금지하는 등 민주적인 모든 질서를 근본적으로 부인하

는 포고령도 발표했다.

　장면 내각은 총사퇴를 결의했고, 윤보선 대통령은 계엄 실시를 추인함으로써 쿠데타를 사실상 인정했다. 쿠데타 발발 직후 주한 유엔 총사령관과 주한 미국대사는 조심스럽게 지지를 표명했다. 쿠데타 세력들은 군부 안의 반대파들을 제압하고 4·19혁명 이후 활발하게 등장했던 혁신 계열 인사와 학생들을 검거, 투옥함과 동시에 국가재건비상조치법, 노동자의 단체활동에 관한 임시조치법 등 민중운동에 대한 탄압을 골자로 하는 법을 제정하여 민주 세력과 변혁 세력을 제압하고 기존의 반공정책을 강화할 의도를 분명히 했다.

　박정희와 김종필 등 쿠데타 세력은 핵심 권력기구인 중앙정보부를 만들어 자신들에게 반대하는 사람들을 감시하고 잡아 가두었으며, 기존의 국가보안법을 존속시키고 반공법을 제정하여 폭압적 본질을 드러냈다. 이들은 이승만 정권 이래의 대미종속對美從屬을 표상하는 각종 법령과 협정을 유지시켰다. 그러자 미국은 이들에 대해 신뢰를 보였다.

　군사정권은 말을 바꾸어가면서 민정 이양의 절차를 밟아 부정선거 방식으로 박정희를 대통령에 당선시키고 제3공화국을 출범시켰다. 이들은 혁명 공약에서 밝힌 대로 "반공정책의 공고화", "빈곤 퇴치", "경제발전과 근대화"라는 구호를 내걸고 국민들의 지지를 호소했다. 이들은 이미 이승만 정권과 장면 정권에서 구상된 바 있는 경제개발계획을 본격적으로 추진할 계획을 세웠다. 한편, 미국의 주선으로 한일국교정상화가 빠르게 추진되었다.

이미 쿠데타 직후 1961년 10월 중앙정보부장 김종필이 일본을 방문하여 이케다 하야토池田勇人 수상과 회담을 가진 바 있고, 1962년에는 한일국교정상화회담의 쟁점이 되는 재산청구권과 보상청구권 문제를 해결짓는 김종필-오히라 메모가 작성되었다. 제3공화국 출범 이후 여러 차례 회담을 가진 끝에 1965년 6월 22일 한일기본조약 및 제협정이 조인되었다. 이 가운데 핵심이 되는 사안인 청구권 및 경제협력협정으로 일본이 한국에 제공한 무상공여 3억 달러, 유상공여 2억 달러, 상업차관 3억 달러를 '공여'받은 박정희 정권은 이것을 기반으로 경제개발을 서두르게 되었다.

이런 배경 속에서 추진된 급속한 공업화는 외국자본의 도입과 기업에 대한 금융, 세제상의 지원을 축으로 전개되었다. 특히 비료, 정유, 화학, 시멘트, 전기기기 부문에서 눈부신 성장을 보였다. 이른바 '재벌'은 이 시기에 탄생했다. 제1, 2차 경제개발 5개년계획 동안 수출액은 현저히 증가했고, 그 가운데 공산품이 차지하는 비중도 급증했다. 따라서 농촌 중심의 새마을운동이 전개되면서도 전통적인 농업 부문이 파괴되어 농촌에서 유출되는 노동력이 도시의 2, 3차 부문으로 흡수되었다. 그 결과 커다란 사회구조적 변화가 야기되었다.

그러나 정부 주도로 강력하게 추진된 공업화 정책은 심각한 사회적 모순을 낳았다. 한일협정 이후 일본의 경제 침투가 활발해져 일본과의 무역 불균형이 심화되었고, 한국이 일본 경제에 종속되는 결과를 가져왔다. 또한 무리한 외국자본의 도입과 국가 권력의 비호를 받아 성장한 재벌은 투기적 부문, 비생산적인 영역에 자금을 투자하여 경영 부실을 가져오고 도산의 위기를 맞게 되었다. 이것은 곧 수출 부진과 고용 침체로 이어졌다.

한편, 일본과의 국교정상화를 강행하는 과정에서 계엄령 선포 등 노골적인 물리적 힘을 사용한 박정희 정권은 권력 유지를 위해 강압적 수단에 호소하지 않을 수 없는 취약한 정권임을 스스로 폭로했다. 박정희 정권은 중앙정보부 및 국내 경찰기구의 강화, 강력한 반공정책과 통일 논의의 불법화를 통해 권력을 유지해나갔다. 박정희 정권은 "잘 살아보자, 수출이 제일이다"라는 양적인 성장의 논리를 내세워 국민들을 설득하려 하는 한편, 한국군의 월남 파병, 일본과의 경제 유착 및 안보상의 결속, 한미행정협정체결(1966)을 통한 미국의 군사기지화 정책에 대한 법적 보장 등의 조치를 통해 외세와 결탁함으로써 불안한 국내 기반을 회복하고자 했다.

박정희는 1967년 대통령 선거에서 가까스로 당선되었으나 부정선거 시비로 정국이 불안하고 반대 세력의 도전이 거세지자 1969년 3선 개헌을 강행하여 장기 집권의 토대를 마련했다. 그러나 1971년 대통령 선거에서는 점점 증가하는 사회적 불만에서 힘을 얻은 야당의 강력한 도전을 받았다. 힘들게 집권에 성공하기는 했으나 국민들은 그 결과에 승복하려 들지 않았다. 이에 위기감을 느낀 박정희 정권은 1971년 국가안보를 구실삼아 국가비상사태를 선포했다. 그리고 그해 12월 27일에는 민주적 제도를 전면 부인하는 '국가보위에 관한 특별조치법'을 공포하고

'유신維新'으로 나아가는 발판을 마련했다.

1970년대 초 박정희 정권은 내외적으로 커다란 위기에 부딪히게 되었다. 국내적으로는 외국자본 도입에 의한 국가 주도의 경제개발정책이 심각한 사회경제적 모순을 초래했고, 폭압적 권력기구를 강화하여 장기 집권을 획책하는 데 대해 국민들은 강력히 저항했다. 국제적으로는 닉슨 독트린과 미국과 중국의 관계 개선, 주한미군의 부분적인 철수 및 동아시아에서의 냉전 기류의 해소 경향 등이 일어났다. 특히 주한미군의 단계적 철수는 안보를 권력 유지의 명분으로 삼고 있던 보수의 지배 세력이나 군부 세력에게 큰 위기감을 안겨주었다.

이런 국제적 흐름은 북한 지배 세력에게도 기존의 강경노선을 다소 수정하게 했고, 남한과의 교류를 모색하도록 만들었다. 결국 이와 같은 분위기에서 남북한 집권 세력은 그 돌파구를 남북대화에서 찾게 되었다. 1972년 7월 4일 서울과 평양에서 남북공동성명이 발표되었고, '자주적으로', '평화적으로' 그리고 '사상과 이념 제도의 차이를 초월'하여 민족이 대단결하여 통일을 이루어야 한다는 조국통일 3대 원칙에 합의했다. 이후 남북적십자회담이 서울과 평양에서 7차에 걸쳐 개최되었다. 그러나 통일에 대한 양측 접근방법의 현저한 차이를 좁히지 못하고 회담은 소강 상태에 빠졌다.

박정희 정권은 그해 10월 17일 '남북대화와 통일을 위한 체제의 정비'라는 명목으로 비상계엄을 선포하고 새로운 헌법을 제안하여 이른바 '10월 유신'을 공포했다. 이 유신은 19세기 제국주의 일본의 근대화를 이룬 메이지유신을 흉내낸 것이다. 여기에는 결국 정치적 위기를 극복하기 위한 임시방편의 남북대화는 시늉만으로 끝나고 노골적인 파쇼적 통치방법을 동원한 권력 연장의 의도가 숨어 있었다. 유신 선포로 제3공화국에서 제한적으로 허용되었던 의회민주주의는 부정되고 대통령이 거머쥔 행정권이 입법권과 사법권을 완전히 제압하게 되었다.

1972년 12월 23일 장충체육관에서 치러진 8대 대통령 선거는 통일주체국민회의 대의원들의 99퍼센트라는 지지를 받으며 박정희가 선출되었다. 북한의 선거와 조금도 다를 것이 없었으며 민주주의를 위장한 역사의 반동 형태였다. 이를 두고 사람들은 "체육관 선거"라며 비웃었다. 또 대통령이 비례대표가 아닌 새 방식으로 국회의원 3분의 1 이상을 직접 임명하는 초유의 사태가 벌어지기도 했다. 이들을 '유정회維政會'라고 불렀는데, 이는 유신정치를 옹호, 지탱하기 위해 만든 것이었다.

또 노동법 개악, 사회안전법 제정, 인신 구속에 관한 임시특례법 제정 등 총력전 체제에 국민을 묶어두고 베트남 공산화, 미군 철수 등을 빌미로 끊임없이 위기의식을 조장했다. 한편, 8·3조치를 단행해 도산 위기의 독점 기업을 다시 살려내고 그 부담을 농민, 노동자 등 서민들에게 전가했다. 그리고 이를 토대로 수출 지향과 중화학공업화를 내용으로 하는 경제성장에 박차를 가했다. 형식상의 자유민주주의를 노골적으로 파괴한 유신정권은 '한국적 민주주의' 논리를 앞세워 성장 이데올로기를 더욱 강화했고, 민족주체사관을 들고 나와 충효라는 전근대적·파쇼적 이데올로기를 동원해 국민을 복종만 하는 존재로 옭아매려 했다.

1970년대에 들어 닉슨에서 카터로 이어지는 과정에서 미국이 추구한 동서 화해, 긴장완화정책은 미국의 안보, 군사 지원에 의존하던 박정희 정권을 불안하게 만들었다. 카터 대통령이 중국, 북한과의 관계 개선을 통한 긴장완화정책과 주한미군 철수의 단계적 실시를 추진하고 인권정책을 표방하면서 한국 내부의 인권 문제에 간섭하기 시작하자, 박정희 정권은 미군 철수에 강력히 반대하면서 독자적인 무기체제 확보에 박차를 가했다. 박정희 정권은 카터 대통령의 인권정책에 의해 국내 민주 인사들의 사기가 크게 고무되는 것에 불안을 느꼈으며, 미국도 박동선의 미국 의회 로비 사건인 '코리아게이트 사건'으로 박정희 정권을 달갑지 않게 생각했다. 미국과의 이런 갈등은 대미·대일 종속구조 자체를 위협하는 것은 아니었지만 유신체제의 위기를 가중시켰다.

1977년부터 제4차 경제개발 5개년계획이 추진되었다. 그러나 세계경제의 구조적 불안정과 차관에 의존한 채 중화학공업에 과잉투자를 하여 공업이 전반적으로 침체 국면에 접어들게 되었다. 1978년부터 1979년 사이에 소비자물가는 무려 18퍼센트나 상승했고, 1975년 방위세가 신설된 뒤 세율이 대폭 증가하여 국민의 조세 부담은 가중되었다. 또한 박정희 1인에 대한 절대 권력이 강화되어 중앙정보부, 경호실, 비서실, 군부 등 권력집단 내의 수직적 충성 경쟁 속에서 그들 사이의 대립과 반목이 일상화되었으며, 국민들의 불만을 해소해줄 수 있는 정권 내부의 융통성은 상실되었다.

그러나 경제개발이 시작되던 1961년부터 유신 말기까지 국민총생산의 연산 성장률은 세계에서도 유례를 찾아보기 힘들 정도로 높은 수준을 유지했다. 한국 사회는 양적으로 크게 변모했다. 국민총생산에서 무역이 차지하는 비중도 해마다 증가했다. 이농離農과 도시화에 의해 농촌 사회에 커다란 변화가 일어났으며, 각종 도시 문제가 발생했다. 인구성장률도 2퍼센트 내외로 둔화되어 후진국형에서 점차 선진국형으로 옮아가는 양상을 보이기도 했다. 산업화 과정의 부산물인 각종 공해 문제, 환경오염 문제 등이 서서히 발생하기 시작했고, 권력의 비호를 받아 문어발식 기업 확장을 해온 재벌과 특혜층의 부도덕성 및 각종 비리 등이 언론과 사람들의 입에 자주 오르내렸다.

마지막으로 오늘날 많은 사람은 박정희 정권이 국민들을 기아에서 벗어나게 해주었다고 믿는다. 어느 정도는 인정할 수 있어도 이는 잘못된 생각이다. 식민지와 해방 공간, 한국전쟁을 겪으면서 국민들이 안정된 직업과 산업에 참여할 기회가 없었다. 하지만 전쟁이 끝난 뒤 소작농에서 풀려난 농민을 비롯한 많은 국민은 그야말로 근면, 성실로 경제개발에 참여했고, 이것이 국민소득을 높이는 결정적 계기가 되었던 것이다. 이런 결과를 박정희 개인에게 안겨줄 수는 없을 것이다.

새로운 민족민주운동: 반독재투쟁

군사정권은 가장 강력한 민족민주운동 세력으로 등장했던 학생들과 혁신 정치인들을 체포, 구금하여 그 조직이 와해되었다. 그러나 1964년 정치활동 규제 조치가 완화되면서 각 대학에서 군정 연장 반대 시위가 일어났고 와해된 학생조직이 재건되기 시작했다. 이들 조직을 기반으로 하여 학생 중심의 한일협정 반대투쟁이 전개되었다.

군사정권은 국민들의 거센 반대에도 아랑곳하지 않고 일본과의 국교 정상화를 서둘렀다. 그들은 비상계엄 선포, 언론 탄압 등의 강제적 조치를 발동하여 학생과 지식인들의 한일회담 반대운동에 대응했다. 학생들은 1964년 6월 3일 광화문 거리와 국회의사당 앞에서 시위를 벌였는데, 4·19혁명에 버금가는 동원력을 과시하면서 박정희 정권에 도전했다. 이에 자극을 받은 지식인과 야당 정치인들도 한일회담을 반대하고 나섰다. 또다시 일본에 예속될 것을 걱정하는 학생과 지식인들의 반외세·반독재 투쟁에도 불구하고 박정희 정권은 국회에서 굴욕적인 한일협정을 통과시켜 14년간 끌어오던 한일회담을 마무리지었다.

박정희 정권은 1964년 이후 1968년까지 인민혁명당 사건, 6·8 부정선거 규탄 시위, 동베를린 사건, 민족주의비교연구회 사건, 통일혁명당 사건 등을 조작, 발표하여 반공 이데올로기를 강화하는 동시에 반정부 운동의 열기를 냉각시키고 국민으로부터 운동 세력을 떼어놓으려고 했다. 그래서 1960년대 말까지 학생 시위는 계속되었으나 시위 자체가 타성으로 흐른 감이 있었고, 국민들이 박정희 정권이 내건 근대화 구호에 기대를 걸고 있었기 때문에 이런 정도의 시위로는 정권을 무너뜨릴 수 없었다.

아무튼 1960년대 민족민주운동은 5·16군사정변 직전의 민족통일 지향과 한미 경제협정 반대운동에서 제기된 반외세 민족운동으로서의 성격을 띠고 있었다. 특히 학생운동의 이런 민족주의적 성격은 한일협정 반대운동에서 그 절정에 달했다. 한일협정이 비준되고 박정희 정권의 권력 연장 기도가 노골화됨에 따라 학생과 지식인들은 주로 반독재 민주화에 초점을 맞추게 되었다. 학생들은 사회의 양심으로 자처하면서 투쟁을 계속했으나, 엘리트주의적 의식과 낭만주의적 태도를 청산하지 못했을 뿐 아니라 보수 야당의 역할을 과대평가한 상태에서 끊임없이 정치 이슈에만 매달려 상대적인 고립을 자초했다. 박정희 정권의 가혹한 탄압과 야당의 기회주의 성격 때문에 박정희 정권을 퇴진시키는 데는 실패했다.

그러나 이 민주화 운동은 그후 반독재 민주화 운동의 밑거름이 되어 결국 박정희 정권을 몰락시키는 기반을 조성했고, 학생운동이 민주화 운동의 선봉장으로 자리잡는 전통을 만들어놓았다. 한편, 혁명적 이념을 가진 지하운동이 끈질기게 존속했으나 소수였으므로 전체 사회운동에 대한 지도력을 갖지는 못했고 조직이 쉽게 발각되어 많은 탄압을 받기도 했다.

1960년대의 겉보기에 번지르르한 경제 발전 구호와 재벌의 눈부신 성장은 노동자계급의 양적·질적 성장도 함께 가져왔다. 그러나 박정희 정권이 노동자들에게 장밋빛 미래에 대한 환상을 불어넣은 탓에 이들이 계급적 자각을 지닌 독자적 운동 세력으로 결집되지는 못했다.

그러나 1970년대에 들어서면서 외세 의존적인 수출경제의 모순이 차츰 심화되자 이 모든 부담은 임금과 노동시간의 착취 등을 통해 노동자와 민중에게 전가되었고, 따라서 이들에 대한 억압도 강화되었다. 동대문 평화시장 노동자였던 전태일의 분신자살 사건은 이런 조건 아래에서 발생했다. 1970년 11월 13일 청계천 변 평화시장 구름다리 앞에서 한 청년이 자신의 몸에 석유를 끼얹고 불을 붙이고는 "근로기준법을 준수하라", "우리는 기계가 아니다", "일요일은 쉬게 하라", "노동자들을 혹사시키지 마라"라고 외쳤다. 스물두 살의 젊은 노동자 전태일은 이와 같이 절규하며 죽어갔다. 이 사건은 고도성장의 그늘 아래에서 우리의 아들 딸들이 얼마나 큰 희생을 치르면서 살아가고 있는지를 충격적으로 보여주었다.

1971년 8월에는 철거민들의 천막이 겨울바람에 날리고 있는 광주대단지(지금의 성남시)에서 폭동이 일어났다. 이어 9월에는 한진상사 파월 노동자들이 밀린 임금 지불을 요구하며 KAL 빌딩에 방화하는 사건이 일어났다. 노동쟁의는 1968년 130건에서 1971년에는 1,650건으로 크게 증가했다. 1970년대 초에 발생한 도시 빈민과 노동자들의 투쟁, 소상인들의 생존권 확보를 위한 항쟁은 1960년대 말 다소 침체의 늪에 빠져 있던 학생과 지식인 운동에 엄청난 충격과 자극을 주었다.

1971년의 국가비상사태 선포와 1972년의 10월 유신 공포는 1970년대 초의 폭발적인 민중운동과 언론자유수호운동, 사법 파동, 대학 자주화 선언 등 지식인들의 광범위한 반독재 민주화 운동에 겁을 먹은 박정희 정권이 영구 집권을 위해 꾸며낸 것이었다.

박정희의 사망과 유신의 종말

잠시 숨을 고르고 그간의 일들을 다시 되짚어보면 제1, 2공화국이나 군사정권 초기만 하더라도 집권자들은 형식상으로나마 자유민주주의 원칙을 지키려는 시늉은 했다. 그러나 10월 유신에서는 자유민주주의 체제를 전면적으로 부정하고 독재적인 권력 행사를 자행하여 영구 집권을 꾀했다. 유신 세력은 민주 세력에 대한 노골적인 탄압을 선포하면서 독점 재벌의 무제한적인 팽창을 보장해주고 국민을 전시 동원체제로 묶어두려 했다.

1973년 4월에는 종교단체의 학생과 실무자들이 민주 회복과 언론에 대한 자유를 요구했고, 10월에는 대학가를 중심으로 범국민 유신철폐운동이 전개되었다. 그뒤 각 대학에서 학생과 교수들은 학원 자유 및 언론 자유 보장, 경제 예속 철폐 등의 요구조건을 내세우고 반유신투쟁을 본격적으로 전개했다. 1974년 4월 정부는 '전국민주청년학생총연맹' 사건에 즈음해 긴급조치 4호를 선포했다. 이것은 1970년대 학생운동의 발전에 한 획을 긋는 큰 사건으로, 이를 계기로 학생운동은 민중지향성을 띠게 되고 보다 조직적인 결집력을 갖게 되었다.

한편, 1971년 4월에 결성된 종교인, 지식인, 재야인사 중심의 민주수

호국민협의회는 1974년 민주회복국민회의로 발전되어 반유신투쟁의 구심점 역할을 했다. 반유신 민주화 투쟁의 열기가 높아지자 기존의 국가보안법과 반공법만으로는 한계를 느낀 박정희 정권은 반정부 인사들에게 최고 사형까지 부과할 수 있는 긴급조치 9호를 선포했다. 이 긴급조치는 마음먹은 대로 뚝딱하기만 하면 무엇이든 이루어지는 도깨비 방망이였다.

그러나 학생운동은 1975년 이후의 극악한 파쇼 통치 아래에서도 수그러들 줄 모르고 민주화 운동의 선봉에 섰으며 민중 문제에도 적극 관심을 기울였다. 문인, 언론인, 법조인, 해직 교수, 재야 정치인 등의 저항도 1976년의 '민주구국선언', 1978년 제2의 '3·1 민주선언', 1979년의 '민주주의와 민족통일을 위한 국민연합'의 결성 등으로 이어지며 끊임없이 전개되었다. 이런 학생과 지식인들의 반독재 민주화 투쟁은 1979년에 들어서는 폭발적으로 고양되어 신민당과 집권 공화당 사이의 갈등 및 집권 세력 내부의 반목을 심화시켜 유신체제를 내부로부터 무너뜨리는 데 기여했다. 특히 부산 및 마산 지역의 학생과 시민들이 벌인 부마민주항쟁은 10·26사건을 일으키는 결정적 계기가 되었다.

또한 이 시기는 반독재 문화운동이 꽃을 피운 시기이기도 하다. 김지하는 독재권력과 경제성장의 단맛을 만끽하는 부패한 지배층을 을사조약 시기, 나라의 주권을 팔아먹은 매국노에 빗대 '오적'이라고 꼬집어 국민들을 후련하게 해주었고, 양성우는 독재권력 아래의 암담한 현실을 '겨울공화국'에 비유하여 시를 지어 국민들의 가슴을 시원하게 적셔주었다.

한편으로 1970년대 초 독점자본 축적의 위기는 국가 지원에 의한 민간 부문의 독점 강화와 대외종속의 심화를 통해 부분적으로 해소되었다. 그러나 그 부담은 모두 농민·노동자·빈민 등 민중이 지게 되었으며 자본가와 노동자 사이의 대립관계가 보다 확대되어 민중운동이 성장할 수 있는 객관적인 토양이 마련되었다. 1960년대 이래 성장의 그늘에서 한국의 노동자들은 그 혜택을 누리지 못하고 세계에서 가장 가혹한 노동조건에서 신음했다. 또한 독점 강화와 함께 농업 경영 상태는 더욱 악화되어 농민들은 재생소작제와 저농산물 가격 아래에서 허덕이게 되었다.

이미 1970년대 초부터 노동운동은 점차 대규모로 번졌고 폭력적인 성격을 띠기 시작했다. 그러나 유신체제의 강력한 탄압정책과 노동자들의 성숙하지 못한 계급의식, 실천 경험의 부족으로 노동운동은 전국적 규모의 투쟁이나 조직화 단계에까지 이르지는 못했다. 단지 노동조합이 어용으로 흐르는 사태를 저지하는 노동조합 민주화 투쟁이 단위 사업장에서 분산적으로 전개되었고, 이것마저도 허용하지 않은 독재권력과 비양심적인 기업가들에 맞서 극한적인 투쟁을 벌여야 했다. 노동운동 참여자들도 대부분 미혼 여성들로 대공업 부문의 남성 노동자들이 갖는 파괴력과 지속성을 갖지 못했다. 1970년대 초의 청계피복노동조합 결성에서 출발하여 반도상사, 콘트롤데이타, YH무역 등의 노동조합이 벌인 민주화 투쟁은 비록 노동법 개선과 노동운동의 제도화 실현, 그리고 노동운동과 정치운동의 결합에는 실패했지만 이후의 노동운동이 성장하는 밑거름이 되었다. 곧 이는 유신체제를 붕괴시키는 민중적 동력을 형성했다.

특히 1970년대의 민주노동조합운동은 개신교·가톨릭·불교 등 종교단체, 학생운동단체, 반체제 민주화 운동단체 등 외곽 단체의 지원과 연계하여 이루어졌으며, 1960년대 말 이후의 민중지향적 학생운동 단체가 벌인 적극적인 계몽과 헌신적 참여를 통해 더욱 확산되었다. 농민운동도 주로 종교단체의 지원에 의해 발전되었는데 농협 문제, 농산물 가격 문제, 수세 문제 등을 중심으로 전개되었다. 농민들의 낮은 의식 수준과 분산성, 다른 운동과의 연대를 이루지 못해 조직운동으로까지 발전하지는 못했다.

전반적으로 보아 학생, 지식인들의 반독재 민주화 투쟁과 노동, 빈민 등 민중의 생존권 투쟁이 밑거름이 되어 결국 유신은 붕괴되었다고 할 수 있다. 그러나 정치권의 주도권은 여전히 제도권 정당에 있었다. 민중운동은 독자적 조직과 이념, 변혁의 전망을 갖는 정치 세력으로 성장하지 못하고 기존 체제에 대한 비판적 문제 제기자로 남아 있을 수밖에 없었다. 박정희가 김재규의 총에 맞아 쓰러진 것은 순수한 민중, 지식인의 역량에 의해 이루어진 것이 아니라 권력집단 내의 갈등에서 야기되었기 때문에 이후 정국의 주도권은 여전히 그들에게 남아 있을 수밖에 없었다.

광주민주항쟁과 5공화국의 등장

1970년대 후반의 반독재 민주화 운동과 민중운동이 도화선이 되어 제도권 야당과 집권 공화당 사이에 정치적 대립이 격화되었다. 권력 하부기관 내부의 마찰이 심각해졌으며 미국의 박정희 정권에 대한 불신이 초래되었다. 유신체제가 몰락하게 된 직접적인 계기는 1979년 9월 이후 전국 각 대학에서 전개된 시위와 그 연장선상에서 발생한 부산 및 마산 지역에서의 시민항쟁이었다. 이런 민중의 저항에 의해 정권 내부의 반목이 심화되어 결국 박정희는 중앙정보부장 김재규의 총에 맞고 10월 26일 사망했다.

박정희는 의기가 소침해지면 때때로 궁정동 중앙정보부 밀실에서 대연회를 가졌는데, 이 밀실에서는 여자 연예인들이 동원된 술과 노래, 성이 난무했다. 그는 불안과 초조를 이런 방식으로 해소하고 왕성한 성욕을 젊은 여자를 통해 풀려고 했을 것이다. 이 대연회 장소에서 일어난 사건을 논하지 않더라도 그는 늘 목숨이 위태로웠다. 김재규만이 그의 목숨을 노린 것이 아니었다.

김재규는 전두환이 지휘하는 보안사령부에 의해 곧 체포되고 전국에 비상계엄령이 선포되었다. 최규하 대통령 권한대행은 유신헌법에 따라 대통령을 선출하겠다고 발표했으며 집권당인 공화당에서는 김종필을 후임 총재로 지명하여 유신체제의 존속을 기도했다. 지배자들이 유신체제를 고수하려는 태도를 보이자 민주 세력들은 '유신 철폐'와 '계엄

해제'를 요구했으나 계엄군에 의해 심한 탄압만을 받았을 뿐이었다. 박정희 사망 이후 국가권력이 이완되어 각계에서 민주화 요구가 봇물처럼 터져나올 것에 두려움을 느낀 군부 안의 강경 세력은 12·12쿠데타를 감행하여 민주화 국면에 찬물을 끼얹고 정국의 주도권을 장악했다.

그러나 20여 년간의 군부통치에 억눌려온 국민의 민주화 욕구는 사회 각 분야에서 걷잡을 수 없이 터져나왔다. 민주화 운동의 주도 세력인 학생들은 1980년대 초에 들어서자 학내 민주화 운동을 중심으로 학생 대중의 조직화와 의식 제고에 치중했고 4월을 계기로 점차 사회민주화 투쟁으로 전환해나갔다. 5월 2일 서울대학교 집회를 계기로 학생들은 정치 투쟁의 포문을 열었고, 5월 15일에는 '계엄 철폐', '유신 잔재 청산'을 외치면서 거리로 쏟아져나왔다. 이때 10만 명의 학생이 서울역에 집결했다.

한편, 1978년부터 두드러진 경제성장 둔화, 실업 증가, 공장 가동률의 저하현상은 1980년에 더욱 심화되어 근로자들의 생활조건은 악화되었다. 사회 전반의 민주화 열기에 힘입어 각 단위 사업장에서의 노동쟁의도 폭발적으로 증가했고 노동운동의 지역적·전국적 연대가 모색되기도 했다. 특히 4월 21일부터 사흘 동안 지속된 사북 광산노동자들의 항쟁은 절망적 상황에서 신음해온 광산노동자들의 분노의 표출이었다. 그 규모와 격렬성에 비추어 이 사건은 이전의 노동쟁의와는 사뭇 다른 성격을 띠었고 1980년대 노동운동의 새로운 발전을 예고하는 사건이었다.

보수 성향의 야당을 비롯한 중산층은 평화적인 방법에 의한 민주화가 곧 실현되리라는 환상을 품고 있었으나 '안개 정국'으로 일컬어지는 최규하 배후에 도사리고 있던 군부의 움직임은 대다수 민주화 세력의 의혹을 사기에 충분했다. 최규하 과도정부는 '이원집정부제 개헌을 검토 중'이라고 발표하여 국민들의 의혹을 샀고, 이른바 신군부 세력의 중심 인물로 등장한 전두환이 중앙정보부장 서리를 겸임함으로써 이런 의혹을 가중시켰다. 결국 사북 사태를 계기로 한 민중운동의 가열과 민주화 세력의 전면 공세를 예상한 이들은 재빨리 선수를 쳤다. 5월 17일 비상 계엄을 선포한 것이다. 많은 민주 인사가 체포되고 전국은 공포의 분위기에 휩싸였다.

계엄군은 민주단체와 대학으로 몰려가 노인이든 교수든 아랑곳하지 않고 눈에 띄는 대로 개머리판으로 후려치고 군홧발로 마구 짓밟았다. 학생들은 이에 저항하려고 했으나 무기가 없었다. 대부분의 지역에서는 막강하고 무자비한 계엄군의 위세에 눌려 시위가 쉽게 진압되었으나 광주에서는 양상이 달랐다. 계엄군의 무자비한 진압으로 시위는 더욱 확대되어 민중항쟁으로 발전되었다.

5월 18일 오전 전남대학교 정문 앞에 집결한 학생들을 공수부대원들이 가혹하게 진압함으로써 학생과 무장 계엄군 사이의 대립은 격렬한 양상으로 전개되었다. '화려한 휴가'라고 지칭된 1차 작전에서 '충정'이라 불린 5차 작전까지 임무를 부여받은 공수부대원들은 시민들을 무자비하게 살상했다. 시민들은 자신들의 눈을 의심하며 광폭한 군인들을 보면서 울부짖었다. 애초에 무관심했던 시민들도 더이상 방관자로 남아 있을 수 없었다. 그들의 분노는 극에 달했다. 시위의 중심 세력은 일반 시민으로 확대되었다. 시민들은 보다 조직적으로 저항할 필요성을 절감했다. 5월 21일 전두환 군부 세력에 대한 엄청난 분노와 김대중 체포에 대한 좌절감, 지역적 소외의식이 혼연일체가 된 시민들의 자체 무장에 의한 저항으로 계엄군은 마침내 도청을 버리고 후퇴했다.

시위는 목포·함평·무안·나주·영산포·영암·강진·해남·장흥·화순 등 대부분의 전남지역으로 확대되었다. 5월 22일부터 27일까지 광주 시내는 시민들에 의해 장악되었으나 무장을 해제하고 협상하자는 '투항파'와 이를 반대하는 '투쟁파'로 나뉘었다. 이에 대다수의 시민들은 '투쟁파'를 새로운 집행부로 지지했다. 이 새로운 집행부가 도청을 장악하고 결사적인 항쟁을 준비했으나 5월 27일 새벽 탱크를 앞세운 계엄군에 의해 진압되고 최후까지 저항하던 시민군 가운데 상당수는 사망하고 말았다. 이로써 10일 동안 벌어진 광주의 비극은 마무리되었다. 희생자는 모두 193명으로 그 충격은 너무나 컸다.

5·18광주민중항쟁은 4·19혁명 이후 최대의 반독재 민주민중항쟁이었다. 시민들의 자기방어적 무장에 의해 시민전쟁의 상황으로까지 발전되었으나 비조직적인 시민군으로서는 막강한 무장력을 가진 진압군에 굴복할 수밖에 없었다. 또 한번 엄청난 동족 살육을 경험한 광주 시민들은 이 사건을 통해 군부 파쇼의 폭압적 성격과 그것을 방조한 미국의 본질에 대해 점차 분명한 인식을 갖게 되었다. 그러나 1980년대 중반까지 대부분의 국민들에게 이 사건은 철저하게 은폐되었고 함부로 발설하면 유언비어 유포죄로 잡혀갔다. 그러나 신군부 역시 이 사건에 대해 상

당한 부담을 안고 5공화국을 출범시켰다. 서울대학교 대자보에는 전두환을 가리켜 '전두한剪頭漢(머리 자르는 자)이라 써서 극심한 반감을 보이기도 했다.

5공화국은 민주국가 정권인가

신군부 세력은 1980년 여름 광주민중항쟁을 진압한 뒤 국가보위비상대책위원회(국보위)를 설치했고, 전두환 국군보안사령관 겸 중앙정보부장 서리가 상임위원장에 취임했다. 국보위는 새 정권의 정당성을 창출하기 위해 고급 공무원 정화, 교육 정상화 및 과열 과외 해소, 사회악 일소 특별 조치, 기업 체질 강화에 대한 여러 법률을 통과시켜 유신시대에 누적되었던 사회적 비리를 척결하려는 듯한 자세를 보였다. 곧이어 박정희를 승계한 최규하 대통령이 강요에 의해 사임했다.

국보위 상임위원장 전두환은 통일주체국민회의를 소집하여 장충체육관에서 대통령에 선출되고 10월 22일 단임제를 골자로 하는 새 헌법안을 확정한 뒤 과도입법기관으로 국가보위입법회의를 발족시켰으며, 1981년 2월 25일 대통령에 취임했다. 그야말로 아무도 바라지 않는 사생아가 탄생된 것이다.

미국은 카터 대통령의 축하 전문을 통해 전두환 정권의 출범을 지지했다. 미국은 1981년 2월 한미정상회담을 통해 '주한미군 철수 백지화', '한국군 현대화 적극 지원' 등을 약속했으며, 5월의 한미안보협의회를 통해 동북아 방위의 전진기지로서 한국이 갖는 중요성을 다시 확인함으로써 전두환 정권에 대한 두터운 신뢰를 보였다. 언제나 그래왔듯이 미국은 그 대가로 '신냉전정책'에 대해 한국이 적극 지지할 것과 한국, 미국, 일본의 삼각안보체제에 적극 동참하며 미국 독점자본 활동의 자유를 보장할 것 등을 전두환 정권에 요구했다.

전두환 정권은 경찰력 등 공안사찰기관을 강화하는 한편, 민주적인 모든 질서를 근본적으로 부정하는 입법 조치를 단행했다. 중앙정보부를 국가안전기획부로 통합, 강화했으며 반공법을 국가보안법에 흡수하는 등 법체계를 일원화하여 국내외적으로 명분을 얻고자 했다. 또한 언론기본법을 공포하여 언론을 통폐합하고 언론에 대한 정치권력의 통제를 강화했다. 그 밖에도 집회 및 시위에 관한 법률, 선거법, 노동관계법 등을 개악하여 국민의 민주적인 모든 권리를 제한하는 한편, 반대 세력을 더욱 교묘하게 탄압했다.

이들은 환율 인상, 중화학공업 통폐합 등을 통해 민간자본의 독점을 강화하는 한편, 자본자유화, 수입자유화를 주요 내용으로 하는 개방정책과 외국자본의 도입, 저금리, 긴축재정, 금융정책 등을 통해 1970년대 경제차관의 모순을 지양하고 국내의 경기 불황을 타개해나가고자 했다. 이에 따라 다국적기업이 본격적으로 국내에 진출하여 1984년에는 호텔, 자동차, 전자산업 부문에도 직접투자가 이루어지게 되었다. 자유화 조치에 따라 국내자본의 독점이 더욱 강화되었고 재벌에 대한 정부의 지원도 증대되었다.

특히 농축산물의 수입 개방은 농가경제를 파탄에 이르게 하고 농민의 상대적 빈곤을 가중시켰다. 곧 이런 경제정책은 농산물 수입자유화 및 추곡수매가 통제에 의한 저농산물 가격정책과 노동관계법의 개악, 노동운동에 대한 탄압 강화, 강력한 임금 인상 억제책(저임금정책) 등을 바탕으로 운영되었다. 전두환 정권은 출범 당시 광주민중항쟁을 유혈 폭력으로 진입한 것에서 초래된 나쁜 이미지와 국민들에 대한 억압과 운동 세력에 대한 철저한 탄압에서 발생한 계급·계층 간의 위화감과 정부에 대한 불신감을 무마시키기 위해 '개방사회', '국민화합', '의식 개혁' 등을 내세우면서 일면 유화적인 자세를 보이고 자본주의 질서를 사회에 뿌리내려 중산층을 자신들 편으로 끌어들이려고 노력했다.

그러나 이런 정책은 점차 국민들의 저항에 부딪혔다. 특히 민주질서와 도덕적 정당성이 결여된 정권에 대한 미국의 지지는 광주민중항쟁 이후 국민들의 반미의식을 확산시키는 계기가 되었다. 또한 1982년 3월 18일 부산 미국문화원 방화 사건은 반미의식의 확산에 결정적인 계기를 제공했다. 이후부터 학생운동에서 반미 구호는 일반적인 것이 되었다. 1985년 5월 서울 시내의 5개 대학 학생 73명이 을지로 입구에 있는 미국문화원을 점거하고 '광주사태 책임자 문책', '미국의 공개 사과', '현 정권에 미국의 지원 중단' 등을 요구했다. 1986년에는 전방 입소 훈련 전면 거부, 미국에 의한 한반도 군사기지화와 핵무기 설치에 반대하는 시위가 빈번하게 일어났고 이는 1986년 말 건국대학교 농성 사건으로 그 정점에 이르렀다. 반미운동의 무풍지대인 남한에서도 반미운동의 물결이 거세게 일기 시작한 것이다.

학생과 지식인들의 민주화 운동은 1980년 5월의 시련을 딛고 점차 세력을 회복하기 시작했다. 학생운동의 경우 학생대중조직의 건설과 지속적인 정치투쟁, 학생운동 출신자들의 현장 대거 진입을 통해 학생들이 민주화 운동의 선봉장임을 분명히 드러냈다. 특히 학생운동은 한국사회의 성격과 변혁의 전망, 변혁 세력의 역량 배치 문제까지 제기함으로써 1980년대 민족민주운동의 질적인 비약을 가져오는 자극제 역할을 충실히 이행했다.

한편, 1983년 말 이후 상대적인 유화 국면에서 민주화운동청년연합이 발족되고(1983. 9), 해직교수협의회, 해직언론인협의회, 민중문화운동협의회 등이 창설되어 각 부문 운동이 활성화되는 계기를 마련했다. 이들 운동단체는 초창기에는 종교단체의 후원에 상당 부분 의존하기도 했으나 점차 그 영향력에서 벗어나 자주적 단체로 정착했다. 이 무렵 지역민주화운동협의회가 발족되어 서울 중심으로 이루어지던 운동에서 탈피하기 시작했고, 1984년 6월 노동자, 농민, 청년 등 각 부문 운동 세력이 결집하여 그간의 역량을 토대로 민중민주운동협의회를 결성했다. 이 단체는 재야인사 중심의 민주통일민중운동연합으로 통합되어 민중역량 강화와 정치투쟁의 효과적 수행을 목표로 활동했다.

전두환 정권은 국내 재벌들의 기득권을 보장해주기 위해 강력한 노동통제정책을 유지하여 1981년의 청계피복노동조합 강제 해산, 서통노동조합 탄압, 콘트롤테이티 노동조합 사건, 원풍모방노동조합 탄압 사건 등을 통해 노동조합 민주화 운동에 쐐기를 박았다. 이 시기에 1970년대 민주노조운동을 주도한 세력이 결집하여 노동자복지협의회를 창설하여 개별 사업장의 고립적·분산적 투쟁을 지양하려는 움직임을 보였으며, 지식인과 학생운동 출신들의 참여 아래 신규 노동조합이 폭발적으로 증가했다. 각종 노동운동 탄압을 저지하는 시위, 해고 노동자들의 농성투쟁은 1985년 6월 구로공단 8개 사업장 3,000여 명 노동자가 연대하여 벌인 동맹파업으로 발전했다. 구로공단 동맹파업은 44명을 구속하고 1,000여 명을 해고하는 무자비한 탄압으로 막을 내렸다. 그러나 이 동맹파업은 노동운동이 노동자 자신만을 위한 운동에서 벗어나 사회 민주화를 지향하는 정치 세력으로 부상할 수 있는 가능성을 열어주었으며, 서울노동운동연합을 출범시킴으로써(1985. 8) 1980년대 노동운동 발전에 커다란 전기를 마련했다.

1980년대 이후의 농민운동은 개신교 운동단체인 기독교농민회총연합회, 가톨릭 운동단체인 가톨릭농민회의 주도로 대중 기반 확대와 초보적인 정치투쟁의 실현을 목표로 전개되었는데 농협민주화 운동, 농가 부채해소운동, 외국농축산물 반대운동 등 농민 일반의 요구에 기초한 운동을 전개했다. 특히 1984년 9월 함평, 무안의 농민대회는 지역 농민운동의 새로운 가능성을 열었다. 이런 성과에 발맞추어 자주적 농민단체 건설의 움직임이 점차 진전되었다. 또한 1960년대 이후의 외세의존적 성장정책으로 농촌에서 쫓겨난 절대다수의 이농민은 도시 빈민으로 유입되어 서울 변두리 지역에 대규모 집단 주거지를 형성했는데, 86아시안게임과 88올림픽을 빙자한 투기성 토지개발정책과 토지 투기에 의해 열악한 삶의 보금자리에서조차 쫓겨나게 되었다. 목동, 양동, 사당동, 상계동 주민의 격렬한 철거 반대운동은 재야 운동권의 지원을 받으면서 초보적인 정치투쟁으로 발전해나갔으며 민중운동의 큰 흐름을 이루게 되었다.

학생운동을 비롯한 민족민주운동의 성장은 단순히 자체 역량만으로 이루어지지 않았다. 물리적 탄압으로는 결코 자신들의 뜻대로 될 수 없다고 자각한 전두환 정권이 어쩔 수 없이 유화정책을 펼 수밖에 없다는 판단에 힘입은 바 크다고 볼 수 있다. 그러나 '학원 자율화' 조치를 필두로 한 일련의 유화 조치는 정권의 기반을 다지려는 미봉책에 지나지 않았다. 늘 그랬던 것처럼 양두구육의 허위적 조치였다. 왜냐하면 1985년 2월 12대 총선으로 다수 의석을 차지한 신민당이 대통령 직선제 개헌을 요구하고, 군부독재 타도를 위한 개헌론이 민족민주운동권에서 제기되자 이를 근원적으로 봉쇄함과 동시에 학원안정법을 제정하고(1985. 9) 신민당 개헌추진운동을 저지하려고 했으며, 또 올림픽 개최를 핑계로 한 권력 유지 의도를 분명히 했기 때문이다.

6월 민주항쟁은 제2의 3·1운동

1987년 1월 14일 서울대학교 언어학과에 재학중이던 박종철은 서울 남 영동에 있는 치안본부 대공분실에서 잔혹한 폭행과 전기고문, 물고문 을 받다가 죽었다. 이에 「중앙일보」에서 "대학생 쇼크사"라는 내용의 기 사를 내보내자 다음날 치안본부장 강민창은 "냉수를 몇 컵 마신 후 심 문을 시작, 박종철군 친구의 소재를 묻던 중 책상을 탁 치니 갑자기 '억' 소리를 지르면서 쓰러져 중앙대학교 부속병원으로 옮겼으나 12시경 사 망했다"고 공식 발표했다. 그러나 당시 부검을 맡았던 부검의의 증언과 언론 보도 등으로 의혹이 제기되자 경찰은 사실을 은폐하기 위해 시신 을 화장하여 증거를 인멸하려 했다. 이에 사체보존명령을 내리고 15일 한양대학교 병원에서 국립과학수사연구소의 황적준 박사와 한양대학교 박동호 교수가 다시 부검을 실시하여 사인을 질식사로 발표했다. 그 결 과 경찰은 사건 발생 5일 만에 물고문 사실을 공식 시인하고 고문을 가 한 수사경관 조한경과 강진규를 구속했다. 그런데도 진상 규명에 대한 요구는 식을 줄 몰랐고 1월 20일 서울대학교에서 열린 영결식에는 열기 가 가득했다.

또 박종철의 고향인 부산의 한 절에서 2월 7일 진행한 추도식은 감 동을 불러일으켰으며 같은 시각 전국의 사찰과 교회, 성당에서 일제히 추모의 종을 울렸다. 서울에서도 추도식을 갖고 고문추방민주화 국민평 화대행진을 열었다. 이 집회에서는 대통령 직선제를 중심으로 한 헌법

개정을 강한 목소리로 요구했다. 또한 이 집회에는 민주 인사와 학생뿐 아니라 많은 시민도 참여했다.

이런 상황에서 전두환은 4월 13일 개헌 논의를 일절 금지하고 현행 헌법 규정대로 대통령 선거를 치르겠다고 선언했다. 이것이 '4·13호헌조치'다. 전국은 들끓기 시작했다. 대한변호사협회와 민주통일민중운동연합 등이 호헌 반대 성명을 내고 천주교정의구현전국사제단과 천주교 신자들이 단식 농성에 돌입했으며 이어 교수, 문인, 변호사, 예술인 등이 잇따라 반대 성명을 발표했다. 이와 함께 언론인들은 자유언론쟁취운동을 벌였다.

이 무렵 또 하나의 사건이 터졌다. 영등포 교도소에 수감되어 있던 전국민족민주운동연합 상임의장 이부영이 박종철 치사 사건의 범인이 조작되었으며 진짜 범인은 따로 있다는 쪽지를 동료인 김정남에게 전달했다. 이 쪽지는 교도관 한재동이 은밀히 전달한 것이다. 이 쪽지는 다시 천주교정의구현전국사제단의 김승훈 신부에게 전해졌다. 김승훈 신부는 1987년 5월 18일 광주민중항쟁 7주기 추모미사에서 박종철 고문치사 사건의 진상을 밝혔다. 치안본부 5차장 박처원의 주도 아래 사건이 축소, 조작되었고 고문 가담 경관도 두 명이 아니라 다섯 명이었다는 사실을 폭로했다.

이에 전두환은 5월 26일 박처원과 고문기술자로 알려진 이근안 등을 구속하고, 호남인 이한기를 국무총리로 기용한 뒤 국가안전기획부장, 내무부 장관, 법무부 장관, 검찰총장 등을 경질했다. 전두환 정권 출범 이후 최초로 대폭 개각을 단행한 것이다. 이에 야당 정치인과 민주 인사들은 더욱 용기를 내게 되었다.

젊고 패기 넘치는 황인성과 오충일 목사는 호헌 철폐 및 민주헌법쟁취국민운동본부 발기인 대회를 향린교회에서 갖기로 했다. 5월 27일 발기인 대회를 열고 이어 방해공작을 방지하기 위해 곧바로 '민주헌법쟁취국민운동본부'를 발족시켰다.

민주헌법쟁취국민운동본부의 발기인은 종교계, 지역 대표, 재야단체, 정치인, 농민, 도시 빈민 등 2,191명의 각계각층 인사들로 구성되었다. 학생과 노동운동가를 제외한 전국의 민주운동 인사 대부분이 모였다. 또 민주헌법쟁취국민운동본부의 임원진은 고문, 공동대표, 상임공동대표, 집행위원, 상임집행위원 등으로 단기간에 꾸려졌다.

상임공동대표 가운데 한 명인 계훈제는 관련 회의나 현장에 빠지지 않고 참석했으며, 김근태는 당시 감옥에 있었고, 이해찬은 전국 시위를 기획하거나 점검했다. 이상수는 민권위원장, 노무현은 부산본부 상임집행위원으로 활동하면서 야전 사령관이란 별명을 얻었다. 이들 구성원 가운데 일부는 이름만 올려놓고 별로 활동하지 않은 경우도 있었으며 일부는 허락도 없이 이름을 올렸다고 불평하기도 했다. 하지만 민주헌법쟁취국민운동본부에 이름을 올린 사람들은 모두 감옥에 갈 각오를 하고 참여했으며 교수들이 많이 참여하지 않은 것은 촉박한 시일로 인해 연락이 닿지 않았기 때문이었다.

이렇듯 민주헌법쟁취국민운동본부는 전국적 규모의 시위를 조직하거나 연대하는 총결집체였다. 중앙본부는 종로 5가 기독교회관에 두었으며 인명진 목사는 사무실에 나와 직접 지휘를 맡았다. 민주헌법쟁취국민운동본부는 먼저 1987년 6월 10일 '박종철군 고문살인조작 범국민규탄대회'를 개최하기로 했으며 동시에 호헌 철폐 국민대회를 열기로 합의했다. 지도부에서는 그 역사적 의의를 국민에게 알려야 한다고 판단하여 국민에게 3·1운동 당시 독립선언서와 같은 메시지를 발표하기로 했다. 이 메시지의 내용은 온건한 용어를 사용하고 있지만 해야 할 이야기는 다 하고 있다. 마지막에서는 의례적인 말을 반복, 강조했다. 다만, 폭력을 자제하고 평화 시위를 강조한 부분이 관심을 끈다. 이 '메시지'는 인쇄되어 신속하게 전국으로 전달되었다.

한편, 학생들은 민주대연합에 참여하기로 결의하고 5월 18일 각 대학에서 2만 2,000여 명이 참가한 가운데 광주민중항쟁 추모집회를 열고 시위에 나선 데 이어 5월 29일에는 '서울지역대학생대표자협의회'를 결성했다. 또 각 대학 연합체로 '호헌 철폐와 민주 개헌 쟁취를 위한 서울지역학생협의회'를 발족시켜 6월 10일의 민주헌법쟁취국민운동본부 집회와 발맞추어 총궐기하기로 결의했다.

그런데 또하나의 사건이 일어났다. 6월 9일 연세대학교에서 이한열이 시위 도중 전투경찰이 쏜 최루탄에 머리를 맞아 의식을 잃고 병원으로 실려갔으나 한 달 뒤 사망했다. 당시 로이터 사진기자였던 정태원이 같은 학교 학생인 이종창이 피를 흘리는 이한열을 부축하고 있는 사진을 찍어 세상에 공개했다. 이 사진을 본 학생과 민주 인사들은 분노를 참지 못했고 시위의 열기는 더욱 뜨거워졌다.

6월 10일은 민정당 제4차 전당대회가 열린 날이었다. 대회장인 잠실 체육관에는 민정당의 전국 대의원들이 몰려들었으나 어딘지 기가 한풀 꺾인 모습이었다. 박수와 함성이 잦아들어 있었는데, 아침부터 전국에서 규탄대회가 열리고 있었기 때문이다. 전두환은 육사 11기 동기이며 친구인 노태우를 차기 대통령으로 추천하고 노태우는 이 자리에서 대통령 후보로 선출되어 실질적 권력 이양의 형식이 취해졌다.

이날 예정대로 전국에서는 민주헌법쟁취국민운동본부가 주최하는 대회가 열렸는데, 학생과 운동가들의 각오는 대단했던 것 같다. 물안경과 마스크를 준비하고 때로는 보도블록을 깨서 '짱돌'을 만들기도 했다. 한편, 거리와 골목에는 전투경찰을 가득 태운 닭장차가 대량의 최루탄을 확보하고 대기하고 있었다. 추도식 및 규탄대회가 끝나면 "호헌 철폐", "독재 타도"를 외치거나 때로는 "전두한剪頭漢을 몰아내자", "군부독재 타도하고 부모님께 효도하자"는 등의 유머러스한 구호도 외쳤다.

시위대가 플래카드를 앞세우고 행진을 시작하여 전투경찰과 일정한 거리를 두고 대치하면 경찰 쪽 마이크에서는 으레 해산을 종용하는 방송을 내보냈다. 몇 차례 경고를 하다가 최루탄, 사과탄, 지랄탄 등을 쏘아대자 시위대는 순식간에 골목으로 흩어졌고 연도에서 구경하던 시민들도 눈물과 콧물을 흘리며 흩어졌다. 하지만 이내 다시 모여들어 구호를 외쳤다. 서울에서는 오전부터 시위가 본격적으로 시작되었고, 이날 하루종일 곳곳의 교회와 성당, 사찰에서는 종을 울렸다.

전국적으로 예전에는 볼 수 없는 현상이 일어났다. 시위가 한창 벌어지고 있을 때 수많은 시민은 연도에서 구경만 하는 것이 아니라 시위대 꽁무니를 따라다니며 구호를 함께 외치기도 했고, 점심시간이 끝났는데도 돌아가지 않은 많은 회사원 가운데에는 더러 시위에 참여한 이들도 있었다. 이들을 '넥타이 부대'라고 불렀다. 또 광화문과 시청 앞을 지나는 버스, 택시, 승용차들은 시위대가 보이건 말건 요란하게 경적을 울리기도 했다. 한 자동차가 경적을 울리면 경쟁이라도 하듯 여기저기에서 따라 경적을 울렸다. 이는 5·18광주민중항쟁 때 광주의 택시기사들이 금남로를 중심으로 경적을 울린 것과 같이 민주헌법쟁취국민운동본부에서 내린 지침을 따른 것이었다.

또 이날 오후 6시 대한성공회의 종이 파열음을 내면서 요란하게 울리자 남대문과 서대문 쪽에서도 종소리가 잇따라 요란하게 울렸다. 이 석양의 종소리는 시위대에게 힘을 실어주는 메시지로 함성은 더욱 커졌다. 서울 시청 앞과 세종로 네거리, 신세계백화점 앞과 남대문시장 일대는 대학생 중심의 시위대가 완전히 점령했다. 경찰은 더욱 많은 최루탄을 쏘아댔고 남대문시장 옆의 파출소는 경찰들이 모두 도망을 가 텅 비어 있었다.

저녁이 되어 시위대가 골목으로 흩어져 남대문시장과 명동상가로 몸을 숨기면 상인들은 비스킷, 사탕, 수박 등을 던져주었고 나이든 중년들은 김밥, 순대, 족발 뭉치를 안겨주었다. 서울 시내에서는 시위가 외곽지대로 번지면서 새벽까지 이어졌고 열성적인 사람들은 택시를 타고 시위대를 따라가기도 했다.

부산에서는 광복동, 대각사 부근, 부산역 광장, 서면 교차로, 구덕운
동장, 부산대학교, 동아대학교 등지에서 시위대가 집회를 열거나 모였다.
광주에서는 도청 앞 금남로와 광주역 앞, 전남대학교, 조선대학교가, 대
전에서는 대전역 앞, 충남대학교 등이 시위 장소로 사용되었다. 이어 인
천, 원주, 수원, 마산 등지에서도 집회와 시위가 계속되었다.

버스를 타고 지나가던 시민들은 시위대를 보고 손수건을 흔들거나
박수를 쳤으며 어떤 이들은 눈시울을 붉히며 눈물을 흘리기도 했다. 통
계에 따르면 이날 전국 22개 도시에서 24만 명이 참가했다고 한다. 경찰
은 이날 시위대 3,800여 명을 연행했고 주동자 220명을 구속했다. 민주
헌법쟁취국민운동본부 위원들과 상습적으로 시위를 벌인 인사들은 시
위가 있을 때마다 경찰서를 들락거렸고 때로는 경찰차(닭장차)에 실려
교외 먼 곳에 버려지기도 했다.

이렇듯 시위에 가담한 학생과 시민들은 밤 11시 무렵 명동 성당에
들어가 농성을 시작했는데 차츰 1,000여 명에서 1만여 명으로 늘어났
다. 한 가냘픈 여학생이 일어나서 "왜 우리는 싸워야 하나?"를 외치면서
연설을 하자 박수와 함성이 쏟아졌다. 이 여학생은 서울대학교 동양사
학과 과회장인 이명신이었다. 이런 앳된 연설꾼들이 곳곳에 있었다. 다
음날부터 이 농성장 주변에는 시민들과 넥타이 부대가 몰려들어 응원
을 보내면서 음식물, 내복, 성금 등을 놓고 갔다. 명동 성당의 김수한 추
기경과 신부들은 경찰의 진입을 막았고 농성은 5일 만에 끝났다.

이달 12일부터는 그동안 시위에 참여하지 않았던 지역과 대학으로 번졌으며 그 열기는 점점 더해갔다. 민주헌법쟁취국민운동본부는 용기를 더욱 내어 결정적 계기를 만들기 위해 6월 18일 '최루탄 추방대회'를 전국에서 동시에 열기로 결정했다. 마침내 전국에서 집회가 일제히 열렸는데, 민주헌법쟁취국민운동본부에서는 16개 도시에서 150여 만 명이 참가하고 1,487명이 연행된 것으로 집계했다. 그 다음날 전국 79개 대학에서 가두시위를 벌였다.

이 무렵 전두환 정권이 군의 병력을 투입하거나 계엄령을 선포한다는 소문이 나돌았다. 누구보다 긴장한 것은 야당 정치인들이었다. 그리하여 겁이 많은 정치인들의 주장에 따라 정치협상을 벌이기로 했다. 또한 민주헌법쟁취국민운동본부는 6월 26일 민주헌법쟁취를 위한 국민평화대행진을 갖기로 하고 구호도 '직선제 쟁취'를 내걸기로 했다. 24일 이루어진 김영삼-전두환 회담에서 아직도 사태를 바르게 이해하지 못한 전두환은 직선제 제의를 거부했고, 이에 따라 민주헌법쟁취국민운동본부와 정치인, 학생들이 강력한 공감대를 형성하고 국민평화대행진을 예정대로 진행하기로 했다.

6월 26일, 운명의 날이 밝았다. 긴장하기는 전두환이나 노태우, 정권의 하수인인 경찰, 민주헌법쟁취국민운동본부, 학생 모두 마찬가지였다. 전국 37개 지역에서 시위가 벌어졌고 서울의 25만 명(연인원)을 포함해 전국적으로 150만 명이 참여한 것으로 집계되었다.

서울 이외에도 대구, 대전, 인천 등지에서 화염병과 최루탄이 교차하여 마치 시가전이 전개된 것처럼 보였다. 특히 부산과 광주에는 수십만 명이 모여 부마민주항쟁과 5·18광주민중항쟁을 연상시킬 정도로 그 열기가 높았다. 맨주먹만 쥔 이들은 회사원뿐 아니라 식당 종업원, 일용 노동자, 택시 기사 등도 있었다. 그 현장을 직접 본 필자는 그 열기와 용기의 감동의 순간을 오랫동안 간직해오고 있다. 더욱이 훈련을 잘 받은 전투경찰도 완연히 시민 편에 서는 듯했고, 곳곳에서는 최루탄이 동이 나 무장이 해제되었다. 전투 상황은 밤새 이어졌다. 일부 시민과 학생들은 앞으로의 행동을 두고 곳곳에 모여 토론을 벌였다.

이날 전국적으로 3,467명이 연행되었고 경찰서 2개소, 파출소 29개소, 시청 건물 4개소, 경찰 차량 20대, 민정당 지구당사 4개소가 화염병에 불타거나 '짱돌'에 파괴되었다. 경찰들도 많은 수가 부상을 당했다. 시위대가 잠시 평화행진을 잊은 결과일 것이다. 전두환 정권과 민정당은 이 모습을 똑똑히 지켜보았다. 이제 더 버티어보았자 민심을 돌이킬 수 없다고 판단했다. 더욱이 민정당 대통령 후보가 된 노태우는 다 차려놓은 밥상을 뺏길까봐 속이 부글부글 끓었을 것이다. 그들은 긴박한 사태를 인지하고 긴급회의를 소집했다.

6월 29일, 노태우는 전두환 정권의 대리인 자격으로 기자 회견장 마이크 앞에 앉았다. 그는 대통령 직선제를 골자로 하는 '시국 수습 방안'인 6·29 민주화 선언을 발표했다. 첫째, 여야 합의에 따라 대통령 직선제로 개헌하고 대통령 선거를 실시한다, 둘째 대통령 선거법을 개정한다, 셋째 김대중 사면복권과 시국사범을 대거 석방한다, 넷째 인권침해

시정을 위해 제도를 개선한다, 다섯째 '언론기본법'의 개정, 폐지를 통해 언론 자유를 창달한다, 여섯째 지방자치제·교육자치제를 조속히 실시한다, 일곱째 정당활동을 보장하고 사회정화 조치를 강구한다는 등의 내용이었다.

이로써 6월 민주항쟁은 사실상 마무리되었다. 그러나 그 열기는 7월 9일에 있었던 이한열 장례식에 서울에서 100만 명, 광주에서 50만 명, 부산에서 30만 명 등 전국적으로 160만 명이 운집하여 애도하는 분위기로 이어졌다. 이는 6월 민주항쟁을 마무리지었다는 상징성을 보여준 것이다.

노래와 춤, 그림이 심금을 울리다

집회 장소와 시위 대열 앞에는 으레 전봉준이나 전태일의 초상화가 내걸리고 구호를 담은 걸개그림이 드리워졌다. 그리고 스피커에서는 가요가 울려퍼졌으며 때로는 아마추어 가수가 등장하여 선동적인 목소리로 노래를 불렀다. 또 행사 무대나 시위 도중에 굿판과 춤판이 벌어지기도 했다. 여기에는 몇몇 '단골손님'이 있었는데, 화가에 임옥상·이철수, 가수에 정태춘·안치환·최도은, 춤꾼에 이애주 등이었다. 이애주는 늘 현장에 있었으며, 이들 모두 보수를 받고 나선 것이 아니었다.

무엇보다 스피커에서 흘러나오는 노래나 거리에서 부르는 합창은 대개 몇 가지가 정해져 있었다. 노래는 김지하·양성우··김남주·정희성 등의 시에 곡을 붙인 것이었다. 「임을 위한 행진곡」, 「그날이 오면」, 「타는 목마름으로」, 「아침 이슬」, 「죽창가」, 「청산이 소리쳐 부르거든」, 「상록수」, 「불나비」 등은 한 번이라도 시위 대열에 참가한 사람이라면 따라 부를 줄 알았다. "사랑도 명예도 이름도 남김없이 한평생 나가자던 뜨거운 맹세, 동지는 간데없고 깃발만 나부껴 새날이 올 때까지 흔들리지 말자……"(「임을 위한 행진곡」)가 울려퍼지면 누구나 가슴이 뭉클해졌다.

또 "한밤의 꿈은 아니리 오랜 고통 다한 후에 내 형제 빛나는 두 눈에 뜨거운 눈물들 한줄기 강물로 흘러 고된 땀방울 함께 흘러 드넓은 평화의 바다에 정의의 물결 넘치는 꿈 그날이 오면 그날이 오면……"(「그날이 오면」)의 노래는 문승현이 전태일을 추모하여 지은 가사에 노래패 '노래를 찾는 사람들'이 곡을 붙였다. 이 노래는 압제받는 노동자의 정서를 잘 표현하고 있다. 이들 노래는 시위대를 목메게 했고 가슴 깊은 곳에 뜨거움이 차오르게 했다. 이철수의 판화 「불타는 한반도」는 한국 지도 위에 주먹을 불끈 쥔 민중의 모습을 표현했다. 이 판화를 보고 있으면 무엇인지 분노를 표출하고 싶은 용기를 얻게 된다. 또 이애주가 강렬한 태양 아래에서 살풀이춤을 펼치면 한과 서러움이 북받쳐 용기를 얻고, 정태춘은 직접 반주를 하며 노래를 불러 청중과 일체감을 다졌다.

민주주의는 피를 먹고 자라고 민중은 압제에서 성장한다. 6월 항쟁에 참여한 이들은 이 땅의 역사를 이끈 민중이었으며 시민, 학생, 민주지사, 정치가들이 이루어낸 선물이었다. 한편으로 따지면 1894년 반봉건·반외세를 내세운 동학농민혁명과 식민지 통치에서 벗어나기 위해 일어난 3·1운동 등 줄기차게 이어진 민족운동과 이승만 독재정권 아래에서 반독재 타도를 외친 4·19혁명과 군부독재 아래에서 벌어진 부마민주항쟁과 5·18광주민중항쟁 등의 전통과 저항의 맥을 이은 결실이었다.

학자들은 6월 민주항쟁을 3·1운동에 비유하기도 하고 혁명이라 명명해야 한다는 주장도 제기하고 있다. 서중석은 "6월 항쟁은 3·1운동 이래 시위 참여자가 가장 많았고 3·1운동처럼 전국 각지에서 각계각층이 참여했다. 일반 대중이 이처럼 많이 참여한 것은 독재정권의 장기화나 독재정권의 통제, 17년 전까지 있었던 직선제가 실시되지 않고 계속 체육관 대통령이 나오는 것에 대한 불만이 컸기 때문이다"(『한국현대사 60년』)라고 그 배경을 설명했다.

전두환 정권은 결국 6월 민주항쟁으로 민주주의 방식을 따를 수밖에 없었다. 그러나 그들은 굴복한 것이지 타도된 것은 아니었다. 목숨을 바쳐 찾은 직선제 선거에서 분열을 거듭한 끝에 정권은 다시 군부 독재자들에게 넘어가고 말았다. 이는 집권 세력의 노회한 분열정책과 미성숙한 민중 역량 및 선거부정에 편승하여 민정당 후보였던 노태우가 다시 대통령에 당선됨으로써 민족민주운동은 커다란 좌절을 맛보게 된 것이다. 그러나 1980년대 중반 이후의 민주화 운동, 반외세운동을 통해 외세에 대한 인식을 보다 심화시켰으며 민중을 주체로 하는 변혁운동의 과학적 전망을 획득했다.

그 결과 대통령은 5년 단임제의 대통령 직선제로 선출하여 김영삼,

김대중, 노무현, 이명박, 박근혜 정권으로 이어졌다. 현재 진행형인 이런 과정에서 과연 진정한 민주주의가 실현되었다고 볼 수 있을까? 역사는 비틀거리면서 앞으로 나아가지만 반동의 시기를 거치게 마련이다. 마지막으로 남의 말을 빌려 마무리를 지어보자.

"가슴 뿌듯한 자랑스러운 우리 역사의 한가운데에 6월 항쟁이 있다. 6월 항쟁으로 자유와 민주주의, 남북 화해와 통일의 큰길이 열렸다. 그러나 6월 항쟁의 정신이 이 땅에 완전히 구현되었다고 보기에는 아직 갈 길이 멀다."

4·19 선언문*

상아의 진리탑을 박차고 거리에 나선 우리는 질풍과 같은 역사의 조류
에 자신을 참여시킴으로써 이성과 진리, 그리고 자유의 대학정신을 현
실의 참담한 박토에 뿌리려 하는 바이다. 오늘의 우리는 자신들의 지성
과 양심의 엄숙한 명령으로 하여 사악과 잔학의 현상을 규탄, 광정하려
는 주체적 판단과 사명감의 발로임을 떳떳이 선명하는 바이다.

  우리의 지성은 암담한 이 거리의 현상이 민주와 자유를 위장한 전제
주의의 표독한 전횡에 기인한 것임을 단정한다. 무릇 모든 민주주의의
정치사는 자유의 투쟁사이다. 그것은 또한 여하한 형태의 전제로 민중
앞에 군림하든 '종이로 만든 호랑이' 같은 헤슬픈 것임을 교시한다. 한
국의 일천한 대학사가 적색전제赤色專制에의 과감한 투쟁의 거획巨劃을 장
掌하고 있는데 크나큰 자부를 느끼는 것과 꼭 같은 논리의 연역演繹에서,
민주주의를 위장한 백색전제白色專制에의 항의를 가장 높은 영광으로 우
리는 자부한다.

  근대적 민주주의 기간은 자유이다. 우리에게서 자유는 상실되어가고
있다는 것을, 아니 송두리째 박탈되고 있다는 것을 우리는 이성의 혜안

으로 직시한다. 이제 막 자유의 전장엔 불이 붙기 시작했다. 정당히 가져야 할 권리를 탈환하기 위한 자유의 투쟁은 요원의 불길처럼 번져가고 있다. 자유의 전역戰域은 바야흐로 풍성해가고 있는 것이다.

민주주의와 민중의 공복이며 중립적 권력체인 관료와 경찰은 민주를 위장한 가부장적 전제권력의 하수인으로 발 벗었다. 민주주의 이념의 최저의 공리인 선거권마저 권력의 마수 앞에 농단되었다. 언론, 출판, 집회, 결사 및 사상의 자유의 불빛은 무식한 전제권력의 악랄한 발악으로 하여 깜박이던 빛조차 사라졌다. 긴 칠흑 같은 밤의 계속이다.

나이 어린 학생 김주열의 참시를 보라! 그것은 가식 없는 전제주의 전횡의 발가벗은 나상밖에 아무것도 아니다. 저들을 보라! 비굴하게도 위혁威嚇['혁'은 '하'라고도 발음한다]과 폭력으로써 우리들을 대하려 한다. 우리는 백 보를 양보하고라도 인간적으로 부르짖어야 할 같은 학구의 양심을 강렬히 느낀다. 보라! 우리는 기쁨에 넘쳐 자유의 햇불을 올린다. 보라! 우리는 캄캄한 밤의 침묵에 자유의 종을 난타하는 타수의 일익임을 자랑한다. 일제의 철퇴 아래 미칠 듯 자유를 환호한 나의 아버지, 나의 형들과 같이……

양심은 부끄럽지 않다. 외롭지도 않다. 영원한 민주주의 사수파는 영광스럽기만 하다. 보라! 현실의 뒷골목에서 용기 없는 자학을 되씹는 자

---

* 4·19혁명을 전후로 하여 대학마다 선언문을 발표하고 반독재투쟁에 나섰다. 여기에서는 대학생들이 지향한 정연한 민주주의 이론보다 독재정권에 항의하는 용기를 읽을 수 있다. 『한국현대명논설집』에 수록되어 있는 원문을 고치지 않고 그대로 실었다.

까지 우리의 대열을 따른다. 나가자! 자유의 비밀은 용기일 뿐이다. 우리의 대열은 이성과 양심과 평화, 그리고 자유에의 열렬한 사랑의 대열이다. 모든 법은 우리를 보장한다.

—서울대학교학생회, 1960. 4. 19.

6·10 국민대회에 즈음하여
국민께 드리는 말씀

이 정부는 고 박종철군을 고문 살인하고 그 범인마저 은폐 조작하였으며, 온 국민과 함께 약속한 민주개헌을 얼토당토않은 이유를 달아 일방적으로 파기하고 독재헌법의 옹호와 이에 따른 독재권력자끼리의 정부 이양을 선언하고 행동으로 굳혀가고 있습니다.

우리는 이 정부의 이러한 용납할 수 없는 부도덕성, 기만성, 범죄성을 준열히 규탄하고 그 정권적 책임을 묻고 독재권력의 영구 집권에 대한 단호한 국민적 거부를 다짐하기 위해 6월 10일 민주헌법쟁취국민대회를 개최하기로 하였습니다.

우리는 이 거짓을 일삼는 정부를 대신하여 숨기고 있는 진실을 밝히고 책임을 규명하며, 부도덕한 정권을 대신하여 국가적 도덕성의 회복을 촉구하고, 독재헌법과 이에 따른 독재권력의 영구 집권 계획이 가져올 국가적 불행을 막기 위한 국민적 결의를 단호히 다짐할 것입니다.

이 국민대회는 결코 특정인과 특정 정당을 시기, 증오하기 위한 것이 아닌 나라의 주인인 국민이 국민의 생명을 빼앗고 국민의 주권을 박탈하고 국민을 끝없이 속이는 이 정권을 향해서 국민주권을 선포하는 대회입니다.

극소수 정치군인의 정권욕에 의한 정치 개입이 없었다면 이 나라의 안보는 훨씬 튼튼했을 것이며, 권력과 재벌의 독점과 부패가 조금만 덜 했던들 국민의 살림은 한결 넉넉하고 세상은 맑을 것이며, 공권력의 속임수와 폭력을 막을 수 있었던들 수천 명이 목숨을 잃거나 다치지 않았을 것이며, 감옥에 갇히고 공민권을 뺏기고 거리의 가로수마저 시들게 하는 독가스에 숨이 막히고 눈물 흘리지는 않았을 것입니다.

이제는 우리 국민의 생명과 자유를 위해서 더이상 뺏기지 않고, 죽지 않고, 맞지 않고, 속지 않고, 눈물 흘리지 않기 위해서 발언하고 행동해야 합니다. 우리의 국민대회를 통한 국민주권의 확인은 당연히 민주 한국의 국시가 보장하고 있는 바이지만 우리의 방법은 평화적이어서 보다 많은 국민의 감동과 참여를 일으켜야 합니다.

국민 여러분의 참여를 간곡히 호소합니다. 대회장에서, 여러분의 일터와 가정과 거리에서, 국민대회 행동 수칙에 따른 참여가 있기를 간곡히 호소합니다…….

—민주헌법쟁취국민운동본부 고문공동대표회의, 1987. 6. 5.

고문*: 함석헌, 홍남순, 강석주, 문익환, 윤공희, 김지길, 김대중, 김영삼

* 고문 명단은 민주운동가와 종교 대표를 중심으로 추대되었는데, 끝에 당시 정치인으로 독재정권에 맞서다가 정치활동이 금지된 김대중, 김영삼의 이름을 편의에 따라 올렸다고 한다. 이 선언문은 곳곳에 뿌려져 6월 항쟁을 이끄는 데 동력이 되었다. 원문을 그대로 실었으나 뒷부분의 내용이 중복되어 줄였다.

◎ 연표

(* 이 연표는 위키백과를 참고하여 작성한 것임.)

연 대	세계	연 대	한국
서기전 2500년경	인더스 문명, 황하문명 시작	서기전 2333	단군, 옛조선 건국
2070년경	중국의 하나라 건국		
1800년경	함무라비, 「함무라비 법전」 제정.		
1122경	중국 무왕(武王), 주나라 건국(~256)	1122	옛조선, 8조법금 제정
900	그리스에 폴리스 형성	1000년경	농경문화, 청동기 문화의 시작
770	중국 춘추전국시대 시작		
671	아시리아, 오리엔트 통일		
594	아테네, 솔론의 개혁		
525	페르시아(아케메네스 왕조), 오리엔트 통일		
509	로마 공화정 확립		
492	페르시아 전쟁 발발(~479)		
450년경	로마 12표법 제정	450년경	부여 성립
431	펠로폰네소스 전쟁 발발(~404)	400	진국 성립, 철기 문화 수입
334	알렉산더 대왕, 동방 원정 시작	300년경	철기 문화의 보급
331	인도 마우리아 왕조(~184)		
264	포에니 전쟁(~146)		
221	진(秦), 중국 통일(~206)	200년경	위만, 옛조선의 왕이 됨
202	한(漢)제국 수립(~A.D.8)		
97	사마천, 「사기」 완성	108	옛조선 멸망
73	스파르타쿠스의 반란(~71)	57	신라 건국
27	로마 제정 시작	37	고구려 건국
4	예수 그리스도 탄생	18	백제 건국

서기		서기	
67	불교, 중국에 전파	3	고구려, 국내성으로 도읍 옮김
96	로마 5현제 시대(~180)	59	신라, 일본과 수교
184	황건적의 난(~192)	209	고구려, 환도성으로 도읍 옮김
220	후한 멸망(위·촉·오 삼국시대 개막)		
226	사산 왕조 페르시아 건국(~651)		
235	로마, 군인황제 시대 (~284)		
280	진(晉)의 중국 통일		
313	밀라노 칙령으로 기독교 공인		
320	인도 굽타 왕조 창건(~550)	356	고구려, 낙랑군 멸망시킴
375	게르만족의 이동 시작	372	고구려, 불교 전래, 태학 설치
395	로마제국 동·서 분열	384	백제, 불교 전래
420	중국 송(남조) 건국	405	백제, 일본에 한학 전함
439	북위, 중국 북부 통일 (남북조 시대,~589)	427	고구려, 평양으로 도읍 옮김
		433	나제동맹 성립
476	서로마 제국 멸망	475	백제, 웅진(공주)으로 도읍 옮김
486	프랑크 왕국 건국		
		503	신라, 국호와 왕호를 정함
529	유스티니아누스 1세, 법전 편찬 시작 (~564)	527	신라, 불교를 공인
		532	신라, 금관가야(가락국) 통합
552	돌궐 제국 성립	536	신라, 연호로 건원 사용
		538	백제, 사비성(부여)으로 도읍 옮김
		552	백제, 일본에 불교 전함
581	양견, 수나라 창건(~618)		
589	수, 중국 통일(~618)		

605	중국, 대운하 건설		
606	비잔틴 제국, 페르시아와 전쟁		
610	이슬람교 창시	612	고구려, 살수대첩
618	당(唐) 창건(~907)		
622	무함마드, 메카에서 메디나로 이주(헤지라)	624	고구려, 당에서 도교 전래
		645	고구려, 안시성 싸움 승리
638	이슬람, 예루살렘 정복		
645	일본의 다이카 개신	660	백제 멸망
661	우마이야 왕조 창건(~750)	668	고구려 멸망
		676	신라, 삼국 통일
		698	발해(진국) 건국
711	사라센, 서고트 왕국 멸망시킴	722	신라, 백성에게 정전 지급
732	프랑크 왕국, 이슬람 세력을 물리침	723	혜초, 『왕오천축국전』 저술
750	압바스 왕조 창건(~1258)	742	발해, 중경현덕부로 도읍 옮김
755	당, 안녹산의 난	751	신라, 불국사와 석굴암 건립
756	에스파냐에 후우마이야 왕조 건립	755	발해, 상경용천부로 도읍을 옮김
771	카롤루스 대제 프랑크 왕국 통일	785	발해, 동경용원부로 도읍을 옮김
794	일본, 수도를 교토로 정함	794	발해, 상경용천부로 도읍 옮김
800	카롤루스 대제 서로마제국 황제로 대관	828	신라 장보고, 청해진 설치
870	메르센 조약, 프랑크 왕국의 분열		
875	중국, 황소의 난(~884)		
		900	진훤, 후백제 건국
907	당 멸망, 오대십국 시대 시작(~960)	901	궁예, 후고구려 건국
		918	왕건, 고려 건국
		926	발해 멸망

		935	신라 멸망
		936	고려, 후삼국 통일
947	거란족, 요나라 건국(~1125)	956	노비안검법 실시
960	폴란드 왕국 건국, 송나라 건국	958	과거 실시
962	오토 대제, 황제로 즉위(신성로마제국 성립)	976	전시과 실시
		992	국자감 설치
1004	송과 요, 전연의 맹약 체결	1010	거란의 제2차 침입
1037	셀주크 투르크 건국(~1157)	1018	귀주대첩(거란의 제3차 칩입)
1054	동서 교회의 분열 시작	1033	천리장성(고려) 축조 시작(~1044)
1066	노르만의 잉글랜드 정복	1071	송과 국교 회복
1077	카노사의 굴욕	1076	전시과 개정, 관제 개혁
1090	항해에 최초로 나침반을 사용	1086	의천, 교장도감을 두고 『속장경』 조판
1096	제1차 십자군 원정(~1099)	1107	윤관, 여진 정벌
1115	여진족 금나라 건국(~1234)	1126	이자겸의 난
1127	북송 멸망, 남송 건국(~1279)	1135	묘청의 난
		1145	김부식, 『삼국사기』 편찬
1187	이집트의 술탄 살라딘, 예루살렘 탈환	1170	무신의 난
1191	이슬람교도, 인도 북방 침입	1179	경대승, 도방 정치
1192	일본 가마쿠라 막부 성립(~1333)	1196	최충헌 집권
		1198	만적의 난
1204	제4차 십자군, 콘스탄티노플 약탈		
1206	칭기즈 칸, 몽골에서 권력 장악		
1215	잉글랜드의 존 왕, 마그나 카르타 승인		

1223	프로이센에 독일 기사단 창단	1231	몽골의 제1차 침입
		1232	강화 천도, 몽골의 제2차 침입
		1235	몽골의 제3차 침입
1241	신성로마제국 한자동맹 성립	1236	금속활자로 『고금상정예문』 간행
		1247	몽골의 제4차 침입
1254	독일, 대공위시대 시작(~1273)	1253	몽골의 제5차 침입
1259	한자동맹 흥기	1254	몽골의 제6차 침입
1265	영국에 의회가 시작됨	1258	팔만대장경 새김(~1251)
			최씨정권 붕괴, 왕정복고
		1270	개경으로 환도, 삼별초의 대몽 항쟁
1271	쿠빌라이 칸, 국호를 원으로 함 (~1368)	1274	고려 · 원나라 연합군의 일본 원정(제1차)
1279	남송 멸망, 몽골족의 전 중국 장악	1285	일연, 『삼국유사』 편찬
1299	잉글랜드에서 모범의회 소집	1287	이승휴, 『제왕운기』 편찬
1302	오스만 제국 건국(~1922)	1351	공민왕 즉위
1309	프랑스, 삼부회 소집	1359	홍건적 침입(~1361)
1321	교황청, 아비뇽 이전(교황의 바빌론 유수. ~1377), 단테, 『신곡』 완성	1363	문익점, 원에서 목화씨 가져옴
1325	가마쿠라 막부 멸망	1366	신돈, 정치개혁 단행
1337	백년전쟁(~1453)	1376	최영, 왜구 정벌
1338	무로마치 막부 수립(~1573)	1377	최무선의 건의로 화약 제조(화통도감 설치)
1339	영국, 프랑스, 백년전쟁(~1453)	1388	『직지』 인쇄
1347	유럽에서 흑사병 발생	1389	이성계, 위화도 회군
1351	중국 원에서 홍건적의 난 시작	1392	박위, 쓰시마 섬 정벌
			고려 멸망, 조선 건국

1358	프랑스 농민반란(자크리의 난)		
1366	원나라 멸망		
1368	주원장, 명나라 건국		
1369	티무르 왕조 성립(~1500)		
1378	교회의 대분열(~1417)		
1381	와트 타일러의 난		
1397	덴마크, 노르웨이, 스웨덴 합병(칼마르 동맹) 명, 『대명률』 간행	1394	정도전, 『조선경국전』 편찬 한양으로 도읍을 옮김
1414	콘스탄츠 공의회, 존 위클리프를 이단으로 몰고 얀 후스 화형 결정(~1418)	1402	호패법 실시
1415	영국·프랑스, 백년전쟁 발발	1413	팔도의 지방행정조직 완성, 『태조실록』 편찬
1429	잔 다르크 영국군 격파	1418	세종 즉위
1433	명과 일본 정식 외교관계 수립	1423	『고려사』 편찬
1438	독일, 합스부르크 왕가의 지배 시작		
		1429	정초 『농사직설』 편찬
		1441	측우기 제작
1445	구텐베르크, 활판 인쇄술 발명	1443	훈민정음 창제
1453	오스만 제국, 콘스탄티노플 정복 (비잔틴 제국 멸망)	1446	훈민정음 반포
1455	영국 장미전쟁 발발(~1485)	1450	문종 즉위
		1452	『고려사절요』 편찬
		1453	계유정란
		1455	세조 즉위
		1457	단종 죽음
1467	일본 전국시대 개막	1466	직전법 실시
1487	모스크바 대공국 성립	1469	성종 즉위, 『경국대전』 완성

1492	크리스토퍼 콜럼버스, 아메리카 대륙 발견	1481	『동국여지승람』 편찬
1494	프랑스, 이탈리아 침공	1485	『경국대전』 시행
1499	스위스 독립		
1498	바스코 다 가마, 인도항로 개척	1498	무오사화
1502	사파비 왕조 시작	1504	갑자사화
		1506	중종반정
1517	마르틴 루터, 95개조 반박문 공포	1510	삼포왜란
1519	마젤란의 세계일주 항해 시작(~1522)	1519	기묘사화, 향약 실시
1524	독일, 농민전쟁(~1525)		
1526	오스만 제국, 헝가리 정복		
1533	인도 무굴 제국 창건(~1858)		
1534	잉카 제국 멸망		
1536	수장령으로 영국 성공회 성립		
	장 칼뱅, 종교개혁 착수		
1543	코페르니쿠스, 지동설 발표	1543	백운동서원 세움
1555	아우크스부르크 화의	1545	을사사화
1562	프랑스 종교전쟁(위그노 전쟁) 발발(~1598)	1554	비변사 설치
		1555	을묘왜변
1565	에스파냐, 필리핀 점령		
1566	네덜란드 독립 전쟁	1568	이황, 『성학십도』 지음
1571	레판토 해전에서 유럽 연합군이 오스만 제국 격파	1575	동서붕당
1581	네덜란드 독립	1582	이이, 『성학집요』 지음
1587	도요토미 히데요시, 일본 통일		
1588	잉글랜드 해군, 에스파냐 무적함대에 승리		

1590	도요토미 히데요시, 일본의 패권 장악	1589	정여립의 모반사건(기축옥사)
		1592	조일전쟁(임진왜란), 한산도대첩
		1593	행주대첩
1598	프랑스의 앙리 4세, 낭트 칙령 공포	1597	정유재란, 이순신, 명량 해전
1600	영국 동인도 회사 창설		
1602	네덜란드 동인도 회사 창설		
1603	에도 막부 수립, 영국 스튜어트 왕조 성립		
1604	러시아 동란 시대 시작(~1613)	1608	광해군 즉위, 경기도에 대동법 실시
1608	프랑스인, 북아메리카에 퀘벡 건설	1610	『동의보감』 완성
1613	러시아, 로마노프 왕조 시작		
1616	여진족, 후금 창건	1613	칠서의 옥(계축옥사)
1618	30년전쟁 발발(~1648)	1614	이수광 『지봉유설』 간행
1620	청교도들 미국 플리머스에 상륙	1623	인조반정
1628	잉글랜드 의회, 권리청원 제출	1624	이괄의 난
1636	후금, 청으로 국호 변경	1627	제1차 조청전쟁(정묘호란)
1639	에도 막부, 쇄국정책 반포	1636	제2차 조청전쟁(병자호란)
1642	영국혁명 발발(~1649)		
1644	중국 명나라 멸망	1645	소현세자, 청에서 서양 서적 수입
1648	베스트팔렌 조약으로 30년 전쟁 끝남	1649	효종 즉위
1649	잉글랜드, 찰스 1세 처형	1654	제1차 나선정벌
	잉글랜드에 공화정 시작(~1660)	1658	제2차 나선정벌
1660	잉글랜드에 스튜어트 왕가 복귀 (왕정복고)	1659	현종 즉위
		1674	숙종 즉위
1670	러시아, 라진의 난		
1685	낭트 칙령 폐지	1678	상평통보 주조

1688	잉글랜드, 명예혁명		
1689	러시아와 청 간의 네르친스크 조약		
1689	윌리엄 3세 권리 장전 승인		
	오스트리아-오스만 제국, 카를로바츠 조약	1696	안용복, 울릉도에서 일본인 쫓아냄
1700	북방 전쟁(~1721)		
1701	프로이센 성립	1708	대동법 전국에서 시행
1707	에스파냐 왕위계승전쟁(~1714)	1720	경종 즉위
1713	잉글랜드, 스코틀랜드 합병(연합법)	1724	영조 즉위
1730	위트레흐트 조약, 유럽 세력 균형	1725	탕평책 실시
1736	영국 산업혁명 시작	1728	이인좌의 난
	사파비왕조 멸망		
1740	오스트리아 왕위계승전쟁(~1748)	1746	『속대전』 간행
1751	프랑스, 『백과전서』 간행	1750	균역법 실시
1756	7년전쟁 시작(~1763)		
1757	인도, 플라시 전투		
1760	산업혁명 시작	1762	사도세자 죽음
1765	와트, 증기기관 발명, '인지조례' 발표		
		1770	『동국문헌비고』 편찬
1772	제1차 폴란드 분할		
1773	러시아에서 푸가초프의 난 발발 (~1774), 보스턴 차 사건	1776	정조 즉위, 규장각 설치
1775	미국 독립전쟁	1778	박제가, 『북학의』 저술
1776	미국 독립선언	1784	이승훈, 천주교 전도
1788	아메리카 13개주 독립	1785	『대전통편』 완성
1789	프랑스혁명(~1795), 인간과 시민의 권리 선언	1786	서학을 금함
1792	프랑스, 공화국 선포(제1공화정)	1791	신해통공(자유상업 허용)

1796	백련교도의 난(~1805)	1796	수원에 화성 건설
1797	나폴레옹 이집트 원정		
1799	나폴레옹, 브뤼메르 18일 쿠데타로 정권 장악		
1802	응우옌 푹 아인, 베트남 통일	1800	순조 즉위
1804	나폴레옹, 황제 즉위(~1814)	1801	황사영 백서 사건(신유사옥)
1806	신성로마제국 멸망		
1810	라틴아메리카 국가들의 독립운동	1811	홍경래의 난
1812	나폴레옹 1세, 러시아 침공		
1814	빈 회의(~1815), 스티븐슨 증기기관차 만듦		
1815	워털루 전투		
1818	와하브 왕국 멸망		
1819	싱가포르, 영국령이 됨		
1821	그리스 독립 전쟁 발발(~1829)		
1823	먼로 선언		
1824	네덜란드, 인도네시아 지배 시작		
1830	7월 혁명으로 부르봉 왕조 축출, 벨기에 독립	1831	천주교 조선교구 설치
1832	영국의 제1차 선거법개정		
1833	영국 노예제 폐지		
1837	영국 빅토리아 즉위		
1834	독일 관세동맹 결성	1834	헌종 즉위
1838	영국 노동계급, 차티스트 운동 시작 (~1848)	1839	기해사옥
1840	아편 전쟁(~1842)		
1842	청, 영국과 난징 조약 맺음	1846	김대건 신부 순교
1848	파리, 베를린, 빈 등지에서 혁명 발발	1849	철종 즉위

	마르크스와 엥겔스 『공산당선언』 발표		
1850	태평천국 운동 발발(~1864)		
1852	프랑스, 제2제정 성립		
1853	러시아와 오스만투르크 사이에 크림 전쟁		
1854	일본의 개국		
1856	애로호 사건		
1857	인도 세포이 항쟁(~1859)		
1858	무굴 제국 멸망, 영국 정부 인도 직접 지배 시작		
1860	베이징 조약	1860	최제우, 동학 창시
1861	미국, 남북 전쟁(~1865)	1861	김정호, 대동여지도 만듦
1862	통일 이탈리아 왕국 성립, 러시아 농노 해방령	1862	삼남 농민봉기
1863	청, 양무운동 시작, 비스마르크 프로이센 수상이 됨	1863	고종 즉위
		1864	최제우 순교
	미국, 노예 해방 선언	1865	경복궁 중건(~1868)
1864	국제노동자협회(제1인터내셔널) 창설	1866	병인사옥, 병인양요, 제너럴셔먼호 사건
1866	프로이센-오스트리아 전쟁		
1868	일본의 메이지 유신	1868	남연군묘 도굴 사건
1869	수에즈 운하 개통		
1870	프로이센-프랑스 전쟁	1871	서원 철폐, 신미양요
1871	독일 통일, 독일제국 창설(~1918), 파리코뮌	1875	운요호 사건
1875	프랑스, 제3공화정 성립	1876	강화도조약 맺음
1877	영국령 인도 수립		
	러시아-투르크 전쟁(~1878)		
1878	베를린 회의		

1879	에디슨, 전등 발명	1879	지석영, 종두법 실시
1882	삼국 동맹(독일, 오스트리아, 이탈리아)	1881	신사유람단 및 영선사 파견, 별기군 창설
1884	청불 전쟁	1882	임오군란, 제물포조약 맺음
1885	제국주의 서구 열강, 아프리카 분할 시작, 청·일 톈진조약 체결	1883	「한성순보」 발간
			원산학사 설립
1887	프랑스령 인도차이나 성립	1884	우정국 설치, 갑신정변
1889	제2인터내셔널 창설	1885	거문도 사건, 배재학당 설립
1894	프랑스에서 드레퓌스사건, 청일전쟁	1886	광혜원 설립
1895	마르코니, 무선전신 발명		육영공원·이화학당 설립
		1889	프랑스와 통상조약 체결
		1894	함경도에 방곡령 실시
		1895	동학농민운동, 갑오개혁
			을미사변, 단발령
1896	제1회 하계 올림픽	1896	독립협회 설립, 「독립신문」 발행
			아관파천, 의병운동 일어남
1898	파쇼다사건, 청, 무술정변, 퀴리부처 라듐 발견	1897	대한제국의 성립
1899	미국—스페인 전쟁, 중국 변법자강운동	1898	만민공동회 개최
			「제국신문」, 「황성신문」 발행
		1899	서대문—청량리간 전차 개통
1900	보어전쟁(~1902), 헤이그 평화회의	1900	경인선 개통
	의화단운동		만국우편연합 가입
1901	노벨상 제정		
1902	영일동맹, 쿠바공화국 성립	1903	YMCA 발족
1904	러일 전쟁(~1905)	1904	한일의정서 맺음, 「대한매일신보」 발행
1905	피의 일요일 사건, 제1차 모로코 위기, 프랑스 노동운동의 원리 '아미앵 헌장' 공포	1905	을사조약, 천도교 성립, 경부선 개통

1906	인도, 스와라지·스와데시 운동	1906	통감부 설치, 전국에서 의병 봉기
1907	삼국협상 성립	1907	국채보상운동, 헤이그 특사 사건
1911	중국, 신해혁명		고종 황제 퇴위, 군대해산, 신민회 설립, 한·일 신협약, 국문연구소 설립
1912	쑨원 중화민국 선포	1908	의병, 서울진공작전
1914	제1차 세계대전 발발(~1918), 파나마 운하 개통	1909	동양척식주식회사 설립
1917	러시아 혁명	1910	간도협약, 안중근, 이토 히로부미 사살
1918	독일혁명, 우드로 윌슨 대통령 14개조 평화원칙 발표	1911	한일병합조약 조인, 토지조사사업 시작(~1918)
1919	파리강화회의(베르사유조약), 중국 5·4운동	1914	국권 피탈
		1915	105인 사건(신민회사건), 석굴암 발견
1920	국제연맹 창설	1916	대한광복군정부 수립
1921	레닌 신경제정책 실시, 중국공산당 창당, 워싱턴 군축회의 개최 이탈리아 무솔리니 집권		박은식 『한국통사』 간행
			박중빈, 원불교 창시
		1917	조선사회당 결성
1922	소비에트사회주의공화국연방(소련) 창설, 오스만 제국 멸망	1919	3·1운동, 대한민국임시정부 수립, 고려공산당 성립
1923	터키 공화국 창설	1920	김좌진, 청산리 대첩
			조선·동아일보 창간
1924	중국의 제1차 국공합작, 영국 노동당 내각 탄생	1923	형평운동, 관동대지진
1926	국민당정부 북벌 시작	1924	경성제국대학 개교
1927	난징 국민정부 수립, 제네바 군축회의	1925	조선공산당 창립
1929	세계경제공황 발발	1926	순종 황제 죽음, 6·10만세운동
1930	인도, 비폭력·불복종 운동 전개	1927	신간회 조직
1932	일본, 만주국 세움	1929	광주학생항일운동
		1930	한국독립당 결성

1933	히틀러 집권, 뉴딜정책 실시	1933	한글맞춤법 통일안 제정
1934	중국공산당 장정(~1936)	1934	진단학회 조직
1936	프랑스 인민전선 정부 수립	1936	조국광복회 결성, 손기정, 베를린 올림
1937	중일 전쟁, 중국 제2차 국공합작		픽 마라톤 우승
1938	뮌헨 회담, 독일, 오스트리아 병합	1939	창씨개명 시작
1939	히틀러와 스탈린, 독소 불가침 조약 체결		
1940	제2차 세계대전 발발(~1945)	1940	민족말살정책 강화
	삼국 군사 동맹 (독일·이탈리아·일본)		한국광복군 결성, 김구 대한민국 임시
1941	일본의 진주만 공격으로 태평양전쟁 발발		정부 주석 취임
	미국과 소련, 제2차 세계대전 참전		
	대서양헌장 발표		
1942	일본의 동남아시아 점령, 미드웨이 해 전 참패	1942	조선어학회 사건
1943	카이로 회담, 미·영·소 테헤란 회담		
1944	일본, 사이판 섬에서 전멸, 미공군 도 쿄 폭격 시작	1944	조선건국동맹 결성 총동원법에 따라 징용 실시 여자정신대근무령 공포 시행
1945	포츠담선언, 얄타회담	1945	8·15 해방, 미군정 시작(~1948)
	최초의 원자폭탄 일본에 투하, 일본 항복		
	국제연합 창설, 아랍연맹 결성	1946	제1차 미소공동위원회 개최, 9월 총파 업, 대구 10·1항쟁
1946	뉘른베르크 재판, 필리핀 독립		
1947	마셜계획 공포, 인도와 파키스탄 분리 독립		북한, 토지개혁
	코민포름 결성(~1956)	1947	유엔 한국임시위원단 구성
1948	세계인권선언	1948	제주 4·3사건
	이스라엘 건국, 제1차 중동 전쟁		5·10총선거 실시
	베를린 봉쇄(~1949)		대한민국 정부 수립(8·15)
1949	중화인민공화국 창설		북한 정권 수립(9·9)

	북대서양조약기구(NATO) 창설		반민족행위특별조사위원회 설립
1952	유럽석탄철강공동체 탄생, 영국 수에즈 운하 봉쇄	1950	한국전쟁(~1953)
1953	유전자(DNA)의 구조 발견	1953	한국 휴전협정 조인
1954	알제리 독립전쟁 시작(~1962)		제1차 통화 개혁 실시
1955	아시아·아프리카 회의	1954	사사오입 개헌
	바르샤바 조약 기구		
1956	제2차 중동 전쟁	1958	보안법 파동
	헝가리 자유화운동, 포즈난 폭동	1959	조봉암 사형
	소련 우주선 스푸트니크호 발사		
1957	베트남전쟁 시작(~1975)	1957	『우리말 큰사전』 완간
1959	유럽 공동시장 발족, 싱가포르 자치국 선언		
1960	파리 군축 회의	1960	4·19혁명, 장면 내각 수립
1961	제1차 비동맹회의, 소련 유인 인공위성 발사	1961	5·16군사정변
1962	알제리 독립, 쿠바 미사일 위기	1962	제1차 경제개발 5개년 계획
1963	케네디 대통령 암살	1963	박정희 정부 수립
1964	미국, 레인저 7호 달표면 촬영 성공	1964	인민혁명당 사건
1966	중국의 문화대혁명 시작	1965	한일협정 조인
1967	유럽공동체(EC) 발족	1966	한미행정협정 조인
	제3차 중동 전쟁	1967	5.3 대통령 선거, 6.8 국회의원 선거, 제2차 경제 개발 5개년 계획
1968	체코슬로바키아의 프라하의 봄	1968	1·21사태, 국민교육헌장 선포
1969	중소분쟁 발발	1969	박정희, 3선 개헌 강행
		1970	새마을운동 시작됨, 경부고속도로 개통, 전태일분신 사건
1971	미국의 아폴로 11호 달 착륙		
1972	중국 유엔 가입	1972	7·4 남북공동성명 발표, 10월 유신
	닉슨, 중국 방문. 중국과 일본 국교 정상화		

1973	중동 산유국들의 석유수출 제한으로 유가 폭등	1973	6·23 평화통일선언
	제4차 중동 전쟁	1974	전국민주청년학생총연맹 사건
1974	아르헨티나 페론 정권 붕괴	1975	대통령 긴급조치 9호 발표, 민방위대 조직
1975	베트남전쟁 종결, 레바논내전 발발	1976	3·1민주구국선언, 판문점 도끼 사건
1976	마오쩌둥 사망	1978	자연보호헌장 선포
1979	이란혁명으로 이슬람공화국 수립	1979	부마민주항쟁
	미소간 전략무기제한협정(SALT)		박정희 암살(10·26사태)
	소련의 아프가니스탄 침공		12.12쿠데타
	중국과 미국 국교 수립		
1980	이란-이라크 전쟁 발발(~1988), 레이건 대통령 당선(미국 40대)	1980	5·18 광주민주항쟁
	폴란드 자유노조 결성, 모스크바 올림픽 개최		전두환 정부 수립
1981	프랑스, 미테랑 사회당 정부 수립	1982	정부, 일본에 역사 교과서 왜곡 내용 시정 요구
1982	포클랜드 전쟁	1983	KAL기 피격 참사, 아웅산묘소 폭파 사건
1984	인도, 힌두교와 이슬람교 충돌	1984	KBS, 이산가족 찾기 TV 생방송
	인디라 간디 수상 피살	1985	남북고향방문단 상호 교류
	소련, 고르바초프 공산당 서기장 취임, 멕시코 대지진		서울노동운동연합 출범
1986	소련 체르노빌 원전 사고	1986	서울아시아경기대회
	필리핀 민주 혁명, 미국 챌린저호 공중 폭발	1987	박종철 고문치사사건
1987	소련, 페레스트로이카(개혁) 시작, 아이티 총선거 폭력사태로 중단		4·13호헌조치
			이한열 사망사건
1988	팔레스타인해방기구 독립 선언(이란·이라크 종전)		6월 민주항쟁, 6·29 민주화 선언
		1988	한글맞춤법 고시
			노태우 정부 수립
			제24회 서울올림픽대회

이이화의 한 권으로 읽는 한국사

1판 1쇄 2016년 12월   1일
1판 3쇄 2021년   9월 23일

지은이 이이화 | 펴낸이 신정민

편집 신정민 박민영 | 디자인 김이정 이주영 | 저작권 김지영 이영은 김하림
마케팅 정민호 김경환 | 홍보 김희숙 함유지 김현지 이소정 이미희 박지원
모니터링 이희연 | 제작 강신은 김동욱 임현식 | 제작처 한영문화사

펴낸곳 (주)교유당
출판등록 2019년 5월 24일 제406-2019-000052호

주소 10881 경기도 파주시 회동길 210
문의전화 031) 955-8891(마케팅), 031) 955-2680(편집)
팩스 031) 955-8855
전자우편 gyoyudang@munhak.com

ISBN 978-89-546-4326-9 03910